广视角·全方位·多品种

权威·前沿·原创

皮书系列为
"十二五"国家重点图书出版规划项目

上海蓝皮书

BLUE BOOK OF
SHANGHAI

总　编／王　战　潘世伟

上海传媒发展报告
（2014）

ANNUAL REPORT ON MEDIA DEVELOPMENT
OF SHANGHAI (2014)

主流媒体：公信力·传播力·影响力

主　编／强　荧　焦雨虹

图书在版编目（CIP）数据

上海传媒发展报告. 2014：主流媒体公信力、传播力、影响力/强荧，焦雨虹主编. —北京：社会科学文献出版社，2014.1
（上海蓝皮书）
ISBN 978-7-5097-5517-4

Ⅰ.①上… Ⅱ.①强… ②焦… Ⅲ.①传播媒介-研究报告-上海市-2014　Ⅳ.①G219.275.1

中国版本图书馆 CIP 数据核字（2013）第 312514 号

上海蓝皮书
上海传媒发展报告（2014）
——主流媒体：公信力·传播力·影响力

主　　编 / 强　荧　焦雨虹

出 版 人 / 谢寿光
出 版 者 / 社会科学文献出版社
地　　址 / 北京市西城区北三环中路甲29号院3号楼华龙大厦
邮政编码 / 100029

责任部门 / 皮书出版中心（010）59367127　　　责任编辑 / 姚冬梅　郑庆寰
电子信箱 / pishubu@ssap.cn　　　　　　　　　责任校对 / 吕伟忠
项目统筹 / 姚冬梅　　　　　　　　　　　　　　责任印制 / 岳　阳
经　　销 / 社会科学文献出版社市场营销中心（010）59367081　59367089
读者服务 / 读者服务中心（010）59367028

印　　装 / 北京季蜂印刷有限公司
开　　本 / 787mm×1092mm　1/16　　　印　张 / 25.75
版　　次 / 2014年1月第1版　　　　　　字　数 / 416千字
印　　次 / 2014年1月第1次印刷
书　　号 / ISBN 978-7-5097-5517-4
定　　价 / 79.00元

本书如有破损、缺页、装订错误，请与本社读者服务中心联系更换
▲ 版权所有　翻印必究

上海蓝皮书编委会

总　编　王　战　潘世伟
副总编　黄仁伟　洪民荣　叶　青　谢京辉　王　振
委　员（按姓氏笔画排序）
　　　　　左学金　卢汉龙　杨亚琴　刘世军　沈开艳
　　　　　陈圣来　周冯琦　周振华　周海旺　荣跃明
　　　　　强　荧　蒯大申　屠启宇　李安方　季桂保

《上海传媒发展报告（2014）》
编委会

主　　编　强　荧　焦雨虹

秘书长　沈结合

编　　委（按姓氏笔画排序）

　　　　王　月　王　蔚　王建磊　王维佳　白红义
　　　　吕　鹏　刘　鹏　刘世军　许　钟　许顺利
　　　　李　敬　吴畅畅　张　展　张志安　陈文韵
　　　　陈立生　范玉吉　易旭明　孟　建　孟　晖
　　　　项　华　赵　祎　洪　宇　贾成芳　贾亦凡
　　　　徐　炯　徐　琦　徐培喜　高韵斐　涂鸣华
　　　　梁建章　董　倩　童　希　裘　新　戴丽娜

主编简介

强　荧　二级研究员，上海社会科学院新闻研究所所长，上海市第八次党代会代表，上海市政协委员，上海市作协会员，上海市领军人才。

1995年获首届"全国百佳新闻工作者"称号，1998年获"中国报刊之星"称号，2001年获上海第三届"范长江新闻奖"，数十次获中国新闻奖和上海新闻奖。

新闻从业30余年，新闻类著书12本。曾经长江漂流，摩托西行，走过沙漠，找过野人，攀登雪山，穿越丝路，申奥远征，闯过南极，去过北极。

坚持笔触扎根于民众之中，亲身体验出租车司机、巡警、殡葬工、卖报人、保险推销员等普通劳动者生活，发表系列体验式报道。

1994年，强荧新闻作品义拍，所得捐赠给上海市记协，创立"强荧风险新闻奖"，定期表彰一批敢冒风险采访的新闻记者。

2003年，在南纬72度56分30秒、东经75度16分39秒发现外星陨石，成为中国发现南极陨石第15人，国家极地办和中国极地研究中心命名这块陨石为"强荧GRV021604"。

焦雨虹　新闻传播学博士后，文学博士，副教授。主要研究方向为新闻理论，媒介与传播，文化产业。世界华文文学协会会员。广州市作协会员。参与多个国家级、省部级项目并撰写研究报告，发表多篇学术论文，出版相关学术著作。

摘　要

　　《上海传媒发展报告（2014）》以"主流媒体：公信力·传播力·影响力"为主题，梳理2013年以来传媒业发展大势，关注重大舆论事件，追踪媒体热点，解读传媒政策，分析产业格局，强调提升主流媒体影响力，把握传播主导权，促进社会认同，推进社会发展的必要性和紧迫性。全书聚焦于"主流媒体与传媒发展"这个核心议题，深入探讨传媒体制、传媒实践与传播效应的相互关系，关注在传媒格局演变的过程中，主流媒体的作用、参与社会发展的方式和路径，为上海传媒发展提供对策建议。

　　全书由总报告、热点聚焦、公信力、传播力、影响力五大部分构成。总报告梳理了2013年传媒发展大势，总结提炼出"新媒体覆盖"、"传统媒体再转型"、"移动互联终端加速"、"大数据引领"等重要趋势和现象，围绕"主流媒体和传媒发展"的主题，阐释了主流媒体的理论与实践，结合社会现实与传媒现状，论述了主流媒体与传媒发展、社会建构的相互关系，指出了进一步提升主流媒体影响力的策略路径。"热点聚焦"聚焦社会热点、传媒大事，关注上海主流媒体公信力传播力影响力发展现状、上海传媒转型、中国梦等重大议题。"公信力"研究转型期传媒与社会、政治、经济、文化关系新特点，关注新闻模式的挑战、传媒公信力的新内涵新特征。"传播力"部分侧重研究在新媒体环境下，主流媒体拓展传播渠道、改善传播方式、扩大传播力的路径和空间。"影响力"研究指出，在主流媒体发展过程中，政策红利、产业规模、竞争机制等内外在因素的综合运用对扩大传媒影响力具有重大意义。

　　社会发展与结构调整已经进入全新阶段，从战略高度完善传媒机制，深化体制改革，建设主流媒体引导下的新型传播格局，是传媒发展当务之急。创新舆论格局、把握传播主导权、引领主流价值是主流媒体促进文化大发展、推动社会进步的发展方向和主要任务。

Abstract

Shanghai Media Development Report (2014) is on the theme of Mainstream Media and Media Construction. It elaborates the media developments in Shanghai this year, focuses on important public events and interpreting media policies, analyzes the urgency and necessity of improving the media mechanism, holding the communication heights and constructing the harmonious society from the perspective of social development. The book focuses on the interaction between media activities and social development, and discusses the complexed relations among media system, communication practices and impact, and pays close attention to the ways mainstream media articulate with social construction and functions of media during the social transformation in which the social identity and value are in the making, and to provide some suggestion for the media development and governance in Shanghai.

The book is composed of 5 parts, including the general report, hot topics, public trust in the media, reach and media impact. The general report reviews the major achievements in Shanghai media in 2013, explains the theories and practices on public trust, communication and influence of mainstream media and its relations with social construction, and finally points out some ways to promote the influence of the media. Hot topics include Shanghai's mainstream media, digital transformation of Shanghai's traditional media, analysis of 'the Chinese Dream' in social media. The third part is mainly about Internet politics, the function of Weibo, news practitioners' working routines and cultural system reform in China's media sector. The fourth part focuses on analysis of the reform of newspaper publishing in Shanghai, Wechat, the light Blogger, broadcast media of Shanghai. The last part emphasizes the media policy and its innovation, media ecology and management.

Now is an important time for social transformation and structural adjustment, so it is high time to improve public trust in the media, reach and impact of mainstream media. To seize the communication heights, better communication effects and promote identification through media should constitute how mainstream media articulate with and participate in social development in the near future.

目 录

BⅠ 总报告

B.1 创新传播格局提升主流媒体公信力传播力影响力 ………… 焦雨虹 / 001
    一 2013年传媒综览……………………………………………… / 002
    二 主流媒体的公信力、传播力、影响力与传媒发展………… / 015
    三 上海传媒观察与展望………………………………………… / 021

BⅡ 热点聚焦

B.2 电视收视率的现状、问题及对策研究 ………… 强 荧 吕 鹏 / 036
B.3 提升传播力，巩固公信力，扩大影响力
    ——上海主流媒体传播力、公信力、影响力调查
       分析报告 ……………………………………………… 王 蔚 / 046
B.4 上海传统媒体转型发展新媒体报告
    ………………………… 吴畅畅 白红义 戴丽娜 王 蔚 / 068
B.5 "中国梦"社会化媒体传播的实证分析与对策研究
    ——基于新浪原创微博的全文本研究
    …………………………………… 孟 建 裴增雨 孙祥飞 / 079

BⅢ 公信力

B.6 互联网政治的现实与未来 ……………………………… 王维佳 / 117

B.7 网络新闻从业者的工作常规
　　——以上海 A 网站为例 ………………………………… 白红义 / 131

B.8 为读者提供思想的乐趣
　　——《东方早报》文化版调研报告
　　………………………………… 王　侠　江海伦　周　岩　刘　鹏 / 144

B.9 摇滚吧，新闻
　　——外国媒体在华新闻实践中微博的功能 ……………… 张　展 / 158

B.10 寻找企业发展和公共服务之间的黄金平衡点
　　——中国媒介行业的文化体系改革 ……………………… 洪　宇 / 177

B.11 后斯诺登时代的美国互联网治理 ……………… 徐培喜　吴畅畅 / 198

BⅣ　传播力

B.12 2013 年上海报业变革分析 ………………………………… 戴丽娜 / 210

B.13 主流文化价值体系的新媒体传播
　　——以文化精品的轻博客传播为例 ……………………… 王　月 / 223

B.14 新闻媒体微信公众平台发展现状与思考 ………………… 徐　琦 / 236

B.15 刍议新老媒体融合发展
　　——谈上海报业集团的成立与《赫芬顿邮报》的
　　　国际合作战略 …………………………………………… 徐　佳 / 248

B.16 媒介环境论的视角：广播媒介的新机遇 ………………… 李　敬 / 261

B.17 从移动新闻客户端看传统媒体转型 ……………………… 童　希 / 271

B.18 上海主流媒体微信公众平台研究
　　——以上海报业集团为例 ………………………………… 董　倩 / 290

BⅤ　影响力

B.19 制度红利预期下的中国（上海）自由贸易试验区
　　文化产业政策解读 ………………………………………… 涂鸣华 / 304

B.20 规制创新背景下的传媒有效竞争
　　——以上海电视市场为案例 …………………………… 易旭明 / 314
B.21 创意时代：传统文化创新与大众传媒功能
　　——以上海春节文化与传媒界互动为例 …… 陈立生　沈璘倩 / 339
B.22 广电系网络电视台发展报告 ……………………………… 王建磊 / 361
B.23 休闲信息传播方式转型研究
　　——以2013年携程移动互联网发展战略分析为例
　　…………………………………………………………… 梁建章 / 376

B.24 后记 …………………………………………………………………… / 392

皮书数据库阅读**使用指南**

CONTENTS

B I General Report

B.1 Mainstream Media: Public Trust, Reach and Impact　　　*Jiao Yuhong* / 001
　　　1. Media Overview in 2013　　　/ 002
　　　2. Mainstream Media: Communication, Influence and Media Development　　　/ 015
　　　3. Observation and Prospect of Shanghai Media in 2013　　　/ 021

B II Hot Topics

B.2 TV Ratings: Current Situation, Problems and Countermeasures
　　　　　　　　　　　　　　　　　　　　　　　　Qiang Ying, Lyu Peng / 036

B.3 Enhancing its Reach Consolidating Public's Trust and Increasing its Impact:Research into Shanghai Mainstream Media's Reach Public Trust and Impact　　　*Wang Wei* / 046

B.4 A Report on the Digital Transformation of Shanghai's Traditional Media　　　*Wu Changchang, Bai Hongyi, Dai Lina and Wang Wei*/ 068

B.5 Empirical Analysis and Policy Study of Corerage of "Chinese Dream" in the Social Media: The Case of Sina Weibo
　　　　　　　　　　　　　　　Meng Jian, Pei Zengyu, Sun Xiangfei / 079

CONTENTS

B Ⅲ Public Trust in the Media

B.6　The Present and Future of Internet Politics　　　　　　*Wang Weijia* / 117

B.7　Online News Practitioners' Working Routines: the Case of A Shanghai Website　　　　　　*Bai Hongyi* / 131

B.8　Drawing the Concept of Fun to the Forefront of Readers' Mind: Research on the Culture Column in *Oriental Morning Post*
　　　　　　Wang Xia, Jiang Hailun, Zhou Yan and Liu Peng / 144

B.9　Rock and Roll Journalistic:The Function of Weibo in Foreign Media's Journalistic Practice in China　　　　　　*Zhang Zhan* / 158

B.10　Between Corporate Development and Public Service: the Cultural System Reform in China's Media Sector　　　　　　*Hong Yu* / 177

B.11　American Internet Administraton in Post Snowden Era
　　　　　　Xu Peixi, Wu Changchang / 198

B Ⅳ Reach

B.12　An Analysis of the Reform of Newspaper Publishing in Shanghai　　　　　　*Dai Lina* / 210

B.13　The Spread of the Mainstream Value System through New Media: the Case of Light Blogging　　　　　　*Wang Yue* / 223

B.14　The Development of and Reflection into Wechat as the Platform for Traditional News Media　　　　　　*Xu Qi* / 236

B.15　The Integrated Development of New and Old Media Rediscussed: Studies on Shanghai Newspaper Group's Establishment and its International Coopcration with Huffington Post　　　　　　*Xu Jia* / 248

005

B.16 The Media Environment Perspective: New Opportunities for Broadcast Media　　　　　　　　　　　　　　*Li Jing* / 261

B.17 Looking at the Transformation of Traditional Media from the Perspective of Mobile News Clients　　　　　　　　　　　　*Tong Xi* / 271

B.18 Research into Wechat as a Public Platform for Mainstream Media in Shanghai: the Case of Shanghai Newspaper Group　　　　　　　　　　　　　　　　　　　*Dong Qian* / 290

B V　Impact

B.19 An Interpretation on Cultural Industry Policies in China(Shanghai) Pilot Free Trade Zone under the Anticipation of the Institutional Bonus　　*Tu Minghua* / 304

B.20 Effective Competition in the Media in the Context of Regulatory Innovations: the Case of Shanghai's Television Market　　　　　　　　　　　　*Yi Xuming* / 314

B.21 A Creative Era: Innovations in Traditional Culture and the Functions of Mass Media : Research into the Interaction between Shanghai's Spring Festival Culture and the Mass Media　　*Chen Lisheng, Shen Linqian* / 339

B.22 A Report on the Development of the Broadcast-Networked Television　　　　　　　　　　　　　　*Wang Jianlei* / 361

B.23 The Transformation of the Communication of Recreational Information: the Case of 2013 Case of Ctrip's Mobile Internet Development Strategy Case　　　　　　*Liang Jianzhang* / 376

B.24 Postscript　　　　　　　　　　　　　　　　　　　/ 392

总报告
General Report

B.1
创新传播格局提升主流媒体公信力传播力影响力

焦雨虹*

摘　要： 2013年是上海发展进程中极其重要的一年，社会发展加速，产业结构深度调整转型，文化领域利好政策措施出台，产业迎来重要发展机遇。对上海传媒业来说，在政策推动、体制革新、技术支持等因素推动下，进一步调整转型加速发展，在报业改革、文化贸易、网络舆论引导等领域保持了领先优势，取得了较大的成绩。其中，上海报业集团的成立，是传统媒体转型的标志性事件，对于整个中国传媒业改革具有先行者、探索者的范本意义。

关键词： 主流媒体　转型发展　公信力　传播力　影响力

---

* 焦雨虹，新闻传播学博士后，副教授，主要研究领域为新闻理论、媒介与传播、文化产业。

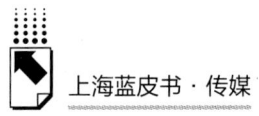

一 2013年传媒综览

2013年注定是中国政治经济文化发展进程中极其重要的一年。党和政府发布了系列重大国策，指明了在新的历史起点上，全面深化改革，完善和发展中国特色社会主义制度，推进国家治理体系和治理能力现代化等重要发展目标和战略规划。"继续推进文化体制改革"，"推动文化事业全面繁荣和文化产业快速发展、建设社会主义文化强国"[1]等部署阐明了文化大发展的目标方向，已经并将继续对政治文化格局产生重大影响。传媒业作为社会主义文化的重要组成部分，呈现了持续发展快速增长的局面。

2013年3月22日，国家新闻出版广电总局挂牌。根据国务院公布机构改革和职能转变方案，原来的新闻出版总署、广电总局整合组建成国家新闻出版广电总局。两大部门的合并有利于资源、优势的集中整合，对大传媒业的发展提供了政策、资源、结构、人才等多方面的保证和支持。[2]

2013年8月1日，国务院关于发布了《"宽带中国"战略及实施方案》的通知，宽带加速发展正式上升为国家战略，提出了2020年宽带要全面覆盖城乡的具体要求，[3]为网络应用的普及、发展、创新提供了政策支持。

2013年8月14日，国务院印发《关于促进信息消费扩大内需的若干意见》，提出基于互联网的信息发展和信息消费将成为发展的重要动力和目标，要求加快信息基础设施升级、增强信息产品供给能力、提升公共服务信息化水平、加强信息消费环境建设。[4]这一系列举措无疑为信息领域新产品、新服务、新业态的转型提升提供了广阔的发展空间。

2013年8月19~20日，全国宣传思想工作会议在北京召开。习近平总书记深刻阐述了系列重大理论问题和现实问题，明确了工作的方向目标、重点任务和基本遵循。讲话强调"要加强社会主义核心价值体系建设，积极培育和

---

[1] 新华网，http://news.xinhuanet.com/politics/2013-08/20/c_117021464.htm。
[2] 中国政府网，http://www.gov.cn/jrzg/2013-03/22/content_2359994.htm。
[3] 中国政府网，http://www.gov.cn/zwgk/2013-08/17/content_2468348.htm。
[4] 中国政府网，http://www.gov.cn/zwgk/2013-08/14/content_2466856.htm。

践行社会主义核心价值观","要把实现好、维护好、发展好最广大人民根本利益作为出发点和落脚点,坚持以民为本、以人为本",坚持"巩固壮大主流思想舆论,弘扬主旋律,传播正能量",对外传播要立足"讲好中国故事,传播好中国声音"。通过推进文化体制改革,"推动文化事业全面繁荣和文化产业快速发展",最终达到"建设社会主义文化强国"的目标。①

2013年9月18日,国务院发布了《中国(上海)自由贸易试验区总体方案》的相关通知,提出要扩大包括文化服务在内的投资领域的开放,"构筑对外投资服务促进体系","加快对外文化贸易基地建设",推进贸易发展方式转变等系列政策框架和措施。② 2013年9月29日,中国(上海)自由贸易试验区正式挂牌成立。自贸区的建立,为中国文化产业发展将带来深远的影响。

2013年11月9~12日,党的十八届三中全会在北京召开,对当前中国面临的重大和紧迫问题作出了系统改革部署。会议审议通过了《中共中央关于全面深化改革若干重大问题的决定》(以下简称《决定》),提出了推进经济体制、政治体制、文化体制、社会体制、生态文明体制和制度改革的方向和路径。《决定》明确要"进一步解放思想、解放和发展社会生产力、解放和增强社会活力","推进国家治理体系和治理能力现代化"的发展目标。通过完善文化管理体制、建立健全现代文化市场体系、构建现代公共文化服务体系、提高文化开放水平等系列举措,推进文化体制机制创新,建设社会主义文化强国,增强国家文化软实力。

在《决定》的第十一部分,强调要"健全坚持正确舆论导向的体制机制",通过"健全基础管理、内容管理、行业管理"等立体综合治理机制,建设网络舆论工作的新格局。传媒业通过"整合新闻媒体资源,推动传统媒体和新兴媒体融合发展"。面对新的多元传播格局,《决定》指出要"重视新型媒介运用和管理,规范传播秩序"。③

国家层面出台的政策措施无疑为文化的大发展提供了强有力的政策支持,系列部署规划为文化的大繁荣指明了发展的方向、任务和路径。在国家政策的

---

① 新华网,http://news.xinhuanet.com/politics/2013-08/20/c_117021464.htm。
② 中国政府网,http://www.gov.cn/zwgk/2013-09/27/content_2496147.htm。
③ 新华网,http://news.xinhuanet.com/politics/2013-11/15/c_118164235.htm。

指导下，在信息技术的支撑下，加上金融资本市场的支持和文化信息消费能力的攀升，作为文化重要组成部分的传媒，2013年呈现多元发展、全面繁荣的景象。

（一）新媒体全方位覆盖生活

回顾2013年传媒业的发展，从宏观层面到微观层面，从国外到国内，都发生了剧烈的震荡与变局，但加速发展是主旋律。从用户、技术、内容、市场、产品、资本等多个角度，我们都能清晰地看到传媒业的迅猛扩张。

在世界品牌实验室和世界经理人集团共同发布的2013年"亚洲品牌500强"排行榜上，中国传媒品牌影响力持续上升，从数值看，传媒业成为仅次于金融的第二大行业。上榜的500个品牌中，内地传媒占了24个。中央电视台等8家广电媒体、《人民日报》等13家报纸、《读者》等3家期刊等上榜媒体的品牌打造、市场拓展能力发展迅速。尤其值得注意的是，地方媒体的影响力迅速攀升，实力不容小觑。①

传媒业影响力的发展提升成绩巨大，繁荣的背景下，新媒体全方位的渗透扩张更是令人瞩目。

据国家互联网信息办公室的数据，截至2013年9月底，中国网民数量已达6.04亿。相比2012年增长速度明显放缓。② 但是仔细分析数据，不难发现，网络新闻浏览高潮虽然下降，但社交、娱乐、商务、政务等深度网络功能应用人数上升迅速。

截至2013年6月，微博用户规模达到3.31亿；2011年1月运行的微信目前用户规模已经突破3亿。淘宝2013年的"双11"购物节创下总额350亿元的天量数字，比2012年的191亿元几乎翻了1倍。政府及相关部门在新媒体平台的使用比例大幅上升：97%以上的中央政府部门、100%的省级政府和98%以上的地市级政府部门开通了政府门户网站，政务微博认证账号超过24万个。③

---

① http://big5.xinhuanet.com/gate/big5/news.xinhuanet.com/newmedia/2013-10/09/c_125499717.htm.
② 强荧、焦雨虹:《上海传媒发展报告（2013）》，社会科学文献出版社，2013，第4页。
③ 人民网，http://media.people.com.cn/BIG5/n/2013/1201/c40733-23707273.html.

在全球框架内,新媒体的表现更加抢眼。2013年8月,《金融时报》网站称,据eMarketer资料,2013年美国成年人每天用于上网或消费其他类型数字媒体的平均时间为5小时左右,看电视的时间约为4小时30分钟,广播、报纸、杂志的时间更少。因此,可以说2013年数字媒体消费时间超过了传统媒体。①

11月科技博客Business Insider发布了调查报告《数字产业的未来》,系列数据令人震惊。Google 2013年的收入超过600亿美元,超过美国所有报纸和杂志的总和。显然,新媒体在市值上已经超过传统媒体。全球约1/5的网络流量来自移动设备,手机成为最普及的使用终端。在美国,数字广告约占广告总额的1/4。中国的微信位居全球社交平台前十。Business Insider预言"新媒体将很快完胜旧媒体"。②

从以上数据不难看出,新媒体的应用更加深入大众生活众多领域,大众对互联网的依赖越来越高,虚拟空间和现实世界逐渐融合,新媒体全面深入日常生活。

在国内,现阶段大众对新媒体的期待还多了几层含义:"一是盼望新媒体能促进中国媒体'说真话',二是盼望新媒体能汇集民意成为与执政者沟通的渠道,三是盼望新媒体发挥监督功能,揭露社会不公正的问题。"③

对传媒业来说,不仅传统报纸、杂志等纸媒市场份额下降,即使现阶段稳居行业首位的电视业也面临着巨大的冲击。

被喻为"中国经济风向标"的中央电视台黄金资源广告招标已历经二十载,由于其资源的独特性、权威性,如《新闻联播》等栏目的价值无人能及,具体金额也不再对外公布,但2013年招标的新动向非常引人注目,新媒体成为主推产品之一,据央视广告经营管理中心副主任何海明介绍,2013年推出了67个新媒体产品,实现"台网联动",整合线上线下资源,融合CCTV.COM和CNTV.CN,打通网络与电视的隔阂,实行电视屏幕与电脑、手机等多屏多渠道的互动传播,提升央视的互动性、社交性、体验性。④

---

① http://news.xinhuanet.com/cankao/2013-08/02/c_132597358.htm.
② http://www.businessinsider.com/.
③ 陈青文、张国良:《新媒体促进传统媒体"说真话"》,《新闻记者》2013年第4期。
④ http://www.dllp.cn/news/21261/1. http://news.cnad.com/html/Article/2013/0926/20130926105149972.shtml.

显然,央视已经认识到新媒体正在成为其最大的竞争"对手",虽然目前其霸主地位无人能撼动,但随着电视开机频率的下降,习惯网络浏览的"80后"、"90后"人群的成长,电视传媒无法避免新媒体带来的冲击。整合跨媒介、跨平台资源,融合互联网新趋势,是电视传媒业必须正面回应的现实问题。

紧迫感更强烈的地方卫视纷纷创新转型,融合新媒体传播特点进行各种尝试。首先是对电视节目的收视率调查进行了革新。中国的电视收视率调查一直为人诟病,数据的广度、准确性常常被质疑,尤其是收视渠道的选择,单纯的开机率显然并不全面。《中国好声音》、《非诚勿扰》、《爸爸去哪儿》等热门节目以及相当数量的电视节目,许多年轻观众已习惯于网络观看。

因此,2013年7月份,第一份《中国全媒体卫视收视率排行榜》的出炉就非常引人注目,这份排行榜结合了电视用户、网络用户(包括微博、视频、搜索等)两类样本数据进行了统计分析。虽然排行榜的名次并无惊人发现,但它的意义在于,国内电视媒体收视统计开始进入全媒体统计的时代,电视必须兼顾网络观众的反应、评价。①

(二)传统媒体转型的"生死时速"

2013年对传统纸媒来说是个非常重要的年份,"纸媒的冬天"、"纸媒的消亡"等惊呼不绝于耳。虽然有点言过其实,但其严峻的生存形势不容忽视。

创办于1851年的精英媒体《纽约时报》的发展转型之路非常值得分析和研究。2000年前后的巅峰时期,其成为集报纸、杂志、广播、电视、网络于一身的超级传媒集团。然而随着媒体环境的演变,纽约时报集团不断"瘦身",主营业务基本只剩下《纽约时报》和网站NYTimes.com。

至目前为止,《纽约时报》十年来的转型探索算不上成功。围绕"内容-发行-广告"的传统媒体商业模式并未真正转变,"收入衰减-压缩成本-业务萎缩"的不良循环目前还看不出有可靠的破解之道。单纯的数字化转型并不是传统媒体转型的成功之道,寻找和建立新型的传播模式、商业模式是未来的首要任务。②

---

① http://big5.gmw.cn/media/2013-07/16/content_8291770.htm。
② 冀万林、张欣:《回顾〈纽约时报〉1997~2012年收缩转型中的教训》,http://media.people.com.cn/BIG5/n/2013/0916/c40606-22933098.html。

创新传播格局提升主流媒体公信力传播力影响力

2013年8月5日,电商巨头亚马逊掌门人贝佐斯斥资2.5亿美元收购了"华盛顿邮报公司",美国三大报之一的《华盛顿邮报》进入新时代。虽然更换了总编,但随着发行量的下降,《华盛顿邮报》2013年上半年亏损额达到4930万美元,调整势在必行。电商买下传统报纸,引起世界瞩目。比照《华尔街日报》出售给默多克的50亿美元、新闻博客网站赫芬顿邮报卖给AOL的3亿多美元,传媒从业者为百年老报出售价格如此低廉而黯然。资本界、网络界却纷纷叫好,互联网深度介入纸媒甚至被认为是纸媒的幸运。这次收购被认为是纸媒和互联网两大领域的标志性事件。抛开价格不论,传统媒体必须在互联网平台探索新的商业模式、亚马逊网站需要媒体平台和需要内容生产者,是收购的真正内在动力。①

10月份,《纽约杂志》(*New York*)宣布,自2014年3月起,将由周刊改为双周刊。其原因是印刷版广告收入的持续连年下降。②

在国内,传统媒体的日子一样不好过。在新媒体的强势竞争下,传统报纸读者流失、广告投放减少、活动影响力减弱,面临生存危机的报业集团通过资本运作、产业多元、区域整合、数字化等途径奋勇自救。但行业大势所趋,报业集团常常船大不容易掉头。曾经的行业先锋"南方报业"的财报数据也让人心寒,2013年第一季度的净利润为-9485万元③。

9月份,一篇名为《时尚媒体大滑坡,平媒的最大一块奶酪要没了》的文章被广泛转载。文章指出,一向依赖高档品牌支撑的高端时尚类杂志在2013年利润大幅下滑。由于用户流失,广告主投入下降,不少时尚杂志陷入亏损状态。④

虽然收入状况持续下滑,但纸媒的数量并未明显下降。根据原国家新闻出版总署的统计,2012年全国出版图书414005种,期刊9867种,报纸1918种。三类出版物总印张为3074.01亿。除平均期印数有所下降外,种数、总印数、

---

① http://www.donews.com/net/201308/1569831.shtm.
② http://nypost.com/2013/10/16/new-york-magazine-considers-going-biweekly/.
③ 陈国权:《报业转型的路径梳理》,http://media.people.com.cn/n/2013/0805/c192362-22447547.html。
④ http://www.huxiu.com/article/20128/1.html.

定价总金额均比2011年略有增长。其中全国共出版报纸1918种，总印数482.26亿份，增长了3.17%。①

一方面是收入的大幅下降，另一方面却是数量的增长，其间的矛盾显然非常突出。在新媒体全方位的"围追堵截"下，面临存亡危机的传统媒体纷纷探寻自救出路。关停并转、融合并购成为传统传媒业的主要潮流，传统媒体正式拉响"集结号"。

十八届三中全会"推进文化体制改革"的号召加速了传统媒体的转型。决定甫一公布，在政策利好刺激下，股市中纸媒、广播电视、电影动画、互联网等文化传媒股纷纷上涨。股市直观地体现了资本对文化传媒调整方向的肯定和信心。②

事实上，融合、并购、转型是2013年传媒业的核心主题。其中标志性的事件是上海解放日报报业集团和文新报业集团合并组成了"上海报业集团"，对业内外的震动巨大。《中共中央关于全面深化改革若干重大问题的决定》对文化体制、机制创新的部署进一步明确了传媒业转型的方向，可以预见，跨地区、跨行业、跨体制的重组将成为发展趋势。

但问题的关键在于，传统纸媒至今尚未找到合适的互联网发展模式。美国学者尼克拉斯·卡尔甚至认为，传统报业的核心问题在于支持整个报业系统运转的经济模式正在瓦解。③

纸媒的困境表明已经到了必须创新、必须转型的关键时刻。但倘若武断地宣布纸媒必死等结论未免为时过早，太过耸动。

早在2013年5月，《人民日报》刊发了《假如没有传统媒体……》的署名文章，引来众多媒体转发。虽然文章"天鹅之歌"哀婉色彩强烈，但文章不无道理。④

美国老牌媒体《新闻周刊》在2012年11月停掉了印刷版，但时过一年，

---

① http://news.xinhuanet.com/zgjx/2013-07/25/c_132572572.htm.
② http://news.sina.com.cn/m/2013-11-20/091928759903.shtml.
③ 转引自陈赛《Huffington Post：互联网第一大报？》，《三联生活周刊》2008年第14期。
④ 于洋：《假如没有传统媒体……》，《人民日报》2013年5月15日。

其总编宣布,将于 2014 年恢复印刷版,但打算走"精品化、优质化"路线。①

有学者直言,未来新闻的载体形式(如 newspaper)会变,但新闻(news)本身一定会继续存在。② 关键是如何选择合适的内容表达、渠道载体。

综观国内外纸媒数字化的发展,大致经历了三个阶段。

第一个阶段是直接翻版,单纯地把纸质版内容转移到移动或者 PC 终端,具体方式包括:建设移动版的网站、移动 App 客户端,出版数字版刊物,入驻新浪等综合门户网站,设立微博、微信账号。虽然看起来花样繁多,但它们几乎皆有一个共通之处:未曾考虑受众的需求,缺乏独特性、吸引力。这种转移翻版的价值有多大?抛开忠实读者不论,绝大多数读者也许只是在网上偶然浏览。而且,所谓忠实读者又能占到几成?显而易见,这种挪移的价值小得可怜。目前国内不少报纸依然处于这个初级阶段,其传播力可想而知了。

第二个阶段是整合阶段,网络内容与纸版内容有同有异。这是目前的主流做法,但效果依然差强人意。

第三个阶段是独立阶段,这是新媒体发展的未来方向,此阶段的新媒体内容和发布周期不再依赖纸媒,拥有独立的采编和运营团队。

(三)移动互联终端引领传媒变革

10 月底美国互联网市场调查公司 Com Score 发布了名为《2013 中国大陆、台湾、香港数字未来》的报告,分析了网络使用情况、社交媒体、在线视频、数字广告、搜索以及电子商务领域的流行趋势。报告指出 87% 的中国大陆网民是网络视频用户,平均每月观看 300 亿支网络视频。中国人平均每月在零售网站上消耗近 150 分钟,居亚太地区之首,比全球平均值高出 187%。大陆娱乐网站十分火爆,到达率达到 98.7%,领先于全球水平。③

11 月艾媒咨询(ii Media Research)发布的《2013 年中国移动互联网发展报告》展示了更加详细的数据:2013 年中国移动互联网市场产值达到 1650 亿元,同比增长 94.1%。2013 年上半年中国手机网民规模已经突破 5 亿大关,

---

① http://www.businessinsider.com/newsweek-print-issue-2013-12.
② http://meitiku.cn/yingxiaobaike/201310141116.html.
③ http://p.t.qq.com/longweibo/page.php?id=278901097859666&lid=4860440598550223752.

到年底这一数据预计将接近6亿。到2014年上半年,手机将成为第一网络终端。其中,手机游戏、手机视频表现尤为亮眼,2013年全年手机游戏市场将突破100亿元。手机视频市场快速发展,按照功能分类,手机游戏、移动电商、移动广告、手机浏览器、手机阅读、手机音乐、手机视频、移动教育、移动医疗等将全面发展。①

最新的消息是,2013年12月4日,工信部给中国移动、中国电信、中国联通三大运营商发放了4G牌照。② 4G手机终端必将很快风行。届时移动网络如虎添翼,必然引来更大体量的迅猛发展。

移动互联网的社交化、碎片化特征,对内容生产者和内容传播平台提出了更高的要求。技术的飞速发展使媒体的发展有了更多空间,也使传媒变革达到了前所未有的深度、广度与速度。传媒的竞争已经逐步由内容转向了终端。早在2010年烟台日报传媒集团郑强就大胆预测,"2020年最具影响力的媒体是什么?掌上媒体,其将会是2020年最具影响力的媒体。而它正是一种以手机为载体的传播媒介。"③ 时隔三年,我们不能不承认预言的前瞻性。

(四)超级平台型聚合媒介出现

媒体概念向来是争论的热点,技术派、理论派、实务派各有高论。比如国际电报电话咨询委员会CCITT把媒介细分为五大类,显然是按照技术类型来划分的。虽然重点各异,但以报纸、杂志、广播、电视属于传统媒体,以互联网为代表的新兴媒体属于新媒体这种大类归纳基本是没有异议的。

在互联网这个无边的范畴里,哪些属于媒体,哪些又不属于媒体?新闻资讯类网站、社交类网站如Facebook、Twitter、微博、微信等由于其信息的聚合呈现,除却社交功能之外,媒体功能日益凸显。在国内,政府及相关部门官方微博的使用正是其媒体功能突出的重要表征。但以Google为代表的互联网技术公司,虽然不生产信息,但通过技术手段聚合信息、呈现信息,是否属于媒体呢?技术的发展给人类带来了新的命题。

---

① http://www.199it.com/archives/173039.html.
② http://www.cnbeta.com/articles/263212.htm.
③ http://news.xinhuanet.com/newmedia/2010-09/06/c_12523006.htm.

不妨从传媒一词的词根进行分析：传媒一词来源于拉丁语"Medium"，指使事物之间发生关系的介质或工具，麦克卢汉的"媒介即人的延伸"就是指媒介的广义性。从狭义层面来说，媒介和符号、载体、渠道等紧密关联，指向传播信息的载体、工具、手段等，包括信息承载者和信息储存传递者两个层面的含义。按照这个基本定义，Google、Baidu 等都可以算得上是媒体公司。虽然不情愿承认，但事实上不少互联网技术公司越来越多地承载了媒体的功能。

新媒体平台自身在技术的推动下不断更新淘汰，早期的门户网站、博客、在线杂志，到论坛、SNS、QQ、优酷、豆瓣、微博，到当下风行的微信、手机 App 乃至淘宝，其更新周期之快、淘汰率之高，令人眼花缭乱。20 世纪末期的互联网奇迹制造者雅虎不断萎缩，直至 2013 年 8 月份永久关闭邮箱等业务，正是新媒体行业残酷的最好见证。

在此大背景之下，媒介形态不断变化，传媒业的内涵和外延不断拓展，传媒和科技、广告等行业的界限明显模糊。

2013 年 6 月，《华尔街日报》报道 Facebook 正在测试一款名为 Reader 的阅读器，汇总展示各种新闻和内容，希望打造成为移动终端的类似报纸的读物。①

2013 年 10 月，谷歌推出了一款名为"Google Media Tools"的在线工具包，用户利用其来加强新闻报道、作品宣传的力度。

2013 年 11 月底，美国著名社交媒体 Twitter 推出了新闻聚合网站 Twitter Media。② 虽然此举引发众多猜想和争议，但其目的比较明确，就是想吸引更多媒体资源与 Twitter 平台进行深度融合。其内容和效果目前尚不明确，但如果 Twitter 真能通过整合推出全新新闻产品，必将引发业内震动。

据外媒信息，不少新媒体公司正在尝试推动技术平台型公司和媒体企业的融合，除了前文所及 Google、Twitter 外，LinkedIn、Facebook 等都跃跃欲试。有业内人士直言"未来的超大型媒体公司会是一个类似 Twitter 的技术平台型公司"。③ 新媒体技术日新月异，传媒业和技术平台的融合是大势所趋。

---

① http：//tech. sina. com. cn/i/2013 - 06 - 25/11278476701. shtml.
② http：//soft. zol. com. cn/414/4148120. html.
③ http：//www. 36kr. com/p/207506. html.

自 2000 年以来，传媒的融合并购就已经大潮涌现，并购的第一个阶段是以同类媒体的整合为主，比如报业集团的整合、卫视集团的整合等。第二个阶段是传统媒体集团与网站的整合，比如默多克集团的媒体扩张之道等。但在未来，跨界融合将是主潮。此次的所谓跨界，指的是在更广阔的背景下的整合，科技公司、金融集团、电商集团都可能与媒体合并，利用互联网打造新一代的超级平台媒体。比如亚马逊收购华盛顿邮报集团就是这样的尝试。

（五）大数据促进产业升级

大数据几年前就成了热门词。在传媒界 2012 年就有学者把它选为年度关键词。[①] 到 2013 年，几乎所有领域都在讨论大数据。不仅 IT 业、传媒业、咨询业热议，在金融界、商界乃至政界，大数据都引起了高度关注，它对人类的未来将产生深远影响是其引起关注的原因。

关于大数据的定义众说纷纭，但核心基本是一致的：数据量大、类型多、即时更新、天量倍增。通过对数据的抓取、处理，在政治、经济、文化等领域进行全方位的管理、研发、创造。大数据技术下的数据挖掘、语义分析等必将促进数字内容消费的大发展，促进内容媒介与新兴科技的跨界融合。在未来，人类生活中"所有产品"提供者的超级平台也许正在形成。

随着时间的推移，大数据改变了人类处理信息、数据的方式，进而可能改变人类思考方式，利用数据进行分析、选择、决定，基于"因果关系"的思维模式和世界观可能转变为"相关性"模式。人类的生活方式、工作方式也将发生变化。[②]

由于自身特点所限，媒体缺乏数据资源库，也缺乏处理数据的能力，因此至少在目前，媒体在大数据领域相对比较被动。有研究者就认为"大数据对媒体的价值不宜高估"、"大数据没有许给媒体业一个笃定明朗的未来。"[③]

[①] 喻国明、宋美杰：《微电影、大数据、三网融合：中国传媒业跨入新传播时代的门槛——社会视角下的 2012 中国传媒业关键词》，《编辑之友》2013 年第 2 期。

[②] 肯尼思·内尔·丘基尔等《大数据的兴起》，美国《外交》杂志 2013 年 5～6 月，转引自 http: //news. xinhuanet. com/2013 - 05/06/c_ 124665372. htm。

[③] 王武彬：《大数据浪潮中的传媒业》，《新闻记者》2013 年第 6 期。

但传媒业受到大数据影响的现实不可否认。虽然目前尚未找到新型产业模式和发展形态,但大数据思维、大数据意识不可或缺,应当充分认识到大数据的价值,以开放和务实的态度融入大数据时代。

世界传媒巨头《纽约时报》、《华尔街日报》、《卫报》等纷纷以各种方式接入大数据,"数据新闻"也成为媒介热点,不少新闻机构热衷于"数据新闻"的尝试,通过技术手段"抓取、处理、分析和形象化呈现数据",呈现方式包括"可视化数据图、互动图表和网络在线演示"等。① 2012年Global Editors Network和Google设立了"数据新闻奖",当年参评作品就有286个。大数据、云计算、移动网络、可穿戴设备的融合发展,表明了集感知、反馈、分析和预测于一体的"大数据时代的来临"。Google的眼镜、Leap Motion的体感控制器等设备可以推送阅读《纽约时报》等媒体内容。

大数据时代最明显的特征当属内容生产数量的迅猛增长、各种信息碎片化裹挟而来,对传媒的理念、思维、结构产生着重大影响。媒体如何充分利用大数据,筛选过滤并挖掘价值,通过内容和展示形式的创新,吸引注意力,延长受众驻留时间,是大数据时代传媒的关键所在。

(六)政务微博提升网络舆论引导力

微博不是2013年的新产品,但2013年以来媒体微博和政务微博发展迅速。尤其是政务微博,在政府及相关部门的高度重视下,重大事件、突发事件通过政府微博第一时间发布真相与进展正在成为一种常态。

据国家互联网信息办公室数据,截至2013年6月,中国微博用户规模达到3.31亿,微信用户规模已突破3亿,微博每天发布和转发的信息就超过2亿条。目前97%以上的中央政府部门、100%的省级政府和98%以上的地市级政府部门开通了政府门户网站,政务微博认证账号超过24万个。②

在2013年8月份薄熙来案的庭审中,济南中院的官方微博@济南市中级人民法院,现场发布庭审文字和图片内容,成为唯一的信息发布源。这不仅是

---

① 方洁、颜冬:《全球视野下的"数据新闻":理念与实践》,《国际新闻界》2013年第6期。
② 《政务微博认证账号超24万个》,《新京报》2013年11月29日。

法律史上的突破,也是新媒体历史上的重要见证。中外媒体所有信息几乎都来自官方微博,凤凰卫视在电视上播报庭审最新动态时,坐在主播台上的主播一边刷手机看微博一边播报,直播镜头令人捧腹,但官媒的权威性、唯一性得到了前所未有的彰显。

2013年10月24日,中国信息协会电子政务专业委员会与国家信息中心网络政府研究中心联合发布了《中国政府网站互联网影响力评估报告(2013)》,通过对"搜索引擎影响力、社会化媒体影响力、重要网络媒体影响力、移动终端用户群体影响力、少数民族及国际用户群体影响力"五个指标调研了全国地市级以上556个政府网站的网络影响力。报告指出有14个政府网站互联网影响力达到"有效转强",但整体影响力依然偏弱。①

11月21日,最高人民法院官方微博@最高人民法院正式上线,在新浪微博平台开通一周,粉丝数量就突破了20万。

2013年11月30日,国家互联网信息办公室、人民网、人民网舆情监测室、成都市网信办联合召开了"改善网络舆论生态研讨会",以政务微博和主流媒体微博的互动合作为宗旨发布了"成都共识",主要内容为建设新的话语表达机制和传播方式、营造健康向上的网络舆论生态、搭建微博运营交流平台、积极传播政务微博信息、提高议程设置能力、扶持专家型"中V"等。②

同时,人民网与成都市网信办联合发布了《2013年政务微博、媒体微博发展报告》,报告指出,截至2013年9月底,新浪微博平台上政务微博达87000多个,截至2013年10月31日,腾讯微博的政务微博达160000个。截至2013年10月底,新浪微博平台的媒体微博总数已经超过12万个,腾讯微博平台的媒体微博总数则突破了11万个。按照人民网总裁廖玒的说法,"互联网正面舆论的联合舰队"优势正在彰显。"微博国家队在突发事件和敏感议题上引导舆论,初步夺回了互联网上的麦克风"③。

包括政府网站在内的新媒体平台是政府树立形象、宣传政策、引导舆论、

---

① http://politics.people.com.cn/n/2013/1024/c99014-23317241.html.
② 人民网,《微博国家队达成成都共识》,http://yuqing.people.com.cn/GB/371947/372120/index.html。
③ http://yuqing.people.com.cn/GB/371947/372120/index.html.

服务人民的重要平台和渠道。在媒介形式日新月异、社会发展多元复杂的现状下，必须进一步提高政府的新媒体素养，提升公信力、影响力、传播力。

二 主流媒体的公信力、传播力、影响力与传媒发展

随着传播技术、媒体格局的变化，媒体话语权、市场份额的争夺愈加激烈。在这个时刻，讨论媒体的公信力、传播力、影响力及其必要且紧迫。根本而言，传媒的公信力、传播力、影响力是其生存发展的基础，也是衡量媒体主流与非主流的重要指标。

1. 主流媒体

一般认为，"主流媒体"（mainstream media）这个概念源自西方，最早出现在20世纪20年代的欧美，是随着大众媒体的繁荣而逐渐成为重要议题的。当然，其定义、内涵、外延等一直是争论焦点，始终也未达成共识性意见，但其指向大抵包括秉持自由主义价值观、客观报道的立场、英语类媒体等内容。

20个世纪90年代，美国学者艾弗拉姆·诺姆·乔姆斯基（Avram Noam Chomsky）发表了《宣传与公共意识》、《媒体控制》、《必要的幻觉》、《制造共识》等系列媒体批评著作，揭示了美国大媒体操控舆论、制造共识的方式和特质，掀起了关于媒体价值观、媒体权力讨论的热潮。

1997年，乔姆斯基在 Z Media Institute 杂志上发表了名为《主流媒体何以成为主流》（"What Makes Mainstream Media Mainstream"）的文章，指出所谓主流媒体就是"精英媒体"，其核心是"设置新闻框架"、"设定媒体议程"，"主导社会舆论"，引导并维护社会的主流价值观。其他二、三流媒体只能在主流媒体设定的框架之内进行新闻运作。他认为，美国的主流媒体主要有《纽约时报》、《华盛顿邮报》、《华尔街日报》等几家大报，以及CNN、ABC、CBS、NBC等几家全国性电视集团。① 这篇文章甫一发表，立即引起广泛争议。至此，"主流媒体"成为国际新闻传播领域一个重要的研究领域，"国家形象建构"、"媒体偏见"、"舆论引导"、"草根媒体"等研究都是基于此概念和框

---

① Noam Chomsky, "What Makes Mainstream Media Mainstream." *Z Magazine*, October, 1997.

架而延伸拓展。

在中国，主流媒体的概念基本也应该起始于乔姆斯基的文章。之前虽然也有零星学术论文提及，但含义模糊混淆。齐爱军在《社会转型期中国主流媒体发展路径分析》一书中对此进行了比较详尽的梳理。她认为，国内讨论"主流媒体"的文章基本都是在乔姆斯基论文发表的第二年即1998年才大量出现的。1998年3月，《华西都市报》首先提出了"迈向主流媒体"的理念。1999年11月，在第二届全国都市报总编会暨理论研讨会上，提出了都市报"主流化"的说法。自此以后出现了诸多关于主流媒体的命名，如"都市主流媒体"、"区域主流媒体"、"新锐主流媒体"、"新主流媒体"等。2003年创刊的《新京报》就定位为"新主流媒体"。[1]

比较重要的事件是2003年4月，新华社成立了"舆论引导有效性和影响力研究"课题组，通过多方调研，形成了系列报告并刊载于《中国记者》杂志。课题组提出了"主流媒体"的六条标准："具有党、政府和人民的喉舌功能，具有一般新闻媒体难以相比的权威地位和特殊影响，被国际社会国内社会各界视为党、政府和人民群众意志、声音、主张的权威代表"；"体现并传播社会主流意识形态与主流价值观……坚持并引导社会发展主流和前进方向，具有较强影响力"；"具有较强公信力，报道和评论被社会大多数人群广泛关注并引以为思想和行动的依据，较多地被国内外媒体转载、引用、分析和评判"；"着力于报道国内外政治、经济、社会、文化等领域的重要动向，是历史主要发展脉络的记录者"；"基本受众是社会各阶层的代表人群"；"具有较大发行量或较高收听、收视率，影响较广泛受众群"。课题组认为，目前中国的主要媒体有：以《人民日报》、新华社、中央电视台、中央人民广播电台、《求是》杂志、《光明日报》、《经济日报》等为代表的中央级新闻媒体；以各省（自治区、直辖市）党报、电台、电视台的新闻综合频道为代表的区域性媒体；以各大中城市党报、电台和电视台的新闻综合频道为代表的城市媒体；以新华网、人民网为代表的国家重点扶植的大型新闻网站。一些晚报、都市报类、娱乐休闲类、信息服务类媒体可视为对主流媒体的延

---

[1] 齐爱军：《社会转型期中国主流媒体发展路径分析》，山东人民出版社，2013。

伸和补充。① 这些标准被公认为对当前我国主流媒体较为权威的界定。

至此，主流媒体已然成为中国传媒发展的目标和方向。2013年4月，《青年记者》专门做了一期关于提升主流媒体三力的专题策划，邀请业内人士恳谈体会，分享得失。

但关于主流媒体的特征和标准的分歧争论一直没有停止，大致可归纳为三大类别：第一类强调媒体的政治和宣传属性，政治资源和政治权威是立论重点②。比如，"主流媒体主要是指中央、各省（市、区）党委机关报和中央、各省（市、区）广播电台、电视台，以及其他一些大报大台"③。也有相当数量的从业者直接把主流媒体和党报、党刊、党台画等号。④⑤ 第二类强调媒体的经济效益，都市报从业者大都秉持此种立场。第三类强调媒体的专业性、思想性，公信力、影响力是立论重点。比如"主流媒体就是关注社会发展的主流问题，成为社会主流人群所倚重的资讯来源和思想来源的高级媒体"⑥。

讨论媒体的主流与非主流，必须包含政治取向、价值观念、内容体系、受众群体、传播方式、传播效果等多维度的评估标准，任何单一的判断都有狭隘、以偏概全之嫌。齐爱军认为主流媒体本质上是一个"框架性"概念、"理想性"概念的定位不无道理。她认为在国内"客观上形成了偏于政治权威性、影响力的'传统主流媒体'和偏于社会公信力、影响力的'新主流媒体'两类'主流媒体'并存的格局"⑦。

同时，市场、技术推动下的传媒变革是主流媒体发展的重要依据。新的技术推动传播形态、传播模式的快速更新，基于互联网的媒介新形态在社会生活中发挥着越来越大的影响力，主流媒体的概念界定必须考虑这个重要因素。

在新华社"舆论引导有效性和影响力研究"课题组的报告中，依赖传统媒体的大型新闻网站也被纳入主流媒体之中。但时至当下，以微博、微信等为

---

① 《主流媒体判断标准和基本评价》，《中国记者》2004年第1期。
② 卜宇：《区域性主流媒体策略研究》，人民出版社，2009。
③ 周胜林：《论主流媒体》，《新闻知识》2001年第12期。
④ 韩丽平：《发挥党报主流媒体的舆论引导作用》，《新闻传播》2010年第6期。
⑤ 庞新升：《增强主流媒体传播力、公信力、影响力》，《新闻爱好者》2013年第7期。
⑥ 喻国明：《一个主流媒体的范本》，载《喻国明自选集》，复旦大学出版社，2004。
⑦ 齐爱军：《什么是"主流媒体"？》，《现代传播》2011年第2期。

代表的社交媒体在用户数量、传播速度、传播渠道等方面拥有巨大优势,其覆盖率、影响力俨然已经"主流化"。《人民日报》、新华社等传统媒体微博的活跃程度已经超过其传统平台。纷纷上线的政务微博在重大社会事件中的影响力也日益增强。假以时日,社交媒体或其他新型媒体的主流性会日益凸显。

基于以上论述,对主流媒体的界定和认识必须在中国社会发展、传媒格局演变的大框架之下展开。在社会转型、经济转型、思想转型、文化转型的社会背景下,"主流媒体"作为社会价值体系建构的重要工具,必须担负起社会价值引导、文化传承、观念塑造的基本使命,对社会的广度、深度进行客观报道和评价,促进社会良性发展。

同时,新闻的专业性、受众的广阔性、传播的有效性、市场的份额等也是重要的检测指标。可以说,传媒的公信力、传播力、影响力是其生存发展的基础,也是衡量媒体主流与非主流的重要指标,主流媒体的引导性、放大性、扩散性决定了其作为社会规范的评判标准和价值尺度的重要地位,政治的权威性、资源的优势、品牌的影响力、市场的占有率是"主流"的重要特征。

概括而言,主流价值、主流信源、主流受众、主流渠道、主流资本、议程设置与框架能力是主流媒体的基本构成要素。传统的传播学者认为"媒体虽然不能决定你怎么想,但能决定你想什么"[①],但时至今日,主流媒体大有"想什么"、"怎么想"都能左右的局面。传统的传播学理论"魔弹论"、"传播效果有限论"正在被改写。

2. 公信力、传播力、影响力

媒体的公信力、传播力、影响力三者密不可分相辅相成。公信力是传媒之本,传播力是其手段,影响力是其目标,三者最终的落脚点是传播达到与传播效果的综合呈现。

所谓媒体公信力,是受众对媒体信任程度的一种认知,是媒体获得受众信任的能力,可信任程度和专业权威性是两大主要构成因素。因此,它不仅是媒体客观、公正平衡等专业化属性,更是"媒介与受众之间的一种关系",其评

---

① Cohen, Bernard. *The Press and Foreign Policy*. Princeton University Press, 1963: 13。转引自郭庆光《传播学教程》,中国人民大学出版社,1999。

价依赖于受众的主观体验。它是媒体长期累积的无形资产,是媒体权威性、美誉度的表现。①"媒体的影响力就是传播的效力和传播的影响力,其本质就是作为资讯传播渠道而对其受众的社会认知、社会判断、社会决策及相关的社会行为所打上的属于自己的那种渠道烙印"②。

对媒体公信力的研究在多个维度都得到了拓展:喻国明及其团队设立了一套量化的中国传媒公信力评价体系,对国内媒体进行了持续调研追踪③。新华社"舆论引导有效性和影响力研究"课题组认为,衡量媒体公信力的标准是"当重大新闻事件发生时,受众最想看哪家媒体的报道,最容易以哪家媒体报道的事实和分析作为判断依据,哪家媒体就最具有公信力"④。有学者归纳媒体公信力的三个构成要素为传播可信度、新闻客观性、新闻专业主义三者的综合。⑤

《京华时报》前社长吴海民也详细阐述了公信力、传播力、影响力三者的内涵和关系,他认为,公信力是指媒体获得社会公众信任和依赖的能力,包括知情权、真实性、客观性等要素;传播力指媒体组合运用传播渠道传播方式,扩散信息并获得良好传播效果的能力;影响力是媒体引导舆论,影响认知,干预社会,推动社会变革的能力,是媒体社会价值实现程度的体现。⑥

媒体从业者的判断更为直接,"媒体的传播力就是观众看不看的问题,就是媒体主流不主流的问题;媒体的公信力就是观众信不信的问题,就是报道权威不权威的问题。"⑦

3. 三力现状

国内外相关的调查研究表明,包括美国英国等传媒发达国家在内,媒体的公信力一直呈下降趋势。国内主流媒体的公信力、传播力、影响力也存在不少

---

① 喻国明、张洪忠:《大众媒介公信力研究》,人民出版社,2006,第4页。
② 蔡雯、许向东:《集中优势资源打造主流媒体影响力》,《采·写·编》2005年第1期。
③ 主要著作包括《大众媒介公信力测评研究》、《中国大众媒介的传播效果与公信力研究》、《转型期的中国传媒公信力》等。
④ 《主流媒体判断标准和基本评价》,《中国记者》2004年1月。
⑤ 沈荟、倪琳:《新闻公信力的几个关键词》,《上海大学学报(社会科学版)》2007年第6期。
⑥ http://news.qq.com/a/20110527/000407.htm。
⑦ 郑微:《谈谈媒体的传播力和公信力》,《东南传播》2006年第2期。

问题与缺憾。所谓"老百姓"变成了"老不信"就是形象而无奈的说法。究其原因，多元社会媒介渠道信息源的多样化必然导致众声喧哗的局面，媒体自身市场压力的增大，尤其是新媒体平台传播的即时性、互动性更是对传统主流媒体形成了强大压力。对国内媒体而言，媒体的喉舌功能与公共功能、市场功能也常常发生摩擦，所以，提到中国的主流媒体，国际受众包括西方重要传播学者，常常称无法联想到恰当的定位词句。①

主流媒体三力弱化的表现主要体现为：一是舆论引导力的弱化。主要表现在议题设置能力的减弱、新闻时效性不强、热点问题失语等方面。二是传播、发声机制单一，网络时代单一的传播渠道、传播途径已经完全不能适应时代的需要。三是市场影响力衰减。媒体的市场份额、资本表现是其影响力的重要指征，缺乏市场影响力的媒体很难谈得上主流。

4. 提升策略

主流媒体是传播体系的主体，对于引导社会舆论、促进社会发展起着非常重要的作用。随着社会经济生活日益多样化，主流媒体的公信力、传播力、影响力建设比过去更紧要、更艰巨，也要求更加讲求技巧性。综合而言，主流媒体在传播理念、传播方式、传播效果等方面有不少需要提升、完善之处。

第一，解放思想，改革创新，遵循媒体规律，弘扬专业理念，构建理念清晰、技术先进、影响广泛的传播体系是当务之急。喉舌理念、人民性理念两者缺一不可，主流媒体应该面向广泛的大众，人民的满意度忠诚度也是评论媒体是否主流的重要标尺。

第二，整合软件硬件，兼顾高度、深度、广度、效度、制度，增强传播力。所谓广度，是媒介接触、媒介使用的程度，这是形成媒体三力的基础。所谓深度，指传播信息量与接受量的程度。效度是受众对媒介信息的接受和认可程度，指向传播效果的衡量。

第三，凝聚观念、管理、技术、人力、财力、物力等诸多因素，统筹内容与技术、事业与产业、发展与创新的协调发展。其中完善传播渠道是当务之

---

① 黄廓、姜飞：《国际主流媒体发展战略研究及其对中国国际传播的启示》，《现代传播》2013年第2期。

急,在信息传播中应该遵守"渠道优先"的法则,哪种渠道快捷方便,就优先选择使用,尽快形成全媒体、多渠道、多平台融合化传播的格局。当然,传媒从业者综合媒介素养的提升也必须因势利导,关注新媒体大发展前提下传播机制的演变规律和方式。①

第四,萃取引导主流价值,创新舆论引导策略。马克思认为报刊是"广泛无名的社会舆论机关"、"报纸是作为社会舆论的纸币流通的",新闻宣传的突出社会功能在于它不仅在反映舆论,而且更为重要的是在引导舆论②。所谓主流的价值导向,是主流社会普遍认同的价值,符合人类文明进步大势,符合国家利益,为大多数人所接受,追求民权民生,体现人性人文,推动社会进步。

第五,主导议程设置,突出主题报道、重大报道、热点报道,将媒体议程变为公众议程,掌握舆论引导的主导权。尤其是社会重大事件、热点事件发生时,主流媒体应该迅速反应、全面报道、深度剖析、主动引导。

第六,加大评论力度,评论应当担当传播格局中舆论引导者的角色。美国新闻学家约斯特认为,"新闻是报纸的身体,它表示出报纸的形式及外貌,而社论则是报纸的灵魂,要是没有灵魂,身体就等于木乃伊了"③。在传播学视野中,媒体传递的信息导向通常在两个层面展开,一是对基本的内容传递即事件本身进行报道,二是升华归纳新闻评论,彰显立场,对事件进行深层次的解读和定位。因此,评论和深度报道是不可或缺的两大法宝。

第七,强化媒体策划。新闻策划是新主流媒体的核心竞争力之一,也是其进行舆论引导创新的主要手段。

第八,主流媒体应该追求社会效益和经济效益的最大化,市场经济背景下资本和市场力量的弱化往往导致舆论引导力的弱化。

三 上海传媒观察与展望

2013年是上海发展中极其重要的一年,社会发展加速,产业结构深度调

---

① 胡智锋、刘俊:《传媒领导者媒介素养提升论要》,《新闻记者》2013年第11期。
② 《马克思恩格斯选集》,人民出版社,1976,第523页。
③ 侯煜、杨恒:《新闻评论的舆论引导能力分析》,《社科纵横》2010年第11期。

整转型,文化领域利好政策措施出台,产业迎来重要发展机遇。对上海传媒业来说,在政策推动、体制革新、技术支持等因素推动下,进一步调整转型加速发展,在报业改革、文化贸易、网络舆论引导力等多个领域保持了领先优势,取得了较大的成绩。其中,上海报业集团的成立,是传统媒体转型的标志性事件,对于整个中国传媒业改革具有先行者、探索者的范本意义。

(一)上海报业集团引领传统媒体创新转型

1. 概况

2013年10月28日,经中共上海市委批准,由解放日报报业集团和文汇新民联合报业集团整合重组的上海报业集团正式揭牌成立。在上海报业集团网站(http://www.sumg.com.cn/)首页,"荟集报业资源"、"传承历史文脉"、"彰显主流价值"挂在醒目位置,既揭示了上海报业集团的传承发展,更昭示了其未来的发展方向。在其官方微博上,进一步明确了"全力抓新闻宣传,报纸版面,做强品牌,搞好导向,扩大影响力,发挥主旋律"[1]的集团定位。

原解放日报报业集团旗下拥有10报4刊1个网站1家出版社,原文汇新民联合报业集团旗下拥有16家纸质媒体、1家出版社和10余个新媒体产品。集团成立后资产总额达208.71亿元,净资产为76.26亿元,就体量而言,上海报业集团居全国报业前列。

集团的职责是整合报业资源,"以统筹经营为主要职责,负责制定集团整体发展战略和国有资产经营运作,实现调整优化创新,特别是在新技术的运用、新媒体的发展、新领域的拓展上负起责任"[2],形成上海报业规模优势和整体竞争力。

集团成立后,解放日报社、文汇报社、新民晚报社恢复报社独立建制,实行党委领导下的总编辑负责制,"以做好媒体内容业务和把握舆论导向为主要责任","原两大报业集团所属其他报刊,将按内容类型、社会影响、品牌效

---

[1] http://e.weibo.com/u/3859352008.
[2] 《新民晚报》2013年10月28日。

应等,或归入解放、文汇、新民三大报系,或由报业集团整合优化,定位调整"①。"组建上海报业集团,是上海在多样化信息传播格局下,凸显主要报纸的内容和特色优势,加快传统媒体和新媒体融合发展,优化报业结构,拓展发展空间的重要举措。上海报业集团的成立,将为上海媒体持续、深化改革奠定基础、创造条件、营造环境。下一步,集团将在全媒体、文化创意产业领域进行多元拓展,朝着专业化、市场化、国际化目标迈进"②。

为支持促进上海报业集团转型发展,政府在资金上给予资助。自2014年起,上海市财政局将分别给解放日报社、文汇报社每年5000万元的财政补助。市宣传文化部门也将安排专项资金支持报纸的新媒体发展。

这是上海传媒业继1998年成立文汇新民联合报业集团、2000年成立解放日报报业集团后的第二次重大转型调整。

合并前的两大报业集团不管是从报刊数量、资产规模还是品牌影响力等角度看,在中国的传媒业界都是"金字招牌"。

2013年7月,在原国家新闻出版总署发布的《2012年新闻出版产业分析报告》中,解放、文新两大集团分别位列全国报刊出版集团总体经济规模综合排名第三和第五位。《新民晚报》、《新闻晨报》的报刊广告价值分列第四、第十位③。

2013年9月,在中国广告协会颁布的"2012~2013中国报刊广告投放价值排行榜"中,《新民晚报》、《新闻晨报》都名列前茅,被认定具有相当高的品牌价值和影响力。④

2013年10月由世界品牌实验室推出的"2013年亚洲品牌500强"排行榜中,《新民晚报》再次入围。⑤

从国外到国内,报业整合、报业转型的呼声和实践并不鲜见。但上海报业这次调整的速度、广度、深度之大,远远超出传媒业的常规判断。在中国经济

---

① 《新民晚报》2013年10月29日。
② 《文汇读书周报》2013年11月1日。
③ http://www.gapp.gov.cn/news/1656/152559.shtml.
④ http://www.1cnmedia.com/salon/infor/25889_2.html.
⑤ http://big5.xinhuanet.com/gate/big5/news.xinhuanet.com/newmedia/2013-10/09/c_125499717.htm.

文化发展进程中占据极其重要位置的上海，由政府主导的上海报业集团强强联合，战略思路清晰，规模巨大，其影响大、示范性强，其标杆性作用引起世界媒体的广泛关注。上海报业集团的整合不仅是上海传媒业的大事，也率先开启了中国传统媒体深度整合转型的序幕。

虽然这次整合并不张扬，姿态低调而务实，但却处于新的历史起点上再一次改革发展的重要时机，因此，上海报业集团的成立是"上海认真贯彻落实中央要求和习近平总书记的讲话精神的重要举措，是上海加快传统媒体和新媒体融合发展，优化报业结构，拓展发展空间的重要举措，将为上海媒体持续、深化改革奠定基础、创造条件、营造环境"[1]。从城市发展角度解读上海传媒变局，认为"上海报业的调整与改革，不仅仅是通常意义上讲的报业转型，而是上海决策层从战略利益出发，经过精心考量的顶层设计"[2] 的判断是准确的。上海报业集团的成立承载了"极高的政治与社会期待"，是"一个标志性的改革事件"，凸显"对于整个中国传媒业改革的示范意义"[3]。

2. 整合转型的必要与动力

从国际到国内，在网络媒体的冲击下，传统媒体大幅下滑，全方位的调整转型势在必行，这是传媒业的普遍共识。《纽约时报》、《华盛顿邮报》连年来从技术、资本、业态等角度进行的多方尝试正是基于此。

从上海传媒现状来看，90年代末期的报业集团整合无疑促进了产业的繁荣，上海一城就拥有近30份报纸。但这种格局在互联网时代已经不能适应形势了。同城竞争、同质化竞争导致资源的极大浪费。因此，适时的"关停并转"非常必要。区域化的整体调整转型更利于媒体的精准定位与各自突破。

所以，对于上海报业的改革，传媒界几乎一致赞同，认为是"大势所趋、潮流所向"，而且"早合并比晚合并好"。可以说，上海报业的整合代表了"未来国内报业领域发展的一种趋势、潮流"，上海报业集团扮演了传媒调整的"先行者、试水者的角色"[4]。南方报业集团的研究者认为上海报业集团拉

---

[1] http://www.sumg.com.cn/.
[2] 喻国明：《开放性与关联性至关重要》，《解放日报》2013年10月30日。
[3] 李良荣：《解读集团合并：上海报业的机遇与责任》，《解放日报》2013年10月28日。
[4] 刘鹏：《大势所趋 潮流所向》，《新闻记者》2013年第10期。

开了传媒整合的序幕①。

传统媒体与新媒体的融合是传媒发展的大趋势，但传统纸媒在新媒体化的发展路程中困难重重。解放和文新两大集团在新媒体化上都做了不少努力，解放集团的4i策略（i-news，i-mook，i-paper，i-street）曾经领潮流之先②。《文汇报》、《新民晚报》都建立了数字化版本。但时至今日，由于缺乏整体筹划，理念陈旧，除新民晚报网站点击率较高之外，其他新媒体平台都缺乏亮色。整合后的上海报业集团便于统筹技术、人才、策略等优势资源，按照新媒体的传播规律，打造新型的互联网平台。

当然，上海市委的强力推动，是促成这次报业整合的直接动因。据公开的资料，市委书记韩正亲自挂帅领导了这次改革。回顾中国传媒的历次变革，多数情况下从上到下的"顶层设计模式"是主要动因。这跟党报党刊等主流媒体的定位、在产业格局中的重要地位密切关联。

3. 问题与建议

上海报业集团甫一成立，从资深媒体专家到知名理论学者，在支持叫好的同时，纷纷对转型的方式、策略献言献策。上海报业的改革成了传媒未来变革的风向标。

虽然方向是明确的，但今后的发展却不会一蹴而就。从国际层面来看，《纽约时报》、《华尔街日报》、《华盛顿邮报》多年的转型探索并不能说是成功的，这一点早已有所体现。而中国传统媒体面对的问题更多、形势更为复杂，因此，上海报业集团的改革需要更大的勇气、更多的智慧。就目前来说，上海报业集团面临的核心挑战主要有以下三个方面。

第一，纸媒行业性衰退趋势。在传媒发展史上，媒介形态的更迭随着社会、技术、文化的演变而不断变化。技术驱动的互联网时代，改变的不仅仅是人类的阅读方式，更是思维方式、交往方式、生活方式。传统纸媒的介质形态、内容形态、传播形态、渠道方式呈现一种全方位的不适应，用户流失、影响力下降、市场份额缩减都是缘于这个基本模式的不匹配性。所以，单纯的行

---

① 郭全中：《中国最大报刊集团挂牌　开启传媒整合大幕》，《中国新闻出版报》2013年11月23日。

② 强荧、焦雨虹：《2012上海传媒发展报告》，社会科学文献出版社，2012。

业内整合、内容调整、阅读改变终端的变革等有限范围之内的调整效用不大。

到目前为止，不管是国内还是国外，尚未有转型完全成功的纸媒案例。《华盛顿邮报》以低廉的两亿多美金卖给电商集团，除了自身的困境所迫，应该也有跳出行业求变革的新尝试。上海报业集团的改革也要面临这个"前无成功古人"的行业大趋势。

第二，资源的相对不足。虽然有上海市政府的政策支持、资金支持做坚强后盾，但庞大的报业集团依然面临资源不足的困难。这里所谓的资源是综合资源，包括人力、财力、技术等多重维度。

数据显示，合并后的上海报业集团人员超过4000多，庞大的人力结构意味着高昂的成本。再加上复杂的结构体系，如何整合瘦身是个重要问题。技术和资本的欠缺是一个问题的两个方面。新媒体化是集团发展的重要方向，在上海报业集团网站的首页，"新技术"、"新媒体"、"新主流"的定位概述中，"新技术"被放在了首位。

放眼世界，技术成为推动媒体转型的直接动因。不仅技术形态、技术成果影响媒体发展，技术企业自身也对传媒发生浓厚兴趣，收购、兼并媒体也许是他们下一个发展目标。对上海报业这样以传统媒介形态为主的传媒集团来说，技术的短板不言而喻。如何利用新技术新媒体化转型？在相当长时间内，应该是集团面临的重大挑战。

第三，体制转型改革的复杂。党的十八届三中全会强调了"推进文化体制改革"的战略和部署。上海报业集团的改革正是对决定精神的发扬和实践，是上海深化文化体制改革、建设国际文化大都市战略部署的重要步骤。集团整合方案中采用了双轨制，即宣传和市场相对分离，《解放日报》和《文汇报》主要承担引导主流舆论的职责。但困难还是显而易见，几十份报刊究竟该如何进行差异化定位、细分功能，统筹发展？这不是件简单的事情。

报业改革可谓牵一发而动全局，其历史和现实意义不言而喻。现拟提出一些建议，供方家探讨。

第一，高瞻远瞩、大胆创新，探索传统媒体改革的新模式、新道路。前文已经说过，传统报业改革目前尚无成功先例可以借鉴。因此，上海报业集团当在政策许可范围之内，从理念、业态、内容、技术多维度进行多元创新，高瞻远瞩,探索全新转型发展之道。

第二,准确定位、细分市场、调整结构,强化内容,进行报业内部的"关停并转"。在集团发展战略部署中,《解放日报》、《文汇报》的宗旨是做大做强主流媒体的权威性和公信力,引导舆论,引领核心价值观。其余都市报、晚报应该围绕品牌影响力、内容定位、受众特色、经营方式等进行合并转型。坚决避免同城纸媒之间同质化的恶性竞争。这不仅是上海传媒改革的重点,也是全国所有报业改革的重要内容①。

第三,协同创新,用互联网思维、新媒体逻辑发展新媒体。虽然所有传统纸媒都在进行数字化、网络化探索,但囿于思维、理念、技术因素,绝大多数纸媒的电子版只能是纸媒内容的简单转化,事实已经证明,这种方式不仅无效,而且会造成较大的浪费。比如不少纸媒花费心血、金钱办的电子杂志大多已经无人问津。新媒体化必须从生产模式、内容模式、渠道模式、用户模式、渠道模式等全产业链条上进行突破和创新。所谓新媒体,是协同创新,缺一不可。

第四,以报业为基本,不断开疆拓土,由报业集团向跨媒体集团、文化产业集团拓展延伸。条件成熟,可参与跨区域、跨国界的合作、竞争。报业集团不是报纸集团,当在"新技术"、"新媒体"、"新领域"框架下拓展壮大。

第五,拓展产业链,强化经营,提升资本话语权。在市场经济框架下,媒体的影响力常跟其经营能力、资本运作能力相关。世界传媒巨头巨大的影响力无疑也体现在他们强大的经营能力上。在乔姆斯基的"主流媒体"定义中,主流的市场能力是重要的标志。具体到上海报业,盈利产业板块并不突出。解放集团的新华传媒作为上市公司曾经是集团在资本市场中运作的重要平台,但近年盈利大幅下降。而文新集团的盈利点多体现在媒体之外。如何拓展产业链条,提升资本话语权是上海报业集团未来必须直面解决的问题。

(二)自贸区促进文化贸易、传媒产业新发展

2013年9月18日,国务院发布了《中国(上海)自由贸易试验区总体方

---

① 李良荣:《解读集团合并:上海报业的机遇与责任》,《解放日报》2013年10月28日。

案》的相关通知,提出要扩大包括文化服务在内的投资领域的开放,"探索政府经贸和投资管理模式创新","构筑对外投资服务促进体系","加快对外文化贸易基地建设",推进贸易发展方式转变等系列政策框架和措施。经过两至三年的改革试验,"建设具有国际水准的自由贸易试验区","成为我国进一步融入经济全球化的重要载体"[1]。2013年9月29日,中国(上海)自由贸易试验区正式挂牌成立。按照总体方案规定,上海自贸区服务业的开放措施涵盖了金融服务、航运服务、商贸服务、专业服务、文化服务及社会服务六大领域,演出经纪、教育机构、文化娱乐等领域将适度开放[2]。

上海自贸区建设及文化产业的开放,吸引了全球文化企业的高度关注,为中国的文化产业发展带来了深远的影响。同时,文化产业作为上海市重点扶持的产业之一,必将成为政策的重要试验田,上海文化产业有望迎来跨越式发展机遇。

自贸试验区采取了"负面清单"管理模式,下放审批权。关于文化贸易、文化服务领域的改革探索,重点在于给文化企业松绑,为新型产业模式的探索提供广阔天地。文化与贸易牵手,将会激发文化产业活力。文化贸易的范畴宽阔,涵盖文化产品、衍生产品、文化服务、文化技术、金融服务等多个关联领域,其拓展空间之广令人遐想。这些政策红利将有利于文化产业、创意产业、信息产业的跨界融合发展,形成强劲的新文化产业板块。

文化产业是我国经济的重要组成部分,在政策推动下取得了跨越式发展。但由于起步晚、底子薄,与国外相比仍然存在较大差距,尤其是出版、影视等行业差距明显。因此,目前对外资文化产业进入的限制非常必要。娱乐、游戏等领域的先行开放是自贸区探索的重要试点领域。

在上海自贸区的核心区域内,成立于2011年的"国家对外文化贸易基地"是唯一的文化市场,将成为自贸区文化贸易的探索者、推动者。自贸试验区挂牌前后,基地新增企业数量激增,仅2013年9月就新增入驻企业15家,新增企业注册资本108.45亿元。百视通与微软合资的上海百家合信息技术发展有限公司、上海东方明珠文化发展有限公司、上海盛大国际贸易有限公

---

[1] 中国政府网,http://www.gov.cn/zwgk/2013-09/27/content_2496147.htm。

[2] http://www.gov.cn/zwgk/2013-09/27/content_2496147.htm。

司等上海本地企业成为首批挂牌入驻的文化企业。①

2013年10月22日，成立不到1个月的上海东方明珠文化发展有限公司与第九城市签约，以2400万美元的价格投资其控股的游戏公司RED5 STUDIOS, INC②。此举表明了东方明珠完善产业链、加大文化产业投资的战略部署。作为首批文化企业龙头，自贸区平台成为东方明珠加速发展壮大的重要契机。

截至10月30日上海自贸试验区挂牌满月之际，作为自贸区文化贸易公共服务平台的国家对外文化贸易基地，已经入驻150多家文化企业，其中包括佳士得、华谊兄弟、百视通、盛大等国内外行业的龙头企业，新增注册资本总规模超过20亿元，基地的出租率达到108%③。

入驻的文化企业规模、定位呈现多元状态：作为自贸区的001号企业，上海百家合信息技术发展有限公司的发展目标是打造面向中国市场的"家庭游戏娱乐中心"。盛大集团则定位在民族文化产品的产业化输出这一目标，将自贸区作为未来"和海外交流的中心和枢纽"，"把优秀的民族文化产品向海外输出"。④

2013年11月18日，文化部部长蔡武考察了上海自贸区工作，强调国家对外文化贸易应该充分利用保税区及自贸区的政策，探索文化"走出去"的发展道路。"把能交给市场和社会的都交给市场和社会"，进一步"规范文化产业分类"，"分析文化产业的产业链"，坚持"先行先试、不断创新"，对全国形成示范效应，推动文化产业的大发展⑤。

28平方公里的自贸区面积占上海总面积的1/226，"利用这个支点撬动新一轮改革开放"，是自贸区建设的核心和目标⑥。

（三）政府网站、政务微博影响力全国居首

2013年10月24日，中国信息协会电子政务专业委员会与国家信息中心网络政府研究中心联合发布了《中国政府网站互联网影响力评估报告

---

① http://www.chnsourcing.com.cn/outsourcing-news/article/67415.html.
② http://caijing.chinadaily.com.cn/zgjj/2013-10-22/content_10385360.html.
③ http://sh.eastday.com/m/20131030/u1a7744453.html.
④ CCTV-4《中国新闻》，2013年11月11日。
⑤ http://www.cnci.gov.cn/content/20131121/news_80528.shtml.
⑥ CCTV-4《中国新闻》，2013年11月11日。

(2013)》,通过对"搜索引擎影响力、社会化媒体影响力、重要网络媒体影响力、移动终端用户群体影响力、少数民族及国际用户群体影响力"五个指标调研了全国地市级以上 556 个政府网站的网络影响力。上海位列省级政府网站互联网影响力综合排名首位。① 同时,上海市政府新闻办的微博平台"上海发布"的综合影响力在全国一直遥遥领先。

政府网站、政务微博平台是政府沟通民情民意,传递政府信息的重要渠道。尤其是在面临突发事件、重大事件时,网络平台的即时性、互动性发挥了巨大作用。相比较而言,政务微博在 2013 年在主动引领舆论、回应大众关心的热点、焦点问题等方面发挥了比较积极的作用。

比如针对上海 2013 年 12 月份以来的雾霾天气,"上海发布"即时更新信息,发布最新资讯。而且,在传播方式上更加主动更加亲民,通过发"私信"等形式增强亲和度,得到粉丝的广泛好评。

虽然有报道称 2013 年以来,微博平台的活跃度有所降低,但对其衰落原因的深度解读也许会得出不同结论。有学者以"黄岛爆炸"为案例,通过量化研究,得出结论 2013 年"政务微博在突发事件的能力已经增强",因此新浪微博的"衰落"其实正是"政务微博成熟"的表征。② 2013 年政务微博的活跃度大大提升,对舆论的引导力明显提升。对新媒体平台传播优势的充分运用,明显提升了主流舆论的影响力,强化了政府的执政能力。

(四)上海传媒发展策略探讨

1. 引导主流价值,发布权威信息,提升主流媒体公信力、传播力、影响力,把握传播话语权和舆论主导权,促进社会良性发展

习近平总书记在 8 月份召开的"全国宣传思想工作会议"上强调,宣传思想工作要坚持党性和人民性的统一。主流媒体作为不可替代的宣传阵地,要"坚持巩固壮大主流思想舆论,弘扬主旋律,传播正能量,激发全社会团结奋进的强大力量"。作为宣传思想工作的重要平台,主流媒体"必须守土有责、

---

① http://politics.people.com.cn/n/2013/1024/c99014-23317241.html.
② 蒋志高、邵立:《从理论到数据:新浪微博衰落的学术证明》,http://www.guancha.cn/jiang-zhi-gao-and-shao-li/2013_12_01_189528.shtml.

守土负责、守土尽责"①。

组建后的上海报业集团旗帜鲜明地贯彻了讲话精神,《解放日报》、《文汇报》的发展定位就是扩大主流舆论影响力,壮大主流思想,弘扬主旋律。在新的历史条件下,壮大主流媒体声音,传播主流价值观,引导主流舆论格局,是上海乃至全国传媒的战略任务。

2. 高瞻远瞩,整合资源,创新模式,建设具有社会、政治、文化、经济全方位影响力的超级传媒巨头

"十二五"规划中上海将要建设成为经济、贸易、金融、航运在内的四大国际中心,建设成为国际文化大都市,传媒的发展应该与城市发展有效对接,提升传媒规模化、集约化效应。

从世界范围来看,传媒业的跨界兼并、整合是大势所趋,规模小、领域窄、资本弱的小媒体难以避免被吞并的命运。从国内来看,十八大以来,党和政府鼓励支持文化企业由单一化向综合性文化产业集团发展,鼓励文化产业和其他产业融合发展。

在广电和出版领域,上海已经迈出了整合的重要步伐,上海文广新闻传媒集团(SMG)已经形成一定的规模效应。整合后的上海报业集团体量规模在全国也处于领先地位。但这些还都是囿于行业集团内部的调整转型,对于全方位的跨界合作依然具有相当的空间。上海市委宣传部部长徐麟说"组建新的报业集团只是深化报业改革的开端,也是上海报业新一轮改革发展的起点。"

上海传媒业应该创新模式,与技术、金融、商业等领域充分结合,打造规模庞大、资本雄厚、影响力广泛的超级传媒。假以时日,应该冲出区域,参与国内竞争、国际竞争,建设具有世界级影响力的传媒龙头企业。具体而言,上海报业集团和SMG应该不断拓展,打造成为超级媒体平台,跻身国际一流,《华尔街日报》、BBC等国际媒体集团的道路值得学习和借鉴。

3. 明确战略,精准定位,推进体制机制改革,探索新媒体背景下的新型传媒方向、传媒道路

"传统媒体向新媒体转型"已经成为一个共识。但必须细分市场,明确战

---

① http://news.xinhuanet.com/politics/2013-08/20/c_117021464.htm.

略,精准定位。其中核心的问题是"传统媒体"指的是什么?是行业、机构,还是品牌、产品?问题层次不同,发展目标和方式理应不同。当下在讨论类似问题时往往不予区分,因此路径的选择往往并不清晰。虽然内涵也许有差异,但当下而言,所谓传统媒体的新媒体转型,主要指向品牌和产品两大核心,围绕这两个核心,行业、机构的转型理所当然。

与此相生的问题就是转型的目标定位。目前传统媒体的困境几乎是全方位的,从社会功能角度看,公信力、影响力、传播力下降,从效益角度看,用户流失、利润空间缩减。导致其困境的原因当然是多方面的,但传播方式的改变,传播速度、传播能力的下降是最为关键的因素。因此,变革势在必行、迫在眉睫。但变革的目标和方向究竟指向何处?尽管众多媒体都在转型探索,但囿于生存模式壁垒,媒体转型创新成功者并不多见。

所谓新媒体,其核心包括内容、渠道、模式等领域的协同创新,老内容新渠道、老渠道新内容都会被飞速发展的时代抛弃。个性化、多元化、符合时代特点的内容必须依赖于能够产生这些新内容的机制和技术。

因此,对上海传媒而言,在庞大的数据链中找到自己的定位,细分市场,在广度、深度、精度、专度多个层面进行探索发展,建设在社会效应和经济效应两个维度协调发展的传媒之路。

随着新闻资讯来源的多元化发展,海量的新闻资讯逐渐被网民冷落。传统的报纸通常会提供国际新闻、国内新闻、地方新闻,以及娱乐、文化、技术、评论、照片、股票新闻等大量内容。这类大而全的内容,搜索引擎类平台由于其方便、快捷更加广受欢迎。新闻报道的模式趋向两极化:一是简洁扼要便于快速浏览,二是焦点热点新闻向深度化拓展。不仅报纸、杂志类传统纸媒大而全式的报道被冷落,电视的空间也被逐渐挤压。

新媒体掀起了新闻界的新浪潮,其即时传播的特征是传统媒体无法比拟的,如果跟新媒体比速度,传统媒体无疑走入死胡同。因此,新闻的采编、制作、传播过程必须改变。在未来,社会化媒体不应该仅仅被当成一个传播平台,它更应该成为一个关系营造和信息构建的平台。在此平台上,媒体可以获得更多的信息源、更多的新闻采集渠道和方式,并通过多渠道、多模式进行多元传播。

要想精准化传播，在新媒体时代，对受众的定位调整非常重要，必须从"读者"思维转变为"用户"思维。传统媒体一直强调的是"读者"概念，对用户、受众缺乏真正的了解，虽然几乎每个媒体都有"读者来信"或者"荧屏互动"之类的栏目，但核心受众的需求、偏好无从具体知道，当然谈不上精准传播、传播效果的最大化，相较于新媒体的互动性更是无法企及。传统媒体的转型是否健康，是否真正把读者变成了用户，用户数量及其评价是关键的硬指标。

4. 调整业务组合，增强竞争性，逐步剔除竞争性弱、成长性不足的业务，发展具备战略意义的、高增长的新业务

刚刚成立的上海报业集团旗下业态类型包括图书、早报、日报、晚报、周报、周刊、月刊、出版社、书店、剧院、印刷基地、网站等多个门类。必须围绕战略目标，该发展的要大力发展，落后的、无生命力的应尽早剔除或转型。

竞争法则在传媒业更加残酷，传媒业必须将创新和传播优势转换成竞争优势，才能锻造出真正优质的媒体。

5. 围绕核心价值定位，增强竞争力，采取品牌优先战略

上海传媒拥有众多传统的经典品牌，不管是上海报业集团还是上海广播电视台，旗下都拥有不少影响力巨大的精品媒体，这笔无形资产是上海传媒的无价之宝。因此，必须始终以品牌为战略核心。维护并加强核心品牌，是发展转型的首要任务。在此基础上，进行新品牌的拓展和延伸形成品牌效应。

比如创刊于1938年的《文汇报》和创刊于1929年的《新民晚报》，历史悠久、文化积淀深厚，是上海传媒的金字招牌，也是上海城市文化的著名品牌。在集团的发展中，必须通过多元举措维护并加强核心品牌的建设，将品牌优势发挥到最大化。

6. 创造条件，整合资源，建设传媒大数据平台

"新技术"、"新媒体"、"新领域"不仅是上海报业集团的发展战略，也是整个上海传媒的战略目标。在大数据时代，这"三新"在大数据平台层面交汇集合。没有大数据，就谈不上大媒体。虽然目前条件尚不太成熟，但假以时日，上海的传媒业必须建设拥有强大数据库支撑的平台型传媒集团。

大数据既是一种资源,也是一种工具。如何梳理数字内容的价值链,在众生喧哗的时代保留媒体话语权,与用户建立对等、开放的新型关系,是传媒业面临的现实命题。大数据改变的不仅是技术和内容,更重要的是改变思维的方式,并由此出发探索新型的传媒发展模式。具体而言,可以在以下几个层面进行探索。

第一,多渠道获取海量数据,建设数据资产库。通过原创收集、合作交换、深度挖掘等多种方式,建设媒体数据库。

第二,提升处理数据的能力。结合媒体自身定位,通过合作、外包、购买等方式进行数据的整理、过滤、整合、推送。

第三,创新数据呈现模式,形成基于数据处理的内容生产、推送模式。从读者思维转变为用户思维,挖掘过滤受众的数据资产,包括兴趣偏好、消费趋势、社交关系等,精准定位,综合内容、传播方式、展示平台、盈利机制创新出适合的产品模式。

第四,拓展数据经营。借助大数据相关的技术,传媒业可以实现跨界整合,扩大经营深度,拓展文化信息消费的广度和深度①。

7. 彰显专业精神,提升传媒素养,坚守传媒责任,打造权威媒体

虽然不少人认为当下传媒正从"内容为王"向"终端为王"进行演变。但不管如何演变,内容始终是王道。互联网的技术属性决定了其速生速成的特征。但对媒体而言,秉持人文立场,坚守独立价值,依然是其存亡的根本。

收购了《华盛顿邮报》的贝佐斯在给《华盛顿邮报》的全体员工们信中声明:"《华盛顿邮报》的价值不需要做任何改变。《华盛顿邮报》的使命仍然是保持对读者的忠诚,而不是满足其所有者的私欲。在《华盛顿邮报》未来的前进道路上,我们仍将坚持求真的精神。"②

立足上海,放眼世界,发挥海派文化特色,打造具有国际影响力的传媒重镇,建设国际文化大都市,是上海传媒的发展目标③。在上海报业集团成立之

---

① 张志安:《上海报业集团整合之策》,http://comment.whb.cn/redians/view/35304。
② http://www.donews.com/net/201308/1569831.shtm。
③ 强荧、焦雨虹:《上海传媒发展报告(2012)》,社会科学文献出版社,2012。

际,专家们不约而同地引用 Michael Curtin 教授"在亚洲地区唯有上海最富有潜力成为媒体中心城市"的论断,希望通过深化改革、创新机制把上海打造成为真正的"媒体中心城市"①②。上海传媒业秉持乘风破浪的改革勇气,大胆创新发展,相信在不太遥远的将来,必能引领传媒发展新方向、新道路。

---

① 李良荣:《放开手脚,大胆转型》,《东方早报》2013 年 11 月 5 日。
② 俞振伟:《上海新一轮报业改革出手快动作大看点多》,http://www.jfdaily.com/a/7117478.htm。

热点聚焦

Hot Topics

B.2
电视收视率的现状、问题及对策研究

强荧 吕鹏*

摘　要： 本研究认为作为舶来品的电视收视率因具有较为科学的节目评估、比较明确的市场动向把握、广告业务的扩展和管理、媒介内部管理的实施以及为计划和决策制订提供参考等五个方面的作用，使得它愈发地受到国内电视台的重视。然而只重视收视率又会导致指标简单化、评估单一化的问题，从而产生严重的后果。在明确指出收视率的优缺问题之后，本研究拟从完善节目评估体系、深化制播机制改革、加强正面引导力度、研发科学市场参数、加大政策监管导向、探索国商分离路径等六个方面提出改进完善收视率的对策和建议。

关键词： 电视收视率　评估指标　制播机制　政策导向

---

* 强荧，上海社会科学院新闻研究所所长，二级研究员；吕鹏，上海社会科学院新闻研究所副研究员，博士。

电视收视率的现状、问题及对策研究

中国电视界对收视率的关注始于20世纪80年代中期[①]。在经历了先期电视传播界对收视率有些排斥及不重视的境况之后，时至今日，收视率日益成为评判电视节目和电视台最重要的指标之一，甚至某种程度上已经堕入盲目追求收视率的歧途。这种境况的发生，虽然和收视率作为一种客观评价指标有其各种科学性以及实用性有关，不过更多的是和中国电视由计划转向市场之后，收视率背后所勾连的各种利益的瓜葛相关。这些利益瓜葛导致了收视率被误用以及滥用，虽然收视率有诸多存在的理由和根据，但是我国特有的电视体制造成了收视率的误用与滥用以及将收视率提到一种"行业货币"[②]的标准，这些都产生了一系列的问题。本文在简单分析收视率存在的理由和根据之后，还进一步阐述"唯收视率"造成的各式问题，并在此基础上提出针对电视收视率改革的对策和建议。

一 电视收视率存在的根据和理由

收视率作为舶来品，在国内经过了抵触－观望－接纳－重视的几个发展阶段之后，现如今，几乎成为电视台评估节目最为重要的指标，其原因虽然和收视率本身是较为科学的量化评估手段有关之外，更加重要的是缘于市场化转型的中国电视需要收视率作为基本的判断参数来吸引广告商，从而获得生存与发展。具体来说，电视收视率在我国存在的理由和根据大概有以下五个方面。

1. 可以比较科学地评估节目

在引入收视率之前以及收视率未成为各个电视台极为重视的评估指标时，对电视节目的判断主要是通过受众的来信反馈等形式得以实现的，而长官意志也在此过程中发挥了比较大的作用和影响。观众给电视台以及节目组所写的信件中所反馈的意见和建议，是我国电视普及前期获得意见以及节目评估的主要依据，当时电视作为新鲜的事物获得了大众一致的喜爱和关注，频道以及节目的数量都比较少，受众的热情也比较高，因此观众的信件反馈具有一定的参考

---

① 刘燕南、孟颖：《电视传播者眼中的收视率——"电视节目评价体系中收视率指标的地位和作用"调查分析》，《中国广播电视学刊》1999年第12期。
② 刘燕南：《从"低俗之风"到问罪"收视率"：热话题冷思考》，《中国电视》2009年第7期。

价值和意义。而各级领导由于政治意识比较强、视野比较开阔、能够很好地把握节目导向等缘故，在节目的制作与生产中也起到了比较大作用和影响。

各种形式的反馈以及专家和行政领导的意见，虽具有一定的参考价值和意义，但是在样本量、统计范围等方面还存在着缺陷。尤其是随着时间的推移，我国电视逐渐普及，电视频道和节目栏目也逐渐增多，以前作为稀缺资源的电视不再稀缺，长官的意志也不能完全体现社会发展的现状以及受众口味的变化，在这种情况之下，个别受众的反馈以及个别长官的意志失去了说服力。

而作为世界通行的评估电视节目的收视率指标，由于经过了长时间的市场检验与科学实施，在操作及数据方面，都具有一定的合理性，可以比较客观地评价电视节目，因此在国外已经成为一种通行的检验和评估电视节目的方法与指标体系，相较于我国电视产业起步发展阶段的观众信件反馈和长官意志而言，其无论在方法上还是在数据上以及在科学性和操作性上，都具有非常大的优势。

2. 可以比较明确地掌握市场动向

改革开放以后，我国经济体制由计划逐渐转向市场，电视产业作为国家意识形态的一个组成部分，虽然具有非常大的特殊性，但仍具有经济属性，我国电视产业随着改革开放的深入，也逐渐地由计划转向市场。计划经济年代的政府拨款逐渐变成电视台的自负盈亏制，电视等媒体作为第三产业的一员，也必须承受市场的检验，从市场获利以支撑和获取自身的生存与发展。此时的电视产业，在谋求社会效益的同时，也必须把经济效益作为一个关系自己生死的重要问题进行考量，并需要越来越加大重视的力度。

而为了获得更多的经济效益，电视台必须掌握每个电视节目的观众数目、份额，从而研判哪些节目的受众相对高，可以得到更多的关注。市场化的电视，受众的多寡是评判节目的一个重要指标，按照传媒的二次售卖理论，电视需要把为电视做工的电视观众售卖给广告商以获得经济利益，从这个角度而言，电视受众的数量和质量就非常重要。然而，由于质量的标准更加难以研制，因此数量与规模等就成为非常直观的一种数据。

尽管电视收视率的数据是一种行为数据，不能从心理上提供对节目好坏优劣的评判，但在提供哪些节目可以吸引受众的"注意力"方面却具有天然的优势,电视台可以通过收视率来掌握受众市场的动向,从而减少市场的不确定性,在进行节目的生产和制作的过程中更加拥有科学的数据。

3. 可以进行广告业务的扩展和管理

转向市场后的我国电视产业,虽然需要关注经济效益和社会效益双重效益,并在理论及现实要求上,需要把社会效益放在首位,但在电视台实际的生存与发展过程中,经济效益却占有着越来越重要的地位。这是因为,社会效益作为我国电视的整体政治要求,是每家电视台都必须遵守的规则,虽然有的电视台的社会效益会更加大一些,但是这不代表它就会生存与发展得很好,也就是说光有社会效益而没有经济效益的电视台,在国内的生存与发展是岌岌可危的,并且现实的情况并未见有社会效益很好经济效益很差却能产生比较大的社会影响力和公信力的电视媒体,因此,现阶段的我国电视产业必须重视经济效益。

而由于我国电视产业链的不健全,使得从经济效益这个角度而言,我国电视的生存与发展几乎全部依赖于广告收入。对于广告商来说,其所关心的是其广告投放之后,究竟有多少受众能够看到其所投放的广告,因为在某种程度上而言,广告的到达率和接触率代表了广告的认知度,而认知会在最终的购买与消费中产生一些必然的作用和影响,因此,对于投放广告的广告商而言,他们最关心的数据便是收视率的数据。所以,电视台可以通过收视率来说服和吸引广告商,从而对广告的业务进行扩展和管理。

4. 可以进行媒体内部的管理

对于电视台而言,进行媒体内部管理是非常重要的方面,这既关系到社会效益的发挥,同时也关系到经济效益的获得。电视台的内部管理涉及广泛,既包括电视台内部的考核与激励,也包括电视台内部的成本控制等等,这些都是电视台非常重要的工作内容。这是因为对电视台的内部管理涉及了员工的成长、发展以及收入等问题,而这些问题从某种程度上关系到了员工个人的生存状况,也从某种程度上关系到了电视台的企业文化以及员工的向心力等各个方面。更加重要的是,考核与激励也是电视台的一种导向机制,利用这种机制可以促使电视台盘活资源、加大创新的力度以及更好地服务于社会和国家。因此,从进行媒体内部管理的角度而言,导向不必是行政命令,完全可以用经济

杠杆和管理的方式来加以执行。

收视率作为一种客观的数据指标，与领导的意志与喜好等主观评判相比，具有比较大的说服力，可以客观而科学地用一套标准体系进行决策。各个电视台采用收视率来评判节目，进而进行媒体内部员工的管理、条例的制定等，所面临的阻力比较小，进行管理的方式方法比较科学实用，因而有一定的成效。

5. 可以为制订计划和决策提供参考

从某种程度上而言，电视的覆盖面越广，其受众人数就有可能更多。因而电视市场化之后，随着上星频道的增多，全国性的电视市场竞争会变得越来越大；而地面频道面临的生存压力并不比上星频道要小，对于省会级别的城市的地面频道而言，其竞争的频道更多，因此上星与地面频道在省内的竞争也呈火热的态势，而在中国目前的电视生态体系之内，各电视频道与台之间竞争的主要目标就是电视观众，因此吸引受众已经成为电视台生存的重要法则。

在此基础之上，收视率作为客观评判受众多寡的指标，就具有了存在的价值和意义。作为需要考虑长远发展的电视台而言，其决策与计划的制订就显得十分重要，因为计划和决策不但关系到短期内电视台的发展方向，同时也关系到电视长期的发展方向与态势、对大环境的研判以及对电视未来发展的探索等各个方面。因此，各个电视台可以依据收视率在短期或长期之内制定电视台发展的相应计划，并为决策的最终制定提供各种可资参考的数据。

以上是电视收视率在国内存在的学理、市场、生存、管理以及决策等五个方面的依据，基于此，电视收视率愈来愈受到电视台的重视。但这并不说明收视率是不会产生问题的。

二 电视收视率存在的问题

电视收视率作为一种客观的行为指标，虽然具有科学性，但是使用不当或者过度滥用，也会造成诸多的问题。尤其是舶来于西方的电视收视率如何本土化地适应我国的电视体制机制，也是必须被考量的问题。而对这些问题的不重视，也导致了"唯收视率"，产生了一些不好的后果。国内对电视收视率的误用滥用,以及造成的后果,主要表现在以下三个方面。

1. 指标很简单

收视率应该只是电视节目评估指标体系的一个,而不是全部。简单说来评估体系的指标应该还包括到达率、收视时长、满意度等;而如果复杂些的话,还应该包括主体(观)评估体系和客体(观)评估体系的综合,而收视率指标只是客体(观)评估体系的一部分。

进入新世纪以来,由于意识到"唯收视率"可能会造成诸多的问题,以中央电视台为首的很多电视台开始研发多指标、综合性的节目效果评估体系,把收视率只作为其中的一个组成部分;国家新闻出版广电总局2013年也明确发文要求对广电节目采用综合评价体系,"收听(视)率数据权重不得超过40%",并要求"不得以收视(听)率调查数据作为评价频率频道优劣的唯一标准"。

虽然电视台想要有多指标、综合性的电视节目评估体系,管理机构也厉行规定,但正如一位电视台负责考核的人员说到的:"我们也想综合评价节目,可是广告商不看其他的,只看节目的收视率,那我们有什么办法?"这说明了收视率作为单一的评估指标,出于利益的考量,依然是电视台最看重的指标,因而在节目评估的过程中,其他综合的评估指标也会流于摆设。

2. 评估很单一

收视率作为一个行为指标,无法直接评估电视节目的优劣。它只能客观地反映观众的收视行为,即看没看以及看了什么,却无法反映人们对收视是否满意,因此无法以此来评价节目的优劣好坏。

社会主义体制之下的电视节目评估机制,要兼顾社会效益和经济效益两个标准,达到二者的共赢。因此,节目的评估应该既是对节目效果的评估,也是对生产的激励的评估,更应是对党和国家主流舆论以及思想观念传播导向的评估。因而,作为一种事后效果评估之一的电视收视率,只能解决最基本的收视人群以及收视内容等的问题,而无法解决更加重要的、涉及节目优劣好坏以及意识形态引导的问题。

电视台过度重视收视率指标,势必使整个电视台的导向偏于经济效益而忽视社会效益,使得电视工作者缺少社会监守的功能和作用,长此以往也会损害社会主义电视媒体的优越性与核心价值。

3. 后果很严重

收视率作为一种客观的行为指标，有其科学性。其本身不存在善恶对错，而对其不计后果的滥用和误用则会导致一系列很严重的后果①。

首先有可能导致电视节目的"三俗"。电视台之间的竞争在市场化的背景之下，已经到了比较激烈的境地，以收视率为导向，只关注有没有人看而不关注美誉度的问题，使得各家电视台争以"三俗"为能事，节目越来越无下限，从而使得电视银屏越来越不堪。

其次有可能挫伤电视工作者的积极性。由于电视市场化的压力，唯收视率马首是瞻，使得电视工作者变为收视率的奴隶，电视工作者挖空心思争收视率，而把节目的创新以及社会效益的把持、正确价值观的引导等都抛诸脑后，甚至电视造假的事件也层出不穷。这不但影响了节目的质量，扰乱了正常的社会秩序和媒介环境，而且更可能给有职业理想的电视工作者造成极大的挫伤。

另外，收视率成为考核的唯一指标，而这些又进一步地有可能导致收视率造假、收视率调查公司的样本被污染，以及各个电视台之间为了排名而无序竞争，进一步扰乱电视市场环境，使得电视经济效益和社会效益的发挥都受到影响。

以上是电视收视率存在的问题以及可能造成的不好的影响与作用，这些问题并不是危言耸听，而是在现实的电视生产和实践中存在的问题，而这些问题的源头，都指向了对收视率的滥用和误用。

三 应对电视收视率的对策

对收视率的滥用和误用会造成一系列不好的后果，然而无论是对收视率进行批判的专家学者、号称深受收视率之害的电视从业人员，还是监管电视的相关官员，在讲述收视率的"危害"之后，也会客观公允地讲述收视率存在的

---

① 周宪：《文化工业/公共领域/收视率——从阿多诺到布尔迪厄的媒体批判理论》，《新闻与传播研究》1998 年第 4 期。

必要和价值①。这说明作为"市场货币"的收视率本身并无好坏，而对其使用以及如何使用才会造成好坏的结果。因此，收视率作为一种评估的指标，有其存在的必要，但是鉴于国内的滥用和误用已经造成了极多的问题②，我们觉得应该从以下几个方面来应对这些问题，以期更好地发挥收视率的作用。

1. 完善节目评估体系

我国具有特色的电视体制使得单纯的收视率指标评估是不合国情的，因此完善节目评估指标体系，是一种必然的要求。以中央电视台为代表，我国电视台已经在积极地探索，学界也在加大研究的力度，国家新闻出版广电总局等管理机构也进行了相应的政策规定，然而实施的效果却并不尽如人意，收视率指标依然是各个电视台实质性的评判指标，因此完善节目评估体系，建构适合我国国情的电视收视率综合节目评估指标体系依然是未来一项重要的课题。

2. 深化制播机制改革

我国电视节目经历了制播合一到制播分离现在又有制播融合的趋势，这符合世界电视业发展的客观规律。由于制播的问题而导致的收视率的评价问题，一直是存在与电视内部的重要问题，因此制播机制改革必须继续深化，以探索出符合社会主义核心价值观的电视制播机制，从而更好地发挥电视台的功能与作用。

3. 加强正面引导力度

电视节目唯收视率马首是瞻导致了电视节目具有了"三俗"化的倾向，这不符合我国电视台的基本定位与要求。作为党和国家宣传机构的电视台，必须更多地生产符合社会价值导向的电视节目，加强正面引导的力度，从而抵制和消解唯收视率论所带来的不好的影响与作用。一方面使电视台工作人员认识到收视率不是万能的，也不能不加判断地滥用误用；另一方面，也要加大力度产出精品电视节目。这些是电视进行舆论引导和消除已经产生的负面影响的重要任务，只有这样才能使得银屏得到净化，而唯收视率论所产生的影响才会逐

---

① 季为民、聂双:《收视率的市场含义与电视的文化追求——"收视率"对电视业的影响分析》，《新闻与传播研究》2004年第4期。
② 柯惠新、刘绩宏:《调查统计数据在传媒行业中的应用：意义、误区与动向》，《广西大学学报（哲学社会科学版）》2011年第5期。

渐消解。

4. 研发科学市场参数

从目前我国电视台的生存境况来看，主要是依赖于广告商的广告投入。而广告商投放广告的标准里面最重要的一条是看电视台及节目的收视率。之所以如此，是因为在现下，除了收视率之外，没有更好的可以说服广告商的数据能使广告商信服其广告投入是合理和科学的。因此，寻找和研发出一种比收视率更加合理和科学的市场参数，使得广告商的每一分钟广告投放的钱都有依据，则是更加重要的一个课题。这需要学界和业界的共同努力，当这种参数被研发和设计出来的时候，对收视率的绝对重视所产生的问题自然可以得到解决。

5. 加大政策监管导向

国内收视率误用滥用，以及出现收视率造假和样本被污染等丑闻，虽然和央视－索福瑞收视公司一家独大有一定的关系，但很大程度上是缺少第三方监管造成的。相比之下，国外的媒介调查数据应用发达，由"传媒业"、"行业协会"、"学术机构"三者联合来带动数据的良性使用与发展，当出现质疑的时候，也会有相关的人员或机构进行答疑解惑，消除不良影响。而我国第三方的缺失，再加上政策监管的力度不大，导致了收视率频频引发问题。因此，规范收视率问题，需要加大政策的导向以及第三方监管的力度①。

6. 探索国商分离路径

20世纪90年代以后收视率越来越风行的最重要也是最根本的原因，是我国电视由计划向市场的转型，电视台需要依靠市场来获得生存与发展。有学者认为，"如果我国电视台有各种不同的运行机制，有些靠市场生存，有些靠国家拨款，有些靠收取收视费或订阅生存，那么收视率或者便只对一部分电视台产生作用，而不会像现在这样，对几乎所有电视台都起作用"②。因此，探索国有/公共和商业电视台的分离，采用双轨制的电视发展体制，也应该是积极地

---

① 闫军才：《应强化第三方监管在收视率调研中的作用》，《中国广播电视学刊》2010年第9期；刘燕南：《建立收视率调查监管机制：缘由、准则与问题》，《中国广播电视学刊》2011年第11期。

② 刘燕南：《从"低俗之风"到问罪"收视率"：热话题冷思考》，《中国电视》2009年第7期；另参见刘燕南《电视节目评估体系解析——模式、动向与思考》，《现代传播》2011年第1期。

电视收视率的现状、问题及对策研究

进行探索的课题。这样某种程度上可能会更好地发挥社会主义电视的优越性。

从世界范围来看,收视率调查行业基本上是属于市场垄断性的行业,这是因为标准和统一的收视率数据更加具有市场意义。如果一个电视市场中存在多家公司,势必会造成数据的混乱。这也是之前尼尔森未退出收视率市场之前,经常和央视-索福瑞的数据造成冲突的原因。然而尼尔森退出收视率市场之后,因为央视-索福瑞所具有的央视背景,基于地方和中央电视台利益格局的斗争,加之也有样本被污染等丑闻,常常为地方台所诟病。这种诟病详细考量之后,似乎更多的是情绪的宣泄而非理性的判断,因为相较于整个调查市场以及央视-索福瑞所公布的数据和调查手段和机制而言,这些指责似乎并不能完全成立。

与此同时,民间以及相关的学术机构也在努力争取做一些尝试,以使整个评估体系更健全,然而无论是理想化并不具备操作性的"绿色收视率"的提出[1],还是对"满意度"指标的研发[2],都收效甚微,这还是从某种层面上说明了电视收视率具有其科学性和实用性的一面。

电视收视率作为一种"行业货币"越来越受重视,是有其必然的原因和理由。从中国电视的现实情况来看,电视收视率产生了一些好的效果和影响,也造成了一些坏的结果和作用,这正如一枚硬币的两面。但是应该明确的是,作为一种客观数据的收视率,它只是一种统计数据而已,其本身并不会必然导致好坏对错[3],而关键在于如何使用这些数据,以及使用这些数据的人理念、眼界和水平。因此,不能因为收视率存在了一定的问题就全盘否定收视率的重要作用。出问题的不是收视率,而是对收视率的使用、使用收视率的单位和个人,以及使得收视率出问题的背后的机制。因此,重视而不唯收视率,积极探索符合我国电视发展特色并具有实用性的综合电视评估指标体系才是应对问题的最终解决之道。

---

[1] 张君昌、吕鹏:《绿色收视率与电视品牌》,《现代传播》2007年第2期;张君昌、吕鹏:《绿色收视率代表新时期电视文化的前进方向》,《电视研究》2007年第2期。
[2] 顾旭光:《从收视率数据到满意度评价——对电视节目受众评估的探讨》,《中国电视》2010年第5期;段鹏:《收视率与满意度的博弈——刍议电视节目传播影响力与收视率、满意度的关系》,《现代传播》2007年第6期。
[3] 姚广林:《收视率新批判》,《现代传播》2009年第1期。

提升传播力，巩固公信力，扩大影响力

——上海主流媒体传播力、公信力、影响力调查分析报告

王 蔚*

摘　要：
本文通过向上海市民进行电话问卷调查，辅以深度访谈调查，了解其对上海主流媒体的使用情况及相关评价。调查发现，上海主流媒体的公信力普遍受到认可，然而其传播力和影响力在互联网时代遇到较大挑战。最后，本文就如何提升上海主流媒体的传播力、巩固公信力、扩大影响力提出具体建议。

关键词：
主流媒体　传播力　公信力　影响力

一　研究概述

（一）研究背景

十八大召开以后，我国政治、经济、文化等各项事业发展迈入了一个新的历史阶段，主流媒体必须担负起凝聚社会各界合力与共识的责任。对于上海主流媒体而言，一方面要完成好时代赋予的任务，另一方面又必须处理好新媒体技术带来的诸多挑战。在这种情况下，如何更好地提升传播力、巩固公信力和扩大影响力，就成为一个亟待解决的课题。

---

* 王蔚，博士，上海社会科学院新闻研究所助理研究员，主要研究方向为新媒体传播、媒介文化。

（二）研究方法

为了解上海14家主流媒体传播力、公信力、影响力的基本情况，2013年5月，上海社会科学院新闻研究所联合复旦大学传媒与舆情调查中心，进行了一次"上海14家主流媒体传播力、公信力、影响力调查"。该调查涉及媒体包括：1家电视台——上海电视台；1家广播电台——上海广播电台；9家报纸——《解放日报》、《文汇报》、《新民晚报》、《新闻晨报》、《新闻晚报》、《东方早报》、《劳动报》、《青年报》、《第一财经日报》；3家网站——东方网、看看新闻网、新民网。

本次调查主要由两部分组成：一是采用随机抽样方法，运用CATI（计算机辅助电话访问）设备，成功访问了1054位年龄在18周岁以上的上海城乡居民。在95%的置信水平下，最大抽样误差不超过±3.02%。根据上海市人口普查比例，按照性别和年龄两个变量的组合，对样本进行了加权处理，使之更符合上海市人口的实际分布比例。

分析总样本基本属性为：男性占51.32%，女性占48.68%；18~40岁占50.13%，41~60岁占34.27%，61岁以上占15.59%；初中及以下学历占19.25%，高中或中专学历占25.65%，大专学历占19.43%，大学本科及以上占33.8%；中共党员或预备党员18.23%，无党派（群众）占63.51%，共青团员16.40%，民主党派0.37%。

二是采用深度访谈方法，通过召开座谈会，以及一对一访谈等形式，对高级知识分子、公务员、大学生、企业职员、中小学教师、广告商、普通群众、新闻专业应届博士毕业生等8类人员进行深度访谈，深度访谈结果对电话访问结果予以补充。

二 研究发现

（一）主流媒体传播力分析

具备较好的传播能力是媒体发挥影响力的前提。我们通过了解受众的主流媒体使用习惯发现如下四个方面特点。

1. 从媒体接触情况看，电视媒体最为普及，网络媒体知晓率最弱

调查发现，主流媒体的接触率在不同媒介形式之间出现较大差异。在全部样本中，上海电视台接触率最高（82.21%），9家报纸其次（54.46%）。3家网站和上海广播电台的媒体接触率类似，两者分别为36.94%和36.07%。然而，在媒体走进互联网时代多年以后，3家网站的平均接触率却只有12.61%，远远不及电视、广播和报纸，这个数字值得反思（见图1、图2）。

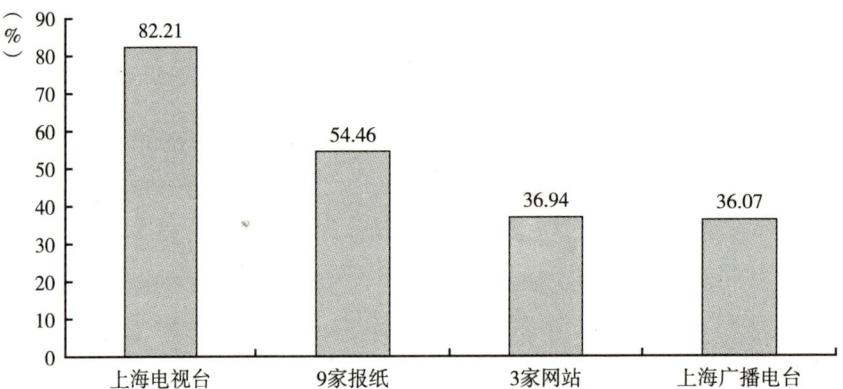

图1 不同媒介形式媒体接触率排序

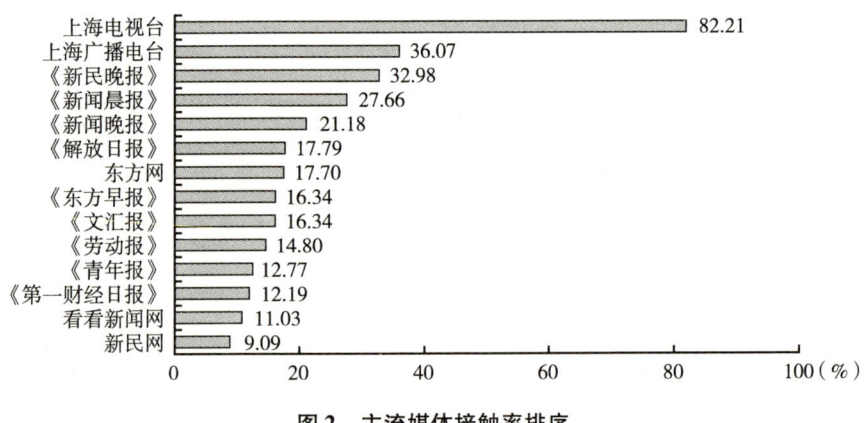

图2 主流媒体接触率排序

深度访谈的结果与这项排序也有较大契合：绝大多数受访者都表示收看上海电视台节目，但提到3家主流网站，许多受访者不仅不使用，甚至都没有听说过。在3家主流网站中，东方网的媒体接触率最高，这得益于东方网十多年来积累的品牌效应。根据 ALEXA 流量排行榜，东方网在地方重点新闻门户中排名靠前，甚至数次取得首位成绩。但这个成绩与上海娱乐、服务类网站相比，还有较大差距。这一现象说明，上海主流媒体网站在传播力方面尚有较大的提升空间。

2. 从使用均值看，受众对主流媒体的依赖度总体偏低

使用均值代表了某一媒体的受众对该媒体的使用依赖度，分值越高，说明受众对该媒体的依赖度越高（采用5级量表，中值=3，从不=1，几乎每天=5）。统计表明，在14家主流媒体中，受众对上海电视台的依赖度最高，其使用均值为3.44。其次为上海广播电台（1.92）。然而超过中值3的主流媒体也只有上海电视台，处于2~3之间的有2家（《新民晚报》2.55、《新闻晨报》2.11），其余11家主流媒体使用均值都在2以下（见图3）。这说明，总体而言，上海受众对上海主流媒体的依赖度偏低。从访谈情况看，受访者表示许多报纸内容同质化较高，看一份即可获取主要信息。手机上网行为较为普遍，使用各种新闻、社交客户端获取新闻更为便捷，客观上造成了"报纸看不看无所谓"的普遍心理。

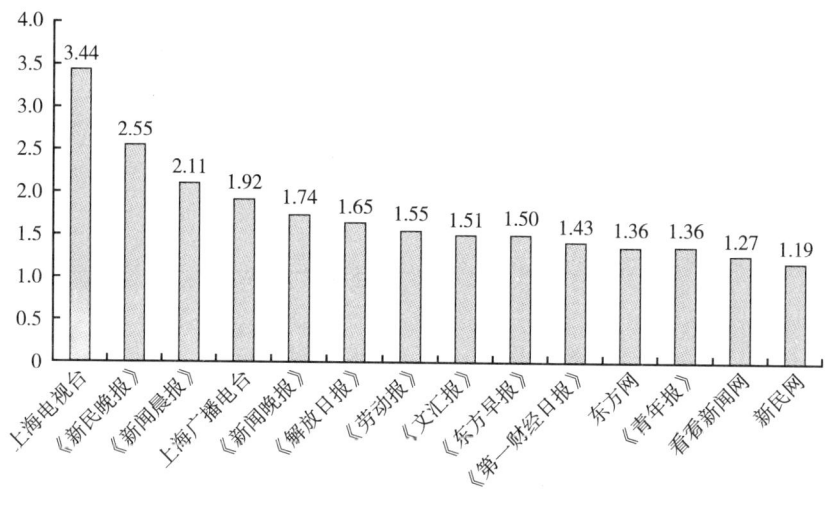

图3 主流媒体使用均值排序

3. 从受众中经常使用者比例看,多数主流媒体的受众忠诚度有待提升

经常使用者比例(媒体受众中选择"经常"和"几乎每天"的占比之和),可以衡量该媒体的受众忠诚度。从这项指标看,上海电视台以68.47%位居第一,其次是《新民晚报》(53.96%)、上海广播电台(53.35%)和《新闻晨报》(40.91%)。《新民晚报》受众忠诚度在主流报纸中位列第一,说明这张历史悠久的报纸在上海地区深入人心。《新闻晨报》作为上海发行量最大的早报,虽然创刊时间只有十余年,却以其既关心天下大事,又关心市民生活的优秀内容赢得了受众认可。与《新民晚报》相比,《新闻晨报》的读者样本更为年轻,其40岁以下的青年读者样本占比超过了半数(50.88%)。考虑到青年人同时又是新媒体使用者的主体,因而这张报纸面对新媒体的挑战更具抵抗力。《解放日报》和《文汇报》的受众忠诚度不高,基本可以断定与其受众以单位用户为主有关。《第一财经日报》和《劳动报》的内容专业性较强,因而虽然其媒体接触率排在后段,但有近1/3的受众为经常使用者,说明这两张报纸的受众忠诚度尚佳(见图4)。

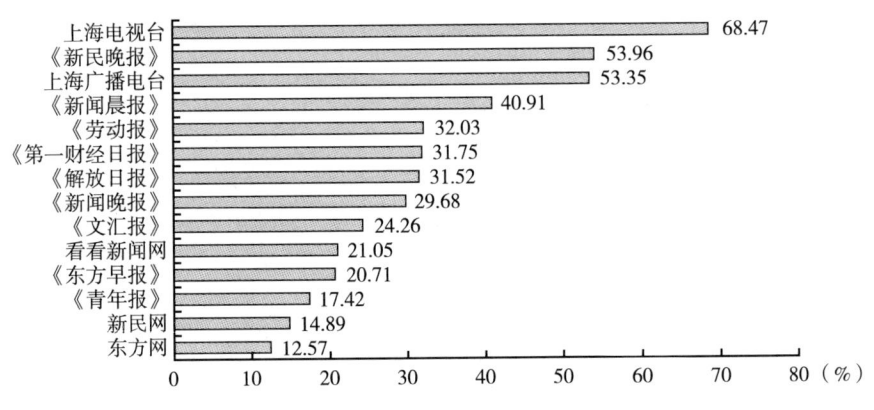

图4 受众中经济使用者比例排序

4. 从主流媒体受众样本的青年人比例看,青年人并没有放弃主流媒体

互联网用户样本中,40岁以下的青年人占比65.68%,这个数字说明互联网对青年人的吸引力很大。面对互联网的蓬勃发展,主流媒体的受众有所流失,并出现老龄化现象。但是同时应该注意到,主流媒体依然有许多忠实用

户，青年人也绝非放弃了主流媒体。在此次调查中，广播听众样本中40岁以下青年人占比为42.89%，电视观众样本中青年人占比为46.17%，报纸读者样本中青年人占比为45.72%（见图5）。这些数字说明，主流媒体对于青年人依然有吸引力，考虑到青年人及其社会影响力的成长性，这一群体应当获得主流媒体更多关注。

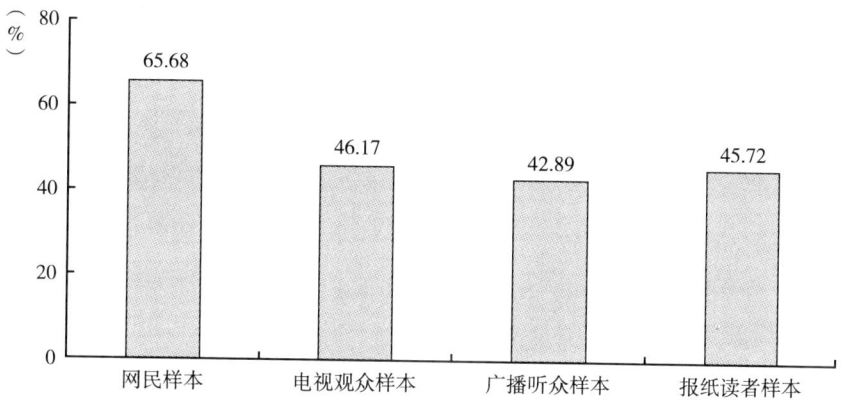

图5　各类用户样本中40岁以下青年人的比例

（二）主流媒体公信力分析

1. 上海主流媒体的公信力评价普遍较高，机关报最具公信力

从受众对媒体公信力的评价，可看出媒体获得受众信任的能力。调查显示，虽然大部分主流媒体在传播力方面尚有较大提升空间，但这并没有影响各主流媒体的受众对其公信力给出较高评价。从公信力评价结果看，上海主流媒体获得普遍好评。其中，作为机关报的《解放日报》位列第一，公信力评价均值为3.87，受众对其公信力较为认可。即便是排在末位的《青年报》，其公信力均值也超过了中值3。值得注意的是，传播力表现不佳的3家主流网站，公信力评价均值最低也在3.45（见图6）。

有些观点认为，党报以及主流媒体权威性在互联网时代遭遇瓦解。但我们在调查中发现，党报以及主流媒体的权威性依然具有较大优势。从问卷调查看，《解放日报》仍然以3.90的权威性评价均值排在第一位，其他主流媒体

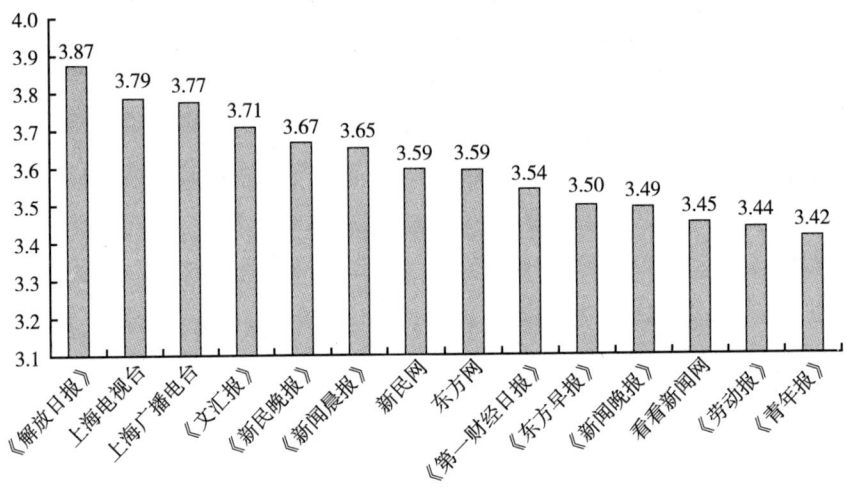

图 6　主流媒体公信力评价均值排序

的权威性评价均值和公信力评价均值也同样呈正相关关系。深度访谈也证实了这个结果，许多受访者表示，互联网新闻的获取便捷、观点多元，但主流媒体的新闻更具权威性和可信度。尤其是在涉及国家政策、重大事件信息时，党报等主流媒体对政策的解读才是最权威的（见图7）。

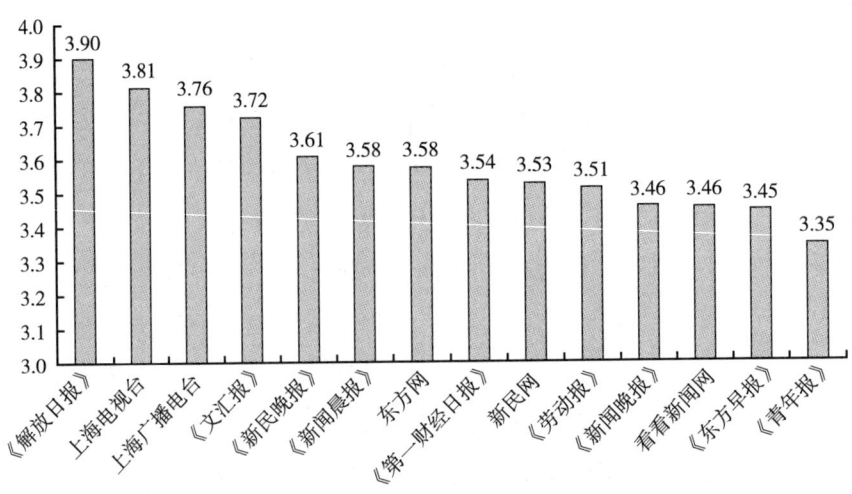

图 7　主流媒体权威性评价均值排序

2. 从党员对党报的评价看,党报对党员的凝聚力较高;从群众对党报的评价看,党报在群众中也具有同样权威的地位

在党报的受众样本中,《解放日报》的党员比例为35.16%,《文汇报》党员比例为33.94%,明显高于读报样本党员比例24.91%。相较而言,其他主流报纸中的党员比例未有明显偏向。因而,党报的党员受众比例明显高于其他报纸。在对党报的评价方面,《解放日报》的党员样本中有72.13%认为该报公信力"较高"和"很高"。《文汇报》党员样本中认为该报公信力"较高"和"很高"的比例为64.15%。以上数值说明,党员对党报的认可度较高,党报对党员具有很好的凝聚力(见图8)。

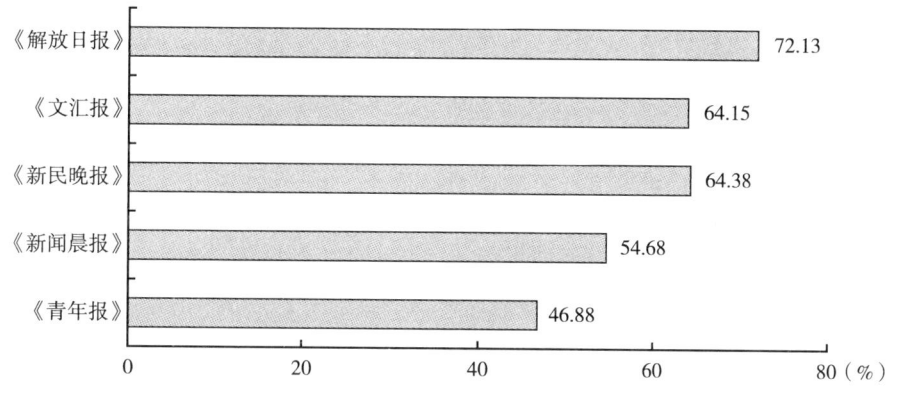

图8 党员对报纸公信力评价情况

值得关注的是,群众对党报的公信力评价情况也很好。尤其是对于《解放日报》,群众与党员的相关评价基本一致。但对于《文汇报》而言,群众与党员的相关评价就有显著差异。群众对《文汇报》的公信力给出高评的比例为57.33%,显著低于群众对《解放日报》的同项评价(73.08%)(见图9)。两相比较,群众对《解放日报》的认可度显著高于《文汇报》,说明机关报依然具有权威性和公信力优势。

在深度访谈中发现,公务员群体更认可《解放日报》的公信力和权威性。在他们看来,《解放日报》是每天必读的报纸,是一份"我们"的报纸。可以了解党和政府的各项工作发展思路,了解与工作息息相关的重要事务的进展、

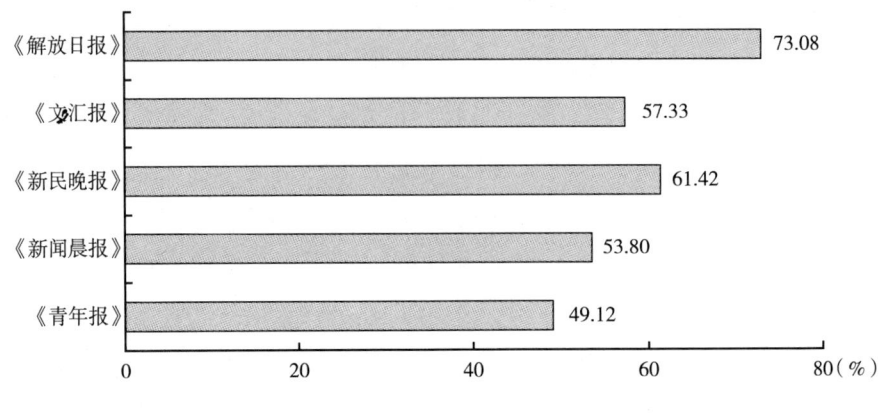

图9 群众对报纸公信力评价情况

变化、方向,了解许多"大事"的基调。对于公务员的日常工作有重要的指导作用。

3. 青年读者比中老年读者对主流报纸的公信力更为认可

调查发现,在对主流报纸的公信力评价中,40岁以下的青年人选择"较高"、"很高"的比例显著高于40岁以上的中老年人。例如,《解放日报》40岁以下青年人有70.49%认为该报公信力"较高"或"很高",40岁以上的中老年人此项比例为67.59%;《文汇报》40岁以下青年人给出公信力高评的占74.29%,40岁以上的中老年此项比例仅为55.81%。这种差别在除《劳动报》外的8份主流报纸中显著趋同。年龄与权威性评价的关系与此基本相同,即青年读者比中老年读者更认可报纸的权威性。

从整体样本情况反映的情况看,报纸读者中40岁以上的中老年人占54.27%,呈现老龄化状态。访谈发现,老年受访者读报行为有一定的惯性,虽然对现在报纸内容有一些不满,如广告太多、内容不够精练等,但多年养成的习惯不太容易改变。因而此项数据的重要意义一方面在于青年读者比中老年读者更为信任报纸,指出了主流报纸有争取青年读者的优势;另一方面在于与中老年人因传统习惯而读报相比,青年人选择读报的原因更多地基于对公信力、权威性的认可(见图10)。这样,那些认为青年人不读报是因为排斥主流的经验性观点并不真正具有说服力。

提升传播力，巩固公信力，扩大影响力

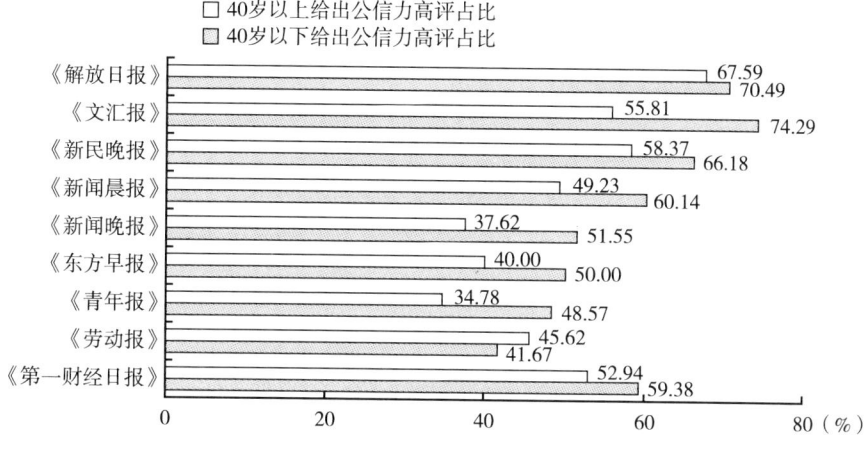

图10 年龄与报纸公信力高评关系

（三）主流媒体影响力分析

1. 从重大突发事件中受众的媒体选择看，上海电视台具有绝对的区域影响力

我们将重大事件发生时受众的媒体选择作为衡量媒体影响力的重要标准。调查显示，发生国内重大事件时（如芦山地震），近1/3的上海受众首选上海电视台（32.90%），30.60%的受众首选各大商业门户网站（新浪、腾讯、凤凰、百度、网易、搜狐），其中又以新浪（7.42%）和腾讯（7.32%）为主，10.93%的受众选择中央电视台，3.61%的受众选择上海广播电台。即便是在次选媒体排序中，依然大致遵循这一规律。

对这项数值还需要做出两点说明。第一，重大事件发生时，上海电视台和商业门户网站发挥了第一影响力。考虑到电视台新闻内容的权威性和可信度更高，因而电视台在重大事件发生时的影响力更大且更有效。第二，商业门户网站之所以能够发挥第一影响力，得益于移动互联网带来的便捷性，以及UGC对传统新闻产生的颠覆。第一时间过后，包括报纸新闻、电视新闻等在内的更多传统主流媒体的声音进入互联网，参与互联网信息对受众的影响。在这种情况下，认为商业门户的影响力高于传统媒体影响力，就将复杂的问题过于简单化了（见图11）。

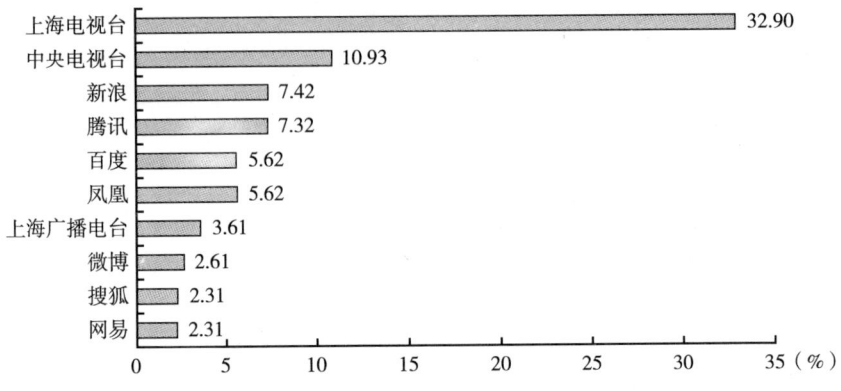

图 11　发生国内重大事件时的首选媒体

注：图11、图12、图13中，除已显示的23个选项之外，尚有"其他"部分选项结果。这些选项数量较少（1~3个），它们或者为非上海媒体（如新华网、《华尔街日报》、喜鹊台、联合早报网等），或者未指向具体媒体（如上网、公交、翻墙、主要门户网站、手机等），或者为非媒体渠道（如听妈妈说、听同事说、听老公说等）。这些"其他"选项的参考意义较小，选项统计结果未予显示。

值得注意的是，对事件的进一步了解中，有部分受众会选择报纸。在首选媒体排序中，主流报纸、主流网站基本被上海受众忽略，但在次选媒体排序中，《新民晚报》和《新闻晨报》的排位提升至第5位和第7位，超过了搜狐、网易和百度（见图12）。尤其是《新民晚报》，作为一份中国内地创刊时间最早并至今连续出版的报纸，一直秉承"飞入寻常百姓家"的办报理念，在上海甚至海外都有着较高的知名度。从调查结果看，《新民晚报》读者样本量在报纸读者样本中占60.57%，这意味着在读报者中，有近2/3的人都是《新民晚报》的读者。同时，《新民晚报》读者样本的忠诚度也是主流媒体中最高的，近1/3的人选择"经常"读报、"几乎每天"读报这两个选项。《新民晚报》已连续9年入围世界品牌实验室发布的《中国500最具价值品牌》排行榜，是上海市连续多年唯一入选这一榜单的媒体。2012年，《新民晚报》的品牌价值为104.29亿元，排在榜单第137位。

上述数据或可说明，报纸尽管及时性不足，但在对重大事件的追踪性、分析性、全面性和深度挖掘方面依然具有吸引力。深度访谈也支持了这一判断。部分受访者在突发事件发生时，第一反应是想解决"what、when、where、

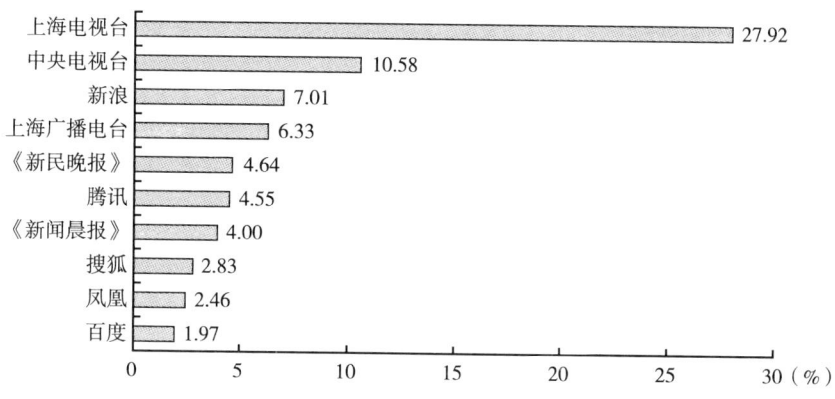

图 12 发生国内重大事件时的次选媒体

who、why"的问题,自然会选择信息快捷的电视和互联网,而接下来,更为深入的"how"的问题,以及其他相关问题及分析,可能会选择报纸。

在与上海相关重大事件发生时(如黄浦江死猪事件),上海电视台显示出绝对的区域影响力。根据图13,受众选择上海电视台的比例进一步增加,达到44.52%;对中央电视台的首选比例,从国内重大事件发生时的10.93%,降低到3.03%。同时,在持续关注中,上海广播电台、《新闻晨报》、《新民晚报》等更加亲民的综合性主流媒体的排位上升,排在某些商业门户网站之前,说明这些上海主流媒体对本地受众的影响力依然十分重要(见图14)。

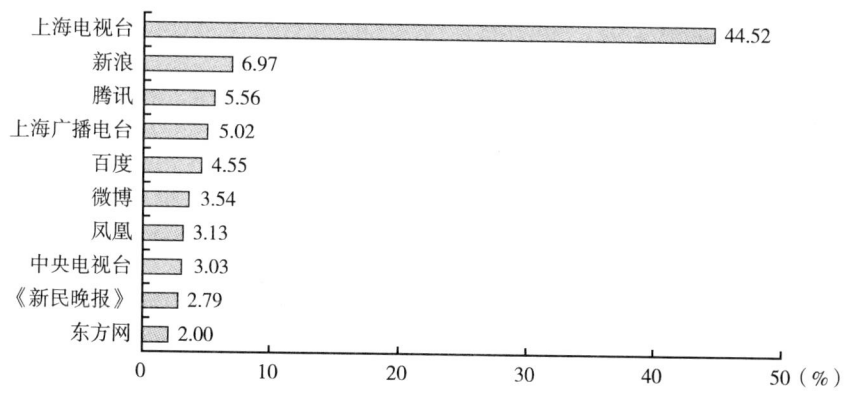

图 13 发生上海相关重大事件时的首选媒体 Top10

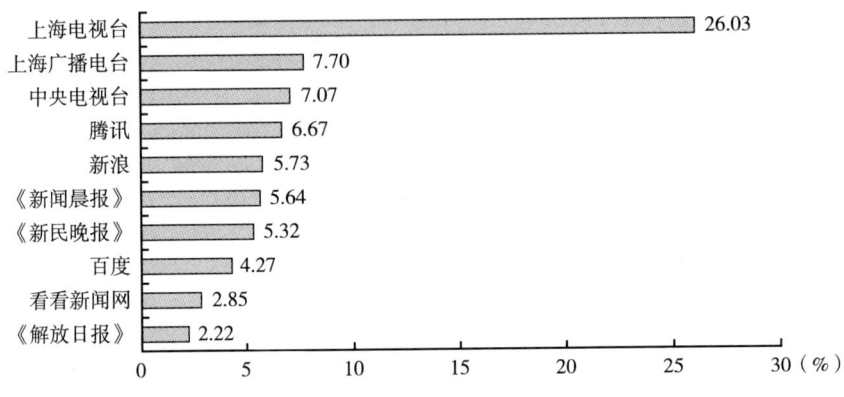

图 14　发生上海相关重大事件时的次选媒体 Top10

2. 上海广播电台在国内重大突发事件发生时的第一影响力主要是补充性的，但在上海本地相关事件发生时，无论是第一影响力还是持续影响力都更为突出

　　互联网崛起后，出现了广播听众的流失及老龄化现象。对于大多数受众样本而言，听广播虽然更加直观，但这种线性广播的传播方式，以及其对收听终端的要求，已经不太符合现代受众接受信息的行为习惯。近两年来，上海广播电台通过不断改版，坚持本地特色，关注本地民生，打造互动性、服务性较强的节目，赢得了听众好评，并显示出不俗的市场号召力，如《直通990》节目，开播两年，就以其独特的贴近性、服务性、互动性、新闻性，成为上海人民广播电台的一档拳头节目，并获得全国性奖项。在国内相关重大事件发生时，上海广播电台的第一影响力属于补充性的，它实现了对那些不喜欢、不方便上网和看电视的受众，其中大部分是行车途中的受众以及习惯收听广播的中老年人的覆盖。然而，在对事件的持续关注中，上海广播电台的排位上升至第4位，仅次于上海电视台、中央电视台和新浪。在与上海相关重大事件发生时，上海广播电台也紧跟上海电视台、新浪、腾讯，位列第4，并在进一步关注中，上升至第2位。这充分说明上海广播电台在本地重大事件发生时的影响力相较于商业门户网站依然具有显著优势（见图12、图13、图14）。

3. 以新浪、腾讯为代表的商业门户网站对主流媒体的第一影响力形成绝对挑战

调查显示，无论是在重大事件首选媒体还是次选媒体中，以新浪、腾讯为代表的商业门户网站都表现优异。尤其在国内重大事件发生时，有30.60%的受众首选六大商业门户网站（新浪、腾讯、凤凰、百度、网易、搜狐），这个数字是（除上海电视台之外）13家上海主流媒体首选占比之和（13.72%）的2.23倍（见图15）。上海重大事件发生时，首选商业门户网站的受众占比依然较多。这说明，重大事件发生时，商业网站抢在电视媒体之外的绝大多数主流媒体之前，发挥了第一影响力。商业门户网站并不具有新闻采访权，但其主要的优势在于用户自造内容的迅速扩散和信息迅速集成。如果说商业门户网站对主流媒体信息的集成，延伸了主流媒体的传播力和影响力，那么其用户自造内容的迅速扩散，则为主流媒体的信息传播力制造了更大的障碍。尤其是在某些用户自造内容出现事实偏差、错误和偏激立场之时，这种障碍就显得更为鲜明。近年来出现的"抢盐事件"、"7·23事件"，都是这些方面的典型事例。

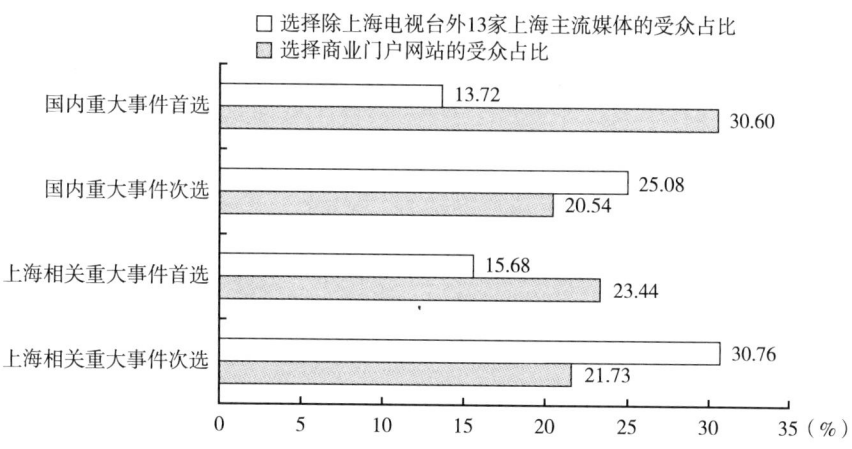

图15 重大事件中媒体选择比较

然而在次选媒体中，选择除上海电视台外13家主流媒体的占比，反过来超过了选择商业门户网站的占比（见图15）。如果加上上海电视台的比重，可以说主流媒体在重大事件中的影响力绝对是第一位。数据说明：第一，受众并

没有放弃主流媒体；第二，出于对主流媒体公信力和权威性的考虑，受众的延伸性阅读（收听、收看）会在主流媒体中展开；第三，目前环境下，主流媒体尤其是报纸依然有其生存与发展空间。在深度访谈中，受访者的一个主要观点也与此相契合：上海媒体关切上海本地民生，因而相关重大事件会更倾向于上海本地报道。

4. 微博、微信作为另一支挑战力量，其表现尚不稳定

目前，新浪微博注册用户已逾5亿，微信用户规模也站在了6亿的门槛上，这些社交应用促进了互联网发展新格局的形成。有观点认为，微博、微信将对主流媒体信息传播制造非常大的障碍。调查显示，国内与本地重大事件中首选微博的受众占比排序虽然在靠前位置（第8位和第6位，见图11、图13），但总体而言，微博在重大突发事件中的第一影响力远不及电视媒体，和广播也有一定距离。虽然这个位次超越了许多主流报纸和主流网站，但具体数值差异不大。在次选媒体中，微博的排位下滑至第11位和第12位，被《新民晚报》、《新闻晨报》等主流报纸超越，说明微博尚不能完全满足受众对重大事件的延伸报道需求。事实上，据新华网报道，在5亿微博用户中，活跃用户只有几千万。因而，微博信息的影响面并不像人们想象的那样覆盖了几亿用户，制造了全民性舆论。我们可以从三个方面来理解微博信息对主流媒体形成的挑战：一是在重大事件发生后第一时间出现的与事实不符的信息迅速扩散，其优先效应对主流媒体进行事实还原制造了障碍；二是主流媒体机构和人员在主流媒体和微博中采取了不同的话语和立场，并在这两种不同的信息空间中进行信息交换，客观上提升和放大了微博的影响力；三是微博传播中长期存在的偏激情绪以及与主流相对立的思维方式，制造了一个针对主流媒体信息的"审判台"，使说服传播较为困难。然而，即便如此，由于微博用户的使用习惯尚不稳定，因此其对主流媒体影响力形成的挑战也还在不断变化之中。

图11、图13中，微信无论在首选还是次选排序中都位于后段，说明目前微信在重大事件中的影响力较弱。从使用体验看，由于微信的信息传播具有较为清晰的传播边界，是一个相对封闭的传播圈，因此其在信息的传播速度上不及微博，也很难像微博那样制造出对主流媒体的挑战。从目前发展看，微信在特殊事件发生时的影响力，可能由公共账号中的"大V"来实现。随着微信

公共账号的成长，用户规模较大的公共账号相当于拥有了一个有力的自媒体，鉴于微信信息传播的到达率几乎为100%，可以推测，在特殊事件发生时，这些微信"大V"和微博"大V"一样具有不容忽视的影响力。同样，微信用户的应用习惯也尚在培育发展中，相关应用与管理规则也在跟进制定，因此微信的影响力尚需进一步观察。

5. 三家主流网站尚未能完全发挥新媒体优势，但具有较好的发展潜力

本次调查总样本的上网比例为71.47%，与中国互联网络信息中心于2013年1月发布的上海网络普及率68.4%接近。在上网的受众样本中，有63.06%的人不上三家主流网站（见图16）。分析三家主流网站的受众使用习惯发现，其受众的依赖度、忠诚度也较低。从访谈情况看，上网的受访者多数表示不上主流网站，有些表示没有听说过这三家网站。他们在互联网上的信息与娱乐需求，基本由商业门户网站提供。东方网近年来为扩大影响力也有许多大动作，如开设东方微博、提供电子商务导购服务等，但其发展面临着来自互联网市场的巨大挑战。但东方网在主流信息集成和数字政务方面的业务拓展，依然有其天然体制内优势。看看新闻网作为一家具有优厚视频资源的网站，发展前景巨大。新民网尚未找到明晰的发展与转型方向，单纯的报网互动已经不足以完成主流新闻网站担负的时代责任，但它依托历史悠久的《新民晚报》，具有自己的核心竞争力。因而，虽然主流网站尚未能完全发挥新媒体优势，但从其已有的资源、特色和基础看，依然具有可观的发展潜力。

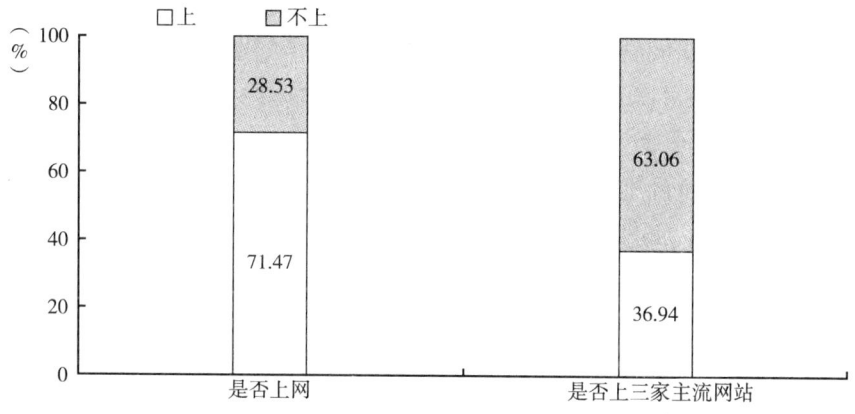

图16 网民样本比例比较

（四）总体分析

衡量媒体的传播力、公信力和影响力是一个系统性工程，在对其评价上，学界提出了不同的观点和评价体系。对于不同的媒介形式及媒体的具体情况而言，还应考虑差异性因素，使用有区别的评价方法，或可得出更加有说服力的评价结果。此次调查将上海14家主流媒体放在同一个平面上，通过最为直观的问题，获得受众的评价，虽然缺省了许多细节性的考察，但获得了受众最为真实的评价，再加上深度访谈的补充和验证，总体上可以反映上海主流媒体传播力、公信力、影响力基本面的情况。

从调查结果看，总体而言，除上海电视台外，其余13家主流媒体的传播力表现与公信力评价相当不均衡，普遍存在公信力较好、传播力较差的情况，传播力成为扩大和提升影响力的瓶颈。其中，最为典型的就是主流报纸和主流网站。

总样本显示，目前有接近一半（45.55%）的人不阅读报纸。将不读报纸的样本与上网、看电视、听广播的样本进行交叉分析可知，不读报的人中，有93.16%的人看电视（超过了总样本中的同项比例82.21%），69.64%的样本上网（与总样本上网比例71.50%接近），36.05%的样本听广播（与总样本情况一致）。这说明，不读报纸的人更倾向于通过电视和互联网了解信息，电视和互联网正在逐步占据阅读时间，改变阅读行为（见图17）。然而在信息爆炸的互联网上，各种具有传播优势的门户网站通过各种推送、弹窗、入口，占据了受众更多的时间，主流报纸的新闻极可能被淹没和忽视。在这种情况下，《解放日报》、《文汇报》等主流报纸的公信力评价即便很高，由于其缺乏受众接触的广泛性和深度，就很难保证影响力的实现和扩大。因此对于这些报纸而言，应当首先解决的是如何制作出更符合受众需求的内容产品并且将它们传播得更广泛的问题。对于主流网站而言，其虽然作为新媒体，但其面对的竞争更为激烈。一方面它面临着电视媒体的竞争，另一方面它面临着其他商业网站的竞争。数据显示，不访问主流媒体网站的受众中，大多数都会选择看电视或者访问其他网站。在目前的互联网市场中，一旦内容产品缺乏独特性，就可能会被具有大规模资本支持的商业门户网站所淹没。

提升传播力，巩固公信力，扩大影响力

因此，总体而言，如何在内容上进行创新，如何开拓更为广泛有效的传播途径，就成为上海主流媒体扩大影响力的关键。

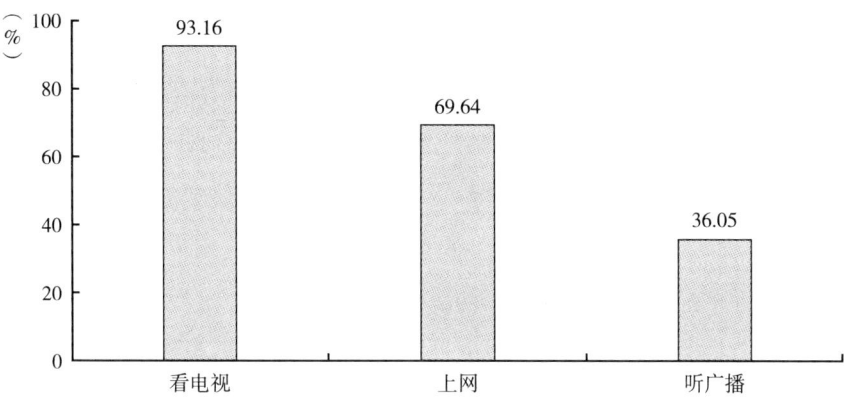

图 17 不读报样本的媒体选择

三 对策建议

根据调查结果，上海主流媒体应当着重提升传播力、巩固公信力、扩大影响力，实现在新媒体环境下的全面转型。

1. 主流媒体扩大影响力的关键在于全面提升传播力，应打破媒介形式的限制，积极探索一切可能的传播渠道

主流媒体首先要对身处的环境有清醒的认识：一是这是一个互联网崛起和印刷文化衰落的时代，但还远远没有进入全面告别印刷文化的阶段；二是这是一个各类商业门户、自媒体与主流媒体争夺受众的时代，但受众在新闻资讯方面的核心需求依然要由主流媒体提供。从新闻内容看，商业门户网站由于没有新闻采访权，其新闻信息大多来自主流报纸、广播、电视及其主流媒体门户网站，主流媒体依然部分掌握了内容生产优势。从受众评价看，人们普遍认为电视新闻、报纸新闻比网络新闻更为真实。深度访谈显示，受访者认为报纸新闻更具说服力，认为《解放日报》、《文汇报》对于国家政策、社会生活相关事务的解释，代表了官方意见，起到正视听、形成共识的作用，因而具有不可替

代的权威性。而代表权威、端正视听、引导舆论，正是主流报纸存在的重要意义以及生存前提。

对于主流媒体而言，解决提升传播力问题，其实是解决三个相互关联的问题。一是要解决如何在自媒体信息的挑战下保持权威性的问题；二是解决如何制作出适合新媒体环境传播的内容产品的问题；三是解决如何打破媒介形式的束缚，拓展多种媒体传播渠道的问题。我们建议：牢牢把握主流媒体的信息资源，守住主流媒体的主要阵地，完善版权保护规则，确保主流媒体信息的权威性；打造一种"大媒体"格局，打通电视台、电台、互联网、报纸之间的界限，实现内容产品的创新，如《华西都市报》自主研发的"魔码"，使报纸变成了魔法报纸、会动的报纸，增强了报纸的吸引力；拓展多种传播渠道，除了利用互联网上的各种传播资源外，也努力借用面向本地的经验与资源，实现线下传播的创新。

2. 主流媒体应努力强化深度报道

深度访谈显示，电视的深度调查、大型纪录片、报纸的评论类栏目、广播电台的民生热线等较受喜爱。在所有主流媒体中，受访者对主流报纸的批评较为集中：一是认为和北京、广州相比，《解放日报》、《文汇报》等报纸内容涉及社会面较窄，形式也相对刻板，缺乏亲切感。二是认为上海报纸过于求稳，一些地方性事件中，上海报纸没有及时回应民众关切，也就很难发挥应有的引导作用。与此同时，受访者对网络的批评意见也较为集中：一是认为内容太繁杂，信息量太大，更新太快，很难了解到事件发展的清晰脉络以及意义。二是认为网站广告太多，分散阅读经历，影响阅读体验。我们建议：主流媒体应进一步强化深度报道，增强报道对受众的吸引力以及影响的深度；对于报纸而言，可考虑以见功力的时事评论和热点评论打造和维护报纸品牌，以长于全面介绍、深度阐释、事件追踪的深度报道，弥补报纸及时性的缺失；对于电视而言，发挥直观性优势，强化精良制作和立体报道，将主流价值观贯穿在优秀节目中；对于广播而言，可保持其民生、贴地本色，打造更多细致入微的为民服务节目，在服务中提升影响力。

3. 主流媒体之间应形成错位竞争，以提升上海主流媒体的整体影响力

主流媒体间的竞争主要出现在报纸媒体中。调查显示，除了网络与电视的冲击之外，主流报纸自身的内容同质化也导致了传播力的下降。一方面，主流报纸的内容选择和观点选择具有相对一致性，相对而言，各家报纸自由发挥的空间不多，如有些受访者认为，《文汇报》和《解放日报》的头版内容高度雷同，只需看一份即可；另一方面，调查也显示出大多数主流报纸的受众的年龄分布、收入分布较为近似（以中老年为主，以中等收入群体为主），这也从整体上制约了报纸的内容安排。我们建议：不同报纸之间应在内容、受众等方面有不同侧重，形成错位竞争，减少主流报纸之间竞争所带来的内耗；在党管媒体的基本前提下，适度降低对报纸的管制，给予报纸以更大的内容空间，提高其内容创新积极性。

4. 主流媒体应更多地从本地视角出发，多做上海受众关心的报道

深度访谈显示，无论是老年人还是青年人，都希望上海主流媒体能更多地关注本地民生，特别是环境问题、经济问题、社会保障等问题，也对主流媒体解决这些问题的能力充满期待。《直通990》节目的成功，正是由于它能扎根本地，直面民众的真实问题，并利用体制内资源以及大众智慧提供切实可行的解决方案，成为了听众的知心朋友。实际上，任何一家主流媒体的体制内资源，均是其打造本地内容产品的巨大优势，这种优势不仅可以为新闻报道所用，更可以在一些创新性的内容产品中发挥作用。据此，我们建议：主流媒体应当更多地着眼于受众需求，努力回应受众期待，多做上海受众关心的报道，做好舆论监督、媒体监督职责，推动民生问题解决。

5. 三家主流网站应对自身的优势和劣势展开调研，对网站功能、网站发展做出重新定位

深度访谈显示，主流网站在信息权威性方面一定高于新浪、腾讯等商业门户网站，而上海受众选择后者而非三家主流网站的主要原因：一是信息丰富，商业门户网站容纳了各种类型的信息；二是版面熟识，受众长期使用商业门户网站，逐渐形成了依赖性；三是迅速便捷，商业门户网站往往使用各种登录通道，主页、邮箱、微博、游戏、手机客户端等都可引导受众进入网站新闻页面。对于受众而言，由于时间有限，内容全面、界面友好的网站更容易获取他们的青睐。对于主流网站而言，由于在网络竞争中"赢者通吃"现象较为显著，主流网站必须做出自身特色，方能在激烈的竞争中生存与发展。我们建议，主流网站应主要考虑以下几点：一是对自身优势劣势进行调查分析，对网站功能、网站发展进行重新定位；二是应在信息真实性、信息延续性、官方与民间的直接互动性方面做足文章；三是考虑如何在合作中竞争，即如何在与其他网站的合作中，扩大知名度和吸引力；四是如何利用品牌内容，以一种以点带面的方式，逐步扩大影响力。

6. 在新媒体环境下鼓励主流媒体进行更多赢利模式的创新

目前，某些主流媒体由于赢利模式不够明晰，在激烈的竞争中，出现了经济业绩不断下滑、连年亏损的现象。这也造成了人才的流失，媒体创新的动力不够。在这种情况下，主流媒体应当整合自身资源，敢于投入市场竞争，在竞争中进行赢利模式的创新，打造更多的经济增长点。世界范围内，已经有很多成功的赢利模式。全国范围内，也已经有很多主流媒体在主动尝试各种类型的内容与服务产品，争取有所突破。这些内容与服务产品或许是碎片化的，或许不能马上实现盈利，但是它的出现拓宽了主流媒体的一种经营思路，也促使一批优秀的产品脱颖而出，在主流媒体转型新媒体全面试错的阶段，闯出一条可能的道路。我们建议，应当顺应新媒体发展的潮流，从政策、资本等各方面支持主流媒体进行更多内容与服务产品的开发，鼓励其进行赢利模式的创新。

7. 应注重媒体人队伍的管理及形象建设

媒体人是媒体传播力、公信力、影响力的重要执行者。近年来，一些偏激的网络舆论为主流媒体的舆论引导工作制造了障碍，从人的方面看，网络意见领袖在其中起到了推波助澜的作用，其中就有媒体人的身影。作为新闻生产者，他们在主流媒体和网络媒体中的两套不同的甚至相互矛盾的话语，对主流媒体提升公信力制造了障碍。此外，媒体人队伍形象对主流媒体形象的塑造非常重要。据一项前期调查发现，上海市民对"新闻工作是一个很辛苦的职业"这一说法最为认同，均值为4.20（5级量表，1＝不赞同，5＝非常赞同）。同时还认为，新闻工作是一项专业性很强的工作，均值为4.13。这意味着在自媒体蓬勃发展的新技术环境下，公众依然高度认可新闻职业的专业性。同时，另一项前期调查显示，在目前的绩效考核制度压力下，记者个人生存理性和利益逻辑反向收编了组织层面的制度设计，使绩效制度构成了瓦解新闻专业主义的另外一股力量。我们建议要关注媒体人队伍生存现状和思想现状，以主流价值观和新闻观统一新闻工作者的认识，注重媒体人队伍的形象建设。

四　结语

2013年8月，习近平总书记在全国宣传思想工作会议上发表重要讲话时指出，"必须坚持巩固壮大主流思想舆论，弘扬主旋律，传播正能量，激发全社会团结奋进的强大力量。关键是要提高质量和水平，把握好时、度、效，增强吸引力和感染力，让群众爱听爱看、产生共鸣，充分发挥正面宣传鼓舞人、激励人的作用。在事关大是大非和政治原则问题上，必须增强主动性、掌握主动权、打好主动仗，帮助干部群众划清是非界限、澄清模糊认识。"这其中就蕴含着对主流媒体传播力、公信力、影响力的重要要求。2013年10月28日，上海报业集团正式挂牌成立，令业界震惊。上海报业的这个大动作反映了主流媒体面对新媒体迅猛发展之时的危机感，是落实习近平总书记重要讲话的重要举措，更是提升主流媒体传播力、公信力、影响力的重要举措。韩正书记指出："面对新技术新媒体快速发展态势，主流媒体要增强紧迫感，在转型发展上取得进展，跟上新媒体的发展步伐，在新形势下进一步传播好党和政府的声音，反映好人民群众的心声"。这其中的关键词就在于"转型"。

放眼全国，主流媒体都在一片迷茫中探索着关于转型发展的可行道路，在这个过程中，更早地找到适合自己的转型道路，有利于在未来的竞争中获取更好的发展优势。上海报业集团的成立释放了一个信号，上海希望能够成为一个传媒重镇，主流媒体能够在新媒体时代一如既往地有所作为。然而，正如此次调查所显示的那样，资源整合虽然必要，内容与服务真正实现转型与创新，真正地满足受众需求、获得受众认可，才能够有效地提升主流媒体的传播力、公信力和影响力，促进上海国际文化大都市的建设，落实习总书记对宣传思想工作的要求。

B.4 上海传统媒体转型发展新媒体报告

吴畅畅 白红义 戴丽娜 王蔚*

摘 要： 本报告从四个方面来阐述上海传统媒体转型发展新媒体。首先，报告从发展环境、生存现状、受众接受与宣传工作四大需求入手，阐明上海媒体转型发展新媒体的必要性与紧迫性。其次，报告按照媒体本身的性质，分别分析上海两大报业集团与上海文广集团数字化转型发展的现状与过程，并指出当前存在的经营与赢利模式、影响力以及新闻队伍建设三大难题。再次，报告针对当前问题，借鉴西方媒体的经验，为上海两大报业集团与文广集团的新媒体转型提供相应的策略与路径分析。最后，报告提出上海传统媒体转型发展新媒体未来可能遇到的五大关键议题：资本、技术、新媒体人才、商业生存与运营方式。

关键词： 上海传统媒体 转型 新媒体

从世界范围来看，过去十几年来，传统媒体的受众正在不断地被网络和其他智能终端等新媒体分流，传统主流媒体影响力大不如前。能否抓住当前尚属

---

* 吴畅畅，博士，上海社会科学院新闻研究所新媒体研究中心助理研究员，研究方向为传播政治经济学，精神分析，社会运动；白红义，政治学博士后，新闻学博士，上海社会科学院新闻研究所助理研究员，主要研究方向：新闻社会学、政治传播等；戴丽娜，新闻学博士，上海社会科学院新闻研究所副研究员，主要研究方向：新媒体传播、营销传播；王蔚，博士，上海社会科学院新闻研究所助理研究员，主要研究方向：新媒体传播、媒介文化。

有利的历史机遇,借鉴吸纳西方同行的经验教训,未雨绸缪,迅速采取行动,找到适合本国国情的有效的数字化转型之路,这是我国传统媒体面临的不可回避的重大课题。而上海作为我国传统媒体汇聚和发展的重镇,理所应当成为转型发展的排头兵。

在中国语境下,上海传统媒体向新媒体转型的过程不只是传播技术的升级,也不只是赢利模式的探索,而且是蕴含着市场、新闻与政治三种逻辑的巨大转变。其一,我国传统媒体的竞争已经走过规模扩张的"圈地模式",在市场规模拓展越来越困难的情形下,有必要转向谋求市场结构的优化以及内容产品价值增量的发展。其二,在保持内容生产的价值优势的基础上进行全新的内容产业体系的建构,以确立专业内容的公信力与不可替代性,来捍卫专业化新闻实践的职业属性及新闻传媒应有的社会价值。其三,当前正处于融合新闻业趋势下的传统媒体应立足于建设成为现代传播体系,在内外传播两个层面以及在官方声音与民间舆论建构领域发挥作用,更有效地推动我国国家传播能力的增强。

一 上海传统媒体转型发展新媒体的原因

根据汕头大学长江新闻与传播学院报业数字化转型研究课题组对2012年全国报业集团数字化竞争能力进行的评估分析,在集团、报社与网站数字化指数排行前15名中,上海文汇新民联合报业集团与解放日报报业集团均未进榜。同时,另据2012年度《上海广告市场状况报告》统计,2012年上海市互联网媒体广告营业收入18.3亿元,同比增长81%,首次超越报纸媒体广告,在本市电视、广播、报纸、期刊和互联网等五大传播媒介的广告营业收入份额中,互联网媒体广告的份额已由2011年的10.6%上升至2012年的16.4%。同期报纸媒体广告营业收入17.8亿元,首次同比下降12.6%,降幅明显。报纸媒体面临新媒体和同类媒体同质化的双重竞争压力,发展空间进一步压缩。根据上海本土两大报业集团的广告代理商上市公司新华传媒上半年报,2013年上半年净利减48.66%。2013年9月,上海市委推动本地两大报业集团——文汇新民与解放报业集团合并事务,成立上海报业集团。

联系前期上海市委书记韩正关于"上海要努力在新媒体领域有所作为"的讲话，不难看出这次两大报业集团的合并与早期中国报业集团的成立从而与国外媒介集团进行市场化竞争的行为有所不同，这次的合并若要产生1+1＞2的效果，必然要向新媒体转型发展。而新媒体技术的发展，导致新闻舆论场的复杂化与四重化（即传统媒体、新媒体、街谈巷议与国际舆论等四大舆论场）发展，引导舆论工作的难度增强，因此，上海本地传统媒体转型发展新媒体刻不容缓。

（一）发展环境的需求：信息技术发展已经是大势所趋

由信息技术构建的网络空间已经成为人类活动的第五大空间。目前，中国有6亿网络用户，10亿手机用户，由此形成传统媒体、（网络）新媒体、街谈巷议与国际舆论等四大舆论场联动的格局。特别是新媒体与民间舆论场的发展十分迅速，并对传统媒体与舆论引导产生深远影响。

同时，自媒体的出现，使得信息生产与呈现方式发生重大变革。信息技术的发展，传播方式的变革，已经深刻地改变了传统媒体情境下传者——受众的关系结构。随着网络论坛、博客、播客、微博等社交媒体的相继出现，受众已经由被动的信息接受者变成主动产制、发布信息的生产者，自媒体的说法应运而生。

（二）生存现状的需求：传统媒体陷入前所未有的生存困境

上海市工商局2012年度《上海广告市场状况报告》公布数据显示，2012年上海广告营业收入1361亿元，同比增长6%，约占全市生产总值的1.4%。报纸等传统媒体广告营业收入首次出现两位数负增长。相比之下，互联网媒体广告迅速崛起，营业额高速增长，首次超越报纸媒体广告。以上数据表明，进入Web 2.0发展阶段以后，上海本地传统媒体出现了明显的广告下滑，报业经营的压力骤增。

（三）受众接受的需求：接受信息的行为习惯已经改变

伴随互联网与其他新媒体技术的发展，受众接受信息的行为习惯发生明显转变，呈现电子化、移动化、碎片化三大特征。电子化是指受众逐渐习惯于使用电子产品作为信息接收终端，如手机、平板电脑等；移动化是指 3G 技术的发展保障了受众可以将轻巧、便于携带的电子产品作为他们的接收平台；碎片化是指受众逐渐养成超文本链接的阅读习惯，很难按照完整逻辑推演与阅读文本，视频与社交网站是碎片化最直接的产物。

（四）宣传工作的需求：健康的舆论环境建设与舆论引导面临巨大压力

自媒体意味着不再存在永远的信息传播者和受众的明确划分，它极大地改变了传统媒体的传播效果。每当发生重大新闻事件，公众会利用电子产品、互联网等手段即时发布信息。同时，自媒体的发展不仅改变传统媒体遵循的强调政府行为、热点大事等新闻价值，并拥有更多自主性，选择和接受自己感兴趣的信息。正因为如此，自媒体与传统媒体不一致的情形经常发生，自媒体的意见领袖也逐渐成为社会舆论的引导者。

二 上海传统媒体转型发展新媒体现状及问题分析

（一）上海传统媒体转型发展新媒体现状

上海传统媒体自 21 世纪初以来，已经率先向数字化转型迈进。2006 年，原新闻出版总署制定《全国报纸出版业"十一五"发展纲要（2006～2010）》，明确提出"大力发展数字报业"。在文汇新民与解放日报报业集团合并之前，两大报业集团已经相继启动了各自的新媒体转型战略计划。例如，2006 年 9 月 26 日，解放日报报业集团率先作为首批试点单位参与原国家新闻出版总署的"新闻报业实验室计划"。在数字报业的发展方向上，解放日报报业集团实施了"4i"新媒体发展战略，即无线通信技术发展 i-news（手机报）、互联网多媒体技术发展 i-mook（电子杂志）、电子纸显示器技术发展 i-paper（电子报纸）、led 与互联网传输技术发展 i-street（公共新闻视频）。"解放报业"客户端于 2010 年 9 月抢先登陆苹果 iPad，现已覆盖 iOS、Android 等系统，汇集集

团优质内容,并坚持创意为先,打造文化品牌。

而文汇新民联合报业集团自成立以来,一直将数字化和新媒体建设作为集团核心工作,对集团旗下18家媒体的新闻信息资源进行了统一的整合、开发,基本完成了报业新媒体的建设布局,实现了集文字、图像、音频、视频为一体的多介质、立体传播体系,传播终端覆盖网络、手机、电子阅读器、户外传媒、电信呼叫等多种形式,并建立了被称为"1+4+X"的报业新媒体群。其中"4"指报业集团下各具特色的4个网站——新民网、英文上海日报网、东方早报网与文汇网。

上海文广集团积极发展新媒体业务,2002年获得宽带网络电视的牌照,2004年获得有线数字付费电视全国集成运营牌照,2005年获得全国第一张IPTV集成运营牌照、第一张手机电视集成运营牌照。与此同时,上海文广集团先后实施广播电视数字化工程,优化配置与整合内容资源。集团旗下建立四大新媒体公司即文广互动电视(SITV)、百视通(IPTV)、东方龙新媒体(手机电视)、东方宽频网络。其中,SITV配合上海有线数字电视的整体转换,东方龙则从手机电视内容延伸至移动增值服务,而百视通新媒体股份有限公司,则开创国内IPTV的新模式,成为上海文广推动三网融合的关键环节。2004年,百视通在中国大陆电视台中第一个建成宽频网络电视平台,打造了中国首个网络电视品牌"东方宽频"。2005年,百视通建成中国第一个手机电视平台。2010年,百视通完成3G手机电视系统升级转换,并于2012年升级为移动互联网综合应用平台。此外,文广与微软、英特尔等新媒体应用技术提供商签署战略合作协议;先后与中国电信与中国移动运营商签署战略合作协议,共同推进新媒体业务的发展。

(二)上海传统转型发展新媒体存在的问题

尽管上海本地传统媒体的数字化、新媒体转型取得一定成绩,但依然存在以下几个方面问题。

第一,赢利能力较弱。上海报业集团新媒体转型紧迫性日渐增强,虽然上海本地报业集团已经实现全媒体经营,但其核心业务的新媒体或数字化转型进程收效较慢,数字报业市场的获利能力还尚未得到有效的开发,报业集团旗下建设的主流新闻网站的赢利模式遭遇瓶颈。传统报业的赢利模式主要依靠广告收益，而报业集团所属网站的赢利模式主要包括内容收费、网站广告以及电子商务。一方面，上海文汇新民与解放报业集团所属的所有新闻网站都无法直接从内容这一渠道获得任何经济效益；另一方面，上述新闻网站的广告收益相比传统媒体，依然存在差距，《新民晚报》总编辑陈保平曾指出，报业集团的网站广告增长相对较慢，它的增长速度无法与纸质媒体的庞大基础相比。虽然上海文广在新媒体业务上的投入已居国内广电集团的首位，但上海文广的数字电视与IPTV的发展依然存在不少问题，仍未从资本、技术、产品、渠道与服务等五个方面形成完整的价值产业链，尚未完成从内容提供商向服务提供商的角色转型。

第二，影响力弱化。上海社会科学院新闻研究所2013年开展的上海14家主流媒体"三力"调查报告显示，在面对国内与上海本地突发性公共事件发生的时候，上海本地居民倾向于选择上海传统媒体与全国性商业类大型门户网站，报业集团下属的各大主流新闻网站的影响力较为逊色。

第三，新闻生产队伍的不合作与不认同。基于我国特殊的宣传环境，传统媒体在受到新媒体冲击的同时，还承受着来自管理部门严格的管控措施和手段，这使得传统媒体早已落伍的"你说我听"的传播方式日益狭窄，受众在信任度上频频反弹，愈发给了新媒体上升的空间。不过，传统媒体受制于宣传部门同样符合"水能覆舟，亦能载舟"的规律，即使是在生存空间受到重重挤压的情况下，传统媒体仍然以工作的稳定性高居榜首。相比之下，新媒体的市场化和缺乏官方背景的商业化模式造成了其机制上的不稳定。一份针对《新闻晨报》70位采编人员的调查显示，不少受访者认为正是因为有关部门对于媒体的掌控，让他们认为传统媒体虽然发展受限，但由于有了政府部门在体制和机制上的保障，市场虽萎缩但尚不致消亡。这也可以解释在传统媒体的转型发展中，媒体高层往往表现得更加热切，而基层员工则表现出不合作、不认同的状态。这种不合作、不认同的背后，则是对于时下在国内盛行的量化考核制和官本位所带来的新闻民工感以及职业倦怠。量化考核虽有一定的激励作用，但当它成为唯一的主导性日常评价体系时，这必然衍生"做一天和尚撞一天钟"的纯粹雇用关系。

三 上海传统媒体转型发展新媒体路径与经营策略建议

(一)上海两大报业集团合并后转型发展新媒体路径与经营策略分析

从新闻报道与生产的角度出发,两大报业集团合并后所成立的新的报业集团下属的各个新闻网站、电子新闻报刊与手机报应注重内容生产的独特性与不可替代性,尤其是各自的内容定位,以避开同质化竞争的危险:

①注重本地新闻生产,强调快速与用户视觉体验;

②走媒介融合化发展的道路,打造多元媒介产品组合;

③融入社会化媒体平台,例如开设微博、微信账号,在重大公共或突发性事件发生时,第一时间发布消息,巧设议题,有效地引导公共舆论的后续发展;

④走专业化与深度报道的道路。

从服务开发与赢利模式拓展的角度出发,两大报业集团应积极借助不同信息终端,例如手机报、移动客户端、电子阅读器以及户外数字媒体等渠道,售卖信息服务,在激烈的市场竞争中脱颖而出:

①思想观念的转变:传者本位向受众本位的转变;

②针对不同受众群,利用现有技术平台,例如安卓、苹果,精准开发细分的客户端服务与新闻信息产品;

③开发不同终端的内容、设备与广告收费模式,例如手机报或电子阅读器;

④开发电子商务平台的利润增长点,有效拓展自身的产业链。

从产业融合与延伸的角度出发,巩固主营业务,并不断扩大文化产业的经营范围:

①仿效《纽约时报》及其下属的《国际先驱论坛报》实行"付费墙"模式;

②报业集团或报社官方微博的开设:进行有效的内容区分与定位;

③仿效《财经》,打造收费的 App 产品,开发高端受众人群。

（二）上海文广集团转型发展新媒体路径与经营策略分析

定位：如何从地方、区域传播转向全中国以及华人地区的传播：

①拓宽用户覆盖，通过IPTV、互动电视与手机等多种传播形式，延伸至整个华人地区；

②将集团旗下的新闻网站，例如看看新闻网，改造成为全媒体综合性门户网站，整合集团节目资源，更好地服务于不同读者的信息与娱乐需求。

角色：如何从新媒体内容提供商转向服务提供商，将上海文广所属的各大新媒体公司转变为内容、市场与渠道、技术的最佳协调者与服务商：

①推进全上海地区的数字电视整体转换；

②与电信或移动运营商合作，开发与拓展移动增值业务；

③积极推进IPTV业务与三网融合工程；

④解决宽带传输的问题，集团下属不同新媒体公司进行错位竞争，并打造符合特定终端的内容产品，例如均发展手机电视业务的东方龙和东方明珠，前者开拓流媒体业务，后者则利用广播网传输节目等；

⑤打通资本、技术、产品、渠道与服务等五个方面，形成完整价值产业链。

（三）相关案例

1. 第一财经数字媒体中心

第一财经数字媒体中心主营数字化财经媒体和信息服务、理财终端等业务。它包括：专业财经资讯服务与交流平台——一财网；提供财经信息整体解决方案的无线服务平台——第一财经无线；原创即时财经资讯供应机构——第一财经新闻社以及财经资讯的深度加工基地——第一财经研究院。需要指出，《第一财经周刊》很早就有意将iPad作为其载体。由于苹果用户与财经杂志的读者定位存在很大的交集，于是《第一财经周刊》成为第一家在App Store收费的电子中文杂志，通过收费以及内容产品的多元化，周刊不仅可以获得相当的影响力，还可扩大发行量。《第一财经周刊》电子杂志相较于纸质媒体更低的价格赢得了一批稳定的下载用户。

2. 观察者网

如果说《第一财经周刊》与苹果技术平台的成功融合为上海传统媒体向新媒体转型提供了可资借鉴的商业模板的话，那么观察者网在上海乃至全国近几年内的迅速崛起则为上海传统媒体转型提供了一条内容生产的新路径。众所周知，观察者网除了背后有强大的资金与技术支持外，其内容的独特区分是其在互联网市场上获得关注的关键原因。观察者网提供国内外知识界关于中国的严肃而理性的学术分析，成功吸引了上海以及全国范围内知识分子与大学生的关注。

四 上海传统媒体转型发展新媒体未来可能遇到的难题与展望

这一部分不是对第二部分所分析的上海传统媒体的新媒体转型发展所面临的问题的重复，而是对上海传统媒体转型发展新媒体在未来可能遇到的难题的预测与展望。根据上海传统媒体数字化转型的现状、政策环境与全球趋势，上海传统媒体转型发展新媒体未来仍然可能遇到如下难题。

（一）上海传统媒体转型发展新媒体的资本难题

必须指出，国际风险投资机构对新媒体的关注度日渐增加，全球范围内，新媒体大多是私人资本投资，体制上更加市场化，加之上海作为全国金融与资本中心，上海本土传媒集团的数字化与新媒体转型是否能够引入私人机构投资或拓展其他融资渠道，已经提上日程。据上海文广新闻传媒集团副总裁张大钟透露，新媒体业务引入多元资本已经成为趋势，上海文广一直关注资本市场的动向。私人资本介入传统媒体向新媒体转型的过程，关键还在于前者是否涉足有关意识形态领域的新闻生产过程。能否采取国家 2009 年实施的制播分离试点行动，在除了新闻或不涉及意识形态问题的新媒体内容制作、广告经营等业务允许私人资本的进入，使之成为市场主体，这应该成为上海传统媒体转型发展新媒体时重点考察的问题。

（二）上海传统媒体转型发展新媒体的运营方式与影响力难题

新媒体与传统媒体采取的是两种完全不同的运营模式：新媒体打造平台，吸引用户，在集中大量用户的基础上，满足用户各种需求（以及打造各种需求），主要从服务和广告中获取利润。传统媒体则是打造内容产品，吸引用户订阅（例如收听收看）。两种不同的运营模式必然导致传统媒体向新媒体转型时遭遇不同力量的博弈。以报业集团下属的新闻网站为例，这些新闻网站在硬新闻的产制与传播方面相较于商业类门户网站以及纸质媒体而言，竞争优势并不明显，但前者往往可以通过修改新闻标题制造轰动，吸引关注，同时网民的即时评论也是报纸无法比拟的。

因此，关于传统媒体影响力是否受到新媒体的消解需要具体问题具体分析。例如新媒体的许多时政类内容，都来自传统媒体（或其官方新闻网站），这也是传统媒体影响力在新媒体中的延伸。但问题在于，新媒体通过更改标题和开放评论的方式，可能会消解原新闻的宣传效果及价值观。不过，这个部分其实是可控的，比如要求转载时不能更改标题，部分过于偏激和粗俗的评论不予以呈现。

（三）上海传统媒体转型发展新媒体的技术难题

发展新媒体，技术无疑是关键因素之一。与其他新媒体公司相比，传统媒体尤其是报社，对数字传播技术的应用仍然停留在初级阶段，跟不上最新的技术发展，存在研发能力薄弱、缺乏了解新技术和数字报业的新技术等一系列问题，这一点必须在上海传统媒体向新媒体转型过程中得到足够的重视。

（四）上海传统媒体转型发展新媒体的商业化生存难题

传统媒体转型新媒体，主要迫于经济效益与舆论引导两个方面的内容，前者涉及经济基础，后者与意识形态上层建筑有关。纵观国内外近年来取得成功的新媒体，无论是商业类门户网站、搜索网站，还是社交类媒体，的确与其信息技术以及商业模式有着密切的关系，但问题在于，新媒体发展与运营的"独特"道路能否直接运用与转嫁至上海传统媒体转型发展新媒体的战略上来？首先，技术本身并非中立，它的社会性与意识形态意义需要具体分析；其次，我国与西方存在发展道路、社会制度等根本差异，因此，如何有效地"扬弃"国外新媒体发展的商业化模式，去芜存菁，发展出一条"第三条道路"才是应当需要思考的问题。

（五）上海传统媒体转型发展新媒体的人才队伍难题

上海传统媒体转型发展新媒体过程中，人才队伍的建设应该重视新媒体素养较高的记者和编辑的培养与储备，以及拥有不同知识结构背景的人才结构调整。例如报业集团的新媒体转型必定是对新闻生产流程的再造，旨在建构一个以共享为目的、互动性强的多媒体、跨媒体采编平台，这必然要求新闻记者除了掌握采写编评等基本技巧外，还必须同时掌握数字信息采集、制作、编辑、传播等技术，从而增强新闻生产流程的效率与竞争力。

B.5 "中国梦"社会化媒体传播的实证分析与对策研究*

——基于新浪原创微博的全文本研究

孟 建　裴增雨　孙祥飞**

摘　要：

在社会化媒体上,"中国梦"成为年度热词,不同类型的微博都对"中国梦"进行了广泛的涉及和传播,基本实现了微博群体的全面覆盖。在传播方式和传播策略的使用上,微博传播中原创、转发、评论等多种方式得到了广泛的运用,一定程度上提升了"中国梦"的传播效果。但通过对不同类型微博传播的比较分析发现,不同类型的微博在传播方式和策略上存在较大的差异,对"中国梦"的解读也呈现不同的视角。

关键词：

中国梦　社会化媒体　传播　数据挖掘

2012年11月29日,习近平总书记在国家博物馆参观《复兴之路》展览时正式提出了"中国梦"的概念和思想。"中国梦"立即引起全社会的高度关注,世界范围内也对此予以了一定的关注。此后,党和国家领导人不断在重要场合提及"中国梦",诸多国家主流媒体连续刊载系列文章对"中国梦"展开详尽的报道和阐释,可以说,"中国梦"日益成为新一届中央领导集体表达执

---

* 本文为国家社会科学基金重大研究项目(批准号：11&ZD027)"国家形象建构与跨文化传播战略研究"课题成果的一部分。

** 孟建,复旦大学新闻学院教授,博士生导师,国际公共关系研究中心主任；裴增雨,复旦大学国际公共关系研究中心研究员；孙祥飞,复旦大学新闻学院博士研究生。

政理念的新思路,成为一个具有标志性的政治理念,成为新一代领导集体塑造和传播中国新形象的有机组成部分。

在新媒体使用日益普及,在以微博为代表的社会化媒体已经成为反映社会发展现状、展现社情民意走向的重要窗口和平台的当下,如何充分运用大数据挖掘和处理技术,对"中国梦"在社会化媒体上的传播进行研究,探寻社会化媒体传播路径解读、建构方式,成为一个非常有意义的课题。为此,复旦大学国际公共关系研究中心、北京英智传播集团、名道传播研究所三方成立联合课题组,在安徽合肥学堂信息技术有限公司的数据和技术支持下,以目前用户数量和活跃程度最高的新浪微博为研究样本,对2013年1月以来至2013年6月30日的新浪微博进行了全文本的数据挖掘和深入分析,共采集到224515条原创微博样本,经数据清洗剔除无效样本,共获有效样本计168552条。

课题组从博文发布者身份统计、博文发布的时间走势、原创博文的地理分布、微博用户的粉丝排行、原创博文的配图情况等方面,对"中国梦"样本的结构及特征进行详细分析,从政务账号、媒体账号、认证个人、校园账号、企业账号、普通账号等不同类型的微博用户出发,对"中国梦"微博的传播主体进行了分类研究,对其涉及"中国梦"的内容及情感分析、对"中国梦"的话题阐释及传播策略、传播效果进行对比研究。

从研究发现来看,总体而言,"中国梦"已经不仅仅是一个单纯的描述民族身份认同的符号,而是变成了一个不同群体争夺话语权利、进行自我想象、表达利益诉求的平台。"中国梦"的宣传传播尽管在官方舆论场上体现出相当的"正能量",但在民间舆论中的传播中却往往被误读,被解构,甚至是重构。如何针对"中国梦"在社会化媒体传播中的障碍和症结,提升"中国梦"在社会化媒体传播中的有效性,让"中国梦"的叙事话语在社会化媒体上更具有阐释力、传播力和向心力,是当前一个亟待关注和急需解决的问题。

一 研究方法

(一)研究方法

(1)数据采集方法:采用安徽合肥学堂信息技术有限公司的数据技术

(以下简称"学堂"),进行全文本数据挖掘及无效样本处理,在此基础上,课题组对数据进行深入的统计和分析。

(2)数据分析方法:本研究主要采用了传播学的数理统计、文本分析、话语分析,以及互联网政治学、互联网社会学中的一些相关方法。

(二)术语说明

(1)"非活跃用户":一般包括"僵尸用户"和"休眠用户",前者一般指用机器批量注册的用户,后者一般指低活跃度的用户。

(2)"认证用户":本报告中的"认证用户"指经过"V"认证的用户(包括蓝色的机构V和橙色的个人V用户)及身份为"政府"和"媒体"但没有经过V认证的用户(本研究中共有10个,占比0.09‰)。

(3)IDF词频算法:IDF(inverse document frequency)又称反文档频率,是文档频率(DF document frequency)的倒数,主要用于概念TF – IDF(term frequency-inverse document frequency)中。本报告中对词频的"千分比"进行分析时采用"高频词数量×该词频字数/文档文字数×1000‰"得出。

(三)样本选择

2013年1月至2013年6月30日,新浪微博共发布224515条原创博文。根据初始样本的观察及跟踪,去掉与"中国梦之声"、"中国梦·梦之蓝"、新浪微博发起的"中国梦勋章"活动及各类无效的投票类信息、"非活跃用户"之后,有效样本计168552条。

二 "中国梦"样本的结构及特征

(一)博文发布者身份统计

168552条原创博文中,由认证账号发出的博文有38483条,占比22.83%,由未认证的用户发布的博文有130069条,占比77.17%。

168552条原创博文,共由107324个微博账号发出,平均每个账号发布微博 1.57 条。这 107324 个用户的身份分别是：个人认证用户 4887 个，普通个人用户 94117 个，政府认证用户 3091 个，媒体认证用户 695 个，企业认证用户 2284 个，校园认证用户 2070 个，另有社会组织（如各类行业协会）用户 170 个（见表 1）。

表 1　不同类型微博主体数量统计

用户类型	认证用户						未认证用户			合计
	个人 V	媒体 V	政府 V	社团 V	校园 V	企业 V	普通个人	政府	媒体	
用户数量（个）	4887	695	3091	170	2070	2284	94117	9	1	107324
占比（%）	4.55	0.65	2.88	0.16	1.93	2.13	87.69	0.01	0.00	100

（二）博文发布的时间走势

2013 年 3 月 17 日有 6121 条原创微博，为 6 个月中数据的峰值，因新浪发起的"微博议#两会#，140 字里的中国梦"带动信息量骤增；5 月 3 日青年节来临之际，各地高校举办与"中国梦"有关的主题活动，带动信息量的增加，并持续到 5 月 10 日。

（三）原创博文的地理分布

根据微博发布者所归属的省、自治区、直辖市、港澳台等地区及海外的地理分布统计，北京地区累计发布博文 18426 条，占样本总数 11%，位居第一，广东地区发布博文 18317 条，占样本总数的 11%；北京、广东、江苏、山东、福建、上海、河南、浙江、江西和湖北进入发布数量前 10 名（见图 1）。

（四）原创博文的配图情况

168552 条原创博文中有 66991 条配图，占比 39.75%，未配图的微博有 101561 条，占比 60.25%。其中，由认证用户发出的 38483 条博文中，有 16634 条配图，占比 43.22%；由未认证用户发出的 130069 条博文中，有 50304 条博文配图，占比 38.67%（见图 2）。

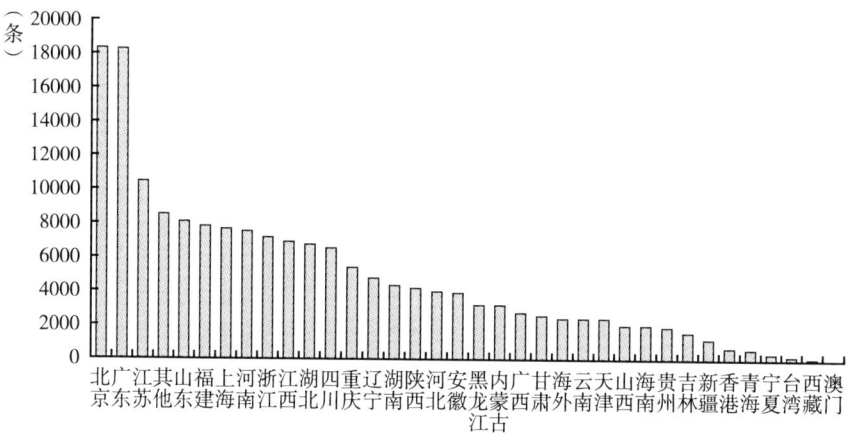

图 1 原创博文的地理分布

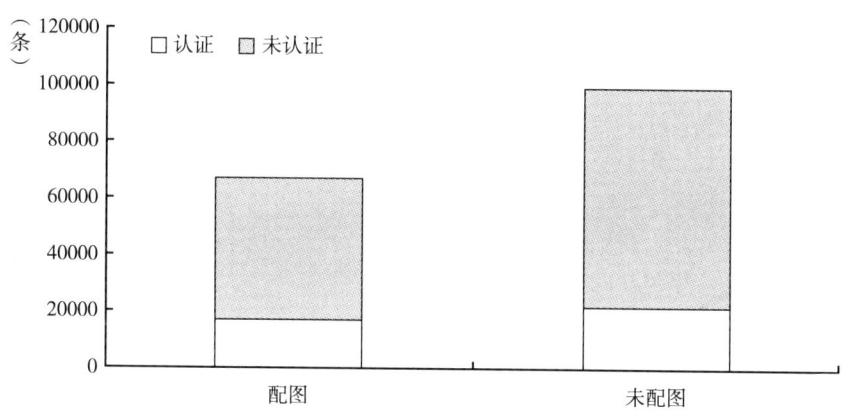

图 2 原创博文的配图情况

小结:"中国梦"微博样本概貌

研究发现,自习近平总书记提出"中国梦"的概念以来,以微博为代表的社会化媒体对中国梦进行了大量的传播和讨论,其中以北京、广东、江苏等发达地区的微博数量最多,各类媒体、政务微博、校园微博、舆论领袖、普通民众纷纷关注"中国梦"话题,就其内涵展开多元化的讨论;其话题热度伴随党和政府的重要会议、党和国家领导人的重要活动及重要的社会事件呈现不断变化的特点。

三 "中国梦"微博的传播主体研究

研究发现,普通个人用户、政府账号用户、橙V认证用户、校园认证用户、企业蓝V用户、媒体认证用户、社会团体认证用户等不同传播主体,均对"中国梦"进行了传播。分类统计如下表2所示。

表2 不同类型微博主体传播数量统计

对比情况	用户类型	普通微博	媒体微博	校园微博	政务账号	个人认证	企业账号	社会团体	合计
博文发布	条数(条)	129986	2441	5965	18471	7860	3451	378	168552
	占比(%)	77.12	1.45	3.54	10.96	4.66	2.05	0.22	100
认证情况	认证数量(个)	0	2440	5947	18462	7860	3432	378	38519
	占比(%)	0	99.96	99.70	99.95	100	99.45	100	

(一)政务账号粉丝量与活跃度

政务类微博账号所发布的与"中国梦"相关的微博条目数量排行如表3所示。

表3 政务类微博账号传播数量统计

排名		昵称	微博数(条)	转发数(次)		评论数(条)	
政府排名	总排名			总转发	均转发	总评论	均评论
1	1	共青团大渡口区委	474	141	0.30	25	0.05
2	4	共青团锦州市委	309	43	0.14	11	0.04
3	6	共青团呼和浩特市新城区委	275	310	1.13	36	0.13
4	7	黄冈团委	273	49	0.18	23	0.08
5	8	遂宁射洪团县委	227	408	1.80	283	1.25
6	10	河北共青团	206	77076	374.16	91407	443.72
7	13	辽宁共青团	154	1510	9.81	467	3.03
8	15	绥化共青团	144	5	0.03	7	0.05
9	16	共青团包头市委员会	143	283	1.98	25	0.17
10	20	嘉峪关市团委	137	33	0.24	31	0.23

续表

排名		昵 称	微博数（条）	转发数（次）		评论数（条）	
政府排名	总排名			总转发	均转发	总评论	均评论
11	29	河池共青团	126	46	0.37	17	0.13
12	30	甘肃共青团	126	740	5.87	83	0.66
13	33	绥化市青年联合会	120	3	0.03	4	0.03
14	34	兴安盟共青团	119	50	0.42	5	0.04

根据表3统计发现，政务微博中发布"中国梦"相关话题博文数量最多的为共青团类微博；相比而言这些微博的互动率并不高。其中，表格中影响力最大的为@河北共青团，其微博累计获得转发77076条，平均转发374.16次，而其评论数也是数以万计。根据调查发现，河北共青团共发起过两次转发微博参与话题可以获得50元充值卡的有奖互动活动，从而有效地提升了中国梦话题的粉丝参与度。

（二）媒体账号粉丝量与活跃度

媒体类微博账号发布的与"中国梦"相关的微博条目排行情况如下（见表4）。

表4 媒体类微博账号传播数量统计

排名		昵 称	微博数（条）	转发数（次）		评论数（条）	
媒体排名	总排名			总转发	均转发	总评论	均评论
1	9	湖北网络广播电视台	207	36	0.17	18	0.09
2	32	CCTVNEWS	123	3108	25.27	976	7.93
3	46	香港成报	97	936	9.65	332	3.42
4	109	中国评论通讯社	57	10	0.18	5	0.09
5	149	徐达内小报	44	12	0.27	12	0.27
6	187	人民微博	38	1064	28.00	314	8.26
7	212	新华视点	34	8905	261.91	3040	89.41
8	220	财经网	33	39288	1190.55	17834	540.42
9	246	人民网贵州频道	30	61	2.03	15	0.50
10	265	人民日报	29	36943	1273.90	10023	345.62

续表

排名		昵称	微博数（条）	转发数（次）		评论数（条）	
媒体排名	总排名			总转发	均转发	总评论	均评论
11	285	中国新闻周刊	27	6700	248.15	1517	56.19
12	362	央视新闻	23	17936	779.83	7563	328.83
13	408	江西日报	21	223	10.62	133	6.33
14	434	头条新闻	20	83935	4196.75	33713	1685.65
15	458	中国经营报	19	1872	98.53	814	42.84

数据分析显示，媒体类微博的数量相比于政务微博的数量要少，但其传播力明显要大得多。其发布微博数目最多的是湖北网络广播电视台的官方微博，发布微博共207条。在前15名媒体微博账号中，转发和评论数最高的是@头条新闻，其次是@财经网和@人民日报。这些媒体类的微博账号基本上不发布自己的观点，仅仅就传统媒体的信息进行观点的提炼和转发。

（三）认证个人粉丝量与活跃度

认证个人账号发布的与"中国梦"相关的微博条目数量排行如表5所示。

表5　认证个人账号传播数量统计

排名		昵称	微博数（条）	转发数（次）		评论数（条）	
个人排名	总排名			总转发	均转发	总评论	均评论
1	23	朱梦研	132	3	0.02	1	0.01
2	25	-王_涛-	129	2	0.02	1	0.01
3	27	吴宗远propaganda	128	2	0.02	0	0
4	61	中国梦研究会郭建卫	78	30	0.38	22	0.28
5	113	吴禾青	55	7	0.13	6	0.11
6	154	红联村团支部张存	43	22	0.51	3	0.07
7	221	向东bell	33	47	1.42	18	0.55
8	273	郑州大学厉励	28	431	15.39	43	1.54
9	297	兰州赵文	26	122	4.69	52	2.00
10	318	徐工职院朱慧芹	25	73	2.92	14	0.56
11	402	牧笛声声188	21	2	0.10	0	0

续表

排名		昵 称	微博数（条）	转发数（次）		评论数（条）	
个人排名	总排名			总转发	均转发	总评论	均评论
12	486	不沉默的大多数	18	249	13.83	118	6.56
13	498	志愿红河	18	108	6.00	49	2.72
14	529	鞍钢郭明义	17	2267	133.35	1143	67.24
15	563	吴昌华	16	72	4.50	45	2.81

相比而言，个人类的微博在讨论"中国梦"时其单个账号发布的博文数量显然不如政务微博和媒体微博发布的数量多。其中发布博文数量最多的是@朱梦研，共有132条，但转发量并不高。而在"中国梦"博文发布总体数量排名前15的微博账中，其总转发量、总评论量及平均的转发和评论数都不高。个人认证博文共发布7860条微博，其中来源于"皮皮时光机"的共有83条，来源于"微活动"的有19条。

（四）校园账号粉丝量与活跃度

校园类微博账号发布的与"中国梦"相关的博文条目数量排行如表6所示。

表6 校园类账号传播数量统计

排名		昵 称	微博数（条）	转发数（次）		评论数（条）	
校园排名	总排名			总转发	均转发	总评论	均评论
1	22	天外滨海外事学院学生分团委	133	49	0.37	23	0.17
2	31	扬州职大团委	125	147	1.18	16	0.13
3	38	郑州大学社团联合会	116	191	1.65	155	1.34
4	48	渝三峡医药高专-团委	94	150	1.60	16	0.17
5	71	海南大学学生会	71	37	0.52	12	0.17
6	81	江财旅城学院分团委	65	97	1.49	1	0.02
7	89	郑州大学青年集结号	64	264	4.13	103	1.61
8	120	海南师范大学共青团	53	87	1.64	23	0.43
9	123	中南财经政法大学法学院团委	53	756	14.26	38	0.72
10	127	湘潭大学团委	52	67	1.29	3	0.06
11	222	皖南医学院团委	33	47	1.42	13	0.39
12	232	江西财经大学团委	32	397	12.41	32	1.00
13	260	博文管理学院学生会	29	96	3.31	15	0.52
14	261	海南大学经管学院团委学生会	29	34	1.17	36	1.24
15	272	广东财经大学团工委	28	44	1.57	9	0.32

校园账号中以各大高校的团委为主，发布的原创微博在数量上整体少于政务微博，但多于媒体和个人类微博账号发布的博文。

（五）企业账号粉丝量与活跃度

企业类账号发布的与"中国梦"相关的博文条目数量的排行分析如表7所示。

表7 企业类账号传播数量统计

排名		昵称	微博数（条）	转发数（次）		评论数（条）	
企业排名	总排名			总转发	均转发	总评论	均评论
1	19	中能硅业团委	137	979	7.15	105	0.77
2	488	内蒙古华图	18	10	0.56	2	0.11
3	536	人民数字	17	12	0.71	2	0.12
4	639	青创年华创投基金	15	1	0.07	0	0
5	688	全国青年创业综合服务平台	14	20	1.43	2	0.14
6	775	国电泰州团委	13	4	0.31	2	0.15
7	843	深圳市博羽智慧科技有限公司	12	1	0.08	0	0
8	1325	创二代实业	9	12	1.33	3	0.33
9	1346	圈子网官博	9	2	0.22	1	0.11
10	1410	中公教育天津分校	8	8	1.00	2	0.25
11	1520	福建泉州中公教育	8	0	0	0	0
12	1530	九个头条	8	24	3.00	10	1.25
13	1560	中公未来教育漳州分公司	8	0	0	3	0.38
14	1632	廊坊市和兴石油设备有限公司	7	0	0	0	0
15	1661	甘肃中公教育	7	12	1.71	0	0

企业类账号发布的"中国梦"微博数量相比于政务、媒体、个人和校园账号，其单个账号发布的数量最少。

小结："中国梦"传播的用户参与

粉丝数量的多寡与"中国梦"话题的覆盖面和传播力具有直接的相关度，各类拥有大量粉丝的"大V"和活跃的草根达人参与到"中国梦"话题的传播与讨论中，对于提升"中国梦"话题在网络上的传播覆盖力具有较为重要的作用。

同时，研究发现，传播和发布"中国梦"微博最活跃的是政务类微博账号，其次是媒体类微博、个人类微博和校园类微博，企业类微博最少。从微博的质量上看，媒体类微博的质量是最高的，政务类微博的质量是相对较差的。从发布平台的使用上看，政务类微博比较青睐"皮皮时光机"等第三方工具，而媒体类则使用较少。

四 "中国梦"的内容及情感分析

根据不同的传播主体将博文具体内容进行归类，可以生成五个 TXT 文档，分别对应着政务微博、媒体微博、个人 V 用户微博、校园微博和企业微博五类，进而通过 IDF 算法，统计其博文的高频词（见表 8、表 9、表 10、表 11、表 12）。

（一）政务微博的内容及情感分析

表 8　政务微博用词及情感统计

IDF排名	类别	名词		动词		修饰词		成语	
		词语	词频(次)	词语	词频(次)	词语	词频(次)	词语	词频(次)
1		青年	1982	实现	1404	伟大	572	脚踏实地	73
2		梦想	1754	奋斗	519	共同	344	艰苦奋斗	61
3		青春	1261	开展	434	一定	252	朝气蓬勃	24
4		精神	712	希望	345	必须	233	自强不息	22
5		国家	597	努力	258	美丽	196	埋头苦干	19
6		人民	533	讲话	256	美好	190	富国强兵	17
7		民族	521	参加	207	优秀	154	艰苦卓绝	15
8		主题	511	举行	203	强大	115	建功立业	13
9		中华民族	484	组织	198	重要	115	引经据典	12
10		总书记	465	创新	193	最美	92	大有作为	11
11		力量	416	追求	185	更加	85	其利断金	10
12		团委	358	需要	178	过硬	67	众志成城	10
13		就是	341	成长	176	永远	66	坚定不移	10

续表

IDF排名	类别	名词	词频(次)	动词	词频(次)	修饰词	词频(次)	成语	词频(次)
14		青少年	326	创造	174	更是	66	老有所养	9
15		人生	314	担当	167	进一步	56	匹夫有责	9
16		理想	269	才能	167	更好	54	生生不息	9
17		代表	265	可以	167	高尚	52	休戚与共	7
18		志愿者	212	凝聚	159	紧紧	51	大有可为	7
19		重要讲话	177	弘扬	148	已经	47	必由之路	7
20		团日	171	实干	112	杰出	39	巍然屹立	6

注：博文数量18471条，文字量累计1812319字。

在18471条微博累计1812319字的博文中，可以看出政务微博在阐释"中国梦"时更多地聚焦于集体、民族、国家、人民等表示群体身份的名词，从形容词及副词以及成语来看，其情感无一例外都传递和表达了较为积极的情绪。整体来说，政务微博的用词较为集中，情感较为正面，以表示抽象概念的词和群体属性的词为主，没有出现具体的带有指向性的用词。

（二）媒体微博的内容及情感分析

表9　媒体微博用词及情感统计

IDF排名	类别	名词	词频(次)	动词	词频(次)	修饰词	词频(次)	成语	词频(次)
1		国家	47	实现	53	共同	16	其利断金	4
2		梦想	46	可以	20	伟大	11	休戚与共	2
3		人民	45	睡着	15	也许	10	贼喊捉贼	2
4		机会	26	成为	15	必须	10	力所能及	2
5		社会	19	享有	13	已经	6	脚踏实地	2
6		中国人	17	表示	12	甚至	5	老有所养	1
7		就是	17	努力	12	美好	5	兼容并包	1
8		个人	17	希望	12	非常	5	朝不保夕	1
9		只是	15	没有	11	强大	4	连篇累牍	1
10		房价	14	归来	10	不再	4	为富不仁	1
11		房子	14	成长	10	席地	3	天下为公	1

续表

IDF排名	类别	名词 词语	词频(次)	动词 词语	词频(次)	修饰词 词语	词频(次)	成语 词语	词频(次)
12		工人	13	辛苦	9	屡屡	3	高风亮节	1
13		有时候	11	不能	9	富裕	3	心向往之	1
14		民族	11	建筑	9	紧紧	3	功成身退	1
15		泥点	10	午休	8	始终	3	国计民生	1
16		烟盒	10	提拔	8	有时	3	路见不平	1
17		社会主义	10	做梦	8	难以	3	责无旁贷	1
18		工地	9	乃是	7	不同	3	前赴后继	1
19		河南商报	8	吞噬	7	重要	3	一拥而上	1
20		宪政	7	造福	6	奋勇	2	应接不暇	1

注：博文数量2441条，文字量累计286826字。

通过对媒体微博的用词状况分析，排名较为靠前的用词与政务微博的用词有一定的契合度，但相比而言，媒体微博用词比较分散，除了表示集体概念的词和抽象化的词之外，其表示具体的可感、可把握的用词，如房价、房子、宪政等词开始出现，并占据了一定的频率；从成语的运用来看，表示负面情绪的"贼喊捉贼"、"朝不保夕"、"为富不仁"的成语占了一定的比重。整体来说，媒体微博的用词及情感较为多元。

（三）个人账号的内容及情感分析

表10　个人微博用词及情感统计

IDF排名	类别	名词 词语	词频(次)	动词 词语	词频(次)	修饰词 词语	词频(次)	成语 词语	词频(次)
1		梦想	66	实现	89	伟大	24	脚踏实地	4
2		青年	52	起来	60	一定	17	多难兴邦	2
3		就是	38	聊聊	54	共同	13	艰苦奋斗	3
4		青春	35	希望	29	真正	10	其利断金	2
5		人民	32	没有	21	必须	9	承前启后	2
6		国家	28	开展	19	重要	7	继往开来	2
7		总书记	27	分享	18	优秀	7	一拥而上	2
8		新闻	25	发表	16	其实	6	崇洋媚外	2

续表

IDF排名	类别 名词		动词		修饰词		成语	
	词语	词频(次)	词语	词频(次)	词语	词频(次)	词语	词频(次)
9	主题	22	提出	14	已经	6	漫不经心	2
10	精神	21	讲话	13	普通	6	轻车简从	1
11	代表	21	成为	13	永远	6	言为心声	1
12	时代	21	演讲	12	美丽	6	铤而走险	1
13	中华民族	20	奋斗	12	嘻嘻	5	歪风邪气	1
14	世界	20	需要	12	巨大	5	富国强兵	1
15	主席	19	发现	12	美好	5	一己之私	1
16	总理	18	开始	12	就要	4	谨言慎行	1
17	团委	12	强调	10	更是	4	投桃报李	1
18	全国两会	11	期待	10	过硬	3	暮气沉沉	1
19	宪政	10	担当	9	高尚	3	连篇累牍	1
20	团日	8	兴邦	6	奋勇	2	丧尽天良	1

注：博文数量7860条，文字量累计695825字。

从名词、动词及修饰词的运用情况看，个人认证微博相比于政务微博较为多元，但总体上保持了与政务微博相类似的倾向：表示集体性的词及抽象概念的词较多；但从成语的运用情况来看，表示负面情绪的词如"一拥而上"、"崇洋媚外"等词较多。

（四）校园账号的内容及情感分析

表11 校园微博用词及情感统计

IDF排名	类别 名词		动词		修饰词		成语	
	词语	词频(次)	词语	词频(次)	词语	词频(次)	词语	词频(次)
1	梦想	550	实现	260	伟大	107	艰苦奋斗	16
2	学院	410	开展	165	一定	63	脚踏实地	14
3	青春	381	演讲	153	优秀	63	不见不散	5
4	青年	368	举行	150	共同	56	朝气蓬勃	5
5	主题	344	举办	131	最美	49	风云人物	5
6	同学	226	参与	122	精彩	46	脱颖而出	5
7	团委	193	参加	114	必须	40	艰苦卓绝	4
8	精神	192	进行	110	威武	37	繁荣富强	4

续表

IDF排名	类别	名词		动词		修饰词		成语	
		词语	词频(次)	词语	词频(次)	词语	词频(次)	词语	词频(次)
9		学生	179	希望	105	即将	37	志在四方	4
10		大学生	160	奋斗	103	已经	36	畅所欲言	4
11		征文	152	报名	85	美丽	32	春暖花开	4
12		校园	140	开始	80	美好	30	任重道远	3
13		国家	139	通知	78	最终	24	宠辱不惊	3
14		学生会	112	期待	73	届时	23	安居乐业	3
15		总书记	102	关注	70	更加	19	自强不息	3
16		时间	97	深入	67	进一步	19	日日夜夜	3
17		民族	95	努力	67	重大	17	国富民强	2
18		学子	88	转发	64	不再	16	筚路蓝缕	2
19		团日	76	号召	53	过硬	14	有教无类	2
20		校团委	65	围观	52	高尚	13	富国强兵	2

注：博文数量5965条，文字量累计601979字。

从高频词的运用情况来看，校园微博除了体现与学校、学生身份群体相关的用词之外，还沿袭了政务微博的抽象叙事方法，更多地聚焦于"中国梦"所体现出来的集体内涵。从修饰词及成语的运用来看，依然与政务微博具有很强的一致性，没有发现表示负面情感的用词。

（五）企业账号的内容及情感分析

表12　企业微博用词及情感统计

IDF排名	类别	名词		动词		修饰词		成语	
		词语	词频(次)	词语	词频(次)	词语	词频(次)	词语	词频(次)
1		梦想	189	实现	239	伟大	61	脚踏实地	7
2		国家	141	成为	72	共同	44	掌上明珠	5
3		人民	127	吞噬	53	美丽	35	一己之私	3
4		青年	124	关注	50	必须	28	敢为人先	3
5		房价	121	表示	48	已经	27	白日做梦	3
6		就是	88	希望	41	普通	22	前所未有	4
7		主席	87	演讲	39	非常	21	艰苦奋斗	3
8		民族	57	提出	33	重要	16	老有所养	2

续表

IDF排名	类别	名词		动词		修饰词		成语	
		词语	词频(次)	词语	词频(次)	词语	词频(次)	词语	词频(次)
9		经济	56	可以	30	一定	15	匹夫有责	2
10		领域	55	下去	28	美好	12	披荆斩棘	2
11		世界	54	没有	28	最终	12	死不瞑目	2
12		青春	52	创新	27	强大	11	争分夺秒	2
13		新闻	51	不满	26	优秀	11	身体力行	2
14		机会	49	奋斗	26	最大	11	炙手可热	2
15		中华民族	47	开展	25	更加	10	归根结底	2
16		精神	47	比较	25	更好	10	不约而同	2
17		代表	45	发表	25	精彩	10	戮力同心	1
18		中国人	43	作为	24	大力	9	轻车简从	1
19		总书记	41	阐述	23	著名	9	改弦易辙	1
20		宪政	24	建部	10	真正	9	公正无私	1

注：博文数量3451条，文字量累计356619字。

以高频词的使用情况来看，企业认证账号发布的微博与媒体微博较为相似，脱离了政务微博和校园微博循环论证和重复叙事的言说策略，以房价等具体的可感、可把握的用词赋予"中国梦"更为具体的内涵，实现了"中国梦"的落地化。从成语的角度来看，表示负面情绪的用词如"死不瞑目"等，但相比于媒体微博和个人认证微博而言，相对较少。这或许与企业采用捆绑"中国梦"的方式进行商业营销有关。

小结："中国梦"的内容及情感分析

研究发现，政务微博和校园微博在"中国梦"的传播和解读中，在内容和情感层面具有较大的同质性，两者更多地聚焦于"中国梦"的抽象化和概念化的叙事，强调"中国梦"的集体属性、奋斗精神和历史责任等，因而在情感上，这两类账号多以正面情感为主。相比而言，媒体微博、个人认证微博和企业微博则相对多元，不再局限于对"中国梦"的抽象化传播和概念的重复解读，而更多地赋予具体化、实在性的内涵，因而在情感上除了正面的词汇之外，还较多采用了一些表达负面情绪的词汇。

五 "中国梦"的话题阐释及传播策略

为了探讨不同的传播主体在传播和解读"中国梦"这一概念时所可能存在的议题的偏向性,课题组分别对不同传播主体转发量排名前 15 的博文进行了分析研究(见表 13、表 14、表 15、表 16、表 17)。

(一)政务微博话题及传播策略

表 13 政务微博转发量排名前 15 博文统计

单位:次,条

排名	昵称	转发	评论	内容
1	河北共青团	37387	48084	#我的中国梦#回首近代以来中国波澜壮阔的历史,展望中华民族充满希望的未来,我们得出一个坚定的结论:实现"中国梦"必须走中国道路,这就是中国特色社会主义道路。关注@河北共青团转发本条微博就有机会获 50 元充值卡哦! http://t.cn/zTt1jRQ
2	河北共青团	20273	21710	#我的中国梦#国家之梦,反映国民之梦;个人之梦,融为民族之梦。中华民族是一个命运共同体,有国家的繁荣昌盛,才有个人的全面发展;实现中华民族伟大复兴,是每一个中华儿女的共同期盼。关注@河北共青团转发本条微博就有机会获 50 元充值卡哦! http://t.cn/zTb4H5N
3	河北共青团	17998	20717	#我的中国梦#每个人都有理想和追求都有在实现自己梦想的道路上奋斗,梦想为我们的未来指明了方向让我在成长的道路上不会迷失。"中国梦"是每个中华儿女心底的梦想,让我们发出最强声音为"中国梦"喝彩。关注@河北共青团转发本条微博就有机会获 50 元充值卡哦! http://t.cn/zT28gio
4	广州共青团	6639	11026	#我的中国梦#"中国梦是民族的梦,也是每个中国人的梦",13 亿人"共同享有人生出彩的机会,共同享有梦想成真的机会,共同享有同祖国和时代一起成长与进步的机会。"用青春拼搏梦想,用奋斗谱写华章,以#我的中国梦#为话题并@广州共青团,分享你的中国梦吧! http://t.cn/zTtguPu
5	广州共青团	4977	6551	#我的中国梦#"缅怀当年追梦人宣言明日青春梦"一年一度的清明已经过去,在不是清明的日子,也请记住前人的奋斗,用他们的精神,激励我们前行!@广州共青团邀您以"我的中国梦是___"为格式,写下自己的梦想,@三位好友并@广州共青团,宣言青春梦想! http://t.cn/zT4TEyv

续表

排名	昵称	转发	评论	内容
6	广州共青团	3236	4209	#我的中国梦#"中国梦是民族的梦,也是每个中国人的梦",13亿人"共同享有人生出彩的机会,共同享有梦想成真的机会,共同享有同祖国和时代一起成长与进步的机会。"用青春拼搏梦想,用奋斗谱写华章,以#我的中国梦#为话题并@广州共青团,分享你的中国梦吧！http://t.cn/zYFRbjo
7	广州共青团	1847	2555	#我的中国梦#"中国梦是民族的梦,也是每个中国人的梦",13亿人"共同享有人生出彩的机会,共同享有梦想成真的机会,共同享有同祖国和时代一起成长与进步的机会。"用青春拼搏梦想,用奋斗谱写华章,以#我的中国梦#为话题并@广州共青团,分享你的中国梦吧！http://t.cn/zTSiRib
8	广东共青团	1674	115	"我的中国梦青春正能量"迎风飘扬的红领巾,是我的中国;书声琅琅的校园,是我的中国;辛勤耕耘的土地,是我的中国;灯火通明的工厂,是我的中国;严谨求真的实验室,是我的中国…梦想绽放的地方,就是我的中国;梦想在哪我便在哪;我是追梦的广东青年。我的梦,中国梦。http://t.cn/zTAejiC
9	广东共青团	1602	163	#我的中国梦#我想过上幸福的生活;我想去探险;我想脚踏实地干好自己的工作……中国梦,是民族的梦,也是每个中国人的梦！中国梦,归根到底,是人民的梦！你的梦想是什么？赶紧以#我的中国梦#为话题,并@广东共青团,与百万粉丝分享你的梦想吧。http://t.cn/zYg2bII
10	揭阳学院团委会	1483	973	#中国梦·我的梦#一个人的梦想是渺小的,但它成为祖国的梦想就是强大的。中国梦,使我们跟随党的脚步向前走,用十八大精神在生活中学会奋斗,进取。为我的梦去努力,为中国梦去奋斗。编辑话题#中国梦我的梦#进行留言,转发微博并@3位好友,就有机会获得礼品。http://t.cn/zTG5irF
11	中国文明网	1296	222	#中国梦#习近平说,中国梦归根到底是人民的梦,必须紧紧依靠人民来实现,必须不断为人民造福。有梦想,有机会,有奋斗,一切美好的东西都能够创造出来。中国文明网推出专题《同心共筑中国梦》点击进入http://t.cn/zYkBuSf
12	广东共青团	767	107	#我的中国梦青春正能量#迎风飘扬的红领巾,是我的中国;书声琅琅的校园,是我的中国;辛勤耕耘的土地,是我的中国;灯火通明的工厂,是我的中国;严谨求真的实验室,是我的中国……梦想绽放的地方,就是我的中国;梦想在哪我便在哪;我是追梦的广东青年。我的梦,中国梦。http://t.cn/zTAejiC[hold住]

"中国梦"社会化媒体传播的实证分析与对策研究

续表

排名	昵称	转发	评论	内容
13	青春银川	723	367	#我的中国梦#我志愿,我快乐!3月22日下午,全市积极开展"美丽银川"志愿服务行动,机关干部纷纷走上街头,参加路面洁净、公共设施维护等志愿服务,用自身的实际行动实现建设"美丽银川"新愿景!
14	中国文明网	635	56	"'我的中国梦'网上摄影作品征集开始啦"用摄影热情讴歌祖国日新月异的变化,用镜头深情表达对幸福美好生活的憧憬。中宣部等5部门、全国百家网站联合开展"我的中国梦"网上摄影作品征集活动,要求个人原创,内容紧扣"我的中国梦"主题,内容积极向上,风格、题材不限。详情:http://t.cn/zTs2Gd0
15	中国少先队-红领巾集结号	612	63	#红领巾相约中国梦#由团中央、全国少工委主办,中国移动、新浪网、未来网等协办的"红领巾相约中国梦"一句话一首歌征集活动正式启动。邀请社会各界热心人士,围绕"中国梦"为孩子们创作格言、创作歌曲、演唱歌曲,鼓励孩子们心怀梦想,好好成长,为实现中国梦做好准备。

首先,从传播话题的角度来说,在上述15条微博中,超过一半为共青团类的账号所发布的微博,这表明政务微博中,共青团在"中国梦"话题的传播中扮演了重要角色并发挥了重要作用。相比而言,各类政府行政机构、各类宣传系统微博账号发声较少。观察发现,这15个账号与报告中对政务微博所做的词频统计分析具有很强的一致性——以强调中国梦与民族复兴的关系,强调中国特色的社会主义道路,强调对青年群体积极向上的精神风貌,体现出政务微博颇为高远的宏大叙事和群体认同意识。

其次,从传播策略的角度来说,整体上,政务微博的话题传播更为抽象,更为宏观,没有具体的指向性,以对中国梦的主流阐释为主,从行动的指向性角度来说,政务微博更倾向于采用各类仪式性的活动。为了扩大话题的参与度和影响力,这部分用户更倾向于采用转发、参与并@好友,进而获得抽奖机会来获得影响力的传播策略。根据对上述15条微博传播策略的分析,有4条微博直接在博文内容(不包括以配图形式发布的"长微博")中采用了"转发抽奖"的方式;同时,据观察,在18471条政务微博中,来源于"微活动"的博文共有22条,这15条微博中有8条来源于"微活动",由此可看见,"微活动"作为一种传播方式,具有很强的参与性和传播力。

（二）媒体微博话题及传播策略

表 14　媒体微博转发量排名前 15 博文统计

单位：次，条

排名	昵称	转发	评论	内容提炼
1	江南都市报	331920	362577	每个人的"中国梦"各式各样、有大有小，但每一个梦想都值得我们尊重。有梦想就要勇敢说出来、晒出来。转发本微博，告诉大家，你的梦想是什么，又梦想做了什么，并@江南都市报，就有机会获得 IAPD MINI，我们将从所有转发并晒梦想的网友抽取三名获奖者。http://t.cn/zTwdHRi
2	头条新闻	49404	17778	"2 名工人午休席地而睡　媒体称中国梦有时是 1 张床"昨日下午一点半，郑州一家正装修的门店前，两名工人在台阶上枕着烟盒午休，应是刚从建筑工地辛苦归来。他们满身泥点、头发斑白，甚至没穿袜子，不顾水泥地上冰凉、路边车来车往。媒体评论称，中国梦，有时候只是小小的一张床。http://t.cn/zTMoVyE
3	财经网	9004	5675	"解放军报：我们信仰的主义乃是宇宙的真理"中国梦以信仰为魂、自觉为根。信仰如炬信心满满，寓理弘志意气风发。面对复杂多变的国际环境、艰巨的国内改革任务、党所面临的严峻考验，增强同心共筑中国梦的自信，首要的是始终同心坚守中国特色社会主义信仰，笃信"我们信仰的主义，乃是宇宙的真理"
4	人民日报	8881	2739	"你好，明天"一审败诉，掩面而泣。今天，"上访妈妈"唐慧再次触动公众心弦。这是对一位母亲的同情，更是对公平正义的关切。中国梦的感召力，不仅在于国家的强大，更在于个体的幸福与尊严。唐妈妈的泪水，不该成为中国梦的痛点。期待公正审理，期待改革给力，让法治阳光温暖每一个人。安
5	人民日报	5937	1971	"工人的午觉"这两个大爷也许太困了，就直接躺在地下睡着了，从他们衣服上的泥点可以想象，他们刚从建筑工地辛苦归来，困意上来，于是枕着烟盒，就那么沉沉地睡着了。不禁感叹：中国梦，有时候只是小小的一张床。@河南商报
6	财经网	5741	2063	"中共发 16 条意见加强青年教师思想政治工作"加强中国梦的宣传教育，组织青年教师深入学习领会中国梦的精神实质，凝聚起实现中国梦的强大精神力量。建立青年教师思想状况定期调查分析制度。坚持学术研究无禁区、课堂讲授有纪律，杜绝有损国家利益和不利于学生健康成长的言行。http://t.cn/zHxGvUv

续表

排名	昵称	转发	评论	内容提炼
7	财经网	5271	1696	"看图·工人的午觉"这两个大爷也许太困了,就直接躺在地下睡着。从他们衣服上的泥点可以想象,他们刚从建筑工地辛苦归来,困意上来,于是枕着烟盒,就那么沉沉睡着。中国梦,有时候只是小小的一张床。(via 河南商报@白照军)
8	头条新闻	4895	2877	"央视批就业不公平:毕业生无工作如何实现中国梦"湖南湘潭被"火箭提拔"的副县长徐韬,父亲是某区人大主任。硕士小李参加多省公务员考试均未被录取,却目睹同学靠关系进好单位。对于大学生来说,毕业找到力所能及的工作,可能是实现中国梦的开始,但若没工作怎么实现中国梦? http://t.cn/zTQXfbu
9	头条新闻	4617	2232	"新观察:'子承父业'是阶层固化缩影"父亲是揭东副县长,儿子又成揭东副县长,而且在同一个月内完成"权力交接",这不得不让人有"子承父业"的遐想。我们不得不问:为何"火箭提拔"对官员子女屡屡成真,对普通人却像场白日梦? 难道普通人的中国梦只能在"拼爹"的游戏中惊醒? http://t.cn/zTnXYob
10	头条新闻	4499	1850	"党报:高房价正吞噬中产阶层'中国梦'"人民日报海外版今日刊发文章解析新一届部长难题,称房地产领域已成中国中产阶层最不满领域,因为高房价正吞噬他们的"中国梦"。任其发展下去,不仅影响国内经济健康,还会影响到中产阶级对国家发展信心,影响到政权在其心目中的合法性。http://t.cn/zYDsbt6
11	南风窗	4138	767	"警惕权贵阶层毁灭中国梦"罗天昊:在中国3000多个财富超过1亿的家庭中,竟然有2900多户有各种背景。比例之高,触目惊心。当财富的来源不再取决于自身努力,而是取决于出身、特权等因素时,民众仇富的本质,乃是对于社会不公、机会不均的绝望乃至仇恨。(财经网)http://t.cn/zjmdAs5
12	头条新闻	3885	2560	"党刊刊文:宪政理念属于资本主义而非社会主义"《红旗文稿》刊登人民大学教授文章,称一段时间来"宪政"呼声抬头,有人认为"中国梦即宪政梦"。作者比较两种基本制度架构后,认为宪政的元素理念只属于资本主义,而不属于社会主义,宪政的政治强权和话语霸权也有欺骗性。详见:http://t.cn/zH29MEK
13	央视新闻	3882	1277	"微镜头:午休"中国梦,有时候也只是一张小小的床!@白照军
14	福布斯中文网	3372	706	"@李开复:从美国梦到中国梦"赫芬顿将李开复的经历总结为:"由移民、创新和无惧"三个关键词组成的"典型美国梦",如今,李开复正努力实现一个中国梦:4000万粉丝的他相信社交媒体能改变中国的未来。"我在微博上并不认可站队吵架,而是一个真诚分享经验的人"。详见 http://t.cn/zTjIcjv@丁晨洁NY
15	新周刊	3054	908	一套房子干掉一个"中国梦"——房地产领域已经成为中国中产阶层最不满的领域,因为高房价正在吞噬他们的"中国梦"。任其发展下去,不仅会影响到国内的经济健康,还会影响到中产阶级对国家发展的信心,影响到政权在其心目中的合法性。(人民日报海外版)

首先，从传播内容的角度来说，除了@江南都市报发起的活动以及@人民日报发表了评论之外，其余的13条微博都是来源于传统媒体的报道及其观点。与政务微博相比，媒体类微博所涉及的话题则更具多样性，尤其是关于民生的话题更成为媒体类微博解读和观察中国梦的焦点，没有纯粹的抽象性、概念性的解读博文。在上述表格中所提及的博文中，中国梦与弱势群体、权贵阶层、火箭提拔、高房价等社会和网络热点话题进行了勾连，"中国梦"传播的特点呈现具体性、可感性和可把握性，不再局限于抽象化的理念阐释。

其次，从传播策略的角度来说，在15条博文中，仅有一条采用了转发抽奖的方式来增强自身的传播力，而其他的14条微博都是采用了提炼传统媒体观点，捆绑焦点社会话题的方式来完成对社会现实的关照，进而扩大微博的传播力和传播效果。值得引起注意的是，这14条微博中，只有@人民日报主动表明了自己的态度，而其他的媒体微博仅仅还原了传统媒体报道中的某一细节的观点。受制于微博字数的限制，博文发布时往往采用"观点性标题"+"观点概括"+"长微博"或附加文本链接的方式。因而这种策略相比而言，更具有聚焦性，也具有延伸性。

（三）个人认证博文及传播策略

表15 个人认证微博转发量排名前15博文统计

单位：次，条

排名	昵称	转发	评论	内容提炼
1	汤雷同学	24631	20200	2013年什么是中国梦？中华民族上下五千年的历史，是世界上最悠久的民族和国家。我们的梦想和信念流淌在血液里生生不息。黑头发和黄皮肤是我们的标志，我们用勤劳的双手实现了一个个让世界震惊的梦。借用单曲宣传文案，我辈一定加油努力实现中国梦。点击收听：http://t.cn/zYR3sGJ
2	袁裕来律师	16152	2701	"老百姓的中国梦"网传老帖：1. 上学不收费；2. 就业不求人；3. 医生不卖药；4. 食品不带毒；5. 新闻不说谎；6. 教授不白痴；7. 当官不受贿；8. 城管不打人；9. 脱裤不走红；10. 吹牛不出名；11. 房子不强拆；12. 百姓不畏权；13. 环境不污染；14. 领导不特权

"中国梦"社会化媒体传播的实证分析与对策研究

续表

排名	昵称	转发	评论	内容提炼
3	袁裕来律师	10797	1856	"美州长说出了我们的'中国梦'"美国麻州州长派屈克在民主党大会上演讲说:"如退休的人不能放心养老,如穷人的孩子不能上学,如生病的人担心没有保险,如相爱的人不能结婚,如清洁工得不到平等的尊重,这就是美国的失败。美国的崛起,首先就是这些弱势群体的崛起,他们不能崛起,美国就没有梦想。"
4	李云迪YUNDI	10578	29245	从小开始热爱音乐,怀抱音乐的梦想。一路走来有你们的支持很感动,希望用更好的钢琴演奏回报你们,用钢琴奏响我们的中国梦,谢谢支持我的你们 – "钢琴帮"[嘻嘻]
5	王强_99	9465	1095	"倡议书"在六一国际儿童节即将到来之际,恳请党中央国务院提请全国人大常委会,将刑法修订案中"嫖宿幼女"罪删除! 对性侵幼女的犯罪,一律按强奸判罚,最高可判处死刑,或对施暴者一律进行化学阉割! 让所有中国的儿童健康、快乐地成长,让他们拥有幸福的中国梦,这才是送给孩子们最好的节日礼物
6	徐昕	8812	2626	"他的中国梦"他,85年出生,07年考取选调生;他,工作5年,历经9职;他,2012年12月当选副县长,实现"三级跳";他,仍在攻读全日制硕士研究生;他,在校两年多,经常翘课,重修课程五六门;他,就是湖南湘潭副县长——徐韬。http://t.cn/zYkEgKJ 他,实现了他的中国梦
7	袁裕来律师	7690	1264	"老百姓中国梦的另类表述"打仗不靠张召忠,执政不靠雷政富;反腐不靠赵红霞,破案不靠聂海芬;治病不靠板蓝根,慈善不靠中红会;财政不靠房地产,发展不靠发改委;信心不靠宇宙真理,幸福不靠新闻联播。(网帖)
8	韩志国	7124	498	"中国梦,宪政梦"宪政能有效实现制度制衡,从而真正把权力关进笼子里。没有宪政,既找不到关权力的笼子也无法把权力关进去。宪政才能形成服务型政府,官员才能真正为百姓做事,吃穿住行和呼吸才能有真正安全。宪政才有真正的公平正义,平民才能有"咸鱼翻身"机会。没有宪政,中国梦都是白日梦
9	徐昕	6340	1738	"他的中国梦"他,85年生,07年考取选调生;他,工作5年,历经9职;他,12年当选副县长,火箭提拔;他,仍在攻读全日制硕士生;他,在校两年多,常翘课,重修课程五六门;他,报郴州岗位,却成湘潭副县长;他,就是徐韬。http://t.cn/zYsV83J 郴州称:湘潭向省申请,希望录用他;内定帮他实现了中国梦
10	任志强	6126	4447	央视:国有企业的发展帮助中国人实现中国梦……这是说笑话吗
11	任志强	5932	1737	实现中国梦的信心来自于对制度的信任。如果没有能让中国人信任的宪政,什么就都只能是无法实现的梦了

续表

排名	昵称	转发	评论	内容提炼
12	徐昕	5306	839	龙生龙,凤生凤,市长实现中国梦
13	刘春	5017	754	今天下午的大会发言,16人发言,何维的"应对灰霾污染净化祖国天空维护人民健康权益"和周汉民的"把收费权力关进制度笼子",引发了一遍遍热烈掌声,由此可见问题的严重,也看出大家的共识。干净的天空干净的权力,这也是中国梦的一部分吧
14	段郎说事	4275	1725	环球时报:外界对"中国梦"的十大误解。误解六:中国梦就是宪政梦、人权梦、民主梦……一些人乘机将中国梦狭隘地等同于自己的主张,或将自身诉求通过中国梦加以强调,认为中国梦就是宪政梦、人权梦、民主梦……这本身没有错,但单方面强调会以偏概全,或欲速则不达,反而曲解了中国梦的丰富内涵
15	于建嵘	2207	2298	#给中国国家领导人的十个建议#之四:不要让青年成屌丝。当前中国社会阶层的流动出现了问题,官二代富二代现象十分严重,底层民众上升的通道越来越窄。如何让穷孩子们能完成学业,如何为年青一代创业提供机会,如何使公务员制度更加公平,是中国梦真正的意义。如果不重视底层青年的诉求,国家就会动荡

首先,从传播内容的角度来说,认证个人所发布的前15条微博遵循了媒体微博一贯的风格,即关注社会话题和民生话题,发布的内容中有5条是源于传统主流媒体新闻报道的素材,进而在表述中进行了个人化的观点提炼和结合中国梦的阐释。同时,根据观察,个人认证账号对"中国梦"的阐释不再局限于对传统媒体主流化界定的抽象化阐释,而是具有更强的可感性、可把握性。从话题的来源来看,不仅有源自传统主流媒体的新闻报道,更有对传统媒体新闻事件所发表的个人看法;从话题的内容看,不仅涉及环保、上学、就业等具体的民生问题,涉及宪政、火箭提拔等政治性问题,还涉及阶层流动、保护儿童权益等社会性问题。

其次,从传播策略的角度来看,在认证个人所发布的前15条微博中,有两条是与明星名人的自我包装有关,其余的典型传播策略为:捆绑焦点的社会性话题、事件,放大或部分放大来自传统媒体报道的细节,编辑及传播有批判性和反思性的网络段子。以政务微博、媒体微博和个人认证微博三者的比较来看,其具体的可感性逐步增强,话题的范围也越来越广,个人化的语言、表示态度的阐释也越来越多。

（四）校园微博内容及传播策略

表16　校园微博转发量排名前15博文统计

单位：次，条

排名	昵称	来源	转发	评论	内容提炼
1	学活前的白杨树	微活动	2723	3476	当"中国梦"从习主席的口中传出，实现民族复兴的梦想让2013的春天变得飞扬热烈。首都师范大学的童鞋们，你们的梦想是什么？我们对学校、对祖国的未来有怎么的期许呢？快来和我们一起用微博描绘出千千万万个中国梦我的梦吧！http://t.cn/zT2P8gH
2	东华理工大学生记者团	投票	1789	7	活动名称:我的"中国梦"主题演讲比赛决赛#我的"中国梦"#比赛时间:2013年4月14日晚七点主办方:东华理工大学(抚州校区)团委承办:东华理工大学大学生记者团东华理工大学团支部工作指导中心微博投票时间:2013年4月 http://t.cn/zTqrKyN
3	肇庆学院广播站	投票	739	10	首届由肇庆学院党委宣传部暨师范学部主办，肇庆学院广播站承办的"诵读经典，最美中国——我的中国梦"普通话朗诵大赛决赛暨普通话形象大使评选活动即将在5月17号隆重举行，快来给你喜欢的选手投上宝贵的一票吧！http://t.cn/zT1wGMK
4	长沙医学院微博协会	微活动	429	419	"我的中国梦"长沙医学院首届微电影大赛开始啦~http://t.cn/zTtoCnc 转发此微博就有机会获得长沙医学院微博协会提供的新浪公仔，快来参加吧~http://t.cn/zTtoCEe
5	福建师范大学团委	新浪微博	268	63	当"中国梦"从习主席的口中传出，实现民族复兴的梦想让2013的春天变得飞扬热烈。师大er们，你们的梦想是什么？对中国梦的期许是什么？即日起编辑#中国梦我的梦#＋梦想内容＋@福建师范大学团委。每天3名"梦想之星"，每周7名"周梦想之星"、10名"终极梦想之星"将获赠小葵、50元、100元蛋糕券
6	中山大学团委	三星Galaxy SIII	178	19	#到祖国人民最需要的地方去#韦慧晓，中国首艘航母的首位女博士军官，中山大学第七届研究生支教团成员，全国百优志愿者，中大的传奇人物，榜样就在我们身边，在追求个人梦想的同时也托举着#中国梦#我为祖国开航母 http://t.cn/zYeMc1U@中山大学@中山大学中大青年@中山大学研究生支教团

续表

排名	昵称	来源	转发	评论	内容提炼
7	中南财经政法大学法学院团委	专业版微博	151	14	#中国梦#青马工程"我的中国梦"软笔书法大赛之"作品12"。最佳人气奖将于入围的26份作品中选出。评选以腾讯与新浪微博的转发总量为准,总量最高者获奖。截止日期3月28日中午12点。如果你喜欢,请踊跃转发。http://t.cn/zTvKSSQ,http://t.cn/zTvKSSH
8	南昌大学新闻中心	专业版微博	150	8	"一个浴火重生的大学梦"2008年10月15日,习近平视察南昌大学时寄语:"南昌大学,前景无限!"中国梦、昌大梦、发展梦,方向凝聚力量,梦想指引行动
9	福建农林大学计信院团委	专业版微博	140	2	由校纪委、校团委主办,计信院团委承办的"铸我廉洁魂,实现中国梦"廉洁主题教育系列活动开幕仪式将于5月6日(周一)19点在我校大学生活动中心举办。各系列活动将在我校相继广泛开展,我们诚邀您来参与。通过转发并@3个好友,即可参与微博抽奖,并有活动纪念品相送!敬请关注,期待你的参与
10	中大新华学院微博协会	iPhone客户端	123	24	"中国梦"花开何方?我的青春我做主,让我们一起说出你的专属中国梦!只要转发并编辑微博#践行青春使命,共铸中国之梦#+想说的话(如我的梦想,学十八大、党章心得,对我院的祝福等)在3月24号11:00将通过第三方@转发抽奖平台,抽出三位幸运儿分别获得价值50元兑换券(饭水电卡)!仅限中大新华学子
11	中南财经政法大学法学院团委	专业版微博	111	0	#中国梦#青马工程"我的中国梦"软笔书法大赛之"作品4"。最佳人气奖将于入围的26份作品中选出。评选以腾讯与新浪微博的转发总量为准,总量最高者获奖。截止日期3月28日中午12点。如果你喜欢,请踊跃转发。http://url.cn/9iilhH,http://url.cn/AMDpj6
12	江大生科团委学生会	新浪微博	109	8	江汉大学不可错过的美好风景,生科学子携手呈现的年度盛宴——啤酒、米酒、纸花、泡菜还有水果沙拉、盆栽及大型闯关游戏,更有知北游旅行提供的自然生态两日露营大奖等着你。诸多欢乐尽在我的中国梦——梦想第四站生科节现场,4.25我们在J03中庭等你。我给你舞台,只要你敢来!http://t.cn/zTb1gXJ
13	华南师大南海学院团委	微博桌面	106	12	#华南师范大学南海校区"学习宣传贯彻'两会'精神,共同点亮我的中国梦"系列活动方案之"我的中国梦"微博创意大赛#@ moonly-阅历
14	河南大学社联	专业版微博	102	13	#社团文化节#我的青春梦,我的中国梦。河南大学第十四届社团文化节即将拉开大幕,缤纷校园文化竞相绽放,邀你共赏五月饕餮盛宴。http://t.cn/zTWHFCD
15	四川师范大学商学院	Android客户端	101	4	由商学院主办的我的中国梦宣讲会在7点于a415开始,有兴趣的同学踊跃来参加哦~[嘻嘻][嘻嘻]我在:http://t.cn/zTWZlC0

首先,从传播内容的角度来说,校园微博跟政务微博较为相似,沿袭了政务微博一贯的风格。从对"中国梦"的阐释来看,聚焦于习近平总书记对"中国梦是中华民族伟大复兴的梦"的重复论证以及将"中国梦"与"青年学子"进行捆绑,强调青春、奋斗。

其次,从传播策略的角度来看,校园微博更多地倾向于采用举办演讲、比赛、征文等校园较为常用的活动作为传播的策略,以转发和评论的情况来看,举办活动并采用奖品激励的方式容易赢得较多的关注和转发。

(五)企业微博内容及传播策略

表17 企业微博转发量排名前15博文统计

单位:次,条

排名	昵称	转发	评论	内容提炼
1	长城汽车运动	399525	447178	#哈弗十年感恩有礼#十年前,赛弗圆了一代中国人的SUV梦;十年后,哈弗SUV走向了世界100多个国家和地区,圆了自主品牌走向世界的中国梦!一个梦想,百万车主,见证哈弗十年成长。即日起关注@长城汽车运动@三位好友并转发此微博即有机会获得感恩好礼!http://t.cn/zTvUB7P
2	哈弗SUV	393551	436878	#哈弗十年感恩有礼#十年前,赛弗圆了一代中国人的SUV梦;十年后,哈弗SUV走向了世界100多个国家和地区,圆了自主品牌走向世界的中国梦!一个梦想,百万车主,见证哈弗十年成长。即日起关注@哈弗SUV@三位好友并转发此微博即有机会获得感恩好礼!http://t.cn/zTvUIlz
3	长城轿车	388625	436038	#哈弗十年感恩有礼#十年前,赛弗圆了一代中国人的SUV梦;十年后,哈弗SUV走向了世界100多个国家和地区,圆了自主品牌走向世界的中国梦!一个梦想,百万车主,见证哈弗十年成长。即日起关注@长城轿车@三位好友并转发此微博即有机会获得感恩好礼!http://t.cn/zTvUrYw
4	长城风骏皮卡	375762	421654	#哈弗十年感恩有礼#十年前,赛弗圆了一代中国人的SUV梦;十年后,哈弗SUV走向了世界100多个国家和地区,圆了自主品牌走向世界的中国梦!一个梦想,百万车主,见证哈弗十年成长。即日起关注@长城风骏皮卡@三位好友并转发此微博即有机会获得感恩好礼!http://t.cn/zTv4G7K
5	东鹏饮料官方微博	273836	285293	#中国梦你我的梦##东鹏饮料助你圆梦##有奖转发#写下梦想并@5位好友,关注@东鹏饮料官方微博,转发此微博即有机会赢得圆梦现金4999元大奖,以及魅族梦想mx2手机一部和其他奖品。详情见海报!赶快叫上好友一起来参加吧~累了困了,#东鹏特饮#http://t.cn/zTVSiIF

续表

排名	昵称	转发	评论	内容提炼
6	MPE寝具	248451	280699	"我的中国梦·MPE筑梦活动"MPE的中国梦是让所有中国人都有深度好睡眠。你的"中国梦"是什么？编辑微博#MPE筑梦活动#说出你的中国梦,转发并@MPE寝具+@3个真实好友即可获得ipadmini一部！快来参与吧！http://t.cn/zTVl3Zx
7	金拓天油茶	28507	11073	#相聚金拓天共筑中国梦#"轻轻的我走了,正如我轻轻的来;我轻轻的招手,作别西天的云彩!"金拓天创始人以海纳百川的诚意,诚邀各类社会精英加盟,有资者出资,有智者出智,有力者出力,各施所长,携手共筑油茶事业"中国梦",共享"人生出彩"的快乐。http://t.cn/zTvOFVy
8	金拓天油茶	24473	12429	#金拓天为中国梦加油#"金拓天茶油的三大中国梦"①做强做大中国油茶的产业梦,实现农业向创新产业升级;②立足农村帮民致富的富裕梦,实现农民向产业工人转型;③维护国家粮油安全的强国梦,实现中国食用油的大自主。http://t.cn/zjvaw9Fhttp://t.cn/zYeAKk2
9	宜信财富	16311	563	#财富金字塔聚焦核心"大众富裕阶层"#在美国中产阶级是美国梦的典型代表而在中国大众富裕阶层率先实现了中国梦他们是整个国家民族"圆梦"的主力军！作为倍受福布斯关注的中国财富"潜力股"马上转发并关注@宜信财富来比照一下看你金字塔排名上升了没猛戳［围观］［哈哈］http://t.cn/zTzpL0h
10	金拓天油茶	14733	5550	#金拓天为铁道部换牌加油#"别了,铁道部"换,铁道门庭今已转,没拍照,留下诸多憾！借十六字令告别铁道部！在"中国梦"和"民为本"的宗旨下,转型成一家企业。期待更好地"出发",为"铁道部"加油,尊重民众呼声就是尊重企业自己！http://t.cn/zjvaw9Fhttp://t.cn/zYD6jum
11	金拓天油茶	8755	2065	#金拓天为新一届政府加油#"金拓天茶油三大行为准则"①行大道,志存高远,做强做大油茶产业的中国梦;②民为本,立足农村,帮民致富,为中国人民健康加油;③利天下,着眼全球,将中国茶油推向全球,为全球消费者造福祉！http://t.cn/zjvaw9Fhttp://t.cn/zYelYQt
12	北京欢乐谷	4584	644	#童心同乐儿童节#亲们,儿童节、端午节、父亲节三节连过,欢乐走起！6月1日~2日最缤纷儿童节即将欢乐呈现:街舞、涂鸦、动漫、摇滚style……更有玉树儿童在北京,共筑中国梦。6月1日~2日1.5米以下儿童在一名全价票成人陪同下可免费入园,同时还将享受亲子年卡580元/张、合家欢卡999元/张的优惠
13	长安汽车杭州祥通	2224	2232	#长安睿聘–中国梦#杭州祥通微博有奖转发,关注"长安汽车杭州祥通"@长安汽车杭州祥通和@五位好友将有机会赢得IPAD-mini吉祥物–小狐狸公仔25日转发抽奖平台公布！搜狐汽车杭州@长安营销@太平洋汽车杭州站@19楼拉风汽车@元通汽车商城@易车网_杭州@杭州交通918@浙江车网@大家车网–老邢

续表

排名	昵称	转发	评论	内容提炼
14	共识网	1857	713	"解放军报:我们信仰的主义乃是宇宙的真理"中国梦以信仰为魂、自觉为根。面对复杂多变的国际环境、艰巨的国内改革任务、党所面临的严峻考验,增强同心共筑中国梦的自信,首要的是始终同心坚守中国特色社会主义信仰,笃信"我们信仰的主义,乃是宇宙的真理"。http://t.cn/zHycKqn
15	风行网	1473	1200	#电影大爆炸#国梦,屌丝梦。屌丝如何实现中国梦？天一哥的经济适用爹带儿去战斗,与美美姐的干爹翻脸不认人。周星星教你突出重围,精彩爆笑……http://t.cn/zTtfVQO

首先，从传播内容来说，企业微博更多地将"中国梦"与自己的品牌进行结合，将企业所生产的产品解读为"中国梦"的一部分，或者是帮助个人实现"中国梦"的方法，如汽车行业将"中国梦"诠释为"汽车梦"等。

其次，从传播的策略来说，企业微博将企业的营销行为跟"中国梦"进行了捆绑，采用转发、点评获得抽奖机会的方式来获得关注和影响。

小结：中国梦的多元话语分析

通过对四类话语的对比，以《人民日报》为代表的官方传统媒体在阐释中国梦时，更多地与表述民族身份、群体认同的概念相勾连，强调"中国梦"的集体意识、主流意识、大局意识，其话语中的高频词表征是"社会主义"、"中华民族"、"民族复兴"、"美丽中国"、"中国特色"、"改革开放"等表示主流话语的抽象概念。而公众话语、诉求话语和民生话语往往跟环境、廉政、房价等民生问题进行勾连，其负面情绪较为明显。

政务微博及校园微博的内容以重复叙事和循环论证为主，并倾向于采用有奖转发等物质性的激励来提升其影响力和覆盖面，因而其微博发布的来源多以"微活动"、投票等为主。媒体类微博较多地倾向于不主动发表自己的观点，而是提炼主流媒体已经发布的新闻消息进行观点的再次分享，企业微博则倾向于与自己经营的品牌进行捆绑以此实现市场营销。相较而言，个人微博在内容和策略上往往以各类"段子"、最新的社会热点事件等为主进行话题捆绑。

六 "中国梦"的传播效果及对比分析

为了探讨不同类型的微博用户影响力的情况,课题组以六类微博用户主体作为统计对象,以这些用户累计38566条原创博文的转发量和评论数作为评价标准,进行了对比(见表18)。

表18 不同类型微博用户原创博文转发量与评论数比较

单位:次,条

类别	数量	转发数					评论数				
		平均数	中位数	众数	最小值	最大值	平均数	中位数	众数	最小值	最大值
政务微博	18471	8.67	0.00	0	0	37387	7.23	0.00	0	0	48084
橙V微博	7860	49.65	0.00	0	0	24631	20.27	0.00	0	0	29245
媒体微博	2441	256.06	3.00	0	0	331920	192.88	1.00	0	0	362577
校园微博	5965	4.20	1.00	0	0	2723	1.58	0.00	0	0	3476
企业微博	3451	640.89	0.00	0	0	399525	681.79	0.00	0	0	447178
组织微博	378	46.29	0.00	0	0	14999	3.23	0.00	0	0	456

根据观察,以平均数看,微博质量最高的是企业微博,这与他们所发起的"转发有奖"活动有一定的关系;以中位数看,媒体微博的质量是最高的,他们的转发及评论都普遍较高,这与他们在解读和阐释"中国梦"时采用的话题捆绑策略有关;政务微博的博文数量最高,但其影响力仅仅高于校园认证用户,位居倒数第二,主要原因为政务微博和校园微博不回应和关注社会热点话题,内容多为宏大的叙事话语。

(一)政务微博的传播效果分析

政务微博所发布的18471条微博中,博主加V认证的有18462条,占比99.95%,未认证的有9个,占比0.005%;评论数为0的有13600条,占比73.63%;转发为0的有9904条,占比53.62%;转发为0的微博中粉丝最多的有224万多个;粉丝超过10万的有225个,占比2.27%;粉丝超过1万的有2762个,占27.89%;评论为0的微博中粉丝最多的有254万多个,过百万的用户有151个;过10万的用户有835个;过1万的有4466个;评论数过100的有22个,占比0.12%;转发过100的有77个,占0.42%。

政务微博所发布的18471条微博中,转发数和评论数都为0的有9185条,占比49.73%。转发和评论数都在100条及以上的有20条,占比0.11%。

(二)媒体微博的传播效果分析

媒体微博所发布的2441条微博中,转发为0的有799个,占比32.73%;评论为0的账号有1096个,占比44.90%;这些账号中加V认证的有2440个,占比99.96%;未认证的有1个,占比0.04%;转发为0的微博中,粉丝数最多的有163多万,粉丝过100万的有5个,粉丝过10万的有625个,粉丝过1万的有185个,占比7.58%;评论数为0的微博中,粉丝数最多的近597万,粉丝数超过100万的有37个,粉丝数超过10万的有212个,粉丝数超过1万的有398个;评论数超过100的有172个,占比7.05%;转发超过100(含)的有323个,占比13.23%。

媒体微博所发布的2441条微博中,转发数和评论数都为0的有729条,占比29.86%。转发和评论数都在100条及以上的有170条,占比6.96%%。

(三)个人认证博文的传播效果分析

在7860条博文中,转发为0的有4208条,占比53.54%;评论为0的有4426个,占比56.31%;转发为0的微博中,账号粉丝数最多的有117万,粉丝超过100万的有18个,粉丝超过10万的有199个,粉丝超过1万的有802个,占比10.20%;评论数为0的微博中,账号粉丝数最多的有105万,粉丝数过100万的有14个,粉丝数超过10万的有207个,粉丝数超过1万的有871个,占比11.08%;评论数超过100的有188个,占比2.39%;转发超过100的有360个,占比4.58%。

个人认证微博发布的7860条微博中,转发和评论数都为0的有729条,占比9.27%;转发和评论数都在100条以上的有170条,占比2.16%。

(四)校园微博的传播效果分析

在5965条博文中,转发为0的有2691条,占比45.11%;评论为0的有

3910条，占比65.55%；转发为0的微博中，账号粉丝最多的有25万多，粉丝超过10万的有4个，粉丝过1万的有73个；评论为0的微博中，账号粉丝最多的有25万，粉丝超过10万的有8个，粉丝超过1万的有116个，占比1.94%。

校园微博所发布的5965条博文中，转发和评论都为0的有2249条，占比37.70%；转发和评论在100条及以上的有2条，占比0.03%。

（五）企业微博的传播效果分析

在3451条博文中，转发为0的有2021条，占比58.56%%；评论为0的有2395条，占比69.40条%；转发为0的微博中，账号粉丝最多的有25万多，粉丝超过10万的有4个，粉丝过1万的有73个；评论为0的微博中，账号粉丝最多的有24万，粉丝超过10万的有86个，粉丝超过1万的有479个，占比13.88%。

企业微博所发布的3451条博文中，转发和评论都为0的有1850条，占比53.61%；转发和评论在100条及以上的有28条，占比0.81%。

小结："中国梦"的传播效果分析

研究发现，政务微博和校园微博因采用重复叙事和循环论证的传播策略，在内容上更多地将"中国梦"与宏大的集体理想、民族的身份认同等较为抽象的概念相勾连，因而其传播的效果相对较弱；而媒体类及其他微博账号则因与民生、反腐败等具体的社会问题相勾连，赋予"中国梦"以更多的可感、可把握、可体验的具体内容而容易引发共鸣，故其传播力和微博用户的互动率较高。

七 研究发现："中国梦"宣传传播过程中的障碍与症结

通过上述研究，课题组发现，"中国梦"在微博传播中存在如下三个方面问题。

（一）"中国梦"的主流阐释和多维解构同时并存

主流话语积极建构"中国梦"的信息被淹没在无数解构"中国梦"或批评现实的信息中，从而导致官方话语的阐释力不足，传播力不足，传播效果被大大削弱。

第一,"中国梦"的主流阐释主要局限于集体性的维度。官方语境下的"中国梦"是民族复兴、国家富强抽象化了的代名词,亦是一种集体的身份认同。因而,官方主流话语的阐释是闭合式的,即以不同的视角阐释去论证、解读"中国梦"的合理性,在具体的描述中,这种合理性往往与社会上的正能量相联系。受这种观念的影响,官方主流话语对"中国梦"的表征是领导的讲话、崇高的向往、美好的事实、先进的典型、优秀的个案。

第二,"中国梦"的民间阐释主要局限于个人和民生的维度。民间舆论中的"中国梦"强调对个体的关注,其诉求为"中国梦"的具体、可感、可把握性,其解读是发散式的,即将"中国梦"这一内涵延伸出若干不同的话题,并跟社会上出现的一些负面现象进行捆绑,并据此进行解读和阐释。民间话语对"中国梦"的表征是健康的环境、廉政的官员、低廉的房价等。

(二)"中国梦"的叙事框架和传播策略急需落地

官方表达及其官方舆论界在"中国梦"的叙述中,强调了宏大、深远的框架,却因偏于抽象,偏离民生,受到诸多指责。这种虽有高远国家情怀却难接地气的状况,为曲解和误读提供了随意想象的空间。

官方表达及其官方舆论界在"中国梦"的叙事框架上,更多地采用了抽象和宏观的解读及传播方式,在具体的策略上则跟各种论坛、报告、宣讲和文章结合起来,带上了较为浓郁的纲领性、政治化标签。由于主流的阐释缺乏具体的、明确的、鲜活的内容,公众在解读时就自动以集体无意识的方式重新赋予了"中国梦"更多可观、可感、可体验的内容,"帮助"官方阐释实现了中国梦的"落地"。因此,由公众自下而上完成的对"中国梦"建构,往往是情绪化和任意性的。也因如此,凡是由党政微博发布的有关"中国梦"的领导人讲话、理论阐释等话题,往往缺乏阐释力和影响力,其引发的转发量、评论数都不高。相反,各种以社会矛盾作为由头对"中国梦"进行调侃、戏谑的误读和曲解的话题,反而具有很强的影响力。

根据对17万条微博的整理,转发量前五条的微博分别与国企领导雷人语录、火箭提拔、宪政、环境污染以及高房价有关(见表19)。

表19 转发量最高的前5条微博统计

单位：次，条

排序	博主	博文叙事框架	转发	评论
1	眼睛在说谎amy	"中国梦"不会抛弃弱者，但国企官员说"穷人生孩子是作孽"	22412	454
2	徐昕	湘潭副县长徐韬的"火箭提拔"实现了他的"中国梦"	8812	2626
3	韩志国	"中国梦，宪政梦"没有宪政，"中国梦"都是白日梦	7124	498
4	刘春	净化环境，限制收费权力是"中国梦"的一部分	5017	754
5	头条新闻	（引自党报）高房价吞噬"中国梦"，影响政权的合法性	4499	1850

注：N=174480。

（三）"中国梦"的宣传传播效果和公众认知出现错位

"中国梦"的出发点是建设性的，是强调正能量的词汇，中国梦允许多元的声音，但需要遵从中国自己的国情、特色、选择，而不能违背中国的实际，更不能将"中国梦"当做一个随意发挥、任意阐释的术语，需要有一定的边界。

从舆论的整体态势来看，与官方舆论场并存的"民族复兴之梦"相并列存在的解读中，最具有阐释力、传播力和影响力的当属"宪政梦"。《南方周末》新年献词风波之后，关于"宪政"的讨论一直持续不断，甚至其后续的影响带动了较强的"宪政"呼声，使"宪政"及"宪政梦"等关联词汇成为近6个月以来居高不下的高频词。其中，在加权之后"改革"、"政府"、"自由"、"宪政"等词的权重明显上升（见表20）。

表20 同时期社会化媒体传播中的高频词统计

排序	高频词 用词	词频 加权前（次）	加权后（次）	加权后的词频排序变化
1	民 主	5822	349245	2
2	改 革	4923	350127	1
3	社会主义	4008	319036	3
4	宪政梦	4007	179542	7
5	政 府	3729	263014	4
6	自 由	3247	208074	5
7	宪 政	3052	205620	6
8	权 力	1401	108968	8
9	权 利	994	86134	9
10	宪 法	896	60459	10

注：N=174480。

八 研究建议：提升"中国梦"宣传传播阐释力和影响力的对策建议

习近平总书记对"中国梦"的阐释是"民族复兴"的梦，是有别于西方资本主义道路的"人民幸福"的梦，是社会主义国家的"强国富民"之梦。官方学术界亦是沿着这样的思路对"中国梦"进行了阐释。

本研究针对上述第一个大问题，即"中国梦宣传传播过程中的障碍与症结"进行了对策性研究，提出以下意见和建议。

（一）打通集体和个人的区隔，探索"中国梦"的落地方式

官方话语在表述上宜寻找与民生热点问题的契合点，尽量将抽象的、宏大的叙事渗透到安居乐业、环境生态、廉政建设等民生事业中，避免官方叙事因强调"中国梦"的整体意义，而忽略对个体的重视。

"中国梦"一开始就被赋予了"集体化"的色彩，但在社会化媒体上却被公众曲解为一种与个人梦的对立，而官方在而后的表述中并未重视两者具有相辅相成的关系。离开了中国梦，个人梦毫无意义；离开了个人梦，中国梦是一个空洞的概念，如何将两者很好结合起来是当前最为重要的一个问题。如果官方话语在阐释中国梦的时候，在强调"宏大叙事"的同时，也注重对个体诉求的关照和对个人尊严的尊重，这样所带来的凝聚力就远远超过其离心力，从而使"中国梦"的阐释更具传播效果。

研究建议，实现中国梦"落地"的方法或可遵循三个层次：

第一个层次是作为宏观层面及集体身份的"中国梦"。这是民族复兴、国家富强的信念，有利于形成国家共识。在涉及中华民族集体荣誉的重大突破、重大事件（如"神十"飞天、"蛟龙"探海等）和涉外有冲突性的事件中（如南海争端、钓鱼岛问题等），可以体现出极强的凝聚力。

第二个层次是作为中观层面及"大民生"概念的"中国梦"。可与"更可靠的社会保障、更高水平的医疗卫生服务、更舒适的居住条件、更优美的环境"结合起来，与生态治理、廉政建设、教育公平、医疗保障、弱势群体等

话题勾连,从而实现"中国梦"的"民生化"转向。

第三个层次是作为微观层面及"个体化"概念的"中国梦"。可与个人通过"诚实劳动,合法经营"获得"更好的教育"、"更稳定的工作"、"更满意的收入"结合起来,充分实现对个体尊严的人性关照。

(二)提高主流平台的传播力,探索"中国梦"的传播路径

将党媒从业人员、特别是党政微博管理员的政治思想教育纳入重要的管理系统,重振主流媒体平台影响力,优化主流媒体平台传播力,提高主流平台在重大、重要事件中发声的价值建构能力。

社会化媒体的舆论建构与传播呈现去中心化、碎片化的特点,在研究中课题组发现,大量与"中国梦"相关的正能量信息在一次次的传播过程中被不断地衰减、曲解、误读。这就必然需要一个秩序的捍卫者、话题的引领者和共识的建构者。唯有如此,一切的传播才能真正体现出其对社会发展的建设意义。在今天的媒体生态下,也只有具有良好政治思想素养和受过很好专业训练的党媒(特别党政微博等新媒体)能够充任这一角色,担当这一重任。

根据课题组的跟踪研究发现:当下党政微博(尤其是政务微博)出现了两端极化的问题:一方面,优秀的党政微博如@上海发布和@平安北京等走在了前列,起到了很好的带头作用。但另一方面,大部分的党政微博成了没有思想和没有立场的传声筒。与此同时,部分表现不错的党政微博也存在着两个极端现象——这些微博不是在发布天气预报和交通信息就是在发布领导人的活动。因此,课题组建议相关主管部门迅速启动"全国党政微博管理员培训工程",以此切实加大微博管理员的政治修养和专业能力。只有培养一大批敢于发声、勇于表态、善于沟通的优秀微博管理员,才能在社会化媒体的博弈中,取得占领舆论制高点的优势。

(三)改善"中国梦"的阐释方式,探索"中国梦"的表达策略

鉴于民间舆论在解读"中国梦"时,往往持有某种先天存在的"对立情绪"和"逆反心理",官方的阐述风格可以在"贴近民心、顺应民意、改善民生"的指引下,积极采用"援引案例+适度批评+理性建构"的方式来实现

社会情绪的关照和正确舆论的引导。

同一话题、同一则事件，若从不同角度阐释，采用不同的叙事框架就会产生不同的效果。但是，认真回应社会迫切关注的焦点问题是一种态度，如何回应这些问题而不引起谩骂和指责则是一种方法。本研究通过大量微博样本的观察分析发现，在一些涉及如"拆迁"、"贪腐"、"暴力"等较为敏感的话题时，如果采用以下的叙事框架将会起到很好的效果：第一，将敏感问题和焦点问题进行适度批判性的回应，来表明官方的态度和诚意；第二，以带有行动、允诺或条件式的修辞来建构正能量，从而化解负面情绪。其基本框架可以概括为："援引案例＋适度批评＋理性建构"。比如，@人民日报发布的一条信息，引起了强烈的关注——

> "你好，明天"一审败诉，掩面而泣。今天，"上访妈妈"唐慧再次触动公众心弦。这是对一位母亲的同情，更是对公平正义的关切。中国梦的感召力，不仅在于国家的强大，更在于个体的幸福与尊严。唐妈妈的泪水，不该成为中国梦的痛点。期待公正审理，期待改革给力，让法治阳光温暖每一个人。安。

这条微博发布后，引发8881次转发，2739条评论。这则消息中就将"中国梦"跟"上访"和民生问题进行了捆绑，但却没有引发指责和批评，反而凝聚了不俗的正能量。这个正能量就是对个体的重视和关照，是"大爱在民间"的一种润物细无声的人文关怀。

（四）注重"平衡传播"的技巧，寻求"中国梦"的沟通效果

鉴于日益复杂的媒介生态，中国梦的传播要重视"平衡传播"技巧。要在实现主流媒体平台"正确引导"的基础上，让党政微博等新媒体学会运用海外和国外视角来进行一些重大问题、重大事件的传播，以期实现"中国梦"传播"侧面出击"和"包抄迂回"的独特引导效果。

2013年6月29日，韩国总统朴槿惠在清华大学演讲提到了"中国梦"和"韩国梦"。她说，韩国和中国正朝着"国民幸福"这一目标携手并行，"中国

梦"和"韩国梦"是一致的。这就为我国进一步确立并深入传播中国梦提供了极为难得的"平衡传播"切入点和传播时机：一个西方化很强且融入西方盟友的韩国新总统在中国演讲如此谈及"中国梦"和"韩国梦"的一致性，这可以为我国"补足"许多我们自己报道难以企及的东西。我国的主流媒体平台如果紧紧抓住时机，并强化这种让"中国梦"入耳、入心、入脑的话语。不但可以帮助矫正我国社会和世界舆论对"中国梦"的不当言论，甚至还可以大大反击对"中国梦"的恶意诋毁。遗憾的是，我国的主流媒体平台，特别是党政微博等新媒体在这方面的政治敏锐性、专业技巧性都太弱，没有抓住机会做好"平衡传播"的"大文章"。

课题组认为，即便没有韩国总统朴槿惠的来访，在"中国梦"的宣传传播工作中，也可以运用"平衡传播"方法——当"民间舆论场"出现"中国梦"诸多负面舆情动向时，就可以组织一些主流媒体，如传统媒体中广大民众相当喜欢的《环球时报》、《参考消息》和新媒体的《人民日报》微博、新华社微博等实施对海外著名人士（对中国持有好感的）的系列采访，以这样"平衡传播"方式，让他们表达和阐释"中国梦"的独特意义和作用，以此来"侧应"我国"中国梦"的理念，并达到平抑和消解民间舆论场对"中国梦"不良舆论的目的。

这样的"平衡传播"方式也可以在我国面临重大问题和重大事件事时加以更多地采用。

公 信 力

Public Trust in the Media

B.6 互联网政治的现实与未来[*]

王维佳[**]

摘　要： 从技术特点和抽象传播形态来看，互联网媒体的社会化使用似乎为人们提供了公共议题讨论和影响社会政治进程的平台。众多学者将赛博空间看作是与真实社会空间相分离，并能够重构真实社会空间的希望所在。这些判断的前提显然是互联网的舆论场在不加外力干涉的情况下，可以成为一个自由共享和平等参与的公共性平台。本文在梳理公共性政治内涵的基础上，针对几种有关互联网民主和公共性的肯定性论述展开剖析，并尝试讨论互联网空间政治的未来走向。

关键词： 公共性　互联网　网络民主　参与性　代表性

---

[*] 本文受清华大学文化传承创新基金 2012 年青年项目"中国新闻理论的创新与发展"的资助，课题号：2012WHQN013。

[**] 王维佳，博士，清华大学新闻与传播学院讲师，研究方向为传媒与当代中国文化政治、新闻史论与新闻教育、中国传播产业与知识劳工。清华大学研究生曹泽熙承担了本文的部分资料搜集工作。

随着社会化媒体的兴起，互联网当今越来越多地被运用为都市中产阶级意见表达的平台。为此，众多学人为其赋予了"公共领域"的美好想象：没有限制出入的门槛，没有权威的中央管理，没有身份背景的差异，没有信息自由交换的限制……与以往任何一种新的媒体形式出现时一样，传播技术的发展再一次被赋予了积极的政治内涵。众多学者开始从技术特点、媒体形态和运行方式等多个维度对互联网的公共性进行合法性辩护。这些论述构成了当前关于互联网的主流认识：首先，社会化媒体或曰"自媒体"是一个超越现实社会政治，并可以凭借其强大的舆论力量改造现实社会政治的公共讨论平台；其次，网络意见是相对于政府和主流媒体等精英统治话语的"公意"，它代表了民众的诉求，互联网言论的放开将带来整个社会的民主进步；最后，由于技术形式上能够提供假想的开放性，互联网还被看作打破真实社会各种地理和阶层边界、引领我们走向一个自由大同世界的有效工具。

现实情况是否真的如此？网络舆论空间的出现是不是复活了"公共领域"？"社会化媒体"能否成为塑造公共性政治的平台？我们是否正在依托新媒体技术走向一个互联互通的美好新世界？要想回答这些问题，我们首先要搞清楚的是公共性政治的内涵和构成要素，从而对现实中网络舆论场的政治意义提出一个审慎的、实际的，而不是抽象的判断。

一 公共性政治与传媒：思想内涵的解析

概括来说，人类社会对政治的理解不外乎有三种：一是官僚层级上的政治，二是权力支配的政治，三是现代的公共性政治。其中，公共性政治与现代民主理念的联系最为紧密，这是一个最富有理想色彩和积极意味的政治概念。在20世纪西方政治思想的发展中，以阿伦特（Hannah Arendt）和哈贝马斯（Jürgen Habermas）为代表的学者关于"公共性政治"和"公共领域"的论述构成了一个完整的思想谱系。在互联网的讨论中，对社会化媒体舆论场的各种肯定意见基本围绕着公共性政治的问题展开，为此我们有必要凭借对更加严谨的理论思考进行归纳，来搞清楚如何才能达成公共性政治。

首先来看阿伦特关于公共领域的论述。这些论述的一个重要思想背景是第二次世界大战中发生的种种悲剧。按照阿伦特的观察，悲剧产生的根源是西方社会内部的现代性危机和政治危机：资本主义的无限扩张和财富积累造就了一大群孤独、无根、与生活世界疏离并自觉是多余者的"群众"。他们充满物欲的激情，拼命追求物欲的满足，全然不顾公共的事务；他们与他人隔绝，也隔绝了使他们生活有意义的公共领域。这样的"乌合之众"成为了极权主义发生发展的重要土壤，而民主社会在经济危机与社会危机面前不堪一击，最终酿成了法西斯的悲剧。当时包括阿伦特在内的诸多知识分子都在考虑如何避免纳粹造成的悲剧重演，如何借助精神的力量激励公众的政治参与，在多元化的社会中达到一种"公共理性"。阿伦特通过对与"劳动－工作－行动"相对应的"私人领域－社会领域－公共领域"的划分，取代了以国家与社会二分为基础的政治分析框架。在这个意义上，公共性政治概念的提出，正是对欧洲传统自由主义市民社会理论的超越。这一点对于我们理解网络舆论至关重要。在阿伦特看来，劳动和工作基本属于"私"的领域，只有行动（action）是唯一不需要物质中介的人际相互交往的"公"的活动①。

阿伦特认为虽然公共领域是大众的汇集之处，但是存在于其中的人都处于不同的位置。只有从不同位置和方向对同一事物进行观察，以致使聚集在他周围的人们在多样性中看到了同一性时，公共领域才具有现实性。在现代商业社会，大众消费文化使政治性的公众蜕变为私人性的原子化个人与"散众"，公共领域也日渐被私人领域蚕食，作为人的本性的政治逐渐被劳动和工作以及消费和物质享受消解。公共性政治所要求的独立而多样化的视角，以及对公共事务的共同关心都在严重退化。

哈贝马斯的公共领域理论研究，基本上继承了阿伦特对近代社会领域兴起的批判。有所不同的是，哈贝马斯跳出了阿伦特的思想史架构，转而试图给予资产阶级的公共领域一个社会历史式的分析。在《公共领域的结构转型》一书中，哈贝马斯将他理解的"公共领域"视为特定的历史范畴，即是从18世纪至19世纪初英、法、德三国的历史语境来阐明的一个理想类型，指由具批判性的公众为主体的资产阶级公共领域。在哈贝马斯的公共领域中，作为私人

---

① 〔美〕汉娜·阿伦特：《人的条件》，王世雄等译，竺乾威校，上海人民出版社，1999。

的公众可以自由地集合、自由地表达他们的意见，通过对普遍利益问题展开讨论，形成公众舆论，并且和公共权力机关直接相抗衡①。哈贝马斯认为，晚期资本主义时期传媒的发展已逐渐背离了公共领域的精神。由于资本主义国家垄断政策和社会福利政策的大规模推行，私人事务和国家事务的界限不再清晰，出现了"社会国家化、国家社会化"的现象。而这种国家和社会的融合严重破坏了市民社会的结构，公共领域由此走向了崩溃，资本主义国家的公共性遭到了严重破坏和质疑②。在这种"再封建化"后的公共领域，公众"开放、平等、理性"的意见表达权利被巧妙地移花接木，民主制度仅仅剩下一个表征，而丧失实质，公共领域变为政治秀场和表演舞台。哈贝马斯由此断言，由于大众传媒被政治势力和私人利益操纵，公共领域的公共性消解了，变成了"再封建化"的"伪公共领域"。

综合以上理论阐释，对于什么是公共性政治，我们可以做一个简单的界定：当社会个体在独立思考的前提下，从不同的角度，有意识地、平等地参与共享的公共政治议题，并寻求一个正义的解决方案时，公共性政治就产生了。这里隐含了三个条件：首先是参与的可能性，这是传统自由主义要求的赋权问题，即有言论自由的参与权利；其次是参与的意愿，公民必须有意愿且积极地参与公共事务，否则再多的个体权利也无法防止专制；最后是参与的能力，公民必须有基本的独立思考能力，而且能够从"公共的善"而不是私利的角度提出公共问题的解决方案。在公共性政治中，这三个条件缺一不可，只有发言权利不但不一定达成公共性，而且可能因为缺少民主参与意愿或参与能力而产生政治冷漠症或政治狂热的反民主结果。

厘清了公共性政治的内涵，以及公共性政治与传媒之间的关系，我们再回到有关互联网舆论的讨论中来，对各种社会化媒体公共性的认定进行剖析和解释。

二　网络自由主义与市民社会观念

在互联网舆论场的肯定性论述中，最为重要和主导性的观点是自由主义以

---

① 〔德〕哈贝马斯：《公共领域的结构转型》，曹卫东等译，学林出版社，1999，第2页。
② 李佃来：《公共领域与生活世界——哈贝马斯市民社会理论研究》，人民出版社，2006。

及与其相关的市民社会理论。这种观念沿袭言论自由的一贯诉求,围绕个人权力的天然合法性展开讨论,对网络舆论基本持肯定性的态度。它的核心论断是互联网的发展极大地加强了民主化过程,通过网络赋权,市民社会可以成功地摆脱威权力量的控制。1995年,马克·斯劳卡(Mark Slouka)首次提出"网络民主"(Cyber Democracy)的概念,此后诸多学者相继视互联网为营造新的公共领域、构建市民社会和推进民主的重要手段,人们将由此进入"电子民主"的新时代。

欧洲自由主义传统当中非常重要的观点是国家和市民社会的二元论。这种观念源自欧洲历史上根深蒂固的日耳曼契约习俗。市民社会内部为了防止暴力和欺诈,建立了普遍的契约关系,而为了有一个独立的仲裁机构,市民社会整体上再与国家签订一个第二重契约,这就是所谓的双重契约理论。在这样的契约理论之下,国家是一个外在于市民社会的工具,市民社会的独立合法性被确认。当代的市民社会理论很大程度上沿袭了这种对国家与社会的二分处理,而随着技术的发展,互联网成了市民社会最核心的议论公共话题的场所和平台,成了印证市民社会存在和运作的现实证明,它自然要求自由权力的表达不受外力干涉。

在中国国内,市民社会的讨论实际上是与商业社会和企业家群体的崛起同步的。90年代初期开始,知识分子中就有很多相关的讨论。虽然这是全球复兴"市民社会"思潮的一部分,但在中国却蕴含着反思中国现代化道路选择,希望推动建立新的国家与社会关系,从而推动整个国家民主转型的政治意味。学界对中国市民社会的想象,历经农村基层民主选举制度的市民社会、恢复农民合作组织培育市民社会、通过城市居委会或业主委员会的维权行动来培育市民社会等模式和方案,最终,在网络空间培育中国式的市民社会成为"公共知识分子"们最重要选项。在一些学者看来,由于中国网民数量众多,同时各种兴趣团体和网络平台讨论活跃,作为舆论监督力量的互联网空间在现实生活中有一定的影响力,政府机关在舆论的压力下也不得不向网络低头,面向网络开放。① 在这些讨论中,互联网已经成为一个市民社会的舆论载体,成为通

---

① 杨帆:《网络空间作为建构中国市民社会的途径分析》,《东南大学学报(哲学社会科学版)》2010年第S2期。

向民主的重要途径，真实社会复杂的经济关系和阶层属性常常被简化成"政府权力机关"和"网民共同体"这相互对立的两端。在网络平台的公共议题讨论中，这种简单的政治理念经常调用"百姓"、"草根"、"当权者"、"精英"等模糊的词汇，发言者常以一种为民请愿的姿态表达对政策和制度的不满以及冷嘲热讽。在众多的网络空间政治表述中，政府权力这样一个工具性概念经常在无意识中被本质化为负面的力量，对社会问题的阐释大多是意识形态的伸张，而不是审慎求真的历史分析。例如，政府权力、政策和社会制度的改造在什么样的历史过程中发生，有哪些因素影响了当前国家和政党的面貌和倾向，这些问题几乎很少被讨论。近来，网络舆论中的简单政治思维也倒逼了官方的政治语汇变革，而这种观念，正是市民社会理念的明确体现，它已经成为互联网舆论中不可动摇的共识。特别是近年来微博所创造的微言论，因其语句短小、用词激烈而少论据说明，更是将这种政治逻辑发挥到了极致。

公共性政治的实现首先是个人参政能力的保障，哈贝马斯甚至因为议政能力的条件将"公共领域"的参与范围缩小到有教养的老式资产阶级。而对于民主参与和讨论的能力的忽视恰恰是传统自由权利说和市民社会理论对于网络舆论解释的一个非常大的盲点。在消费社会缺乏公共理性基础的舆论环境下，如何能够依靠网络的大众发言达成有价值的政治判断并付诸实施，这基本上是一个不被讨论的问题。因此，这套理念带来的只能是基于发言权利的相对主义，而没有对正义判断如何产生给出令人满意的答案。对这个问题，我们将在后面关于消费民粹主义的讨论中详细说明。

更重要的是，当自由主义观念将市民社会作为一个整体来处理时，已经大大忽视了其内部的复杂性，对于舆论来说，关键的就是发言机会和产生影响力的平等问题。现代意义上的民主，一定是以传播能力和政治身份平等为前提的，缺少了这个前提，连公民身份都成了问题，更不用说公共性了。然而，通过将赛博空间与真实社会空间进行理念上的切割，自由权利观念将网民看做是一个抽象而内部无差异的共同体，从而极易掩盖公共参与能力和机会的不平等问题。在网络社会中，不同身份地位的人发言的影响力差异巨大，这几乎是一个常识问题。以新浪微博为例，"大V"的影响力远远高于普通网民，一个消息被"大V"们转发，就能在网络上获得巨大的影响力，但是"大V"们的圈子极其狭小而具有封闭性：学者、媒体人、明星、企业管理者和律师是"大V"的主要组成人群。关于公共问题的讨论，他们往往能达成共识，而这种共识在网络上往往造成垄断性的影响，不但不具备公共性所要求的开放和平等，甚至带有派别宣传的影子：网络舆论领袖经常主动发起政治动员，试图影响现实政治政策，甚至推动政治体制改革，但是他们的民主和进步代表性却从来没有被认真而合理地说明过①。

网络自由主义的叙事方式往往是以媒体为中心，认为新的媒体形态的出现将导致社会逐步开放，走向进步、民主和自由——从近代报业的发展一直到互联网的普遍应用，这种进步主义的思考方式主导着我们的媒体史观。过于强调技术形态带来的变革而忽视政治、经济、社会文化的影响，则让这种叙事方式漏洞百出，其最关键的问题是将虚拟赛博空间与真实社会空间进行一种抽象的二元切割。面对网络舆论，我们更应该关注的是社会的变化，而不是技术的变化。

三 网络消费民粹主义

对互联网民主加以肯定的第二种主流观念是消费民粹主义。它强调通过自由选择的消费权利来消解传统的权威和正当性。因为已经脱离了对政治选择权的讨论，消费民粹主义相比自由主义更强调个人权利保障的消极一面。在这种观念中，政府和传统是"恶棍"，市场是"英雄"，只要开放市场打开言路，让各种各样的文化在市场当中自由流通，民主的权力就会自然获得。在新媒体的环境下，信息商品的极大丰富为我们展现了一个消费盛世，似乎为人们提供了无穷无尽的选择，可以充分满足他们的欲望和需求。按照消费民粹主义的理解，互联网容纳了不同品位和不同取向，相比传统媒体有更大的包容性，它摧毁了传统媒体的教化功能和权威性，赋予年轻人和亚文化群体更大的自主权，是社会进步的表现。

年轻化，这正是互联网带给当代都市社会文化的一种强烈冲击力。它承袭

---

① 王维佳、杨丽娟：《"吴英案"与微博知识分子的"党性"》，《开放时代》2012年第5期。

了商业电视节目、商业电影、流行音乐卡带和电子游戏盛行时的那种逃离正当教化束缚，充分展现感官刺激和自由意志的气质。在新媒体时代的大众社会中，对技术进步的追求演变为对体验新技术消费的狂热。年长者笨拙的动手能力和接触新信息的技术障碍使他们完败给自己的晚辈，以致他们中很多人主动放弃了自己的文化自信和权威。在这个过程中，与启蒙精神格格不入的相对主义消费文化却往往被披上时代进步的外衣，这实在是一种讽刺。这种新媒体消费文化所催生的年轻化到底意味着时代的发展进步，还是消费能力代替和排挤了社会经验和政治判断力，让公众文化日益平庸化和单向度化，这是一个必须认真回答的问题。在欧美社会，这种消费文化的大规模兴盛在二战之后就已经出现，但是无论是什么样的媒体形式都没有当今互联网所催生的"全媒体"娱乐那么包罗万象和生机勃勃。从网络游戏到流行音乐、通俗阅读、影视作品、综艺节目直到人际交流，互联网的空间几乎提供了当前都市年轻一代的所有信息消费需求，对于这一代新媒体的使用者来说，互联网就是他们的生活空间。

有学者曾做过实证研究，结果发现网民们最关注的网络信息依次是生活、娱乐、社会、健康和时尚，而倒数前六的依次是中央政府、地方政府、科技、法律、军事和国际热点①。不难看出，网络虽然拓宽了人们了解时政甚至参与时政的渠道，但网民关注的焦点并不在这方面。吊诡的是，在同一个调查中，人们大多认同互联网让自己拥有了更多的话语权，并认为互联网提高了自己参与政治的热情。但经常参与互联网上有关各种政治事件讨论、参与由互联网论坛发起组织的游行、抗议、抵制活动的人并不是网民群体中的多数②。由此可见，虽然网络在很大程度上给予了人们参与政治的可能性，但由于消费社会的形成和去中心化的影响，人们的参与能力并没有随着参与可能性的提高而得到相应的提高③，且不说那些直接以视听体验快感为诉求的商业网站，即使是社交媒体上所提供的内容也同样让消费娱乐信息占据了主流。众多研究已经揭

---

① 谢新洲等：《中国网民的网络讨论行为分析》，《新闻与传播评论》，武汉出版社，2009。
② 谢新洲等：《中国网民的网络讨论行为分析》，《新闻与传播评论》，武汉出版社，2009。
③ 同时应当注意网络公共性讨论参与可能性也并不一定有很大提高，基于许多实证研究及统计数据，网民的主要群体还是来自于城市中有一定经济能力的人群。

示,所谓的网络公众议政平台上的讨论,其实绝大部分也不是公共话题,而是明星趣闻和娱乐八卦,而少数的公共议题又被意见高度一致,阶层背景和政治目标高度一致的群体所把持,在这个意义上,今天的互联网政治到底是复活了开放互动的公共空间,还是压抑了民主和公共讨论,恐怕还需重新讨论。

另外,从社会生活意义上来看,新媒体消费看似无限的选择权塑造了一种平等、舒适、安逸的假象。当年轻人,尤其是家境并不富裕的年轻人,开始面对工作和生活压力时,这种布尔迪厄所说的"文化游戏"便难以为继。作为"新穷人"的他们会发现自己已经无法做出对个人社会处境的复杂分析,终日重复的无聊劳动又那么令人烦扰。正如布洛赫所言:"千万条道路中却没有道路,千万个目的中却没有目的"。难怪美国流行歌手钱妞2012年的新歌"年轻时就死"(Die Young)在十几岁的孩子中如此流行。对于这一群年轻人来说,要么持续地在这个幻觉般的网络消费空间生存,要么干脆拒绝生存。他们已经无法解释社会,也懒得解释社会,更别说做出什么有意义的政治参与和抵抗了。

总之,互联网极大丰富的多样化消费选择,让面向大众的教化和严肃的公共信息传播变得越来越困难。在这个意义上,它在反主流的同时,也是反公共和反民主的。大众的偏好莫名其妙地获得了一个无与伦比的合法性。如前文所述,阿伦特在论述公共性问题时,主要针对的就是"二战"前中产阶级被消费文化埋葬,丧失了政治判断力。在这个意义上,消费民粹主义非但不带来民主,而很可能通过对公众议政能力的消解带来反民主的集权状况。

在互联网的史前时代,大众媒体,尤其是新闻媒体,除了获取注意力和利润之外,尚且由于其固定的机构、成规模的生产和稳定的职业群体而不得不保留一些专业主义的伦理规范。然而到了网络消费文化崛起之后,传统媒体福特式的信息生产模式逐渐被淘汰。在这一过程中,原来起到一定约束作用的媒体从业道德迅速衰落了,而商业媒体中那些负面的东西,如炒作话题、简单定性、追求刺激和轰动效应的市场逻辑则越发膨胀。网络传播时代各个群体对任何一个社会话题的讨论都很难逃离依靠宣传手段来聚拢人气的方式,这种状况不仅对文化、艺术、教育和科学研究等领域造成了非常负面的影响,让这些原本引领社会进步的知识精英越发浮躁和媚俗,而且将关切公众利益的政治议题也统统消费化和媒体化了。由此，各种简单粗暴的、示威性的言论在网络空间大行其道，公共讨论的空间不仅浅薄化和单一化，甚至有时已经有了黑社会拉帮结派和党同伐异的倾向。各种试图在网络空间中尽情表演、浑水摸鱼、一夜成名的舆论明星层出不穷。他们往往号称"公共知识分子"并"代表草根发言"，而实则无异于一个个以浅薄言论换取注意力资源的跳梁小丑。在这种媒体环境下，那种所谓言论自由市场中真理必然胜出的天真言论更像是一个颇具讽刺意味的玩笑话了。

四 互联互通的美好新世界？

19世纪中期，法国一位典型的启蒙派学者舍瓦利耶（M. Chevalier）曾经这样阐述当时迅速崛起的交通和传播技术："民主问题是一个依赖技术与工业发展的可变量……交通不仅缩短了人与人之间的距离，而且减小了阶级之间的差距。因此，改善交通必定是'制造平等和实行民主'。"[①]

可以想见，在工业革命的亢奋状态下，将平等和民主问题与新传播技术的发展勾连在一起的声音绝不在少数，但是像舍瓦利耶这样认为新技术会自然带来平等、民主，甚至阶级消除的言论还是多少有些震颤人心。然而，令人遗憾的是，19世纪中后期的历史并没有像这位圣西门追随者所预想的那样发展。尤其是世纪之交的年代，我们见证的是巨型垄断公司的崛起、资本对社会和文化的强力支配、金融与军事力量的迅速膨胀和市民社会公共领域的萎缩，所有这些对平等和民主不利的结果恰恰都是以新传播技术的发展为条件的。最终，在20世纪的前半期，我们看到了几个国际经济领域霸权争夺者之间的血战和一场人民的灾难，两次工业革命时期的雄心壮志变成了"西方文明的衰落"和一派号称客观、实证的保守知识景象。

历史喜欢重演，冷战的结束和全球市场的拓展让人们迅速忘记了20世纪所经历的一切。如今，美国的知识界又冒出一位敢说大话的媒体宠儿，这位叫

---

① 转引自〔法〕阿芒·马特拉《传播的世界化》，朱振明译，中国传媒大学出版社，2007，第26页。

托马斯·弗里德曼（T. Friedman）的评论家试图为还没有展开面貌的21世纪写一本"未来简史"，题目就叫做《世界是平的》。在书中，他列举了"碾平世界的10大动力"，几乎其中所有的"动力"都与新媒体传播技术直接相关。在这些动力的推动下，舍瓦利耶在19世纪所设想的美好新世界图景又原画复现了。更重要的是，弗里德曼先生的大著在短时间内成为世界各国，尤其是很多发展中国家的畅销书，他书中的精彩故事和清晰论述折服了亿万读者。

《世界是平的》以及其他乐此不疲地鼓噪传播技术和全球化的论述能够如此流行，绝不是偶然的。它说明当今的都市中产阶级正在无意识地重温19世纪进步主义的梦想。此时，如果将他们拉回20世纪历史的放映间，敲打他们的美好理想，不仅显得过于残酷，而且很有可能得到充耳不闻、视而不见的传播效果。

我们在此放弃耸人听闻的预言，不暗示任何历史可能发生的结果，不去做弗里德曼言论的反面，只是希望能够挖掘这种技术决定未来的分析思路的逻辑和盲点是什么，希望以此为基础对互联网时代做出一些更为稳妥和审慎的判断。

首先我们想审视这个"未来"的概念，互联网像许多其他新技术一样，甫一出现就立刻被贴上"未来"的标签。但是，为什么会有"未来"？谁需要有"未来"？欧洲的启蒙现代性经过几百年的发展，它的核心要素就是"未来"比"现在"好的时间概念和不断积累、增长、进步的概念。到今天，这已经成为知识分子们呼吸的空气，怀疑"未来"的问题可能显得非常怪异。

20世纪50年代，罗兰·巴特（R. Barthes）在分析神话学的时候，曾将资产阶级当作"匿名社会"来谈论。他的意思是一个特殊利益披上了普遍利益的外衣而又不被察觉。这正是葛兰西所说的"文化霸权"的直接内涵。在互联网和全球化带来"平的世界"这套说辞的背后，也有两个相互关联的"匿名社会"，一个是资本力量，一个是国际政治霸权力量。资本的力量需要投资"未来"，"未来"是被资本许诺永远不会最终交割的巨大信用。在一个资本所组织起的社会关系中，每一个本不需要什么"未来"的普通百姓都被迫在"未来"上下注，却又都在战争和经济危机的赌局终盘上破产。新技术是"未来"的化身，必须将它神话才有"未来"。于是，资本不断裹挟人们的获利期待在每一代新技术上下注，鼓噪每一代新技术的发展将带来革命性变化。在传播领域，从铁路、航运、海底电缆、无线电报、电话再到今天的互联网，新媒体技术不仅本身成为资本投机的噱头，而且承担着支撑"未来"的重要使命。

在对互联网等新媒体的讨论中，将这些技术看作是自生自发的进步力量是一种普遍观念。但是如果没有资本力量的主导，这种转型几乎是不可想象的。举一个具体的例子，如果不是互联网企业拥有巨大的吸金能力，能够以高额的资金搭建基础设施和吸引人才，那么报纸等传统媒体是不会简单地因为一个新传播技术的出现而丧失人才、丢失广告，进而走向衰亡的。所以这种媒体转型的过程中，起到关键作用的不是技术，而是资本。换句话说，技术的"未来"是资本的许诺和施舍。也正因为如此，至少在资本主义迄今的历史上，技术的发展还没能超越资本力量的控制，真正"社会化"的技术从未获得有效发展。如今的互联网企业，拥有巨大的资源聚拢能力，不仅逐渐垄断信息内容的生产，而且横跨网络金融和数据业务咨询等多个行业：一方面，凭借技术优势，很多互联网企业本身就已经成为一个金融投资集团，他们的政治经济操纵能力极强；另一方面，互联网企业所掌握的海量数据由社会个体行为汇总而成，为实施商业监控和政治监控提供了最便利的条件。以美国国家安全局（NSA）与互联网企业的合作为例，这个政府机构每年用于谷歌（Google）和微软（Microsoft）等高科技公司收集信息项目的资金就近3亿美元，它向我们展示了信息产业领域的跨国集团和美国军政力量之间的紧密关系[1]。

这个现象引出了我们所说的第二个"匿名社会"，就是以主权国家为依托的国际霸权力量。任何互联互通的自由沟通都需要有个统一的技术标准，没有这个标准，只能是封建割据的状态，不可能发生畅通的传播活动和资本的大规模积累。在19世纪，这种技术标准可能是铁路轨道之间的距离，在20世纪则

---

[1] http://www.washingtonpost.com/world/national-security/black-budget-summary-details-us-spy-networks-successes-failures-and-objectives/2013/08/29/7e57bb78-10ab-11e3-8cdd-bcdc09410972_story_4.html，2013年9月3日。

可能是电报电话和互联网的通信标准。在当今国际社会，谁掌握了关键传播技术的标准，并用强大的知识产权法律体系加以保护，谁就掌握了支配力，谁就能成为国际体系的核心力量，谁也就自然会不遗余力地倡导打破国家壁垒、促进信息自由流动和自由贸易。因为在这个自由传播的游戏中，标准制定者总是最容易获益的一方。我们将这种制定标准的"匿名社会"称作国际政治中的霸权力量。如今，对网络自由的倡导和推崇最为卖力的当然是在互联网技术上占有绝对领先优势，能够制定最重要的技术标准，并掌握最多终端服务器的国家——美国。

但是，我们特别想要提醒的是，这种技术霸权并不稳定。随着资本和技术从发达国家逐渐流向发展中国家，国际政治中的新兴力量随时会崛起。这就像17~20世纪，国际霸权从荷兰到英格兰再到美国的转移，标准的制定者可能因为国力的衰弱而让渡权力。在19世纪晚期，各个主要工业化国家都试图在第三世界推广自己版本的铁路、通信等技术标准，这个过程与对殖民地的争夺和传播网络的争夺同步展开，而20世纪初期的两次世界大战，很大程度上就是欧洲内部各主权国家间争夺霸权席位的激烈化表现。当我们谈论互联网所容纳的多样化表达和充分互动的时候，如果脱离开这个背后的技术标准问题，以及掌握技术标准的"匿名社会"问题，那就只能是"不识庐山真面目"了。更有甚者，第三世界国家中很多知识分子打着所谓冲破主权壁垒、倡导互联网言论自由和争取民主平等的口号，实际上却很可能是助长了霸权力量的反民主和反平等的技术支配权力。

统一的技术标准、强大的知识产权保护和垄断资本的推动力量，这些因素都决定了互联网这种新媒体天生就不带有自治和多样化的基因。而正像前文所述，那些将互联网言论平台看作开放平等的市民社会议政平台，认为网络消费空间带来自由意志解放和更多公众权利的观点，必须建立在一种赛博空间与社会空间的二分法之上，即必须将网络空间的政治讨论与真实社会空间中的文化状态、阶层分化等问题隔绝开来。可是没有哪个网民不是带着真实社会身份和真实社会建构的文化意识进入赛博空间的，因此，这种抽象的分割显然无法成立。

因此，互联网政治有没有民主前景的问题，并不能在现有的技术条件和现有的社会文化中去讨论，否则我们永远无法跳出资本和政治霸权这两个"匿名社会"所设定的窠臼。要解决互联网民主的问题，必须发动社会力量从根本上改造技术形态和知识产权体系，创造一种"社会性技术"，一种充分自治的、没有支配结构的技术。与此同时，通过文化教化和对消费文化的对抗，改造社会的消极政治状态，重塑社会的公共性精神，并将这种精神带入赛博空间的公共讨论中。如果这两个条件遥不可及，我们就要重新讨论20世纪70年代的国际信息传播新秩序问题，以主权国家为基本单位，要求基于国家间平等的传播权力。总之，改造互联网政治的基础，是改造社会，而不是改造技术。

B.7 网络新闻从业者的工作常规

——以上海 A 网站为例

白红义*

摘　要：

互联网已经深刻地改变了新闻制作和发布的方式，它究竟为新闻业带来了什么？在互联网环境中成长起来的新闻业与传统新闻业有何区别？本文从新闻社会学中的重要概念新闻常规入手，通过对上海一家新闻网站日常新闻生产过程的参与式观察，描述和概括网络新闻从业者所运用的新闻常规，并将其置于与传统媒体新闻常规的比较视野下来看待。

关键词：

新闻生产　新闻常规　互联网　网络新闻从业者

互联网已经深刻地改变了新闻制作和发布的方式，不仅传统媒体在日常的新闻生产实践中必须吸纳互联网元素，而且一些完全以互联网为生产平台的网络媒体也已成为新闻场域中的新生力量。在互联网环境中成长起来的新闻业与传统新闻业有何区别？本文通过对位于上海的一家新闻网站的参与式观察，尝试从新闻常规（news routines）的角度来对上述问题做一解析。新闻常规是新闻从业者用来完成日常新闻工作的一系列模式化的、常规的、重复的实践和形式[①]。它指涉的是新闻从业者用来处理每天工作任务的习惯方式，在具体的新

---

* 白红义，复旦大学政治学流动站博士后，上海社会科学院新闻研究所助理研究员，研究方向为新闻社会学和政治传播。

① Shoemaker, P. J., & Reese, S. D. (1996). *Mediating the Message.* White Plains：Longman, p.105.

闻实践中包括寻找选题、新闻判断、联络消息来源、核实和查证信息、采访、写作等不同方面的内容。① 这些新闻常规其实就是日常新闻生产中隐藏着的规则,帮助新闻从业者有效地应对新闻工作的无序和不确定性。网络新闻的制作同样要受到新闻常规的规范和影响,同时它又因为互联网平台所具有的特点而与传统的新闻常规有所不同。

一 新闻生产中的常规

新闻报道虽然由记者个人写就,但从采访到见诸媒体还要经过新闻组织内一系列的工作流程。可以说,新闻既是一种个人产品,也是一种组织产品。这种组织性表现在新闻的采访、写作、编辑等生产流程必须经过新闻组织内部层层的把关与决策过程。相对于政府、公司、工厂等组织严密的机构,新闻组织的日常运作未必会有一套巨细无遗的规章制度,而更多依靠一种无形的组织文化。这种无形的组织文化常以新闻常规的形式隐秘存在,这些常规在新闻组织的日常运作中扮演着重要角色,因而新闻媒体甚至被认为是一种在新闻室内使用常规使工作顺利完成的正式组织。② 常规之所以重要是因为新闻工作每天面临大量的非预期性事件,为了应对和处理这些突发的例外事件,新闻组织只有把这些事件及其应对方式加以常规化才能应付新闻的突发特性。对于新闻从业者个体来说,新闻常规赋予他们一套既定的观念和程序以快速认识、分类和理解新闻事件;对于新闻组织来说,新闻常规确保其在有限时间内完成新闻生产,保障组织运作的有序性和稳定性。③ 媒体内部则通过采编流程、业务培训、奖惩机制、薪酬体系等各种规训手段使新闻从业者不断内化和重复这些做法,从而使新闻生产呈现较为稳定和一致的形态,制作出相对充分和可靠的新闻产品。④

---

① 张文强:《新闻工作者与媒体组织的互动》,秀威资讯科技股份有限公司,2009,第153页。
② Molotch, H., & Lester, M. (1974). "News as purpose behavior: On the strategic use of routine events, accidents, and scandals." *American Sociological Review*, 39 (1): 101–112.
③ Molotch, H., & Lester, M. (1974). "News as purpose behavior: On the strategic use of routine events, accidents, and scandals." *American Sociological Review*, 39 (1): 101–112.
④ 夏倩芳、王艳:《"风险规避"逻辑下的新闻报道常规——对国内媒体社会冲突性议题采编流程的分析》,《新闻与传播研究》2012年第4期。

20世纪70、80年代,新闻社会学的一批经典著作采用参与式观察、深度访谈等方法对新闻生产的过程进行了细致、全面的解剖,掀起第一波对新闻室的民族志研究浪潮,取得了不少的成果。其中美国社会学家塔克曼(Tuchman)率先使用了新闻常规这一概念,根据她的研究,在日常的新闻生产过程中,新闻组织为处理每日复杂的新闻事件会发展出许多工作常规(work routines),比如新闻网的设置、新闻时间的安排、新闻类型的划分以及新闻报道的方式等。① 虽然塔克曼率先引入了常规概念,但她的研究并不是从一个空白领域起步的,类似的将新闻生产的标准化、行业化的思想在此之前已经产生,只不过当时的研究者没有使用常规这个概念而已。在塔克曼的经典著作《做新闻》(Making News)之后,新闻社会学领域一系列关于新闻生产的研究也都集中讨论了新闻从业者如何构建这些新闻常规。② 近年来,一批欧美学者进入到不同网络媒体的新闻室进行参与式观察,开启第二波对新闻室的民族志研究。

这些研究最为关心的问题就是网络新闻的生产过程,新闻常规是学者们最为关注的一个问题。他们进入新闻室考察新闻常规、行业规范、专业认同等在网络环境下的变化,此类研究多以参与式观察及深度访谈的方式,了解新闻制作的惯例及决策过程。③ 新闻常规是隐藏在日常新闻生产过程中的"潜规则",具有隐而不彰的"默识"(tacit knowledge)意味,研究者只有通过亲身进入新闻生产的现实场域才能对其有所了解,参与式观察自然成为一种比较合适的研究方法,本文对网络新闻从业者工作常规的研究也遵从新闻社会学的这一传统。

本文所考察的 A 网站位于上海,笔者于 2012 年 10 月至 2013 年 8 月间在

---

① Tuchman, G. (1978). *Making news:A study in the construction of reality*. New York, London:The Free Press, pp. 15 – 63.
② 可参见笔者在《冲击与吸纳:互联网环境下的新闻常规》一文中的梳理,《现代传播》2013 年第 8 期。
③ 这一领域的研究可参见 Chris Paterson 与 David Domingo 合作编著的两本《制作网络新闻》。Chris Paterson, David Domingo (eds.), *Making Online News-Volume* 1:*The Ethnography of New Media Production*. New York:Peter Lang in 2008;David Domingo, Chris Paterson (eds.), *Making online news-Volume* 2:*Newsroom ethnographies in the second decade of internet journalism*. New York:Peter Lang in 2011.

这家网站进行了为期10个月的参与式观察。在此期间,笔者进入网站观察日常新闻的生产过程,除了参与每日的编辑部会议(包括全网采编人员的大会与时政频道的小会)外,还观察了网站总编辑、频道主编、编辑、记者的生产实践及其内部QQ群的业务讨论,并对网站的部分从业者进行深度访谈。虽然仅是基于一个网站的田野研究,但它所显示出的内容却具有相当的普遍性。这是因为:第一,这家网站是一个完全以互联网为生产和发布平台的新闻组织,这就意味着它所有的新闻常规都必须建基于网络平台之上;第二,这家网站是一个综合性的新闻网站,包括时政(国内和国际)、财经(公司、产业、金融)、文化、评论四大板块,每个版面分配有一至两个频道页,包括了硬新闻与软新闻两大基本的新闻类型,可以说网站的日常新闻生产具有相当的典型性;第三,网站的新闻从业者几乎全部来自传统媒体,当他们在一个不同于报纸、杂志的平台上从业时,既保留了在传统媒体从业时形成的若干习惯,又必须在新的互联网平台上形成和调适新的常规。需要指出的是,本文所指的网络新闻从业者主要指网站的编辑和记者两大类,他们的分工略有不同,但在网络新闻的生产过程中均居于核心的位置。

过去几年来,西方学者已经注意到随着互联网日渐嵌入新闻媒体的日常运作过程,新闻生产中的常规、模式与实践发生了许多变化,比如记者外出采集核实新闻的常规正在逐渐削弱、新闻组织越来越依赖于从互联网上寻找新闻素材、新闻从业者的角色越来越模糊、越来越强调记者的全能性以适应跨平台的融合新闻生产等[1]。笔者在另外一篇综述性的文章中,以消息来源、时间和路线三种基本的新闻常规为例,讨论了新闻常规在互联网环境下的变化,这些变化虽然对传统新闻组织的新闻常规构成了一定的挑战,但新闻常规仍具有强大的适应和吸纳能力,使这些变化没有从根本上颠覆原有的常规[2]。

---

[1] Mitchelstein, E., & Boczkowski, P. 2009. "Between tradition and change: A review of recent research on online news production." 10 (5): 562 – 586; Wallace, S. 2013. "The complexities of convergence: Multiskilled journalists working in BBC regional multimedia newsrooms." *International Communication Gazette*, 75: 99 – 117.

[2] 白红义:《冲击与吸纳:互联网环境下的新闻常规》,《现代传播》2013年第8期。

从笔者的田野观察来看，尽管 A 网站仍只是个刚刚起步的小网站，但其新闻的采集－编辑－发布的过程很快就步入正轨，整个新闻网站的新闻生产井然有序，这就表明其内部已经形成了一套臻于成熟的工作模式。此前，以塔克曼、费什曼（Fishman）等人为代表的第一波新闻室民族志研究已经证明，新闻组织的日常运作规律有其固有规范及仪式。网络新闻组织从本质上来说无法跳脱这一根本性的约束，但在实践过程中势必会形成适合网络生产平台特点的常规。从既有文献来看，新闻常规究竟包含哪些内容，新闻社会学者们并没有统一说法。本研究将重点从新闻来源、时间与节奏、新闻选择三种常规着手，结合传统媒体在上述三个方面形成的新闻常规，对比讨论 A 网站在制作网络新闻过程中新闻常规所发生的变化。

二　网络新闻的来源

在 A 网站，编辑和记者因为岗位分工的不同，工作模式也很不一致。编辑的工作内容主要包含三类：一项主要内容是转载其他媒体的报道；一项内容是编辑记者的稿件，然后将其上传到相应的频道页上；还有一项工作内容是在网站运营到半年多以后增加的，即编辑每日也要提供两篇整合类的稿件，但又不纯粹是信息类的整合，而是强调有一定的视角。记者的主要任务是提供本网站生产的稿件，这种稿件又以两种形式存在，一种就是所谓的整合稿，原创的比例相对较低，新闻的由头和内容多来自现有媒体的报道，只是由记者选择新的角度或叙述方式改写；另一种则是原创稿件，如果能刊发独家新闻自然最好，但在独家新闻已经难以实现的情况下，记者通过新的采访增加现有新闻报道的信息量，也能称得上是原创新闻。

不管是编辑还是记者，都面临一个新闻来源的问题：编辑要选择合适的新闻来转载，以便填充本网站的频道页面；记者则要寻找合适的选题进行整合或者进一步的采访报道。这就涉及新闻生产中新闻网络的问题。现实世界发生的事情如何转化为新闻关乎新闻组织如何设置新闻网、获取新闻来源的问题，塔克曼对此述之甚详。在塔克曼的研究中，现实社会被新闻组织分割成若干细格，新闻组织内部则设计出特定的"路线"（beat），配备专门的记者长久而定期地获取路线信息。① 在具体的新闻实践中，传统媒体的新闻网或以地域划分，比如国内诸多媒体在北京、上海、广州、成都等地设立的记者站；或以机构划分，比如时政记者中有的跑人大，有的跑市政府；或以话题划分，如环境、卫生。除了组织自设的新闻网络，还可利用通讯社、媒体合作联盟等形式扩大新闻来源，保证一定数量及质量的稳定供应。简要来说，传统媒体的新闻网络主要建基于科层组织及地域空间。但随着互联网技术的不断发展，网络也成为许多记者获取新闻线索的重要平台。2010 年的一份调查表明，2500 多位受访中国记者中超过六成的记者曾通过"从社交媒体上获取的新闻线索或采访对象"完成过选题报道。② 随着互联网作为新闻来源的重要性日趋凸显，还有传统媒体专门设置版面来刊发从互联网上搜寻到的新闻信息，比如《南方都市报》的网眼版就主要负责将原本在网上流传的事件信息"落地"，记者主动去一些热门的网络论坛寻找网络相关题材，然后去采访与事件相关的当事人或有关部门。③

在 A 网站，除了个别记者还偶尔利用此前工作过程中结识的同事、同行关系获得线索外，绝大部分的新闻来源都出自互联网。时政部记者 T 在来网站工作之前，曾在浙江杭州的一家都市报工作，他经常能从原来的同事那里获取一些来自浙江的新闻线索。在此之外，他还是主要依靠互联网来寻找新闻，如各大门户网站的新闻频道、网络论坛与社交网络，尤其是以微博为代表的社交网站。在很多热点事件中，当事人会通过个人微博发声，记者关注这些微博就可以尽快地撰写消息稿件。网站的总编辑、频道主编及各部门编辑也要向记者提供选题，他们的主要来源也都是互联网，区别就在于因各自负责的领域不同而搜寻不同类型的网站。比如总编辑经常会从国外媒体的网站上精选与中国有关的报道和评论，放到 QQ 群里，由各频道负责人认领并下派给翻译小组的实习生着手编译。时政频道的编辑则会关注一些政府部门、研究机构的网站，

---

① Tuchman, G. 1978. Making news: A study in the construction of reality. New York, London: The Free Press, p. 22.
② 美通社：《2010～2011 年中国记者社交媒体工作使用习惯调查报告》，取自：http://feel. prnasia. com/mediatips/2010_ survey. pdf。
③ 曾繁旭、周俊林、杨艾莉：《"报网互动栏目"的新闻产制与公共议题的生产》，《国际新闻界》2009 年第 10 期。

寻找合适的时政选题。除了寻找选题之外，网站编辑还承担着繁重的更新页面的任务，在原创稿件有限的情况下，他们要大量转载其他媒体的报道以提供稳定的文章数量。因此，基本上编辑只需坐在电脑前就能完成所有工作，他们的主要任务是通过改编让报道更加适合于网络以及加快信息的流通。而记者外出采访的机会也不多，只是在几次重大的新闻事件中曾派出记者，比如2013年3月全国两会、4月四川雅安地震、6月长三角地区H7N9疫情等。这样重大新闻的采访机会一般也只会派出资历较深的记者，而且人数也不会太多。在A网站，通常是记者T和X才能够获得这样的机会，他们在加入网站之前都在日报有过两三年的工作经历，其他见习记者则都是即将毕业的大学本科生或研究生。在此之外，网站日常的原创稿件主要是通过网络、电话进行采访，也只有这样，原创稿件的数量才能满足网站运营之初就定下的每小时更新一次头条和首页的规定。

三　网络新闻的时间

时间一直是影响新闻取舍的重要考量因素，但从未像现在这样受到新闻组织和新闻从业者的重视。即使是像报纸这样的有着明确截稿期限的平面媒体，为了获取更快速、多元的新闻信息，也会规定记者可以先于报纸在网络新闻平台发布实时新闻，而且要求实时新闻的发布要比其他网络新闻平台更为快速，以抢发独家新闻或者避免漏稿。对新闻网站来说，时间更是一个决定性的要素，新闻正在走向实时报道为主的阶段。

随着新闻生产平台的多样化以及一些更为复杂的内容管理系统的引入，记者制作新闻所需要的单位时间越来越短。尼格伦（Nygren）的调查表明，传统媒体的记者一天可以制作2～3条新闻，但是效率最高的网络记者可以达到一天5～10条稿件[1]。这充分证明，互联网及其他数字技术的应用大大提高了记者的生产效率，增加了新闻产品的数量。互联网在新闻生产过程中的运用一方

---

[1] Preston, P. 2009. *New News Nets：Media Routines in the 'Network Society'*, in Preston, P. 2009. *Making the News：Journalism and News Cultures in Europe*. Routledge, p. 66.

面提高了记者的生产效率，另一方面则导致新闻组织强化了对记者工作绩效的考核力度。A网站记者的基本工作量是3~4篇稿件，其中要求至少1篇是经过采访核实、写作精良的原创稿件，而剩余的也要求是经过记者精心选择角度、充分搜集信息的整合稿件。记者完成工作的单位时间比以往被压缩了很多，在网络环境下从事新闻生产，必须面对时效性所带来的压力。新闻的工作节奏明显加快，不可避免地卷入了速度与时间的竞赛。这场信息传播速度的竞赛不仅发生在传统媒体之间，也是传统媒体与网络媒体之间的竞争，从更大范围来看，还是一场不同类型的媒体与为数众多的公民记者、自媒体、社交媒体竞争信息速度以证明其权威地位的过程。当速度与无止境的新闻更新成为网络新闻报道实践的主要原则时，网络新闻从业者的工作节奏明显加快，相应地，也要承受着较大的工作压力。

在A网站，根据岗位的不同，实际执行着三种不同的上班时间。第一类是网站总编辑与各频道的主编、社交媒体主编，他们每天早上的到岗时间是7点钟，因为网站刚刚投入运营，每天早上要开会总结前一天网站的运营情况，管理层需要讨论大量事务；第二类是各频道的编辑，一般会在7点30分左右到岗，他们要在这段时间里浏览其他网站的页面，选择适合转载的内容进行转载，还有寻找适合记者操作的线索；第三类是各部门的正式记者、见习记者与实习记者，他们可在早上8点到岗。从上述的时间节点来看，网站新闻工作者的上班时间明显要早于每天出报的日报。即使是记者的上班时间，也比上海一般白领的上班时间9点钟提早一些。这样做的原因在于，频道主编以及各部门编辑可以在早上9点之前就完成网站当日第一轮的内容更新，尽管此时的内容主要是来自其他媒体的转载，但如果转发的时间足够早，这些内容同样可以带来一定的流量。国外学者的研究已经表明，用户访问新闻网站的时间通常是在其白天上班以后，这种现象被形容为"工作中的新闻"（new-at-work）[1]。从A网站的实际运营来看，通常上午是用户访问较多的时段，下午2点以后访问量逐渐走低，到下班以后就更是乏人点击了。网站出于对流量和点击率的追

---

[1] Boczkowski, P. 2010. *News at work: Imitation in an age of information abundance.* Chicago: University of Chicago Press.

求,也会倾向于将原创稿件安排在用户访问的黄金时期刊发。这就意味着,当早上9点30分开过选题会后,留给记者操作选题的时间并不是很充分。当新闻网站企图以此证明新闻组织的生存价值时,不仅让速度独断地主导了新闻价值的判准,也让媒体与新闻工作者在此过程中丧失对新闻选择的主体性。

这种对时间的过分强调也会带来一定的恶果。学者们已经发现,互联网时代的新闻业对速度和即时性的追求则衍生出一系列问题。首先,当对速度的追求演变为持续不断的"截稿时间"和新闻循环时,新闻常常以碎片化的形式呈现,使得公众难以知晓事件或议题的全貌,进而破坏了新闻业为公众提供全面和丰富信息的功能。其次,当新闻业对速度的竞争日益剧烈时,更可能引发对真实准确这一基本专业准则的放弃。在巨大的时间压力下,很多媒体很难坚持在短时间内核实信息。而在对速度的追求下,互联网信息流通的高速逻辑又必然混合着或催生了对"新奇"的强调。这些都使得记者往往在未加充分核实的前提下发布报道,有时甚至导致虚假报道。① 笔者在A网站进行田野研究期间,网站单篇点击率最高的报道是一篇对红十字会的批评报道,从网站的编辑后台显示,这篇报道已经有13万的点击率。但这篇报道存在着一定的事实问题,不但遭到了红十字会的反击,也引发了一些网友的批评。

四 网络新闻的选择

传统的新闻从业者根据个人经验以及对社会的认知来判断某个事件的新闻价值,某些被选择的事件之所以能够成为新闻,是因为它们符合了特定的组织标准和文化价值。但互联网出现后,这一状况发生了一定的变化,网上热门事件成为媒体新闻选择的新标准。网络热点往往意味着此事具有吸引网民注意的元素,这种网络热点通常具有相当的一致性。一项针对YouTube影片内容的研究就发现,越轻松的内容,点击率越高;那些不平衡、没引述消息来源、有意

---

① 李艳红:《重塑专业还是远离专业?——从认知维度解析网络新闻业的职业模式》,《新闻记者》2012年第12期。

见倾向的内容会较受欢迎①。区家麟对一家香港电台的新媒体部门的研究显示，从2010年12月至2011年3月的三个月的点击率报告中，34个最多人浏览的新闻故事里，14个与性或色情有关或者以色情的字眼包装，7个有暴力成分。除了色情暴力题材较受网站用户欢迎外，另一很受欢迎的题材类型可称之为"异常"类。这些"异常"故事不一定与色情暴力拉上关系，其中包含奇情或温情的故事，既少见又吸引，有时令人感动，也会给用户留下深刻印象②。此前的研究也还发现，网络新闻比传统新闻更具煽情取向（sensationalism）。在一个融合性的新闻组织中，网站往往比电视或报纸更具煽情的倾向，这是因为，尽管报纸或电视都会或多或少地受到来自发行或收视的压力，但网站则比这些媒体更经常和直接地受到点击率的压力，因为点击率的测量和呈现是如此的方便、便捷和准确③。网络新闻因而也被称为"点击率新闻"，即直接根据点击率来决定新闻内容④。

A网站作为一个商业取向的新闻网站，其运营的主要目的还是希望通过制作独具特色的网络新闻来盈利，网站的流量和点击率是必须纳入考量的关键指标。除了通过必要的技术手段导入流量外，新闻内容的选择也势必会受到用户反馈的影响。在A网站的国际新闻页面上，出现频率最多的是朝鲜新闻。这些朝鲜新闻部分由时政版面的编辑转载自韩国、日本等国媒体的中文网站，还有部分则是由网站请人直接从韩国媒体翻译和改写过来。之所以造成朝鲜新闻在网站国际新闻中独大的局面，恰是因为这种带有强烈的"黑"朝鲜风格的新闻往往会获得良好的点击率。网站内部戏称这种新闻为"无节操新闻"，一般会安排在星期五的下午。

还有一种提升点击率的方式就是追随网络热点，尤其是那些颇具争议性的

---

① Peer, L. & Ksiazek, T. B. 2011. "Youtube and the challenge to journalism". *Journalism Studies*, 12 (1): 45 - 63.
② 区家麟：《网络新闻再界定：市场导向下的新媒体变革》，《传播与社会学刊》2013年总第25期。
③ Singer Jane B. 2006. "Partnerships and Public Service: Normative Issues for Journalists in Converged Newsrooms." *Journal of Mass Media Ethics*, *Exploring Questions of Media Morality*, Volume 21, No. 1: 30 - 53.
④ 区家麟：《网络新闻再界定：市场导向下的新媒体变革》，《传播与社会学刊》2013年总第25期。

新闻话题。在关注此类事件时,网站一方面通过常规的新闻采访刊发动态稿件,及时更新事件的最新进展,比如在 H7N9 型禽流感疫情期间,网站不断更新和集纳最新消息,同时还派出记者前往杭州、南京等疫情严重的地区进行现场报道,记者亲身探访医院、菜场观察,并采访家属、医生等消息来源。另一方面,网站也通过新闻评论进行更有倾向性的意见表达,这一做法往往使网站自身陷入不同立场的网友的攻击,但客观上却会大幅地提升网站流量。在重庆北碚区委书记雷政富的淫秽视频丑闻中,大量媒体试图揭开视频中的女子赵红霞的面纱。一家广东媒体独家刊发了赵的大头照,在网络上引起了支持与反对两方的论辩。A 网站总编辑撰写了评论,旗帜鲜明地反对这种做法,带来了不错的流量。

总体而言,A 网站的新闻从业者陷入了一个有些两难的境地。这些来自传统媒体的从业者仍秉持着一些正统的新闻观念,希望提供真实、客观的硬新闻给用户。在最初的设想中,总编辑还希望记者能够每个月提供一篇调查性报道,记者 T 就曾被派去重庆,试图完成一篇揭示薄熙来下台之后重庆现状的报道。编辑也被要求提供专业的深度分析稿件。但在巨大的外部压力下,这些试图提供优质新闻的设想未能得到很好的贯彻。一方面是成本、精力和时间的约束,另一方面则是用户阅读兴趣的总体转向。在一个强调速度的液态社会里,新闻的主题发生变化,政治、经济等传统的硬新闻不受青睐。体现在点击率上,就是那些严肃的、正经的政治、国际新闻往往点击率较为惨淡,而一些耸动的新闻反倒备受欢迎。为了追求网站的流量和点击率,网站的新闻工作者也不得不向用户的兴趣屈服。

五 结语

从上述对 A 网站新闻从业者工作常规的描述可以发现,虽然已有大量研究证实,互联网多方面地颠覆了传统新闻业制作新闻的流程①。但塔克曼、费

---

① 曹洵、刘兢:《"采制分离"与"记者角色转型":当代西方网络新闻生产的新变化》,《新闻界》2011 年第 1 期。

什曼等人的经典研究所揭示出的新闻从业者的基本工作常规仍然具有强大的生命力，比如费什曼曾将传统新闻制作具体区分为四个基本步骤：侦测、选材、查证、组合，这一过程也基本适用于当前的网络媒体①。笔者在 A 网站的田野观察则表明，网络新闻工作者并不是在上述四个基本步骤中平均用力，而是受到网络的结构性制约有所区分，比如网络编辑大量的精力是花费在选材和组合之上，记者的重心则在于侦测到适合的新闻线索并及时写作，体现把关人角色的查证部分有放松之虞。

这种新闻实践的模式也是网络新闻业被认为偏离专业地位的主要原因之一。当前网络新闻业的主流仍是一种缺乏原创内容的"改编"、"复制"或"聚合"模式，在这种模式下，网络新闻从业者的主要工作内容是将其所附属的传统媒体或其他媒体的内容根据目的重新编辑和组合②。中国网络新闻从业者的工作形态也大体如此，这不单是中国相对特殊的新闻管理体制所决定的，也与互联网自身的发展有关。这就是为什么一些对不同国别网络新闻工作者的比较研究都发现，网络新闻工作者的主要工作内容不再是采访和写作，而是浏览网页、搜集资料、改写报道和处理邮件等③。

这样的工作内容反映到网络新闻从业者的工作常规上，就会有两个方向的变化：一个方向是传统新闻生产所形成的新闻常规继续在互联网环境下使用，只不过需进行程度不等的调适，既有新闻常规具有强大的吸纳能力以适应变换的环境；另一个方向就是完全基于互联网平台所形成的新的工作常规，比如通过社交网络所进行的新闻发布就是一种新兴的内容。从目前来看，网络新闻的发布分为"拉"和"推"两种方式。拉的方式是指网站根据受众定位，将他们需要的信息呈现出来，网民可以根据自身需要寻找感兴趣的新闻，符合小众化的需要，比如微博官方账号的运用。推的方式则主要体现为网站通过各种途径和手段主动推送新闻，比如最近颇为流行的微信公众账号。这两种方式都具

---

① Fishman, M.（1980）. *Manufacturing the news*. Texas：University of Texas Press, p. 16.
② 李艳红：《重塑专业还是远离专业？——从认知维度解析网络新闻业的职业模式》，《新闻记者》2012 年第 12 期。
③ 李艳红：《重塑专业还是远离专业？——从认知维度解析网络新闻业的职业模式》，《新闻记者》2012 年第 12 期。

有鲜明的互联网特征，由此还衍生出新的工作岗位：社交编辑。

本文从新闻常规的角度对互联网情境下的新闻工作进行了一个初步的探讨，这里所展示的新闻常规的变化并不是网络新闻的全部。由于网络新闻仍处在持续演变的过程之中，上述种种变化是好是坏也无法给出明确的判断。笔者在最后想强调的是，互联网时代的新闻业虽然在工作常规方面发生了些许变化，也会带来新闻在呈现方式上的创新。但这些变化不应偏离新闻业的本质：新闻业的主要角色仍然应该是在真假信息混杂的互联网环境中做负责任的信息提供者。传统新闻报道的核心特征"准确"、"客观"、"可靠"仍然是在互联网环境下建立用户忠诚和满足用户需要的最强因素。但笔者在A网站的田野观察发现，在巨大的盈利压力和时间约束下，网站新闻的制作有时无法遵从这一核心要素，A网站面临的境地不失为中国互联网新闻的缩影。但对当下的新闻工作来说，速度依然要让位于真实，这仍是互联网时代新闻运作不可逾越的底线。即使是互联网平台上的新闻，它的公共知识的本质不应有变。只有如此，新闻业的文化权威才能得以巩固，继续指引新闻工作者建构专业认同、知识和权力，维系自身的专业地位。

B.8
为读者提供思想的乐趣
——《东方早报》文化版调研报告

王侠 江海伦 周岩 刘鹏*

摘　要： 在当前传媒业的重大变革期，传统媒体的价值和报道方式面临严峻挑战的时刻，有必要检视一下既存的常规模式是否仍适应新的媒介环境，而《东方早报》文化版的实践为我们打开了另一种思路。为此，文汇新民联合报业集团新闻研究所组织了对《东方早报》文化版的调研，围绕《东方早报》文化版块定位、操作、风格等问题，进行了多方面的考察和思考。

关键词： 《东方早报》 文化版 价值 核心竞争力

新闻工作者不是向顾客出售内容，而是和受众建立一种关系，这种关系建立在价值观、判断能力、权威性、勇气、专业性以及对社群的忠诚之上。

——比尔·科瓦奇等：《新闻的十大基本原则》

在这个浮躁的时代，文化愈发没有安身之所，曾经承担开启民智、引领文化重任的文化新闻逐渐在娱乐浪潮中沉寂。冯骥才直言媒体版面"只有娱乐

---

* 王侠，博士，《新闻记者》杂志编辑，研究方向为新闻社会学和国际传播；江海伦，《新闻记者》杂志编辑，研究方向为新媒体；周岩，博士，《新闻记者》杂志主任编辑，研究方向为新闻理论和新闻史；刘鹏，博士，高级编辑，文新集团新闻研究所所长，《新闻记者》杂志主编，研究方向为新闻理论、新闻业务、中国新闻史。

版而没有文化版了,即使现有的文化版,大部分也都是政治效应的文化版,纯文化的信息特别少。"

但是《东方早报》从创刊之始就坚持着冷静、严肃的文化报道,致力于向读者提供思想的乐趣,在同类型报纸中独树一帜。十年的坚持使得它的特质凸显,并在政学商各界中拥有了一批较稳定的读者群。在一些读者看来,《东方早报》文化版已经成为一种品位的象征。有网友说:"在地铁里看《东方早报》是个有范儿的事,特别是周围的都在看免费广告报的八卦版,就你在看《东方早报》的文化版。"

在很多人看来,《东方早报》文化版有些"非主流",但在当前传媒业的重大变革期,传统媒体的价值和报道方式面临严峻挑战的时刻,有必要检视一下既存的常规模式是否仍适应新的媒介环境,而《东方早报》文化版的实践为我们打开了另一种思路。为此,文汇新民联合报业集团新闻研究所组织了对《东方早报》文化版的调研,围绕《东方早报》文化版定位、操作、风格等问题,进行了多方面的考察和思考。

【实践篇】思想,是一张报纸的灵魂

传统意义上,新闻是快销品,媒体都以资讯提供者自居,读者通过阅读新闻了解这个世界发生了什么,以及怎样发生的。因此,很多都市报的文化新闻都围绕事件、热点、卖点做文章,但《东方早报》文化版的定位却有些"偏离"。副主编赵阳说,东早文化版致力于通过自己的报道为读者提供思想的乐趣。

一 常规报道:注重突出文化内涵

在东早文化新闻部,记者条线大致分成三类,一类是偏人文的,再一类是偏艺术的,还有一类是偏娱乐的。其中,人文方面主要包括图书出版、学术活动等。在部主任何涛看来,无论是科研成果还是科学文化知识的传播,大学都是整个社会中比较前沿的一个窗口,因此东早会非常密切地关注大学这个重要的选题基地，报道各类校园文化活动，专访那些上海高校来做讲座的海内外重量级学者。

在艺术报道方面，东早自认为比较突出的特点是眼光较宽，不但关注上海本地的文艺活动，同时也不放过北京、南京等外地的优秀活动，甚至国际上的一些演出、展览也会以编译的形式来报道。

赵阳认为，文化新闻的功能是满足读者精神上的需求，每个人都需要有一个安放自己精神的家园，文化版通过推介优秀的著作、演出、展览、电影、音乐等，启发读者产生思考的动力。因此，文艺报道不能简单地报个消息，而要让读者看了以后能够"辨美丑、求真知"。比如《贝多芬第九交响曲》在上海演出时，《东方早报》会要求报道不能仅仅告诉读者一个简单的演出信息，而应从专业角度探讨"贝九"究竟好在什么地方，哪位演奏家能够最好地演绎它；报道一部电影，也应该把它好在什么地方，或者不好在哪里，给读者一个交代。

另外，即便是文艺演出，东早也要求记者尽量从人文价值方面切入报道。比如前不久台湾歌手胡德夫的演唱会，本来就是一场比较小众的演出，很多媒体只发了简讯，《东方早报》却用了两三版进行报道。因为在他们看来，胡德夫是台湾民歌运动的发起人，他的意义已经超越了一名歌手，因此要更加注意到人物背后所代表的人文价值。

由于对文化内涵的强调，所以对东早来讲，究竟什么样的题材属于文化报道，什么样的新闻应该纳入文化版，条线边界的意义已经不大了。有些题材只要能显示出文化的意味，能为读者带来对人生、对命运、对未来的思考，就应当纳入文化新闻的选题范围。比如物理学家丁肇中团队发现暗物质的新闻，按一般的新闻操作规则，这件事情怎么都轮不到文化部来报，要闻、国际新闻都能做。但如果换一种思路：搞高能物理、宇宙物理的人本身都是半个哲学家，丁肇中对宇宙问题有深邃的思考，发现暗物质这件事又是事关地球未来、人类命运，这个题材就很适合在文化版做了。

二 娱乐新闻：尴尬与探索

刚刚创刊时，《东方早报》有独立的娱乐新闻板块，但是在办报中发现，

为读者提供思想的乐趣

其实读者并不喜欢报纸上的娱乐新闻，如果要看，也会选择电视、网络媒体。因此，东早将缩减后的娱乐新闻纳入文化板块。但是文化板块中的娱乐新闻到底应该怎样办，至今也是困扰《东方早报》文化部的一个问题。

何涛坦承，现在《东方早报》娱乐条线记者力量不足，拼不过许多都市报纸。比如《南方都市报》有一批"狗仔队"，长年累月地盯明星，当然能够抓到很多"猛料"。另外，从《东方早报》文化版整体定位出发，也要求娱乐报道不能热衷于名人明星们的私生活、口水仗。像最近张艺谋有 7 个孩子的传闻、吴建豪参加跳水节目等，很多媒体觉得是抓人眼球的"猛料"，炒得沸沸扬扬，但《东方早报》却有意识地冷落这些"热门事件"。

对于《东方早报》的娱乐报道来说，更注重把报道视角对准娱乐明星的事业及作品上，并尽量从文化角度展开。比较典型的是对电影《一九四二》的报道。对这部热映电影，《东方早报》并没有特别关注导演冯小刚、电影演员和剧本等这些很直接的报道题材上，而是深度挖掘了那段历史，推出专题"温故·1942"，以时任重庆《大公报》总编辑王芸生的社评《看重庆，念中原》开篇，认真梳理了 1942 年河南大饥荒的历史境况，甚至探讨了《时代》周刊记者白修德在揭露大饥荒中所起的作用等问题。这样，电影本身只是一个新闻的由头，报道的核心则是对历史真相的探索。

由于要求在娱乐报道中找文化元素，把八卦新闻做得严肃、有深度，这常常使东早记者出去采访时显得与同行有些格格不入。记者蔡晓玮告诉我们，有一次去《隋唐演义》剧组探班，其他媒体记者都围着演员问怎么拍戏、冬天冷不冷等问题，而她听说著名评书演员单田芳也是《隋唐演义》的出品人之一，而且本人就在剧组里，是全剧的艺术总把关，她就一直盯着单田芳采访。其他媒体的娱记都非常讶异地看着她。

尽管已经有了一些成功探索，但是编辑部也清醒地认识到，以电影电视为代表的娱乐业远超过音乐、舞蹈、美术等的影响，是绝对的主流题材，但在把娱乐新闻中那些充斥着口水、利益纠葛的新闻都去除后，值得开拓并能做好的新闻并不是太多。我们访问的不少读者，也察觉了《东方早报》娱乐新闻的尴尬。有人批评东早娱乐新闻不够"贴肉"和"解渴"。东早的忠实读者、上海电视台专题部主任施喆建议，改变把娱乐新闻和文化新闻合在一起的做法，让文化的归文化,娱乐的归娱乐。

最近,《东方早报》进行了新的尝试,推出《中小片时代,中国电影投资如何不再撞大运?》和《音乐真人秀的2.0时代》两个专题报道,致力于探讨娱乐节目的资本运作、文化内涵以及发展态势,让读者看懂娱乐界。专题出来后读者反响不错,不过这类报道还是有些偏静态,如何以更加多元的方式实现娱乐报道的常规化操作,《东方早报》仍在探索中。

三 非主流题材:小题大做、冷题热作

复旦大学新闻学院陆晔教授说:《东方早报》文化版的一大特点,就是能在大众化和高品质之间保持不错的平衡——即便大众化的选题,也能在操作中体现出一贯的格调;即便报道热门话题时,也能保持一定张力的距离感,以及对热门文化现象的多角度呈现。而那些比较小众的偏学术的话题,则总是能从中凸显大众感兴趣的内容。

的确,翻看《东方早报》文化版,常常会看到一些其他报纸根本没有的报道,或者只发了一条简短的消息,但在《东方早报》上却被"小题大做",以整版甚至数版篇幅推出,成为文化版的重点、热点。这种"小题大做"、"冷题热作"的价值取向,使东早成为一份有个性的报纸,在这个浮躁、媚俗的媒介环境中,甚至显得有些孤傲。

比如2012年10月,英国史学大师埃里克·霍布斯鲍姆(E. Hobsbawm)逝世,《东方早报》文化版从头版开始连续用了三个整版来报道,主文是霍布斯鲍姆的历史观,另外选登了霍布斯鲍姆生前接受英国青年历史学家特里斯坦·亨特(Tristram Hunt)采访的对话。与这种"大手笔"报道不对称的是,很多读者可能连霍姆斯鲍姆这个名字都没听说过。对此,何涛解释说,"霍布斯鲍姆的书其实非常有意思,'年代系列'已经出了四本。读者一看这个人被放在封面上,会觉得他是有分量的,读了报道,可能会有兴趣再去看看他的书"。让好的学者、好的作品有机会从小众圈子走向大众,这是媒体的社会责任。

更具有典型性的是东早的建筑文化报道。建筑报道非常冷门,除了一些专

业期刊外，大众媒体很少关注这一题材。而《东方早报》很早之前就有记者专门报道建筑文化新闻，并逐渐得到了建筑师们的认同，他们也愿意通过东早这样的大众媒体来传播他们的声音。因此，2012年中国建筑师王澍获得普利兹克奖，《东方早报》做了详尽而深入的报道。

不过，作为一个比较冷门比较高端的专业领域，东早的建筑文化报道虽然尽量用比较通俗的语言为普通读者传播知识，但还是会有比较强的专业性。编辑部很清楚，这种稿件的读者群可能很小，但仍"执意"大篇幅报道它，是因为这种高端文化报道代表了文化版，乃至东早的趣味与价值取向，可以对读者起到一定的引领作用，对于整张报纸具有"标高"的意味。何涛说，这类报道即使只有1%的读者看也没关系，你就把它当成一个整版形象广告。

四　风格：极致化操作

对于东早文化版的办报风格，或许可以用"极致化操作"来概括。

所谓"极致化操作"，首先可以直观地表现为报道篇幅。从创刊开始，《东方早报》就给了文化版日出8个版的空间，在全国报纸中都是少见的。充裕的版面空间可以给重要选题充分展示。因此，东早文化版对看中的新闻选题从不零敲碎打，不做则已，要做就做足做透。比如最近系列纪录片《他们在岛屿写作》上映，东早文化版推出了4个整版的专题，专访纪录片导演林靖杰、陈传兴、陈怀恩、制片人廖美立等。在报道央视已故制片人陈虻《不要因为走得太远而忘记为什么出发》出版时，也是用了4个整版，因为版面充裕，甚至用了2个版选摘了该书部分内容。对于这组报道，资深传媒人石扉客感慨地说："吃早餐时，把这4个整版看完了。东早很用心，很难想象现在还有一分日报会用4个版来怀念一个5年前去世的电视人。"该书编者北京大学新闻传播学院徐泓教授在微博上说："谢谢东早在浮躁年代的这份文化价值坚守。"

从专业读者的赞叹也可以看出，"极致化操作"当然包括多角度、多侧面的大信息量轰炸，而更具本质意义的还是对信息品质的坚持。在编辑陈骥看来，文化版的好稿子，是那些能够发现问题、指出问题的报道，不但事实报道要准确，价值判断也应该是具有专业水准的，让专业人士看了也不会觉得离谱。比如电影《致青春》热映时,有家都市报做了8个版的专题,将80年代有关青春记忆一一罗列,但是很多读者评论说,看这8个版的专题,不如看《东方早报》记者写的一篇专业影评。之所以如此强调报道的专业性,东早认为,在微博等新媒体技术环境下,人人都可以发表自己的文化观感,这时候作为报纸,作为记者必须比普通读者更内行,要给读者提供有价值的思考,打开读者的眼界和思路,才能得到他们的认可。

另外,"极致化操作"还有一层含义,是指避开其他媒体惯常的报道方式,切入角度独到、独家,给读者新知识、新思想。比如2013年6月是作家乔治·奥威尔(George Orwell)110周年诞辰。这些年乔治·奥威尔是比较热门的人物,他100周年诞辰时也有不少媒体做过纪念专版了。那么《东方早报》再做这个专题,必须要有所超越。一般媒体操作类似选题时大多会以当天的纪念活动为主线,再采访一些研究专家等。在《东方早报》编辑部讨论会上,有记者提出,很多人对乔治·奥威尔有误解,给他贴上"反共"标签,其实奥威尔反对的是集权,而不是针对共产主义。由此,《东方早报》确定"被误读的乔治·奥威尔"为主线,从思想性、观念性的角度入手,重新还原乔治·奥威尔。除了刊登中外学者、英美两国观点不同的传记作家评论外,还将配发奥威尔的社交图谱、奥威尔未发表过的政论文章等。

【探索篇】报纸的价值与核心竞争力

在多种主客观条件下,《东方早报》的文化报道形成了自己的风格,既避免了同质化竞争,又保持着格调与品味。何涛形容说,"如果文化版是个人,我希望它温文尔雅,思想有深度,有眼光,心理比较健康、大大方方,应该是一个谦谦君子的形象。"东早文化版的实践中,究竟能给我们带来怎样的启示?又是靠什么机制来保持呢?

一 网络时代的报纸突围

在对《东方早报》文化版的编辑理念、风格、实践等方面进行调研的时候，我们深深感到其中蕴涵着一个值得思考的命题：网络时代的报纸如何突围？这是困扰全世界报人的命题，也构成了东早人在实践中不断思考、探索的行动背景。

网络时代，信息量越来越巨大，传播越来越迅速，这既是网络媒体的优势，也给受众带来诸多困扰。比如前不久美国发生波士顿爆炸案，绝大部分年轻受众是通过社交媒体了解爆炸案信息的。但是在这个过程中，社交媒体，甚至带动着像CNN这样的传统媒体，出现了很多不负责任的谣言、虚假报道。对此，《洛杉矶时报》发表评论说：这些谣言和虚假报道不禁让人开始怀念以前的"六点新闻"时代。那时候，信息的传播渠道不比现在丰富，人们每天都要等到晚上6点才能看到或者听到当天的新闻报道，可是至少上面的信息是相对可靠、语意完整的。

以深入、高品质的报道来对抗网络时代的碎片化阅读，是传统纸质媒体的价值所在，恐怕也是扬长避短的竞争优势所在。在《东方早报》看来，文化版要以长文章为主，为此有意压缩简讯的数量。虽然为了维护记者条线关系，完全没有简讯报道也不太可能，但那些四五百字的小消息或统发稿，大多被压缩成百余字的动态。

文章长了，又不能"掺水"，为了能有扎实、充分的采访，许多选题东早宁可在时效性上打折，也不匆忙地抢发那种扁平化的动态稿。比如《"真人秀2.0时代"》专题报道，记者前后采访了一个月；最近刊出的"移动照相馆"的报道，跟踪采访了半年多时间。

东早编辑越来越倾向于文化新闻可以适当地慢下来的观点，一则文化新闻，如果判断还有内容可以挖，不妨推迟一两天再发，否则报纸带给读者的只是资讯，而不是思考。报纸与网络媒体在时效性上完全没有可比性，更重要的是互联网时代不缺资讯，报纸如果再只提供资讯，那么前途必然渺茫。报纸的报道应"追寻文字的美，呈现复杂的真"。

东早文化版这种"慢新闻"的理念，与国外一批传媒人的倡议不谋而合。鉴于浮躁、碎片化的互联网文化影响越来越大，许多传媒人、专业知识分子提出"慢阅读运动"，就连最成功的互联网媒体大亨、《赫芬顿邮报》创办者阿里安娜·赫芬顿（Arianna Huffington）也说："这个世界有太多的数据，太多

151

的选择，太多的机会，太少的时间，这迫使我们认真考虑人生真正价值所在。于是，越来越多的人以及创新公司意识到，在各类程序之外，我们需要真正的生活。"

在《东方早报》主编邱兵看来，这实际上走的是"报纸杂志化"的路子。不但文化版有很重的分量，《东早》还陆续创办了《上海书评》、《东方艺术评论》等4个周刊，在相应的读者圈子里都受到很高的评价。邱兵透露，东早即将再推出两个周刊。他说，在网络媒体冲击下，在平面媒体中加重文化含量，也许是一种生存之道。"现在网络和传统媒体竞争，从提供信息的及时性来说，平面很难跟网络竞争。但是纸质媒体的优雅，它提供的那种快感，是网络媒体替代不了的。"报纸送到读者手中，可能一般的消息他都知道了，报纸的新闻价值就不大了，但是那些厚重的文化报道、《上海书评》等周刊却不会，他们甚至会留起来慢慢读。

但是，随之而来的另一个问题则是，杂志化后的报纸，读者群必然受到限制，带来曲高和寡的问题。华东师范大学传播学院雷启立教授注意到了《东方早报》这个特点，他评价说：《东方早报》一看就是办给那些有思想、爱思想、会思想的人看的，这批人数量不大，因此《东方早报》发行量肯定不会高；但是这批人会是聪明人，不是学究、书呆子，商业价值不会小，因此《东方早报》的广告额也不会小。

雷启立教授的推断在《东方早报》主编邱兵那里得到了印证。邱兵说：我们坚持的是大文化的概念，表面看做那么多文化版是纯投入，需要大量的资金和人力才能做好这些专刊以及大型文化报道。但实际上，它是整个经营活动的抓手，虽然可能没有直接吸附到广告，但从长远看对提升东早品牌价值是有很大帮助的。

当然，对于杂志化的办报方式，也有编辑记者表示需要警惕可能带来的一些负面效应。编辑徐峻怡说，把报纸做得跟杂志一样，阅读量实在是太大了，读起来有些费力。报纸还是要掌握点节奏，有一篇长文章，同时也应搭配好的短文章。记者石剑锋根据自己的采写经验提出，只要精心打磨，任何稿子都可以在六七千字内搞定，所有超过这个标准的稿子都是不正常的，很可能掺了"水分"。

二 尊重知识人的职业空间

一份报纸能否办好，人是关键。报纸的情怀和专业水准，折射出来的是办报人的眼光、学识及价值取向。东早文化版的优雅与厚重源自它凝聚了一批人文艺术专业知识背景、在各自领域都很有追求的"文艺青年"。邱兵介绍说，虽然大多数网络媒体没有采访资格，但是由于题材领域的开放，在财经、娱乐、体育新闻方面，网络媒体非常快，报纸根本无法与之竞争。而文化新闻却是网络的短板，因为好的文化新闻是有门槛的，文化记者编辑也是需要有点专业素养的，而网络就不一定做得到。这也就是为什么说，文化新闻是东早打造独特气场和气质的一个重要抓手。在东早文化部，曾有一位法语专业的翻译家，翻译了《追风筝的人》；还曾经有专门写相声评论的记者，写出流传一时的《世间已无侯耀文》；还有专门研究清史的记者……

我们发现，吸引这些有自己专业追求的文化记者的关键因素，是报社创造的宽松、宽容的文化氛围。

这些年来，随着媒体商业化的转型，绩效考核制度在许多媒体普遍施行，虽然起到了打破人浮于事的"大锅饭"的激励效应，但一些媒体过于苛刻、缺乏人文关怀的制度设计，也造成了"民工记者"现象。雷少华在其调研报告《中国新闻业界的愤世嫉俗心态》中批评说：市场化的"计件工资"制度迫使每一个人为了生活四处奔波，长期生活在缺人情的冰冷环境中；不平等带来的愤懑加上这种孤独感，就会摧毁采编人员心中最后一点人文情怀。在这一行业里，个人才智与能力不再重要；就像机器里面一颗不起眼的小螺丝，总有一大堆新螺丝在等待随时替换旧螺丝。一个记者辛苦工作所能得到的回报，也只是一份比同行稍微鼓一点的红包；试问几张纸币如何能与上级或同事的尊重、肯定和鼓励相比，如何能与社会的敬意相比？在媒体商业化的大潮下，"单位制"中曾有的物质与精神支柱逐渐崩溃，新闻工作者的理想与工作热情被一步步扭曲。

在东早这张市场化程度非常高的报社中，却塑造了一种尊重人才、爱护人才的职业环境。一些高水平的记者，就算写稿量不大，甚至一个月只写一两篇稿子，也不会有"末位淘汰"之忧。例如记者沈祎大量时间都花在参加各种文艺活动上，看演出、展览，听诗歌朗诵会，跟各类文化人交流，这样她的稿件就非常少。不过，一旦版面需要时，她总能拿到很到位的报道。比如李安获得奥斯卡奖那天，沈祎正好在台湾，准备与一位台北的影评人吃晚饭，接到编辑部电话后，当晚就发回了两篇报道，主题是"台湾影评人、电影工作者和李安好友等谈李安"，采访的都是和李安很熟悉、很有研究的人。

对优秀记者的尊重，还体现在对他们努力付出的回报上。最近，东早一位记者在重庆拿到了某件新闻的核心材料，虽然由于种种原因，报道最终没有刊发，但报社仍然奖励记者1万元。

由于东早实行劳务派遣、人事代理的用人制度，记者与报社的劳动关系比较松散，对于一些优秀记者采取了比较灵活的管理方式。比如一位财经记者嫁到美国定居后，报社仍然继续给她缴纳"五金"，支付稿酬。这也使这位记者始终保持了对报社的忠诚。"9·11"十周年的时候，她写回来的特别报道《最伟大的一代：10个纽约人的10年》，连美国本地媒体都转载了。邱兵认为，这些付出，其实和派记者去美国采访或外派驻站记者相比，还是很经济的。

尊重记者的同时，报社也倡导记者尊重、爱护自己的采访对象、作者。文化部要求记者在报道见报后，一定要把报纸寄给被采访对象，如果记者能够抽得出时间，最好亲自送过去，有时候还可以带一点小礼品，表达对他们的感谢和尊重，同他们建立良好持久的关系。而作为报社，则会在每年年底请长期联系的国际问题专家吃饭，给大家拜年，10年来从未中断过。艺术界的朋友是通过艺术评论组织的嘉年华活动聚在一起，每年两三次。《上海书评》则会请他们的作者到上图喝咖啡、办讲座。海外的像余英时这样的大家，东早会定期寄送茶叶，还会给上海一些老先生送大闸蟹。

邱兵说，这些形式多样的活动，关键是表达一种心意。我们有一个特别申请机制，记者请客吃饭，只要跟新闻生产有关，我们都批准。和知识分子打交道实际上花不了多少钱，他们最希望得到的是尊重，如果报纸连这些都做不到，那真是难以为继了。

在这种尊重知识、尊重人才的氛围下，东早不但与大量专家保持良好的关系,报社自己也培养出一些名记者。比如负责图书出版报道的首席文化记者石剑锋,已经是这个领域的佼佼者,陈昕、贺圣遂等出版界老总都非常认可他的报道。文化部也充分尊重他的专业眼光与判断,选择什么书做报道,基本上都是石剑锋自己说了算。石剑锋报道图书的标准也比较个人化:畅销书不做,一定得是自己看过觉得有价值,值得推荐给朋友去读的那些书。

专业名望无疑会帮助记者建立自我身份认同,对自己职业和所在单位的情感依附会加深。对媒体而言,名记者的培养也会对品牌提升事半功倍,读者对记者个人魅力的认同会转化为对其所在报纸的认知。"民工记者"只能生产那种最初级的、表面化的、可替代性最强的信息产品,而媒体品质的打造,必然要靠那些有深度、有力度,闪现着专业价值和个性色彩的报道。因此,进一步打造一批有专业名望与人格魅力的名记者、名专栏作家,让东早"群星闪耀时",才能说这张年轻报纸具备了国际竞争力。

【未来篇】城市文化符号与国际化竞争格局

2013年7月7日,《东方早报》迎来创刊十周年纪念日。在这里,我们也希望结合这个对东早局部现状的调研,探讨一下《东方早报》创刊十年来,究竟塑造了怎样的文化形象,体现了怎样的文化价值,未来面临怎样的竞争挑战,这样一些略显宏观的问题。

回顾近年来上海报业发展历程,我们发现一个值得探究的现象。从19世纪五六十年代直至改革开放之初,上海报业一直领全国风气之先。可是到新世纪初,中国报业发展进入巅峰期的时候,上海报业却出现发展缓慢、影响萎缩的态势,并且在2003年前后,受到文化界、新闻界的诸多批评。

比如《华西都市报》编委李鹏等撰文称:"上海报业以'竞争空缺'的形象摆在当代中国报业史上,不能不说是个遗憾,也是一个奇迹,其报业结构的单一,其低度竞争的市场,其封闭的办报理念,与其市场经济的培育程度以及其广电经营绩效极不对称。"

复旦大学新闻学院童兵教授接受人民网采访时说:"上海报业搞到现在,应当感到很惭愧,它缺乏一张有资格、有能力、有市场走向全国的报纸,一张没有！"

《文化蓝皮书（2003）》也认为：我国目前报业市场最发达的是京穗沪三地，其中上海止步不前，广州盛极而滞，北京方兴未艾。

流传更广的是《新京报》创始人程益中在报纸创刊大会上公然说："我去上海出差，住在与世界同步豪华的宾馆里，早晨在明亮安静的餐厅里喝咖啡吃牛油面包，遗憾的就是找不到一张可以看一眼的当地报纸。这不是一件小事情。这样的城市还敢说自己是国际化大都市吗？还敢说自己是世界的一员吗？报纸是城市的形象、门面和口碑！报纸办得不好，城市的形象就受损，城市的门面就难看，城市的口碑就不好，城市就显得畸形。报纸更是城市的灵魂，报纸办得难看，城市的心灵就不美好。"

正是在这时，《东方早报》破土而出。

经历十年打磨，通过一篇篇有影响力的报道，奠定了《东方早报》的"江湖地位"。今天的《东方早报》已经成为在全国新闻行业享有盛誉的新主流媒体。

华东师范大学传播学院雷启立教授评价说：《东方早报》是具有鲜明海派文化特质的一份报纸，成为上海这个国际化大都市文化形象的重要组成部分。

《东方早报》究竟体现了怎样的海派文化特质？

20世纪90年代初，有人总结了上海四大文化符号：余秋雨，陈逸飞；《新民晚报》，《故事会》。显然，《东方早报》传承的绝非海派文化传统中市民化、商业化的特质，而是更重于展现上海国际化大都市国际化视野、开阔胸怀的文化抱负。

针对《东方早报》文化板块，雷启立教授提出，如果把东早文化版比作一个人的话，他是一个有思想的聪明人，他能够在高雅和通俗之间，在官方和民众之间，在读书人与书呆子之间，找到一个平衡点，一个开阔的绿化带，然后比较从容地操作一些相对高端、小众的话题，并且还避免了过于尖端、高端、学究气的毛病。如果同北京的《新京报》、广州的《南方都市报》比较来看，《东方早报》的海派特征就更明显。比如《东方早报》和《新京报》一样，都有自由主义的倾向，但却不像《新京报》那样显得过于强烈、极端；《东方早报》也具有商业性，但是却不像《南方都市报》的"狗仔队"那样庸俗化。《东方早报》的文化板块有思想却并不张扬，时尚却不落入消费主义，这正是海派文化精明、灵活、优雅的特质。

当然，《东方早报》与上海城市形象、海派文化特质的关系梳理，仍是学者从理论视角的一种观察，从东早内部来说，则属于有意无意地追求，甚至未必每位东早人都认同。但毫无疑问的是，参与国际化的传媒竞争格局，与世界一流报纸同台展示中国媒体风采，已经成了东早人的职业理想和主动追求。

创刊伊始，邱兵就提出要办一张中国的《纽约时报》的理想。2008年东早《上海书评》创刊，也提出要像纽约的《纽约时报书评》，伦敦的《泰晤士报书评》一样，补上"上海书评"这个文化空白。文化板块中一个很特别的版面"逝者"，也是借鉴了《纽约时报》"讣闻"版的形态。我们还发现，文化版的记者编辑大多英文很好，他们每天的一项重要工作就是浏览国外网站，特别是《纽约时报》、《卫报》等国际知名媒体，从中寻找新闻线索……

从媒体竞争格局来看，这种国际化的视野和竞争态度，显然是必需的。

利用网络的传播优势，近年来越来越多的国际主流媒体开办了中文网站，比如华尔街日报中文网、金融时报中文网，以及纽约时报中文网等。它们以深厚的专业积淀以及更开阔的言论空间，吸引了国内受众。特别是金融时报中文网和纽约时报中文网，更多地涉及时事报道，对受众的吸引力更大。

随着报业发展境况日益窘迫，未来报业淘汰赛的对手绝不仅仅是同城都市媒体，而必将在更大的、国际化的舞台上展开。因此，《东方早报》已有的努力值得肯定，但更加严峻、更加残酷的未来才刚刚开始。

B.9
摇滚吧，新闻
——外国媒体在华新闻实践中微博的功能

张 展*

摘　要： 关于中国微博的发展和影响已经有很多的探讨和著述，尤其是关于它在公共领域的社会影响。一些研究也涉及微博所引发的公民新闻的讨论，但是，关于微博是如何改变在华外国媒体的新闻实践却少有论及。基于 2010~2012 年作者对三家主要外国报刊关于中国的新闻报道的内容分析，以及对超过 20 名常驻北京和上海的外国驻华记者和新闻助理的深度访谈，本文认为，微博已经成为一个服务于外国媒体在华新闻实践的全新新闻资源。本文将特别讨论，在大众媒体和公共传播仍受国家监管的环境下，微博参与新闻实践所提出的挑战，以及微博能否成为国际新闻报道中的一种客观、公正、平衡的新闻源。

关键词： 微博　外国驻华记者　国际新闻报道

一　引言

新传播技术的出现不可避免地对传统媒体提出挑战，尤其是在新闻报道与

---

* 张展，博士，就职于瑞士卢加诺大学（Università della Svizzera italiana）大学传播科学学院媒介与新闻研究院中国传媒观察研究中心。

制作这一领域（Deuze & Marjoribanks，2009），新的媒介技术将改变所有传统媒体的工作方式（Lievrouw，2002）。在我们这个网络结构的社会，互联网的集中性增长已经产生了许多有关新闻生产与消费的应用问题（Alqudsi-ghabra, Al-Bannai, T., & Al-Bahrani, 2011; Mitchelstein & Boczkowski, 2010）。很多研究者也已经讨论过网络新闻是否将替代或消灭印刷媒体（Ahlers, 2006; Althaus & Tewksbury, 2000; Dutta-Bergman, 2004; Gentzkow, 2007; Kaye & Johnson, 2003; Newell, Pilotta, & Thomas, 2008），网络是否可以提供一个平台，通过这个平台网络上的个人可以构建一个继立法、行政、司法、新闻媒体之后的"第五权力"（Dutton, 2009; Tewksbury & Rittenberg, 2009; Garett, 2009; Baum & Groeling, 2008），媒体的数字化是否已经影响了新闻事业的标准和实践（Deuze, 2003, 2005; Lewis, Kaufhold, & Lasorsa, 2010; Phillips et al., 2009; Philips, 2010），等等。

Twitter（推特），一个开始于 2006 年的微型博客服务，随着个人用户的不断增长，已经越来越多地加入新闻报道当中。近几年，很多学者已经从不同的视角分析过这个问题。例如：新闻实践（Lasorsa et al., 2012），可信度认知（Morris et al., 2012），新闻报道和新闻内容（Papacharissi & Oliveira, 2011; Hermida, 2010; Farhi, 2009; Burns, 2010）。Hermida 和 Burns 都建议用一种方式理解新闻工作和新闻记者是如何被数字媒体（如推特）影响的，因为新闻本身已经成为一种"包围式"的报道，它可以无处不在，片断化，同时需要读者与记者之间互动的集体尝试（Lasorsa et al., 2012）。中国类似推特的平台——于 2009 年正式推出的微博，已经成为近几年中国社交媒体平台发展中的一个不可忽视的现象，如同推特一样，微博对于在中国发生各种新闻实践也产生着不可忽视的影响。

Howard（2011）和 Papacharissi（2009）都曾谈及过，每当主流新闻媒体或其他传播媒介受到限制或信息被堵塞时，博客和微博便会迅速成长为重要的新闻传播者。在中国，这样一个媒体大环境仍然在某种程度上受监管的社会中，新的信息通信技术的发展扮演着一个非常重要的"代替性"信息资源的角色（Wu, Y., 2012）。说到推特和微博之间的区别，李开复——中国互联网行业著名人物之一曾说过，微博比推特更有效率，因为 140 个汉字可以比同样长短的英文容纳多五倍的信息量,"用户几乎能够用 140 个汉字发布一则新闻的摘要"(Kirkpatrick,2011)。新浪微博的发展速度同样惊人,截至 2012 年 12 月,新浪微博平台已拥有 5 亿多个账户和超过 4600 万的活跃用户,其账户数量比 2011 年增长了 74%(新浪微博,2013)。由此可见,在中国传统媒体仍然受限的媒介环境下,微博作为一个新兴社交网络和信息载体,鉴于它快速的发展与壮大,毫无疑问将对中国的新闻实践产生巨大的影响。

国内的学者们已经开展过一些关于微博在中国新闻报道的使用及影响方面的研究,如"微博语境下的公民新闻"(Zhang,2012;Peng,2010;Lu,2012;Lv,2011)。然而,在国际学术领域,关于微博的研究则大多关于微博的交互式传播在社会事件以及与政治相关的事件中所起到的功能(Xia,2010;Wang,2011;Wu,C.,2011;Gao,2012;Zhang & Negro,2012),鲜有国际学者关注微博对中国新闻领域所起的变化,与此同时,还没有学者着眼于微博对在华外国新闻制作(国际新闻)作用的研究。

国际新闻报道的增长,归因于国家与国家之间愈渐显著的政治与经济的依存关系。在国际新闻报道中,报道国报道其他国家的媒介议程是与该国和被报道国家之间的国际关系及外交政策相一致(Chang,1998;Dorogi,2001;Yu and Riffe,1988)。近些年,随着中国经济实力和政治力量的增长,中国已经受到越来越多的国际媒体报道(Peng,2004;Wilke & Achatzi,2011),这些外媒记者的报道活动某种程度上也受到中国媒介环境的影响。社交网络的出现,尤其是微博,不仅测试了政府对互联网自由信息流动的宽容度,更是为外国记者提供了接近中国公众的特殊通道,解决了这个一直以来困扰他们的难题。

考虑到微博对新闻报道的强大作用,本文旨在将微博与外媒新闻报道联系起来,填补这一领域的研究空白。综上所述,作者提出如下研究假设:

① 2010~2012 年,三家欧洲报纸有关中国的报道中对微博的关注显著增加;

② 这三家欧洲报纸在处理微博相关的新闻时,或多或少地关注相同的新闻话题;

③ 三家欧洲报纸在把微博当作一种新的新闻线索和引用为舆论观点的使

用上都有所增强，但由于每份报纸的编辑方针不同，对微博的利用还存在差异；

④ 微博已经成为外国驻华记者行之有效的信息搜集方式，尽管微博的可信度仍然存在疑问。

二　方法论

作者选择定量内容分析作为探索本文研究假设的主要方法。同时，作者还对一些在华的外国记者及新闻助理进行了深度访谈，其结果也可支持作者对这些研究假设的分析。

内容分析法可以简短地描述为对信息特征所作的系统的、客观的定量分析（Neuendorf，2002），它是大众传播研究在过去20年中增长速度最快的研究方法之一（Riffe & Freitag，1997；Yale & Gilly，1988）。至于研究新闻流动和新闻实践，许多研究者已将内容分析作为他们主要的研究方法。本研究旨在探索2010~2012年，三个欧洲重要国家（英国、法国和德国）的三家全国性精英报纸——《泰晤士报》、《费加罗报》和《南德意志报》在关于中国的新闻报道中对微博的关注，观察外国驻华记者在报道关于中国的新闻中微博的使用情况（无论是作为一种独一无二的新闻来源，还是作为一种获取针对某一社会事件的公共舆论的平台）是否能在欧洲的精英报界得以验证。

在研究中选择英国、法国和德国这三个国家是因为他们几乎主导着整个欧洲的报业市场；事实上，这三个国家的报纸销售量占欧盟报纸总销售量的60%（Papathanassopoulos，2001）。此外，本文所选择的三份报纸都是该国的全国性日报：在英国报纸中选择《泰晤士报》是因为该报是英国传统的高质量报纸（Spark，1999），每日发行量逾40万份①；在法国报纸中选择《费加罗报》是因为该报是法国现存发行最久的报纸，自第二次世界大战后声誉卓

---

① "ABCs：National daily newspaper circulation June 2012（自动广播控制系统：2012年6月国家日报报刊发行量）"，《卫报》（英国），2012年7月13日。http://www.guardian.co.uk/media/table/2012/jul/13/abcs-national-newspapers. 2012年7月19日恢复。

越，而且拥有大约 33.69 万份①的发行量；在德国报纸中选择《南德意志报》是因为它在德国是订阅量最大的日报，日发行量逾 44 万份，有超过 1100 万读者②。选择这三份报纸的另外一个原因是他们的全部报道内容均保存于 Factiva 数据库。

选择从 2010 年 1 月至 2012 年 12 月作为考察的时间段是为了能够对这三个欧洲媒体在报道中国的相关新闻时运用微博的动态有一个综合性概览。这一时间段的选择是基于这三年是微博在中国发展壮大的时间。总样本是通过在 Factiva 数据库进行关键词搜索归档得来。

基于新闻报道的数量和报道议题排行，作者对每种报纸在过去三年（特别是 2011 年和 2012 年）与微博有关的新闻议题进行比较计算，绘制出一个分类图。与微博相关的新闻报道数量和报道议题排行，从某种程度上显示了外媒在对中国的新闻制作过程中运用微博的趋势。报纸间的比较分析也基于数据而进行，同时，作者还在三家报纸都同样给予关注的新闻话题中，选择了两个个案进行分析。

在进行文本的内容分析之后，作者还与外国驻华记者（工作在北京和上海）以及他们的中国新闻助理进行了深度访谈。这一阐述式研究方法的核心目的在于理解微博是怎样服务于外国驻华记者每天的新闻制作。比如他们之中很多人都谈到，在中国进行新闻报道中遭遇的最大问题之一就是如何接近被采访者。而微博，某种程度上通过提供大量的在线评论解决了这个问题，尤其是对一些正在发生的社会热点事件的报道中。访谈由三组开放式提问构成，涵盖被访者使用微博的情况和他们对微博在他们的新闻报道中角色定位的观点等：第一组问题目的是获取他们使用微博的基础信息，如他们是否有微博账号，何时使用微博，以及他们使用的频率；第二组问题涉及他们对微博的专业使用，如他们是否把微博当作一个新闻来源来策划他们报道中国的主题，是否直接在他们的新闻报道中引用微博的消息或评论，以及他们是否把微博当作一个了解中国社会公共舆论的平台；第三组问题是关于他们对微博承载信息的看法，包

---

① 《费加罗报》，维基百科，http：//en.wikipedia.org/wiki/Le_Figaro 和欧洲新闻 http：//www.presseurop.eu/en/content/source-information/504-le-figaro。

② 《南德意志报》，维基百科，http：//en.wikipedia.org/wiki/S%C3%BCddeutsche_Zeitung，包

括他们如何看待微博上的信息流动，是否相信微博中的信息及其原因，微博在他们的新闻制作过程中是否是一个积极的通道，以及他们如何评价微博在中国社会中的作用等等。总共有超过 20 位驻华记者和新闻助理接受了采访。

三 研究发现

通过对过去三年里三家欧洲主要精英报纸中关于微博的新闻报道进行报道数量、最受欢迎的新闻议题以及微博是如何在他们的新闻制作中被使用的研究，纵向内容分析的结果提供了以下几个重要发现。

第一，图 1 展示出 2010～2012 年，三家欧洲主要精英报纸中与微博有关（提到或引用）的文章的数量。可以看出，在 2011 年，外国报纸中提及微博的数量急剧上升，并且这一趋势持续至 2012 年。

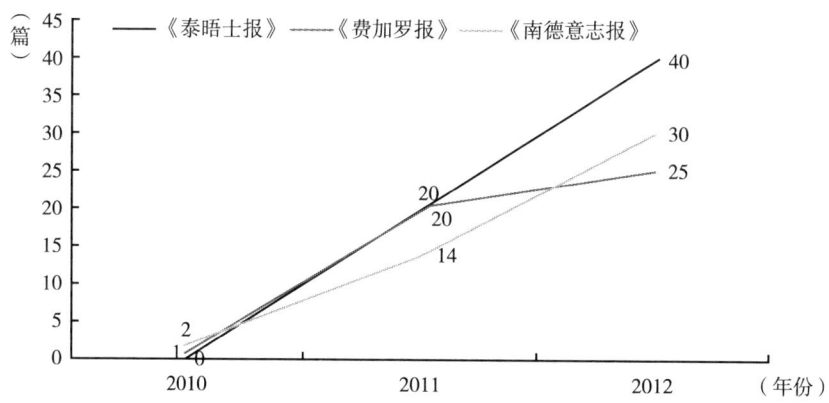

图 1 2010～2012 年三家欧洲报纸中与微博相关的文章数量

从图 1 可以看出，三家报纸涉及微博的报道普遍增多，尤其是在 2011 年增加幅度非常明显。2010 年，《泰晤士报》没有提及微博，《费加罗报》提及 1 次，《南德意志报》提及 2 次。但是在 2011 年，《泰晤士报》和《费加罗报》均有 20 次在新闻报道中讨论微博，《南德意志报》刊登出 14 篇相关文章。2012 年，《泰晤士报》有 40 篇新闻报道提及微博，《南德意志报》有 30 篇新闻报道提及，《费加罗报》则有 25 篇新闻报道提及。

第二，表1、表2、表3所展现的是三家欧洲报纸在新闻报道中如何使用微博。作者将微博使用情况按三种途径进行了分类：直接引用，也就是驻华记者直接引用来自微博的评论（通常引用微博用户名，《南德意志报》在某些情况下在引用之后还复制了微博用户的网页链接）；间接引用，意为驻华记者总结或翻译微博用户的评论，给出他们自己的解释，并且不具体说明微博用户的名称；提及，意为文章并不提供大范围引用和评论，而只是对微博做一般的提及。

表1 《泰晤士报》使用微博情况

单位：篇，%

使用情况\年份	2010		2011		2012	
	篇数	占比	篇数	占比	篇数	占比
直接引用	0		4	20	12	30
间接引用	0		3	15	5	12.5
提及	0		13	65	23	57.5

表2 《费加罗报》使用微博情况

单位：篇，%

使用情况\年份	2010		2011		2012	
	篇数	占比	篇数	占比	篇数	占比
直接引用	0		4	20	4	16
间接引用	0		5	25	8	32
提及	1		11	55	13	52

表3 《南德意志报》使用微博情况

单位：篇，%

使用情况\年份	2010		2011		2012	
	篇数	占比	篇数	占比	篇数	占比
直接引用	0		6	42.85	10	33.3
间接引用	1		2	14.3	9	30
提及	1		6	42.85	11	36.7

从表1、表2、表3可以看出，2010~2012年，三家报纸的记者都增多了对微博的引用（包括直接引用和间接引用）：《泰晤士报》从35%增长到

42.5%；《费加罗报》从45%增长到48%；《南德意志报》从57.15%增长到63.3%。从2010年开始，德国报纸在他们的新闻报道中对使用微博表现出最大的兴趣，尽管在2012年直接引用数量有所下降，而间接引用开始在他们的新闻报道中扮演一个更重要的角色，《南德意志报》直接引用的数量在2011年和2012年也比法国报纸多，并与英国报纸持平。《泰晤士报》在对中国的报道中提及微博晚于其他两家报纸，但在新闻数量方面迅速超越了《费加罗报》和《南德意志报》，在直接引用方面也超过了《费加罗报》，并与《南德意态报》持平。"直接引用"是评估微博在外国记者关于中国的新闻报道中发挥功能的一种方式，依照访谈中大多数在中国工作的外国记者们都表示在中国直接进行采访获得相关评论存在困境，微博可以提供给记者解决这个问题的可能，尤其是直接引用经过实名认证的微博用户的评论。

第三，图2展示出2011年和2012年（2010年只有极少数案例，故此处未纳入）三家报纸中涉及微博的新闻议题。议题大致分为经济新闻（与商业、企业、金融等有关的新闻），政治新闻（与政府、政党、外交关系、抗议等有关的新闻）和社会新闻（与文化、社会议题、娱乐等有关的新闻）。

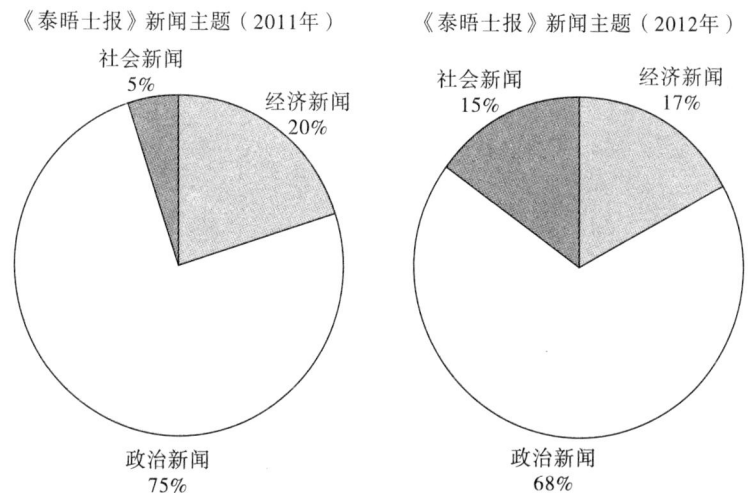

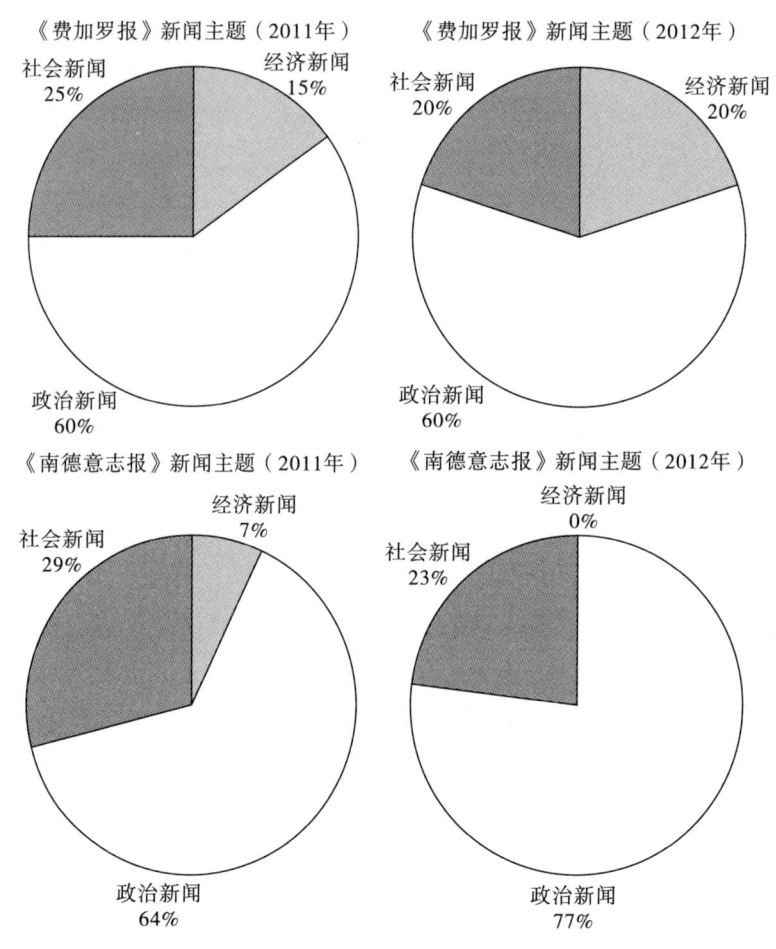

图2 三家欧洲报纸的新闻主题

在三家欧洲报纸中,与微博相关的新闻报道里政治类新闻最多,特别是2011年的《泰晤士报》(75%)和2012年的《南德意志报》(77%)。由图2可知,《南德意志报》对经济新闻最不感兴趣,同时《泰晤士报》和《费加罗报》或多或少对经济类新闻给予了同样的重视。《费加罗报》在2011年(25%)和2012年(20%)以最平衡的方式在涉及微博的报道中关注社会话题,在2011年《南德意志报》较多地(29%)关注社会新闻,《泰晤士报》2011年给予了极少的重视,但两家报纸在2012年的社会新闻方面分别表现出23%和15%的兴趣。如果我们更细致地看这些议题,可以发现三家报纸在政治类新闻中都报道了温州动车相撞事故,政府领导层的权力过渡,官员贪污腐败,以及乌坎村事件等;在经济领域,《泰晤士报》和《费加罗报》唯一共享的议题是关于微博平台的粉丝买卖;社会新闻中,三家报纸对小女孩悦悦的悲剧都进行了讨论。(案例分析的详细讨论见后文)

第四,表4展示出了外国驻华记者和新闻助理们对微博的使用情况。这些数据由2013年3月作者对英国、法国和美国的多位驻华记者进行深度访谈得来。这部分分析的研究限制在于访谈没有能够囊括德国的记者,但是对于外国驻华记者的普遍调查所得来的关于他们对中国新闻报道中的使用微博的信息,能够为了解德国驻华记者的微博使用情况提供一个参考。

表4 外国驻华记者和新闻助理对微博的使用情况

单位:人,%

类 别	驻华记者(12)		新闻助理(15)	
取得微博账户	4	33.3	15	100
频繁使用微博	2	16.7	15	100
作为新闻资源使用微博	5	41.7	8	53.3
作为引用/评论使用微博	11	91.6	15	100

由于语言障碍,只有少数外国驻华记者拥有他们自己的微博账号,甚至那些有账号的记者也不会频繁地使用微博。相反,新闻助理——服务于外国媒体的年轻的中国人群体,他们帮助驻华记者收集新闻来源,安排实施采访,翻译并完成其他相关行政工作——都有自己的微博账号,而且频繁使用(每天数次)。不到一半的外国驻华记者将微博视作一个发现新闻线索的资源,他们中的许多人仍然重视传统媒体(报纸,电视)和有来源的新闻网站,并将其作为一个可靠的信息提供者。然而,超过一半的新闻助理使用微博寻找新闻话题,因为使用微博更容易发现一些爆炸性的新闻,并且新闻助理们可以在微博上创造一个互相关注的平台,这对于他们是一个非常有效的方式来分享新帖子、新信息,或新的新闻线索。在访谈中对是否引用微博当作评论来使用的看法引人注目:超过90%的外国驻华记者和所有的新闻助理同意微博可以被当作一个引用"观点"的来源(直接或间接),无论这个来源是针对一些一般社

会议题上的大众舆论观点（比如悦悦事件），还是针对一些由微博实名认证的知名人士或明星作出的特殊评论。"有的时候他们不愿意与我们直接对话，但他们在微博页面上发布观点，并且这些观点通过微博传达大众，我就可能拿来引用在我的文章中。"一位《华尔街日报》的驻华记者解释他使用微博的方式，他会关注一些著名的经济学者、分析师或企业家的微博，如果他们在微博上发表评论，他便可以通过跟踪这些微博上的信息获得不经过采访而得来的"专家观点"。

四 讨论

1. 微博在外媒对中国的报道中占重要位置吗

社交网络的增长和"个人媒体"发布的出现（如微博）导致了新闻生产者和消费者之间传统关系的重整（Newman et. al. , 2012）。Sambrook（2005）多年前已经重新审视了公众在新闻报道中的作用，他说"当重大事件发生时，公众可以为我们提供与我们可以向他们传播的差不多的新信息。从现在开始，新闻报道将成为一种合作关系。"然而，如果我们观察2011年和2012年三家欧洲报纸关于中国的新闻报道的全部内容，微博在这些报道中的使用仍然非常有限（见表5）。

表5 2011年和2012年关于微博的新闻条目比例

单位：篇，%

年份\报纸	《泰晤士报》		《费加罗报》		《南德意志报》	
2011	1689(20)	1.2	718(21)	2.9	1249(13)	1.0
2012	2320(40)	1.7	804(25)	3.1	1412(30)	2.1

如表5所示，在三家报纸关于中国的每日报道中，提及微博或将微博当作一种来源使用的新闻报道的比例仍然非常小，其中《费加罗报》较《泰晤士报》和《南德意志报》而言，对微博给予了较多的重视。因此，尽管三家报纸中关于微博的新闻数量急速上升（见图1），超过90%的外国驻华记者在与作者进行访谈期间也确认他们在新闻报道中把微博作为"引用观点"来使用

（见表4），但在他们的新闻制作过程中对微博的实际使用依旧非常有限，可被观察到的增长也不明显。研究假设1被否定。

2. 三家欧洲报纸使用微博时的一致和差异

为了把《泰晤士报》、《费加罗报》和《南德意志报》的新闻报道方法做出详细的比较，在这一部分，作者将进行案例研究，选择三家欧洲报纸都作出过报道的2011年小悦悦事件进行解读。

2011年10月13日，在广东省佛山市一条狭窄的街道，2岁女孩王悦（小名"小悦悦"）遭两辆车碾过。一段视频监控录像捕捉并记录下小悦悦被白色货车撞倒在地，夭折于货车轮下的全部事件经过。在第一个司机开车撞倒并压过小悦悦的身体之后，有18位路人或步行或骑摩托车经过小悦悦身边，但却没有一个人停下查看或帮助她。接着另一辆更大的卡车又一次从小悦悦腿上碾压过去。最终，一位拾荒的阿姨陈贤妹发现了小悦悦并跑向她进行援救。这段视频被发布到网上，在中国和海外引起了广泛的愤怒，矛头指向中国社会的冷漠。

三家欧洲报纸同时记录了当时微博上关于这一事件的激烈讨论。《泰晤士报》把新浪微博称作"一个暴怒和谴责的平台"，因为视频"allowed Chinese to count and condemn the people who saw Yueyue but did nothing to help her"（允许国人一个一个数出那些看到小悦悦却没有做出任何帮助的人并进行谴责）（Lewis, October 18 2011）。"This is not about 18 individuals reflecting on their hateful indifference, but a matter of shame for everyone. We are a kind people. When did we start hiding that?"（不光那十八个人要对自己可恨的冷漠进行反思，所有的人都应该感到耻辱。我们本是善良的人，但我们从何时开始逃避这种善良）。《泰晤士报》引用的大部分微博上的评论都是匿名的。通过间接引用微博评论，《泰晤士报》还讨论了另外一起有关麻木不仁的过路人和令人害怕的诉讼的案例：彭宇于2006年在街上试图去帮助一位老人，但这个26岁的年轻人却被老人告上了法庭。《费加罗报》统计出微博上有一共440万关于此事件的评论（De La Grange, Oct. 19 2011），较《泰晤士报》记录下更多的线上发帖。引用一位人民大学著名教授的帖子，《费加罗报》称其为"集体冷漠"："Je me sens vraiment triste. S'occuper de ses petits, c'est la nature même des animaux. Mais chez nous, du moins en certains endroits, il semble que l'on soit descendu en dessous des animaux, nous sommes face à une froideur collective, il ne faut pas le nier"（我觉得非常悲伤。爱护小孩子是动物的天性。但在这里，至少在一些地方，似乎我们不如动物。不能否认，我们正在面对一种集体冷漠）。《费加罗报》还将注意力转向了摧毁道德、追求财富的"体系"，引用一位名叫"Time in words"的微博用户的评论："aider une personne qui a chuté est un investissement risqué, et le taux de retour sur cet investissement généralement négatif"（帮助困境中的人是一项风险投资，这个投资的收益率一般是负的）。

"停止冷漠"，如《南德意志报》所报道的，是继小悦悦悲剧之后的一项微博行动的名称（Bork，20 October 2011）。同《泰晤士报》一样，《南德意志报》也提及了微博上关于彭宇案的讨论，指出法律保护的判断错误（虽然《南德意志报》谈及这一案例时犯了一个时间上小错误，指其为 2007 年）。除此之外，《南德意志报》也记录了微博上的很多讨论"harte Schicksal chinesischer Bauernfamilien, die als Wanderarbeiter in den Städten so hart arbeiten müssen, dass ihnen das Aufpassen auf ihre Kinder schwer fällt"（辛勤工作的中国农民家庭和城市中流动打工者一样生活艰难，他们越来越难以照管他们的孩子）（Bork，20 October 2011）。除提供微博用户的名字之外，《南德意志报》在他们的引文后还提供了微博用户的网页链接，甚至一些用户的详细说明："Was ist bloß falsch gelaufen in unserem Land? fragt der chinesische Blogger mit dem poetischen Namen Vater des kleinen Kükens Wowo"["我们的国家究竟出了什么问题？"中国博客使用者"小鸡 Wowo 的爸爸"有力地问道（http://weibo.com/1909624383）]；"Ich fordere die Polizei in Foshan mit Nachdruck auf, die Eltern von Yue Yue zu verhaften", schreibt Qin Xuezhou aus der zentralchinesischen Provinz Hubei（http://weibo.com/qinxueyan）ein achtzehnjähriger Schüler ["我强烈要求佛山的警察逮捕小悦悦的父母"，一名来自中国中部河北省的十八岁学生秦学东（音）写道（http://weibo.com/qinxueyan）]（Die besten, Nov. 3 2011）。

3. 微博，能否被当作报道中国新闻的新来源

基于对超过 20 位服务于外国媒体在华记者和新闻助理的访谈，作者了解到他们在中国的日常新闻实践中最经常碰到的两个难题：①接近官方新闻源；②接近被访者，特别是当新闻话题与敏感话题相关时。"是的，的确也有一些人对西方媒体的态度更开放并且想跟我们交流，但是你不能永远只和那些人对话，永远只引述他们的观点"①。一些新闻助理认为大部分自愿跟外国媒体对话的中国人多少会有一些个人问题或与政府之间有过摩擦。"有太多事需要去处理，我们不可能解决所有他们的问题"②；"当他们来找我们的时候，当他们想要我们去报道他们的时候，因为他们有他们自己的一些问题或麻烦，所以才希望外国媒体赞成和帮助他们，我们不可能总听从他们，毕竟他们的观点有时也会有失公允……"③ 一方面，外国驻华记者不容易接触到公众来获取他们对一些正在发生事件的看法，特别是如果想要在报道中引用他们的名字；另一方面，那些提供他们的名字的人所持的观点和叙述经常又会有所偏颇，而且他们关心的大多是他们自己的问题上而不是分享别人的问题。所以，究竟应该去哪里寻找公众呢？显然，微博提供了一个途径。

正是外国媒体处于政府治理与大众不愿意说话这一尴尬的中间地带，微博的出现才给外国驻华记者一条捷径去理解普通中国人的想法和看法，尤其微博用户群大多是年轻（18~25岁占比36.4%，26~30岁占比30.2%）、受过良好教育（大学毕业生占比24.4%，大专学生占比23.5%，有技术背景的人员占比11.4%，硕士或拥有更高学历的人群占比8.3%）以及达到城市平均收入水平（月收入3000~4999元占比36.1%；月收入1000~2999元占21.9%；月收入少于1000元仅占15.3%）的用户居多（Peng，2011）。然而，从目前来看，微博在涉及外媒对中国的闻报道中的使用和影响似乎也只能行将至此，它并没有改变大多数记者工作的方式，并且基于和访谈同时进行的新闻文本分析也表明它还没有形成一个公众与外国驻华记者之间围绕任何重大新闻话题的真实不间断的对话。所谓的"网络协作组织"（Dutton，2008）或者"个人通过网络协作对新闻报道起到潜在影响"（Earl & Kimport，2011）还并不能从外媒对中国报道的新闻制作中得以证实。研究假设3不成立。

---

① 基于2013年5月在北京与一名英国记者的访谈。
② 基于2013年5月在北京与一名工作于一家德国电视台的新闻助理的访谈。
③ 基于2013年5月在北京与一名法国记者的访谈。

五 结论

社交网络,特别是中国的微博,给大众创造了一个新的传播方式,给中国媒体带来了一种新的公民新闻的类型,同时也为外国驻华记者在中国的新闻报道提供了有益的帮助。然而,外媒在中国的新闻实践中微博使用情况的增长仅能从新闻报道的绝对数量而非相对比例上观察得到。作为一个新兴的大众传播工具,微博在中国的公共领域获得更多的人气的同时也肩负了更多的责任。在新闻界,微博仍然在不断地探索其在协助驻华记者的新闻报道方面所能够提供的新的模式及可能。

来自三个欧洲国家的三个精英报纸样本(《泰晤士报》、《费加罗报》和《南德意志报》)显示出他们在政治话题方面关于微博的明显兴趣。这或许跟微博在媒介和公共传播仍然受到监管的社会环境下所扮演的"培养网络空间中的公民社会"这一主要角色相关。文本的比较研究提供了微博如何在不同欧洲报纸中被当作引文、背景信息或代表中国社会舆论的一种观察。但是微博作为新闻线索来源,可被信赖的报道资源,以及为驻华外媒根据其议程设置散布信息等方面的作用依然微乎其微。微博在这一领域的发展值得更多的学者日后作进一步的探讨。

参考文献

Ahlers, D. (2006). "News consumption and the new electronic media." *Harvard International Journal of Press-Politics* 11 (1): 29 - 52.

Alqudsi-ghabra, T. M., Al-Bannai, T., & Al - Bahrani, M. (2011). "The Internet in the Arab Gulf Cooperation Council (AGCC): Vehicle of Change." *International Journal of Internet Science* 6 (1): 44 - 67.

Althaus, S., & Tewksbury, D. (2000). "Patterns of Internet and traditional news media use in a networked community." *Political Communication* 17 (1): 21 - 45.

Baum, M., & Groeling, T. (2008). "New media and the polarization of American political discourse." *Political Communication* 25 (4): 345 - 365.

Bork Henrik (20 October 2011) "Stoppt die Apathie"; "Der tragische Unfall eines Kleinkindes verstört China". *Süddeutsche Zeitung*. Available online: http://www.sueddeutsche.de/panorama/schockierendes – unfallvideo – aus – china – sieben – minuten – herzlosigkeit – 1.1168683.

Burns, Alex (2010) "Oblique strategies for ambient journalism". *Media-Culture Journal*, 13 (2), http://journal.mediaculture.org.au/index.php/mcjournal/article/view/Article/230 (accessed 19 December 2010).

Chang, Tsan-Kuo. (1998). "All countries not created equal to be news: World system and international communication." *Communication Research* 25: 528 – 563.

China completes leadership transition with growing maturity of power transfer mechanism. *March* 17 2013, Xinhua News. Available online: http://news.xinhuanet.com/english/china/2013 – 03/17/c_ 124467482.htm.

Deuze, Mark (2003). "The web and its journalisms: Considering the consequences of different types of newsmedia online." *New Media & Society* 5 (2): 203 – 230.

Deuze, Mark (2005). "What Is Journalism? Professional identity and ideology of journalists Reconsidered." *Journalism* 6 (4): 442 – 464.

Deuze, Mark, & Marjoribanks, Tim (2009) Newswork, *Journalism* 10 (5): 555 – 561.

Die besten Blogs zu "Yue Yues Tod", 3 *November* 2011, *Süddeutsche Zeitung*. Available online: http://www.sueddeutsche.de/service/die – besten – blogs – zu – yue – yues – tod – 1.1180004.

Dutta-Bergman, M. (2004). "Complementarity in consumption of news types across traditional and new media." *Journal of Broadcasting & Electronic Media* 48 (1): 41 – 60.

Dutton, W. H. (2008). "The Wisdom of collaborative network organizations: Capturing the value of networked individuals." *Prometheus* 26 (3): 211 – 230.

Dutton, W. H. (2009). "The Fifth Estate emerging through the network of networks." *Prometheus* 27 (1): 1 – 15.

Farhi, P. (2009). "The twitter explosion." *American Journalism Review*. June-July: 26 – 31.

Hermida, A. (2010). "Twittering the news: the emergence of ambient journalism." *Journalism Practice* 4 (3): 297 – 308.

Howard, P. (2011). "The digital origins of dictatorship and democracy: information technology and political islam." London: Oxford University Press.

Gao, M. Ai Weiwei under Weibo's "lable" narration. "In Weibo Case Studies through political economy of communication workshop, Shanghai." China (March. 2012).

Garrett, R. K. (2009). "Echo chambers online? Politically motivated selective exposure among Internet news users." *Journal of Computer-Mediated Communication* 14 (2): 265 – 285.

Gentzkow, M. (2007). "Valuing new goods in a model with complementarity: Online newspapers." *American Economic Review* 97 (3): 713 – 744.

Kaye, B. K., & Johnson, T. J. (2003). "From here to obscurity? Media substitution theory and traditional media in an on-line world." *Journal of the American Society for Information Science and Technology* 54 (3): 260-273.

Keen. A, (2007). "The cult of the amateur: How today's Internet is killing our culture." New York: Doubleday.

Kirkpatrick, D. (2011, May 12), "Why China's Weibos Work Better Than Twitter", Retrieved Feburary 5, 2012, from Forbes: http://www.forbes.com/sites/techonomy/2011/12/05/why-chinas-weibos-work-better-than-twitter/.

La Grange, Arnaud. (16 March 2012) "Grandes manoeuvres au coeur du pouvoir chinois". *Le Figaro*. Available online: http://www.lefigaro.fr/mon-figaro/2012/03/15/10001-20120315ARTFIG00629-grandes-man339uvres-au-c339ur-du-pouvoir-chinois.php.

La Grange, Arnaud. (21 August 2012) "Une affaire qui lève le voile sur les perversions du système". *Le Figaro*. Available online: http://www.lefigaro.fr/international/2012/08/20/01003-20120820ARTFIG00386-une-affaire-qui-leve-le-voile-sur-les-perversions-du-systeme.php?cmtpage=0#comments-20120820ARTFIG00386.

La Grange, Arnaud. (21 August 2012) "Le pouvoir chinois secoué par les 《affaires》Le Figaro". Available online: http://www.lefigaro.fr/mon-figaro/2012/10/16/10001-20121016ARTFIG00680-le-pouvoir-chinois-secoue-par-les-affaires.php?cmtpage=0.

Lasorsa, D. L., Lewis, S. C., Holton, A. (2012). "Normalizing Twitter: Journalism Practice in an Emerging Communication Space." *Journalism Studies* 13 (1): 19-36.

Lewis Leo, (18 October 2011) "Disgust as 18 people ignore toddler run over by van". *The Times*. Available online: http://trove.nla.gov.au/work/157874060?versionId=172098616.

Lewis Leo, (16 Noverber 2012) "Millions give an instant verdict". *The Times*. Available online: http://www.thetimes.co.uk/tto/news/world/asia/article3601611.ece.

Lewis, Seth C., Kaufhold, Kelly, & Lasorsa, Dominic L. (2010) "Thinking about citizen journalism: The philosophical and practical challenges of user-generated content for community newspapers." *Journalism Practice* 4 (2): 163-179.

Lievrouw, Leah (2002) "Determination and contingency in new media development: Diffusion of innovations and social shaping of technology perspectives", In Eds. L. Lievrouw and S. Livingstone, *The handbook of new media*, London: Sage, pp. 181-199.

Lv, X. J. (2011) "The Research about the citizen journalism in the view of microblog communication". (微博客传播视野下的公民新闻研究). Master thesis from Zhong Nan University.

Mitchelstein, E., & Boczkowski, P. J. (2010). "Tradition and transformation in online news production and consumption, In Dutton, W. H. (Ed.), The Oxford handbook of Internet studies." Oxford: Oxford University Press.

Morris, M. R., Counts, S. Roseway, A., Hoff, A. & Schwarz, J. (2012). "Tweeting is believing? Understanding Microblog Credibility Perceptions." *CSCW*, *Seattle*, *Washington*, *USA*.

Neuendorf, Kimberly A. (2002). "The Content Analysis guidebook." *Saga Publication*, Inc.

Newell, J., Pilotta, J., & Thomas, J. (2008). "Mass media displacement and saturation." *International Journal on Media Management* 10 (4): 131 – 138.

Newman, Nic., Dutton, William H. & Blank, Grant. "Social Media in the Changing Econology of News: The Fourth and Fifth Estates in Britain." *International Journal of Internet Science* 2012, 7 (1): 6 – 22.

Papacharissi, Z. (2009). "Journalism and Citizenship." Mahwah, NJ: Lawrence Erlbaum.

Papacharissi, Z. & De Fatima Oliveria, Maria (2011). "The Rhythms of News Storytelling on Twitter: Coverage of the January 25th Egyptian uprising on Twitter." *Conference paper at the World Association for Public Opinion Research Conference*.

Papathanassopoulos, S., (2001) "The decline of newspapers: The Case of the Greek Press", *Journalism Studies* 2: 109 – 23.

Peng, C. (2011) "Sina Reports Third Quarter 2011 Financial Results, Sina Press Releases", Retrieved from http://corp.sina.com.cn/eng/news/2011 – 11 – 09/124.html viewed 18 January 2013.

Peng, L. (2011) "The challenge of Weibo towards to the online journalism." (微博客对网络新闻传播格局与模式的冲击) *Journalism Studies Paper Collection*, (the 24 issue of 2010)

Peng, Z. J. (2004). "Representation of China: An across time analysis of coverage in the New York Times and Los Angels Times." *Asian Journal of Communication* 14: 1, 53 – 67.

Phillips, Angela, Singer, Jane B., Vlad, Tudor, & Becker, Leo B. (2009) "Implications of technological change for journalists' tasks and skills." *Journal of Media Business Studies* 6 (1): 61 – 85.

Riffe, Daniel. & Freitag, Alan. (1997). "A content analysis of content analyses: Twenty-five years of Journalism Quarterly." *Journalism and Mass Communication Quarterly* 74: 873 – 882.

Sambrook, R. (2005) "Citizen journalism and the BBC." *Harvard: Niemen Foundation for Journalism at Harvard University*. Available online: http://nieman.harvard.edu/reportsitem.aspx?id = 100542.

Sina Weibo users surpassed 500 million, and daily active users reached 46.2 million. Xinhua News. Available online: http://news.xinhuanet.com/info/2013 – 02/21/c_ 132181760.htm.

Spark, Colin. (1999). "The Press (chapter 3), The Media in Britain-current debates and developments." Jane Stokes & Anna Reading (eds).

Strittmatter, Von Kai (14 September 2012) "Ein Land, das sich modern nennt; Die Gerüchte um Xi belegen, wie abgeschottet vom Volk Chinas Funktionü rskaste regiert". *Süddeutsche Zeitung*. Available online: http://www.sueddeutsche.de/politik/geruechte – um – vizepraesident – xi – jinping – chinas – elite – verliert – den – draht – zum – volk – 1.1467628.

Strittmatter, Von Kai (14 September 2012) Reformer in der Minderheit; "Die Kommunistische Partei hat getagt, die neuen Mitglieder des Ständigen Politbüroausschusses stehen fest". "Große Sprünge trauen dem neuen Machtzirkel die Wenigsten zu". "Dem Volk aber ist das aber weitgehend egal". *Süddeutsche Zeitung.* Available online: http://dnevne-novine.info/index.php/download/finish/259/1737/0.

Tewksbury, D., & Rittenberg, J. (2009). "Online news creation and consumption implications for modern democracies." In A. Chadwick (Ed.), *Handbook of Internet Politics* (pp. 186-200). New York: Routledge.

Wilke, J. & Achatzi, J. (2011). "From Tian'anmen Square to the global world stage: framing China in the German press, 1986-2006." *Chinese Journal of Communication* 4: 3, 348-364.

Wang, W. (2011). "Wu Ying Case and the "Party character" of intellectuals on Weibo." In Weibo Case Studies through political economy of communication workshop, Shanghai, China (March. 2012).

Wu, C. C. (2011). "Weibo and the middle-class discourse expression in China—the 7.23 bullet train accident case study." In Weibo Case Studies through political economy of communication workshop, Shanghai, China (March. 2012).

Wu, Y. (2012) "Micro-blogging as a Rapid Response News Service in Crisis Reporting: The 2011 Wenzhou Train Crash". *Journalism, Media and Cultural Studies Journal.* Available online: http://cf.ac.uk/jomec/jomecjournal/1-june2012/wu-weibo.pdf.

Xia, Y. H. (2012) "The Structure and Mechanism of Micro-blog Interaction: An Empirical Study on Sina Micro-blog." *Journalism & Communication Journal,* 2010 April.

Zhang, X. K. (2012) "The micro revolution in Journalism: the development of citizen journalism under the Weibo context in China" (新闻微变革:微博语境下国内公民新闻成长的探讨), *Journal of Shangdong University.*

Yale, Laura. & Gilly, Mary C. (1998). "Trends in advertising research: A look at the content of marketing-oriented journals from 1976 to 1985." *Journal of Advertising* 17 (1): 12-22.

Zhang, Z. & Negro, G. (2012). "Weibo in China: Understanding its development through communication analysis and culture studies", *Communication, Politics & Culture.*

18th National Congress of the Communist Party of China (2012), *Wikipedia explanation.* available online: http://en.wikipedia.org/wiki/18th_National_Congress_of_the_Communist_Party_of_China.

B.10
寻找企业发展和公共服务之间的黄金平衡点
——中国媒介行业的文化体系改革

洪 宇*

摘　要：

通过对文化体制改革历史脉络的梳理和背景陈述，本文阐述了文化市场发展的一些主线，同时还讨论政府为什么以及如何重组公共部门和企业部门，并找到两者之间所谓的黄金平衡点，特别是媒体行业的两个领头羊——电影和广播电视。本文通过已有政策和机构变迁，特别是"去商业化"运动所体现的公共职能回归的考察，提出新的见解。

关键词：

文化体制改革　文化产业　公共文化事业

一　介绍

21世纪的前十年是中国发展的关键时期。在这十年中，文化行业在国家的发展战略中的重要性日益凸显。早在20世纪80年代和90年代，文化体制改革处在市场改革的"边缘"地带（Kraus，2004：22）。在创造有中国特色社会主义的过程中，各级政府通过吸引外部投资者来激活出口加工经济，同时对国有企业实施了市场化改革。同时，政府还对部分公共服务领域进行商业化

---

* 洪宇，博士，南加州大学传播学院助理教授，研究方向为传播政治经济学、文化产业。

改革，包括住房、教育、医疗，以此来刺激国内消费并且提升市场活力。在文化行业，体制改革也是从国家财政扶持的机构入手，但并没动摇事业单位体制。进入21世纪以来，文化体制改革从边缘地位走向中心位置。2002年党的第十六次代表大会明确提出大力发展文化产业的同时大力发展公共文化事业。发展文化产业成为国民经济转型的重要任务。2003年，一些机构和地区开展了试点项目。2005年，党中央提出"深化文化体制改革指导意见"，并由国务院贯彻落实。

在 Communication in China 一书中，作者赵月枝写到21世纪的文化体制改革包含了媒介以及媒介之外广泛的文化领域，它带动两极发展，即公共文化事业的重新合法化和文化产业的创建与扩张。双管齐下的目标说明中国发展的矛盾性需求。特别是在2008年全球经济危机之后，政策制定者和主流经济学家对中国经济的不平衡形成一种广泛共识，即对投资和出口的过度依赖，居民消费下滑，过于庞大的制造业，以及欠发达的服务业（Lardy，2012：2）。为了纠正这些不平衡，从博物馆、图书馆到在线游戏和动漫等领域在内的文化行业成为进一步改革的重要力量。为了促进中国服务产业的快速发展，政府正在探索培养文化和艺术生产方面的创新能力（World Bank，2012：15）。为了创造有效的国内需求，政府试图为逐步增多的工薪阶层提供更多的休闲活动。与主要发达国家和发展中国家相比，中国的政府支出占GDP的比重是最低的（Yueh，2011：674），重新平衡则意味着政府应该反思目前一味追求GDP增长的做法，并将更多的生产项目投资转移到公共服务领域中来。

就像黄宗智提醒我们的那样，如果说"国家资本主义"强调中国体制中潜伏的资本逻辑，以及国家在创建资本主义经济中的主体地位，那么官方表述"社会主义市场经济"则强调在混合型经济中所坚持的社会主义目的。公共部门和产业的关系在文化领域中的演进，将影响中国是否"要进一步走向国家资本主义或履行其社会主义市场经济的言论"（Huang, P. C. C., 2012：620）。值得注意的是，文化行业是政府积极参与的领域。在文化部、原国家新闻出版总署和原国家广播电影电视总局的监督下，包括了自营与国家财政扶持在内的文化机构构成核心组织（见表1、表2）（Zhang，2006：298）。"通过预算分配、公共产权、行政干预和对高管的政党监督",政府有能力实施其结构调整计划(Heilmann and Perry,2011:3)。既然政府"嵌入"在文化行业中,在公共服务与产业经济混合共存的情况下,政府如何调整?本文的首要任务就是把文化体制改革作为一项平衡文化产业和文化公共事业的政策议程来评估。

表1 文化产业的经济绩效

类别	从业人员（百万人）	固定资产（千万元）	年收入（千万元）	增值（千万元）	2004年以后增长率(增值)
核心产业	3.32	833.1	577.5	251.2	107.6%
周边产业	2.48	931.9	614	218.1	247.6%
辅助产业	4.55	983.7	1533	266.4	92.6%

资料来源：http://www.stats.gov.cn/tjfx/fxbg/t20100514_402642459.htm。

表2 文化行业产业

核心产业	① 新闻服务 ② 出版、分销和版权服务 ③ 广播、电影和电视服务 ④ 文化和艺术服务
周边产业	① 基于网络的文化服务 ② 旅游、休闲和娱乐服务 ③ 广告、会展和文化商业 ④ 其他
辅助产业	文化项目、设备和产品的制造和销售

资料来源：http://www.stats.gov.cn/tjfx/fxbg/t20100514_402642459.htm。

除了政治关切,资本逻辑同样也在激活文化体制改革,涵盖了赵月枝(2008)指出的为了"取得制高点"的顶层设计和官僚资本的底层实践。事实上,针对国家在媒介市场化进程中的作为,中国传播学学者已经对政府干预和市场作用之间的交叉是如何创造中国主体文化进程进行了论述(Zhao,2008;Lee,He,and Huang,2006;Huang,2007)。21世纪初,政府再次启动文化体制改革,意在让"文化"成为中国发展的核心力量,然而,这就要求我们重新检视相关政策和机构变革,特别是对公共职能回归所表现出来的"去商业化"运动有新的理解。既然在资本主义环境下,资本积累依赖于"外部刺激,而不能简单地归因于积累的内在逻辑"(Foster and McChesney,2012:39),中国特色的市场经济扩展到文化行业的促成机制和局限是什么?在经济危机的背景下,重塑的政府公共服务功能如何解决未曾满足的社会需求,最重要是如何扶持资本积累?本文对政府的公共服务义务和以"部分商业化、混合所有制和持续国家主导"为特征的文化体制间的结构调整进行历史性批判。(Wang,2004 cited in Keane,2007:80)。

借鉴行业期刊和年鉴,辅以国家统计数据、政府法规和二手文献,本文首先分析文化体制改革的官方议程、探索变革进程背后的政治经济力量。其次,针对电影和数字电视,对这些媒介部门的市场化发展的主要脉络进行审视,并且探索公共服务在刺激资本积累中扮演的角色。文章指出政府在增加对非营利领域的公共支出的同时,也将公共服务的概念用于利润丰厚的细分市场,包括电影和广播电视,以此支撑亲市场的产业政策以及持续的企业化改革。

二 文化体制改革及其双管齐下的议程、国家财政扶持的公共文化机构的回归

21世纪的文化体制改革标志着靠国家财政扶持的公共文化事业的回归,其重要性可以通过审视改革初期的经验教训获得。20世纪80年代以前的中国文化体制是在文化领域专业人才充分就业和完全依赖国家财政的基础上建立的。这种结构使文化生产服从于包括提高大众福利以及对人民实施教化在内的党的公共利益原则(Keane,2007:82)。但是起步于80年代的市场改革冻结了国家财政预算支持,强制文化事业单位在市场中寻求生存。尽管处于市场化改革的边缘位置,文化体制改革最终改变了政府、市场和文化机构三者之间的关系。政府逐渐失去了在文化领域的绝对权威,使市场成为文化生产的另一位仲裁者。虽然政府从未宣称放弃对文化的领导权,但改革不仅仅重新校正了审查制度的标准,同时也削弱了国家提供社会福利的物质基础(Chan,1993)。在80、90年代,文化体制改革的步伐还处于"缓慢且不稳定的"阶段(Kraus,2004)。思想僵化、制度保守、知识分子的抵制都阻止过早地施行文

化体制改革（Curtin，2007）。20世纪80年代，在文化部的支持下，文化体制改革允许个别商业项目对生产、人事和分配进行市场导向的重组。以艺术表演团体为例，允许他们创作以营利为目的的表演以及创立商业化的专业表演团队。到了20世纪90年代，文化体制改革才开始推进在雇佣、人事和分配上的企业化管理，同时允许国家财政为关键的文化领域提供资金扶持（He，2010）。

20世纪90年代，中国的市场化改革与全球新自由主义运动相融合。在新自由主义的鼎盛时期，其影响鼓励了非义务教育和非基础医疗的商业化。但是，对此的忠告也随之而来，党内反对文化"产业化"和"市场化"的意见不绝于耳。"文化商业化"也从未出现在任何政策文件中（BBC，2011）。尽管如此，将文化机构推向市场的趋势热了起来。由于更大的自主经营权、更具有激励性的运营方式、市场风气抬头以及财政预算的缩减，即便非营利文化机构也都开始开发营利项目。博物馆为产品展览出租展位，图书馆建立影印中心，文化中心引入桌球房和电子游戏都变得司空见惯了（Wong，2009；Kraus，2004）。然而，这些小范围的商业活动不能化解财政投资全面缩减的危机，导致许多文化事业单位不能保证人民基本文化权利，尤其是对城市基层居民和农村人口而言。

到了21世纪，文化体制改革不再限于文化部的管辖，开始包含媒体改革。媒体改革始于1992年，由原国家广播电影电视总局、原国家新闻出版总署进行监督，通过建立依赖广告收入的传媒部门实现对媒体组织的局部商业化。从那以后，国家媒体成为像商业企业一样来管理的事业单位（Zhao，2008：109）。在20世纪90年代末，媒体改革朝着集团化的目标发力，意在创造中国自己的媒介集团（Zhao，2000b；Huang，2007）。到2005年这条改革路线基本结束，进而融入文化体制改革中。一个广泛的文化产业概念也进而形成，其涵盖了视听娱乐、新闻媒体、书籍和报刊出版各领域。

如果说早期的文化体制改革是把文化机构推向市场，那么21世纪的改革标志着国家财政扶持的公共文化事业的回归。2002年党的十六大正式通过对公共文化事业和文化产业的概念区分（Zhao，2008：109）。"十一五"规划增加了国家对公共事业部门的财政预算分配，优先考虑贫穷地区和农村，意在建立公共文化服务体系。1998~2005年，中央预算拨出超过10亿元，同时地方财政支出25亿元，来实现"电视村村通"工程（China Radio，2007：7）。鉴于在农村一些地区电视的接收率已有明显下滑的迹象，国家从2006年开始在地县建立转播站。2006～2010年，中央和地方政府共耗资82亿元建设此项目（SARFT，2011）。2002～2011年，在文化部的管理下，一个全国性的公共文化基础设施体系覆盖到县、乡。除去建设费用和行政支出，政府在文化体系上的花销，从2006年开始以年均19.3%的速度在增长。尽管这些钱仅占国家2010年财政预算支出的0.36%，是1978年以来的历史最低点（Department of Financial，2011），这项支出和其他并施的举措看似规模较小，但整合起来却意义深远。

2012年党的第十七届六中全会更加明确指出构建社会主义核心价值观是文化体制改革的"基本任务"，这进一步为国家出资扶持文化事业单位提供了政治合理性。同时，不可忽略的是事业单位也是市场扩容的一个助力。与制造业存在产能过剩的困扰相反，文化行业的产出较少，不能充分满足人们的潜在需求。当然，国家管理机构也认识到在居民收入有限且增幅不大情况下，文化消费面临着结构上的障碍。依赖广告收入的媒体是当前中国的基本文化基础设施，但广告"既不是创造有效需求的唯一条件也不是决定因素"。归根到底，消费取决于公民的收入和享用公共资源的程度（Caraway，2011：696）。为了促进中国的转型，政府对公共部门在培育市场方面的价值有了新的认识。例如，图书馆和博物馆可以在提升文化产品的消费同时提供信息服务，标志性的文化场所可成为旅游业建设的一部分，国家对欠发达的农村地区进行财政补贴建立的数字电影放映体系，也可通过在放映前的十五分钟广告来开发农村市场。

三 作为主流的文化产业

随着重塑公共文化事业政策的不断成熟，文化产业也在经历着并行的发展，并在早期改革形成的变局里，迸发出自我深化的生命力，意在进一步对业已"部分商业化"的文化机构施行公司化改革，推进未完成的市场化转变。根据21世纪初的官方定义，媒介集团是企业化管理下的，由商业化部门参与的事业单位。这正是文化体制改革内在矛盾性的典型表现。商业化分支继续担任媒介集团的职能部门，在编辑、人事、财政方面享均有自主权，但不具有独立法人地位

寻找企业发展和公共服务之间的黄金平衡点

(Huang, 2000: 650)。作为稀释公有制的一种方式，一些媒介集团还为经营性资产进行公开募股，但是集团公司与它们的编辑部始终保持对这些上市公司的间接控制。这些企业的管理者代表国家行使股东权利，但仍要为它们的组织成员包括党委、公众以及国家公职人员保障非市场化的特权（Xiao, 1996）。既有政治上的压力又要寻求经济效益最大化，媒介集团成为不折不扣的"矛盾共同体"（Lee, He and Huang, 2006: 599）。但是，这个共同体发展得并不和谐也不稳定。

外部和内部的市场力量都在为争取更多的经营自主权而不断向现有体系发难。海外投资已经通过合作运营的方式渗透到中国的媒介领域。它们只有通过确立股权这一必要的法律保护才能合法化其在中国市场上的事实地位（Chou, 2003）。本土的市场主体为了实现资本扩张也在积极谋求其他媒介集团对非企业部门进行企业化改组。以2004年在香港上市的第一家媒介集团北青传媒为例，它们公开抱怨不能通过首次公开发行募集来的资金进军其他省份的市场及广电市场（Sainsbury, 2012）。传媒集团旗下的公司因为不能从公共资源身份中脱离，所以不能接受收购或合并，因此阻碍了市场化扩张的步伐。

新媒体同样改变着市场结构，创造了机制转变的内生动力，甚至使得现有的改革成果无法令人满意。对传统媒体业而言，尽管民营企业繁荣发展，但由于国家对传媒机构的垄断，国有媒体机构仍然是主要的内容提供者。尽管如此，国有机构仍面临着有线电视、卫星和网络电视带来的日益严峻的竞争压力。宽带互联网、移动宽带网络和其他形式的分销渠道不仅仅增加了对内容的需求量，同时也对传统媒介包括广播和电视构成潜在的威胁。以中国网络视频产业为例，由于目前未受到来自"一个现有的、大量采购内容产品的付费电视"的全面竞争，因而得以快速发展（Stephen, 2010）。近几年来，领先的网络视频网站都是私有或者股份制公司，这些公司正在寻找从主要靠盗版和用户创造内容的平台转变为合法的媒体公司的途径，在节目制作和付费模式上都进行令人瞩目的投入和探索（Stephen, 2010）。

鉴于媒体部门面对的确实的、潜在的种种危机，政府似乎除了把市场份额作为一项政治问题来对待以外，别无他法。为了保持政府的文化领导权，国有文化企业承担着把那些不守规则的非公企业排挤出市场的重担。此外，当行政号令作为意识形态的控制手段失去民意且效果欠佳的时候，有竞争力的国有企业仍可以实现"经济控制"（Volland，2012）。2011年，国务院发布了一份振聋发聩的报告，表达了长期以来的担忧："一直以来，国有文化机构没能完成公司化改制，现处在市场经济的边缘，缺少竞争力和活力。这种局面造成了国有文化资产的巨大浪费，这些机构也面临着被市场边缘化的危险。同时，各类非公企业大量兴起，占据着分销渠道和消费平台"（Xinhua，2012）。迫在眉睫的"危机"支持已经商业化的公共实体进行"蜕变"成为完全的企业实体的必要性。然而，需要注意的一点是，国家和国有企业之间的政治协议不会自然出现，仍然需要不间断的政治干预、经济投入以及人事安排。

鉴于势在必行的市场逻辑与业已改变的竞争格局，21世纪初的文化体制改革侧重于培育文化企业。改革划分出以资本积累为导向的文化类型，将"经营性资产"从党委政府对公共资源的行政控制中解放出来，并且允许它成立独立的法人子公司（Zhao，Y. M.，2005：53）。通过允许子公司从媒介集团有时是从国家监督部门中剥离出来，文化体制改革打算减少国家对大部分媒介的财政扶持并且让市场竞争来淘汰低效的企业，同时允许它们作为企业实体通过资本运作来取得国内外多重市场更长远的扩张。

2002年后，文化体制改革很快陷入僵局，不仅仅因为国有媒体的抵制。2002年底，国有资产在广播、电影、电视行业中共占据73%的比重，反之公司资产仅占到整体的27%（Zhao，2004）。作为商业化的事业单位，国有媒体已经享有独一无二的特权，有财政扶持、广告盈利以及给它们员工与公务员待遇相媲美的养老金和收入福利。以国有出版社和报纸为例，为逃避强制性的公司化改革，它们往往坚持要保留事业单位的编制。然而，就文化行业整体而言，基于公司化改革的产业化进程得以迅猛发展。2004~2008年，企业单位数量增加了52%，占所有注册法人单位的97.9%，与此形成对比的事业单位则仅占0.8%（Bureau of Statistics，2010）。

2008年以后，为了保持中国经济的增长，国家开展了一项防御活动，对出版、发行、电影、电视产品、演出、广电网、新闻网站和非新闻性报纸领域制定了完成大规模企业化转制的时间表。2009年，原国家新闻出版总署要求地方出版部门在年末向企业化转制，对于那些隶属于中央政府机构的出版部门则要求在2010年末完成。附属于主要的政党机关报的非时政类报纸，包括晚报和地铁报,也都要求在2012年以前从它们的事业角色中剥离出来并且形成新闻企业。文化部要求中央级别的演艺组织加快转企改制进程,计划在2010年形成全面企业化改革。当然,企业化改革的实际操作并没有千篇一律,已形成了多样化的地方模式,并对不同产业采取区别对待的方式。

大规模的企业化转型与之相伴的是早有计划的产业推动政策。2009年,国务院出台对十个产业的救援计划,包括"推动文化产业政策","十二五"规划中提出将文化产业转变成"支柱"产业的目标。2012年党的十七届六中全会发布"中共中央关于深化文化体制改革促进社会文化大发展和繁荣重大问题的决定",意味着在政策扶持下市场急速扩张时期的开始,特别是针对七个指定产业,即电影和电视制作、出版和发行、复制和印刷、表演和娱乐以及数字内容和动漫。新兴文化产业例如文化创意产业、数字出版、移动多媒体以及动漫和游戏,也都得到了国家的鼓励。

四 媒体行业中的企业发展和公共服务之间的相互关系

21世纪初的文化体制改革开始了两极发展的态势,即公共服务和企业扩张。受到国家政策和市场动力的驱动,企业扩张运动比重建公共服务部门的规模要宏大得多。再借重塑公共文化服务之名而实现的政府干预,在商业上很成功的行业里,也为加速企业化改革扮演了不可或缺的角色。下面将通过回顾电影和广播电视的历史性变革,阐明公共服务和企业扩张两极的互动关系。

(一)电影产业

20世纪90年代,国有电影制片厂在经历了前期的市场化改革后,仍未放弃旧的运作模式,仍然依赖日益减少的财政扶持,为获政府奖而拍片,并且保有刻板的人事安排(Zhou, 2000)。电影业一直因为它自身的保守而备受诟病,直到2003年,由于受到以WTO为代表的全球性制约,电影业成为最坚决进行改革的行业(Cui, 2006)。为了避免市场失败,早在2000年,原国家广电总局就颁布了一项法令,通过寻找原国家广电总局权限以外的国家投资方的方式，在国有电影制作公司中试行股份制改革。以盈利为导向的生产理念由此逐步形成。2002年，民营企业被允许独立制作电影（Kolesnikov-Jessop，2009）。从那时起，民企引领商业电影制作，成为品牌化和产品营销的领头羊。2004年，在创造电影强国的精神指导下，国家允许外商合资企业加入电影制作产业。尽管后来国家撤销了原本外资自由化的决定，外国投资者仍被鼓励对个别电影投资（Feuilherade，2006）。此后，合拍片成为制作"国产大片"的一个合法途径。

与此同时，以市场为导向的国内院线已将市场定律强制运用到电影制作方面。2000年，为了提升电影作为商品的自由流动、减少行政阻碍，原国家广电总局和文化部一起实施了另一个产业发展的重大举措——院线放映体系。这种分销渠道的建设被认为是为"原本要进入仓库的国产电影提供面世的渠道"（Sun，2004）。然而，只有大预算的电影才能从中受益。纵观中国影片超过500部的年产量，近85%~90%都是不超过1500万元预算的中小型制作，它们中的大多数很难有机会走进院线，被资本密集型媒体宣传所排斥（Wang，2011）。以2010年发行的《钢的琴》为例，电影讲述的是工人阶层的生活，是一部很少见的广受好评的电影，也面临着这样的窘境。同样，大多数儿童电影，瞄准一个购买力有限的市场，因为发行欠佳，仍然不能被公众所看到（Yun，2011）。

发行改革已经滋生了发展空间和社会偏见。20世纪90年代，由县级影视公司组织至今的乡村电影分配体系走向衰落甚至解体，因为县级公司与省、市级单位失去上下级纽带之后成为"平等"的市场竞争者之一，必须独立负担它们自己采购和销售的成本（Zeng，2006）。在发行商为商业价值低的院线或影院提供极少副本的情况下，21世纪初出现的院线体系实际上给农村和内陆地区带来了更深的歧视（Li，2004）。

2004年，国家实行的财政刺激政策，促使院线开始快速完成数字化升级。2009年，中国的数字屏幕猛增了156%，并在2010年成为除了美国以外最大的IMAX大屏幕市场（New Zealand，2010）。资本密集型的技术升级使得城市院线变得更加重要，在2007年，城市院线的收入超过农村和二线城市票房总收入的五倍，比起2005年的4倍差距明显增大（Chinese Film Distribution et

寻找企业发展和公共服务之间的黄金平衡点

al., 2008)。2009年，8个特大型城市的票房收入占全国的80%，而大多数中小型城市更不要说农村，基本没有形成市场购买力（Yin, 2010）。院线放映体系背后的假设，认定基于不同地区和受众是具备同等财力的平等消费者，这使得其成为形成全国市场的屏障。

容量有限的国内市场使得国际市场成为市场扩张的一个重要出口。电影产业是媒体行业中第一批"容纳越来越多跨国商业结构"的产业（Zhao and Schiller, 2001: 144）。虽然直到2011年，中国公司都没有与好莱坞主要电影公司建立长期生产电影的合作（Fritz and Horn, 2011），但这种局势已经开始变化。在2008年经济危机之后，作为振兴文化体系改革的一部分，国务院在2010年提出"大力促进中国电影产业的长足发展并且实现由大到强的历史性转变"（General Office, 2010）。在寻找内向型与外向型积累模式之间的黄金平衡点的选择上，国家更倾向于后者。2011年，由国家认可的与好莱坞电影公司的合作开始起步，美方合作者包括梦工厂、传奇和相对传媒（Coonan, 2011）。这些项目不仅仅意味着好莱坞的创作专长与中国市场的结合，同时也意味着利用中国的历史遗产和文化传说制作的以中国为主题的商业大片将呈现在世界各地的观众面前（New Zealand, 2011）。

对于这种转变，国内资本也有很高的诉求。在众多原因中，对"大片"的过度依赖是其中之一，当国内市场的需求量只能使仅几部大片谋利时，电影产业就会陷入两难境地。来自房地产以及其他行业的热钱使中国电影制片方资本雄厚（Chow, 2011），但却难寻有利可图的投资项目。因此，出口成为保持电影产业增长的重要途径。然而，如果没有西方的制作和营销能力，中国在电影出口方面的软实力近乎没有。2010年，47部出口电影中，有46部是合拍片（Italian, 2011）。因此，与好莱坞影视公司的战略联盟，不仅仅有助外部力量克服中国文化贸易壁垒，更是解决国内利润危机的手段。

在高端剧院和合拍大片的驱动下，2000~2012年，电影产业以36%的速度在增长，是文化产业整体增幅17%的两倍（Huang, 2011）。到2009年底，国有机构在电影制作、发行和放映方面的公司化和股份制改革全面提速，强化了整个电影产业的逐利性。虽然投放国际市场是市场发展的一个途径，原国家广电总局仍然适时地对欠发达的农村地区予以关照。结合地方预算，通过购买"公益电影版权"，2006~2010年，中央政府投放6亿元人民币（约1亿美元），用于在中西部省份建立农村电影放映体系，希望以此建立二级电影市场（SARFT，2010）。为了建立农村广播电视和电影公共服务体系，原国家广电总局在2008年以后谋求将这笔花销纳入到国家财政预算计划中来。在国内消费需求欠发达、电影产能相对过剩的情况下，这一公共服务机制在扩容市场方面是有先见之明的。

（二）数字电视

20世纪90年代国家各级媒体在将观众打包作为"商品"出售给广告商方面很成功。然而，预见到对数字内容的旺盛需求，考虑到广告支撑的不可持续性，国家媒体已经着手于进一步公司化，使自身即使在数字化时代也毫不逊色。2002年党的十六届代表大会之后，国家重申广播电视体制改革。原国家广电总局局长徐光春表示除了广告收入，媒体产业仍未完成商业化，因此，下一步计划就是要发展包括付费电视、付费广播、内容制作和节目销售在内的新的商业板块（China Radio，2003：7）。尽管在20世纪90年代广告呈现爆炸式增长，但是在电视节目制作过程中，电视台没有严格执行成本控制、目标市场也没有效率目标。有线网络也没有开发商业业务（China Radio，2004：17）。由于网络化的文化产业已经成为全球资本主义经济中的一个新的增长点，原国家广电总局提出在数字时代内容销售和网络服务是广播电视发展的两极。

因为有线网络较内容制作所面临的意识形态阻碍较少，所以商业化首先从有线网络开始。在"十五"时期，国家对有线网络实行了数字化整体转变，这为创建用户基础和采用收费手段提供了先决条件（China Radio，2004：14）。因为数字化的有线网络旨在成为内容商品的交易平台，在股份制改革基础上的网络互联也得以实施，目的是为了创造与电信运营商所控制的有线和无线IP网络对等的规模优势，同时减少市场壁垒对内容提供商造成的高额成本（Chao，2004）。2004年，国家广播网成立，所有的电视台都要向其租用线路。

但是，由于地方利益对资产评估有争议，省级有线网络资产兼并未能成功。2005年，虽然国家广播网并入到中国有线电视网，但"在3百万千米深入千家万户的有线接入网中只占微不足道的份额"（Wu，2005）。2005年，中国中央电视台接管这家陷入困境的公司，宣称拥有有线网络的管理权。

随着网络数字化、集成化和公司化举措的展开，国家媒体也开始内部改组，意在为多平台数字时代建立起产业链。通过渐进的方式，改组活动将节目制作、采购和运营的权力下放到频道这一级单位，频道又各自实行"降低成本、扩大收入、精减人员"同时塑造频道品牌的方针（Zhao，H. Y.，2005）。非新闻频道获得许可像企业那样管理，甚至可以吸收社会资本（Zhang，2004）。2002年，首批付费频道成立，2007年付费频道的数量增加到136家（Zhou，2007）。2005年，体育、交通、电影、娱乐、音乐、生活、财经以及科学和教育频道获准剥离给下级部门，条件是频道资源不得上市、转让或出租。随着准公司化的频道单位的发展，商业气息而非公共服务准则将进一步渗透到广电体系中。

在国有媒体集团的麾下，电影、电视广播制作、电视剧、娱乐节目和社会服务部门都被鼓励施行公司化改革，将产品销往更广阔的市场。为了实现节目制作社会化，国家在2000年开始鼓励制播分离，允许非新闻类内容制作部门像企业一样运营。在经历了几年的胶着状态后，2009年，制播分离改革在省级及以上电视台重新开始，上海文化广播影视集团率先启动。上海文化广播影视集团前董事长兼首席执行官黎瑞刚曾预言：国有传媒集团将成为控股公司，引领相对自主的卫星子公司，在国内外市场中生产和销售各类文化产品（Barboza，2009）。值得注意的是，不管是制播分离还是公司化改革，国家始终保持着电视台广播台的公共属性，它们仍然是维护国家文化安全不可或缺的工具。

像电影市场一样，商业化的实施已经让电视行业面临尴尬的境地，国家以公共服务之名实施干预变得必不可少。数字技术为有线电视用户提供众多的频道，国家已经禁止付费频道播放广告，以避免对有限广告资源产生恶性竞争。由于高收视费，观众数量却难以令人满意，付费频道为了控制成本，则暂缓获取新的节目资源。而以广告驱动的公共电视早已具备丰富节目内容，这加剧了付费频道的被动局面。中央电视台数字电视部总裁说"免费电视就像横在付费电视前面的一条河"（Dickie，2004）。缩减公共电视、为付费电视清路这样的舆论开始浮现（Gao，2004）。

鉴于步履蹒跚的付费电视商业模式，原国家广电总局重新定义了"公共服务"的概念。原总局副局长张海涛承认把付费电视指定为唯一的数字化推动力是"错误"的（Cao，2004）。为了修正这一失误，原总局将数字电视和国家信息化浪潮结合起来以获取政府补贴和政策支持。"十一五"规划正式提出将数字有线电视搭建成向公众传输政府服务的平台的目标（Zhang，2007）。此后，有线电视的收入增速超过了广告收益增速。值得注意的是，数字有线网络涵盖公共服务后，国家还要求直接到户的卫星广播电视和地面数字电视在偏远的农村地区优先开展公共服务。在广电体制数字化进程中，原国家广电总局作为公共服务原则的重要阵地，通过利用新的数字技术，无论是被动迎战还是主动扩张，用公共服务体系为非营利地区提供底层保障（Huang，A.，2012）。

在后金融危机时代，广播与电信运营商之间关于谁能成为中国信息高速公路浪潮中坚力量的竞争从未停止（Zhao，2000a）。2012年，工业和信息化部通过行业期刊，表示放弃早期提倡以市场为导向、以企业为主体的网络系统发展模式，取而代之的是将其管辖下的宽带网络发展上升为国家战略并且争取国家支持。然而，鉴于电信运营商早在20世纪90年代就率先开展网络商品化和有偿信息业务，期望数字电视在媒体融合时代将把公共服务原则延伸到宽带互联网的主张在中国并不乐观（Starks，2011：190）。

五 讨论与结论

21世纪头十年即将结束的时候，中国处于十字路口，在全球经济危机情况下，面临着调整自身发展战略以适应结构压力的挑战。文化行业充当着国家改革的抓手，正成为向内需驱动增长方式转型过程中的一个改革枢纽。如果说20世纪80年代和90年代的文化体制改革还处于边缘和低迷期，那么在21世纪它已经成为中国坚定不移改革的中心部分，特别是在2008年后日益显著地体现出来。为了建立起文化市场经济，文化体制改革将文化机构转变成国有甚至是国家控股的股份制公司，同时通过对一些非营利性领域进行国家财政扶持以加强其公共服务职能。通过对文化体制改革进行历史脉络的梳理和背景陈述，本文不仅仅阐述了市场化发展的几条主线，同时讨论政府为什么以及如何重组公共部门和企业部门并找到两者之间所谓的黄金平衡点。

21世纪初，政府重新发现了公共文化机构的价值，通过系统化的努力来重建被破坏的公共服务职能。为了形成全国性的公共服务网络，像图书馆、博物馆、基层文化宫等大量机构都得到更多的财政预算支持。它们形成了去商业化的基础设施，来对抗市场经济的不民主的后果。越来越多的统治精英以及左翼知识分子一致认为社会主义国家的本质不在于其所有制结构，而是表现在政府通过社会福利制度用税赋和剩余价值造福人民（Kotz, 2007: 61）。国家从公共服务行业退出不仅违背了社会主义的主张，同时也削弱了中国由出口制造业转变到国内消费经济驱动的能力。

但是，鉴于文化体制在各个层面都向着市场意识形态和逐利原则转换，认为国家正在从"经济发展导向"转变为"公共服务导向的政府"还为时过早（Hu, 2009; Li, Chen and Powers, 2012）。文化体制改革已经成为政府深入参与构建市场的一个缩影。20世纪90年代，核心文化机构作为商业企业进行管理，成为以公共服务为导向的文化体制的市场化分支。21世纪初特别是2008年以后，国家在"国家控股的企业模式"中以文化企业的大股东身份出现（Huang, 2007: 414）。国家不仅仅为逐利型文化分类，清除自身阻碍进一步剥离和公司化的意识形态，同时对抵制改革的官方媒体采取强硬立场，并准备承担公司化改革的成本，为新成立的国有文化企业提供种子资金。

在21世纪初更坚决地推进剥离和公司化改革意味着对政治和经济双重因素的考量，从公共服务体系的行政等级中释放出国有市场参与者，以此占领文化市场潜在的爆炸式增长。为了抵制2008年经济危机影响下的经济发展放缓的情况发生，这也是培育新的经济增长点的权宜之计。通过权力下放、剥离和对文化体系有选择性的公司化改革，国家已经增大了市场交易的比例，深化市场原则，创建了越来越多的国有企业，并且采取行动适应新的多媒体时代。

重新制定公共服务理念有助于形成有利于资本积累的外部环境，巩固企业驱动下的市场开发进程，促进现已扩张到文化行业的中国式的国家资本主义。我们知道，将公共文化资源推进到企业范畴可以在短时间内释放市场经济动力，但是从长期考量来看要面临自身局限性，尤其是加剧社会不平等的问题。虽然政策制定者利用人们未满足的文化需求来证明加大市场交易的合理性，但在资本密集型的电影产业已经感觉到了需求的疲软。同样的，有限的广告收入强制数字电视产业寻求新的商业模式和其他收入来源。同时，欠发达地区和人群的存在会对国家文化安全构成直接的政治威胁。在数字化、全球化和社会碎片化这种不稳定的形势下，公共服务的概念再次被提出，用来合法化国家为商业部门提供补贴，意在激活大众消费或分担企业开支。因此，作为文化体制改革的一个方面，公共服务意味着"去商业化"的文化生产及服务方式，这对了解你中有我、我中有你的国家和市场之间的嵌入式关系，以及这种关系是如何营造和维持资本积累外部条件是非常重要的。展望未来，在何时以及何种情况下公共/企业之间的新平衡和新共存又会被打破，将是一个开放的问题。

参考文献

Barboza, D. (October 5, 2009). "China Plans to Loose Its Media on the Market; New Giants Might Arise That Could Compete with Disney and News Corp." *The International Herald Tribune*. retrieved from LexisNexis Academic database.

Bureau of Statistics. (May 14, 2010). *2008 Report of China's Cultural Industry Development (Summary)*. Available at http://www.gov.cn/gzdt/2010-05/14/content_1606451.htm.

BBC Monitoring Asia Pacific. (February 28, 2011). "China Rules out Full Commercialization of Culture Sector-official." retrieved from LexisNexis Academic database.

Cao, Q. (2004). "Analyses of TV Media Industry Development." *TV Research*. no. 8: 28-29.

Caraway, B. (2011). "Audience Labor in the New Media Environment: a Marxian Revisiting of the Audience Commodity." *Media, Culture & Society*. 33, no. 5: 693-708.

Chan, J. M. (1993). "Commercialization without Independence: Trends and Tensions of Media Development in China." pp. 25.1-25.21 in J. C. Yu-shek and M. Brosseau (eds.)

China Review 1993. Hong Kong: Chinese University Press of Hong Kong.

Chao, L. M. (2004). "Some Thoughts on the Pay-TV Development." *TV Research*. no. 9: 31 – 32.

China Radio and Television Yearbook Editorial Committee. (2003). *China Radio and Television Yearbook*. Beijing: China Radio and Television Yearbook Press.

China Radio and Television Yearbook Editorial Committee. (2004). *China Radio and Television Yearbook*. Beijing: China Radio and Television Yearbook Press.

China Radio and Television Yearbook Editorial Committee. (2007). *China Radio and Television Yearbook*. (Beijing: China Radio and Television Yearbook Press.

Chinese Film Distribution and Exhibition Association et al. (2008). "2007 Chinese Film Market Report: Selection." *Chinese Film Market*. no. 7: 10 – 13.

Chou, N. W. (August 29, 2003). "Mainland Media Market Ripening to Foreign Products and Investments; Experts Warn the Industry's Liberalization Won't Happen Fast." *South China Morning Post*. retrieved from LexisNexis Academic database.

Chow, V. (May 15, 2011). " Flush with Cash but Lacking Creative Experience, Mainland Filmmakers are Trying to Broaden Their Horizons, Writes Vivienne Chow." *South China Morning Post*. retrieved from LexisNexis Academic database.

Coonan, C. (September 19, 2011). "Legendary's Ambitions Break down Chinese Walls." *Variety*. retrieved from LexisNexis Academic database.

Cui, V. (January 12, 2006). "Movie Takings up a Third, to 2b Yuan; Report Highlights Industry's Will to Change and Urges More GovernmentHelp, While Lamenting Domestic Cartoons Failings." *South China Morning Post*. retrieved from LexisNexis Academic database.

Curtin, M. (2007). *Playing to the World's Biggest Audience: The Globalization of Chinese Film and TV*. Berkeley: University of California Press.

Department of Financial Management of the MOC. (2011). " Conditions of Cultural Investment in Recent Years and Proposed Solutions." Available at http://www.ccnt.gov.cn/sjzznew2011/cws/whtj_ cws/201111/t20111128_ 153324. html.

Dickie, M. (August 27, 2004). "Problems Threaten Success of China's Digital Pay TV." *Financial Times*.

Feuilherade, P. (December 13, 2006). "Analysis: China Denies U-turn on Opening up TV, Film Industry." *BBC Monitoring World Media*. retrieved from LexisNexis Academic database.

Foster, J. B. and McChesney, R. W. (2012). *The Endless Crisis: How Monopoly-Finance Capital Produces Stagnation and Upheaval from the USA to China*. New York: Monthly Review Press.

Fritz, B. and Horn, J. (August 24, 2011). "Reel China; U. S. Filmmakers Chip away at China's Wall; Beijing Puts Limits on Foreign Movies, but American Firms Get around It by Teaming with Locals or with All-digital Showings." *Los Angeles Times*. retrieved from LexisNexis Academic database.

Gao, M. (2004). "Some Thoughts on the Pay-TV Development." *TV Research*, no. 11: 39–40. General Office of the State Council of the People's Republic of China. (January 25, 2010) "Office of the State Council Released Guidance on the Promotion of Prosperity and Development of the Film Industry." Available at http://www.gov.cn/zwgk/2010-01/25/content_1518665.htm.

He, S. ed. (2010). *Soul of the Nation – Chinese Cultural Reform Was Officially Launched*. Changchun: Jilin Publishing Group.

Heilmann, S. and Perry, E. J. (2011). "Embracing Uncertainty: Guerrilla Policy Style and Adaptive Governance in China," pp. 1–29 in S. Heilmann and E. J. Perry (eds.) *Mao's Invisible Hand: The Political Foundations of Adaptive Governance in China*. Cambridge, MA: Harvard University Asia Center.

Hu, A. G. (2009). "Government Transition and Public Finance in China," in pp. 151–192 F. Cai (ed.) *30 Years of Economic Transition in China*. Beijing: Social Science Academic Press, 2009.

Huang, A. (2012). "A Study of the Conceptual Framework of Policies for China's Public Service Based on New Media." *paper presented at the International Conference on Communication and Global Power Shifts*, Communication University of China, Beijing.

Huang, C. J. (2000). "The Development of a Semi-Independent Press in Post-Mao China: An Overview and a Case Study of Chengdu Business News." *Journalism Studies*. 14: 649–664.

Huang, C. J. (2007). "Trace the Stones in Crossing the River: Media Structural Changes in Post-WTO China." *International Communication Gazette*. 69: 413–430.

Huang, L. L. (August 5, 2011). "Current Situation of Chinese Film Industry." *Media Economy*. Available at http://www.mediaeconomy.com.cn/.

Huang, P. C. C. (2012). "Profit-Making Firms and China's Development Experience: 'State Capitalism' or 'Socialist Market Economy'?" *Modern China*. 38, no. 6: 591–629.

Italian Trade Commission. (June 14, 2011). "Overview of China Film Market." Available at http://www.ice.it/paesi/asia/cina/upload/174/Final%20Report%20%20Market%20Report%20of%20China%20Film%20Market%202011.pdf.

Keane, M. (2007). *Created in China. The Great Leap Forward*. London and New York: Routledge.

Kolesnikov-Jessop, S. (September 21, 2009). "Home Movies." *Newsweek*. retrieved from LexisNexis Academic database.

Kotz, D. (September 2007). "The State of Official Marxism in China Today." *Monthly Review*. 55–63.

Kraus, R. C. (2004). *The Party and the Arty in China: The New Politics of Culture*. Oxford: Rowman & Littlefield Publishers, Inc.

Lardy, N. R. (2012). *Sustaining China's Economic Growth: After the Global Financial Crisis*.

Peterson Institute for International Economics, Washington, DC.

Lee, C. C., He, Z. and Huang, Y. (2006). "Chinese Party Publicity Inc. Conglomerated: The Case of the Shenzhen Press Group." *Media Culture Society.* 28: 581 – 602.

Li L., Chen, Q. L., and Powers, D. (2012). "Chinese Healthcare Reform: A Shift toward Social Development." *Modern China.* 38, 6: 630 – 645.

Li, S. (2004). "The Change of Distribution Challenges the Development of Film Distribution." *Chinese Film Market.* no. 10: 7 – 9.

The New Zealand Herald. (October 23, 2010). "Hollywood Chasing China's Great Wall of Cash." retrieved from LexisNexis Academic database.

The New Zealand Herald. (November 17, 2011). "Hong Kong backs Hollywood." retrieved from LexisNexis Academic database.

Sainsbury, M. (February 20, 2012). "China's CensorsBan Foreign TV." *The Australian.* retrieved from LexisNexis Academic database.

SARFT. (2010). "SARFT Notice on Promoting Sustainable and Healthy Development of Rural Film Exhibition System." http://www.sarft.gov.cn/articles/2010/02/23/20100223151512300642.html.

SARFT. (2011). "The Completion of the Eleventh Five-Year Plan of National Television to Every Village Project." Available at http://www.sarft.gov.cn/articles/2011/01/05/20110105105157740465.html.

Starks, M. (2011). "Can the BBC Live to be 100? Public Service Broadcasting after Digital Switchover." *International Journal of Digital Television.* 2, no. 2: 181 – 200.

Stephen, C. (October 31, 2010). "China's Online-Video Market Goes Legit." *The Wall Street Journal.* Available at http://articles.marketwatch.com/2010-10-31/commentary/30769818_1_online-video-nline-video-tudou.

Sun, L. P. (August 14, 2004). "The Chinese Film: Cinema Chain Key to the Reform and Booster of Marketization." *Xinhua News.* Available at http://news.xinhuanet.com/ent/2004-08/14/content_1783522.htm.

Volland, N. (2012) "From Control to Management: TheCCP's 'Reform of the Cultural Structure'." pp. 107 – 122 in A. M. Brady (ed.). *China's Thought Management.* London & New York: Routledge.

Wang, J. (2004). "The Global Reach of A New Discourse: How Far Can 'Creative Industries' Travel?" *International Journal of Cultural Studies.* 7, 1: 8 – 19.

Wang, X. L. (December 2, 2011). "How Can the ChineseFilm Industry Makes Full Use of the All-Media Communication?" *Xinhua Daily Telegraph.* Available at http://news.xinhuanet.com/mrdx/2011-12/02/c_131284002.htm.

Wong, C. (2009). "Rebuilding Government for the 21stCentury: Can China Incrementally Reform the Public Sector." *The China Quarterly.* 200: 929 – 952.

The World Bank and Development Research Center of State Council, the People's Republic of China. (2012) "China 2030: Building a Modern, Harmonious, and Creative High-Income Society", available at http://www.worldbank.org/content/dam/Worldbank/document/China - 2030 - complete.pdf.

Wu, V. (July 25, 2005). "CCTV Lifeline to Ailing Cable Network." *South China Morning Post*, retrieved from Lexis-Nexis.

Xiao, G. (November 1996 "Clarification of SOE Property Rights." Background paper for the World Bank project on the State Asset Management in China.

Xinhua News. (January 1, 2012). "Interpretation of Government Policy: Support and Expanse of State-Owned or state-controlled cultural enterprise." Available at http://www.gov.cn/jrzg/2012 - 01/01/content_ 2035317.htm.

Yin, H. (2010). "Overview of Film Industry Development." *China Yearbook of Art Industry*. (Zhongguo wenhua chanye nianjian). Beijing:Editorial Department of China Yearbook of Art Industry.

Yueh, L. (2011). "The Chinese Box: The Opaque Economic Borders of the Chinese State." *Oxford Review of Economic Policy*. 27, no. 4: 658 - 679.

Yun, F. (June 10, 2011). "Obstacles in the Development of Children Film: How to Solve the Difficulties in the Distribution Process." *Yishu Bao*. (China Art Newspaper). Available at www.chinafilm.org.cn.

Zeng, X. B. (2006). "What is the Future Development of the County-level Film Company?" *Chinese Film Market*. no. 4: 8 - 10.

Zhang, H. T. (2004). "The Development Road of Digital Broadcasting in China." *TV Research*. no. 10: 6 - 8.

Zhang, X. M. (2006). "From Institution to Industry: Reforms in Cultural Institutions in China." *International Journal of Cultural Studies* 9. no. 3: 297 - 306.

Zhang, H. T. (2007). "Accelerate the Implementation of Digitalization Project and Vigorously to Promote the Change if Modernization." *TV Research*. no. 7: 5 - 6.

Zhao, H. Y. (2004). "Grasp Opportunity, Face Challenges, and Enhance the Quality and Influence of Chinese TV." *TV Research*. no. 6: 5 - 10.

Zhao, H. Y. (2005). "Summary of the Speech on CCTV Work Conference in mid - 2005." *TV Research*. no. 8: 5 - 10.

Zhao, Y. M. (2005) China Radio & TV Yearbook. Beijing: *China Radio & TV Yearbook*. Press.

Zhao, Y. Z. (February 2000a). "Caught in the Web: The Public Interest and the Battle for Control of China's Information Superhighway." *Info* 2. no. 1: 41 - 65.

Zhao, Y. Z. (Spring 2000b). "From Commercialization to Conglomeration: The Transformation of the Chinese Press within in the Orbit of the Party State." *Journal of Communication*.

50 (2): 3-26.

Zhao Y. Z. (2008). *Communication in China: Political Economy, Power, and Conflict*. Rowman & Littlefield.

Zhao, Y. Z. and Schiller, D. (2001). "Dances with Wolves: China's Integration into Digital Capitalism." *Info*3, 2: 137-151.

Zhou, T. (January 31, 2007). "New Business Model of Pay TV Channels." *China Securities Journal*. Available at http://it.sohu.com/20070131/n247956500.shtml.

Zhou, X. (2000). "Inquiries of the Chinese Film System - Criticism on the Film Strategy at the Turn of the Century." *Chinese Film Market*. no. 9: 6-7.

B.11
后斯诺登时代的美国互联网治理

徐培喜　吴畅畅*

摘　要：

> 本文从奥巴马借黑客攻击论推广美国网络战略、斯诺登事件及其影响两大角度研究美国互联网治理。本文认为，网络监管及其政策制定的过程是一个充满了争斗和妥协的过程，其间，国家利益、公共利益与行业等衡量标准相互制约。意识形态、干预主义和自由市场的对立、交织或冲突在管理政策文本中造成了大量的妥协、彷徨、前后矛盾甚至倒退。

摘　要：

> 网络安全　中美　国家利益　互联网治理

奥巴马第二任期伊始便推出2.0版本的"中国威胁论"。美国曼迪昂特网络安全公司发布报告指责中国军方的网络间谍部队在政府的支持下从事窃取公司商业机密的黑客行动，《纽约时报》、《华盛顿邮报》也对此进行大肆报道。"中国威胁论"由来已久，在新的技术背景下，奥巴马政府将中国塑造为一个躲在虚拟空间中偷窃美国知识产权成果，将对美国基础设施、核心行业展开袭击的"即刻的危险"[①]国家。与传统领域不同的是，互联网犯罪不仅威胁国家核心的传统组织、设施而且存在于网络空间中，其虚拟性、跨国界性、匿名性

---

* 徐培喜，博士，中国传媒大学副教授，研究方向为传播政策、全球传播；吴畅畅，博士，上海社会科学院新闻研究所新媒体研究中心助理研究员，研究方向为传播政治经济学、精神分析、社会运动。
① 《"中国威胁论"2.0版本：黑客攻击议题是如何诞生的？》，"新浪湖南新闻"，http://hunan.sina.com.cn，2013年5月14日。

使得普通民众难以直接感知。因此，这场 2.0 版本的"中国威胁论"迅速得到全世界的关注并迅速生长成为一种新型"中国威胁论"。然而人算不如天算，年轻的理想主义者斯诺登曝光了美国在网络间谍方面的所作所为，使美国步步为营的网络战略遭受重挫。

本来，从常识来看，美国应该为美国政府持续多年对世界多国的黑客攻击行为做出解释并道歉。然而，霸权主义者的行为逻辑经常跟人们的常识背道而驰，奥巴马政府不仅没有道歉，反而变本加厉，从指使欧盟迫降玻利维亚总统的专机，到指使其盟友英国在希思罗机场搜查《卫报》记者格林沃尔德的巴西密友，全球公众在一片哗然中见证了霸权逻辑的看似无限的自我升级能力。由于美国互联网监控活动与全球公众的隐私和利益密切相关，由于美国选定中国（连同俄罗斯、伊朗、朝鲜被美国政府和商业媒体有意挑选出来作为"四大恶人"）作为舆论和黑客攻击的首要目标，更由于我国在跟美国政府和公司互动的时候难以完整地顾及本国互联网用户/公众的利益（谷歌随意退出中国，雅虎任意中断邮箱服务，美国对华黑客攻击没有做出任何解释，谈判中《中美双边投资条约》有可能进入美国的陷阱），所以回顾这个过程并预测其走向具有高度紧迫性。

一　奥巴马与"中国黑客攻击论"

奥巴马上台后，发动一系列舆论，矛头直指"中国黑客攻击"。为此，笔者以表格的方式将这一话语编织与政治进程展示出来（见表 1）。

表 1　奥巴马政府关于中国黑客攻击论的发展过程

时间	事件
2013 年奥巴马第二任期伊始	奥巴马签署加强网络安全的行政命令
2 月 12 日	奥巴马发布国情咨文报告，要求美国议会加强立法，重视网络安全，指责"外国及外企"偷窃美国企业信息，并破坏电网、金融体系以及航空运输
2 月 19 日	曼迪昂特网络安全公司配合白宫发布了中国黑客攻击报告
2 月 20 日	美国司法部长霍德（Eric Holder）便即发布抵制网络盗窃计划，宣称 2006 年以来 140 多家美国公司遭到的黑客攻击多源自中国

续表

时间	事件
3月11日	美国国家安全顾问多尼伦（Thomas Donilon）在纽约亚洲协会发表演讲，要求中国采取行动调查和停止黑客攻击活动，并跟美国展开直接对话，制定网络空间的行为规范
3月13日	奥巴马接受美国广播公司采访，暗指中国政府发动对美国基础设施展开黑客攻击，并与13家企业的首席执行官讨论网络安全问题。意在对国会施加舆论压力，要求推动网络安全立法和批准财政支持
3月14日	奥巴马致电中国领导人习近平祝贺其当选国家主席，借机将网络安全问题上升到外交最高层面
3月19日	美国新任财政部长雅各布·卢（Jacob Lew）访问中国，表达对网络安全问题的关切。中方回应了有关网络安全的问题，否认中国政府对美国展开过黑客攻击，李克强总理将美国逻辑简单准确地概括为"有罪推定"

奥巴马在第二任期推出中国黑客论的直接原因就是"太空威胁论"的卫星时期论调无法得到美国媒体和民众的认同。奥巴马第一任期提出的"新的卫星时刻"口号源于冷战时期美国与苏联的对峙。冷战时期，美国意识到自身的危机，加大在科技方面的投入，终将苏联甩在后面。如今，奥巴马在第一任期提出的"新的卫星时刻"的口号无非表明，中国近年在各项科技领域取得大步阔进的发展，奥巴马政府试图借助历史的镜子煽动舆论，然而没有得到媒体和民众的响应，反而将美国自身比喻成了苏联。事实上，中国在教育、交通、能源、航天航空方面的成就让美国政府恶意丑化中国形象的企图不攻自破。因此，在第二任期上任之初，奥巴马就改变了战略，将宣传的口号从"卫星时刻"改为黑客攻击和网络安全。借助媒体及相关机构的大肆宣扬，将中国塑造成利用互联网进行知识产权偷窃并威胁到美国核设施、电网、金融等领域的恶魔，必须马上采取行动制止中国。同时，奥巴马将美国网络部队扩充为4000人，新增40支部队，使得代表安全利益的共和党人获得了实惠，进一步为国会通过网络安全立法铺平道路。奥巴马与共和党、商业媒体、公众的互动模式是：诉诸恐惧，捏造国家、商业安全威胁，并在贸易领域钳制中国，并可利用该议题逼迫中国在贸易领域接受美国划定的新规则。

这种模式俨然就是好莱坞的经典戏路，奥巴马作为国家的英雄与领导者率领民众对抗来自中国的威胁。在这场国家安全保卫行动中，奥巴马就是美国电视剧《24小时》中的男主角杰克·鲍尔。不同的是，美国电视剧中的国家大敌是核弹、生化武器，而现实中的美国国家大敌是中国黑客。由此，本来可大可小的黑客议题，在奥巴马政府的策划下成为了与核弹相等的国家安全威胁。帕内塔（Leon Panetta）领衔的国防部言辞凿凿地表示："网络安全威胁非常严重，在后果上可以跟冷战时期的核威胁相提并论"。事实上，人类历史上第一场核武器空袭行动就是二战末期美国陆军航空军在日本广岛市投下原子弹的事件。此外，2010年美国国家安全局在以色列协助下通过蠕虫病毒攻击伊朗基础设施事件也是被证实唯一由政府发动的网络战争。奥巴马政府在精心策划"中国威胁论"的时候显然忘记了这些讽刺的事实。而《纽约时报》、《华盛顿邮报》、《华尔街日报》这些号称美国严肃报刊的代表，在黑客攻击、网络武器这些嗜血的头条面前也放弃了对事实的尊重，用150多条报道将这场闹剧推向高潮。

二 从斯诺登爆料到"中美战略与经济对话"

从2013年2月中旬《曼迪恩昂特报告》到斯诺登爆料这段时间是美国进攻与中国防守的时期。发轫于6月初的斯诺登事件形成了中美网络安全争议的一个分水岭，构成了中美外交一个月的休战期。斯诺登曝光美国棱镜项目，通过该项目，美政府直接从包括微软、谷歌、雅虎、Facebook、Paltalk、AOL、Skype、YouTube以及苹果在内的公司服务器收集信息，涉及社交网站、音频、视频、手机、邮件等多种服务内容。恰是在中国国家主席习近平访美期间，棱镜项目通过英国《卫报》与美国《华盛顿邮报》曝光（见图1）。6月6日曝光的美国国家安全局培训材料生动地体现了政治权力如何勾结资本权力来侵犯全球信息技术用户的权利。可以说，它较为彻底地击碎了自从互联网诞生以来各种神话。它表明，在草根、政治和资本权力围绕信息传播技术进行的跨世纪大博弈中，政治和资本等传统全球霸权势力最终凭借自己的巨大资源优势占据了上风。

美国国家安全局培训材料的第一张幻灯片的标题是"美国作为世界电信的中枢"。该材料明确了三部分内容：①"世界上许多通信均流经美国"；

②"监控目标的电话、邮件或者聊天记录会选择最便宜的路径,而非物理意义上最直接的路径";③"(监控)目标的通信(内容)很容易流入和流经美国"。材料指出"2011年国际互联网带宽容量",显示出"美国和加拿大"、"欧洲"、"亚太"、"拉丁美洲和加勒比地区"以及"非洲"这五大区域互联网交通的不平衡。这表明互联网仍然是一种中心化的等级体制,召唤我们从根本上修正之前对于网络社会的认识。美国棱镜项目表明,类似美国国家安全局这种代表政府的国家权力以及谷歌这种代表资本的经济权力已经复活了传统社会中的上层权力,像水蛭一样附着在信息技术食物链的最上层,从全球用户的有机体上吸食各自所需的"营养"。

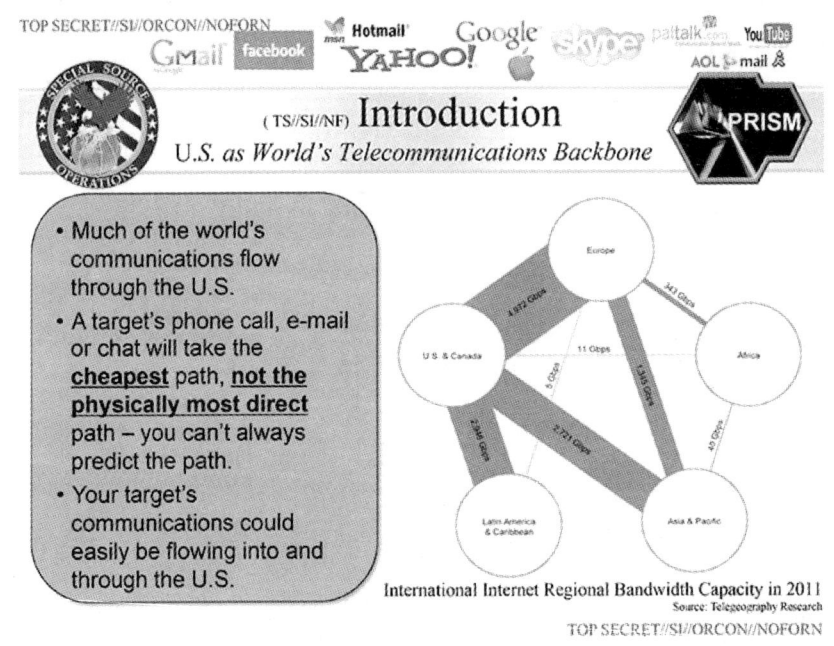

图1 美国国家安全局介绍棱镜项目的幻灯片

资料来源:《华盛顿邮报》2013年6月6日。

这些材料曝光的时刻恰逢习近平主席访美。可以说,美国此前编造的关于中国黑客攻击的谎言恰恰在习近平主席和奥巴马总统会面的过程中坍塌。根据斯诺登公开的材料,美国国家安全局已经在全球发动了超过6万多起黑客攻击,数百个中国大陆和香港的目标受到了攻击。2009年开始,美国国家安全局就已经开始对中国大陆和香港进行黑客攻击，攻击目标是大学、商业机构、政府官员和学生。2011年，美国情报部门共实施了231次网络攻击，其中近75%针对伊朗、俄罗斯、中国、朝鲜等国家，而这些国家中没有哪个国家曾经对美国发起过恐怖袭击。至此，美国对中国进行黑客攻击的人证、物证俱在。斯诺登以一人之力逆转了中美网络安全论战的趋势。此前，中国各方面心急如焚地看到一些美国媒体和官员在网络安全议题上对中国进行系统的污蔑。如果这些污蔑完全获得成功，那就等于向世界宣布我国所有取得的经济成就在较大程度上是因为盗窃了西方的知识产权成果，而不是我们数以亿计的劳动人民辛勤工作的结果，也不是中国学生在中外校园里刻苦学习的结果。

对于全球公众来说，得知真相之后的反应自然是愤怒。然而，最让全球公众愤怒的并非仅仅是真相本身，而是得知真相之后，包括美国政府在内的各国政府的反应。美国奥巴马政府没有丝毫的歉意，不仅迫使法国、葡萄牙、意大利、西班牙政府迫降玻利维亚总统的专机，还指使其盟友英国政府在希思罗机场搜查《卫报》记者格林沃尔德的巴西密友，而这五个欧盟政府均欣然从命。中国政府也没有借势反击。而事件的真相已经再清楚不过：美国之前在指责中国的所作所为的时候，实际上是将自己正在做的事情安在中国的头上，毫无遗漏之处。这种肆无忌惮的栽赃陷害在国际关系的历史上绝非第一次出现，然而，它的确是首次以这种"现场直播"的方式完整地呈现在全球公众尤其是中国公众的面前，并且展示出多个具有戏剧性的转折点。在全球公众的目光下，却几乎没有哪个政府愿意在这个事件中直面美国霸权。美国奉行"宁可天下人负我，我不负天下人"的逻辑，世界各国政府大都选择忍气吞声，甚至还做出"打我左脸，我将右脸送上"的不得已的行为。

美国目前正在避开斯诺登事件对美国战略的干扰，跟中国再续"前缘"，继续在网络安全方面挑战中国，实现在经济方面的战略目标。须知，美国挑起网络安全议题的战略目标之一是建立一种有技巧的贸易保护主义战略，既能够以此为借口阻挡中资企业进入美国市场，乃至以知识产权被盗为借口发起贸易报复，也仍能维持道德制高点，建立有利的贸易条件推进美国跨国公司在中国市场的扩张。一言以蔽之，美国希望在未来的中美经济关系中有选择地复制"华为－思科模式"。这种模式是指美国可以国家安全为由阻挡中资公司华为在美国发展业务而美国公司思科却可在中国大行其道。美国众议院情报委员会抵制华为的理由是"中国有能力、有机会且有动机为恶意之目的利用电信企业。"这个理由是莫须有的、无法反驳的荒谬之论。

正是在这个广泛的背景下,7月初召开的第五届中美战略与经济对话讨论网络安全、知识产权、《中美双边投资条约》等议题,双方取得这样的"成果":"美方承诺,公平对待中国企业赴美投资,对包括国有企业在内的中国投资者保持开放的投资环境。美方承诺,美国外国投资委员会(CFIUS)所有的投资审查都仅限于国家安全,而不是经济政策或其他国家政策,承诺与中方讨论投资审查中涉及的关键概念和因素。"① 正是这部分内容带来巨大争议。美国事实上可以将一切内容都跟国家安全挂钩,"网络安全"这个框子能装下所有产业内容。更何况,这些谈判发生的背景是我国似乎接受了"华为-思科模式"的合理性。以此逻辑推进下去,中国极有可能陷入全面被动。假若中国政府在未来谈判中能够劝服美国政府放弃以国家安全为由阻碍华为中兴公司,方能看到一些双边和对等的含义。

三 美国网络管制发展史

围绕斯诺登事件的言论或争论让人不禁联想美国《传播净化法案》与《爱国者法案》风波。在《电信法》颁布的前夕,美国政府于1996年2月8日出台了一部旨在加强互联网针对色情信息传播的监管力度的政策,名为《传播净化法案》(Communication Decency Act,以下简称CDA),严禁通过互联网向未成年人发布带有色情内容的信息,否则予以罚金25万美元和最高可达2年的有期徒刑,其具体内容有如下几个方面。

一是任何人在州际或国际通信中明知信息接受者在18岁以下,仍以电子通信手段故意传送任何淫秽或不雅的评论、要求、建议、图像或其他内容;或任何人故意允许其管理的电子通信设施传播上述信息,均处以罚款或两年以下监禁,或两刑并罚。

---

① 《美方承诺公平对待中国企业赴美投资》,《深圳商报》2013年7月13日。

二是任何人在州际或国际通信中通过电脑向成年人或 18 岁以下的未成年人发送，或通过电脑以 18 岁以下的人可能接触到的方式展示关于性活动或性器官、排泄活动或排泄器官的任何评论、要求、建议、图像或其他内容，其描述方式按照当代社区标准属于明显令人厌恶；或任何人故意允许通过其管理的电子通信设施传播上述信息，均应处以罚款或两年以下监禁，或两刑并罚①。

但是，色情信息提供者在遭到上述指控时，在以下条件下可以免于处罚：①已尽网络管理人之责，采取合理、有效的措施和技术，防止未成年人接触网上不良信息；②使用信用卡或扣账，或通过软件、密码等方式过滤未成年人用户。②

从上面的内容条款中，我们可以认为：如果说《电信法》旨在从行业利益的标准对互联网以及电信行业进行规制的话，那么 CDA 则是从言论与公共利益的关系的角度对互联网的内容传播加以限制。但是这一法案却引发了两大阵营的直接论争，一方是诸如美国家长电视监督委员会这样的家庭协会与组织，它们对网络内容的净化法案表示赞同，但是美国公民自由联盟（American Civil Liberties Union, ACLU）、出版界（包括已经上网的报刊）和电脑界等不少组织和机构对此表示联合抗议和反对，认为 CDA 违反了宪法第一修正案中有关保障言论自由的权力，于是向费城法院提出诉讼。费城法院否决了《传播净化法案》，他们认为，向全球传递信息的电脑网络，理应得到最高级别的言论自由的保护。③

我们之所以将这项法案单列出来，不仅仅是这项法案所引发的关于宪法与法律的冲突以及最终宪法取得胜利的结果，并由此形成的判例路径，更为紧要之处还在于美国宪法的"言论自由"在网络（新闻）信息传播过程中的适用性问题，如果"言论自由"具有一种普世化的、无所不包式的跨媒体的

---

① 具体可参见《传播净化法案》，http://epic.org/free_speech/cda/ 以及 http://pdfcast.org/pdf/the-communications-decency-act-a-legislative-history。
② 具体可参见 U.S.C.A § 223（a）、(b)、(e)，(Supp, 1997)，转引自张向英《传播净化法案：美国对色情网站的控制模式》，《社会科学》2006 年第 8 期。
③ 《传播净化法案》所引发的争论及其来龙去脉可参见门文《互联网络与言论自由——美国关于〈传播净化法案〉之争》，《国际新闻界》1997 年第 4 期；以及黄展《传播净化的尴尬——美国传媒管制与言论自由之争》，见于 http://www.apcyber-law.com/details.asp? ID = 1642。

适用性，那么是否意味着网络媒介中的"公共利益"、"公共性"问题的淡化，以及由此与"言论自由"形成的二元悖论关系？这种二元悖论关系是否又与前述的传统媒介中，尤其是公共媒介影响力的日渐式微具有某种微妙的同构性呢？而这是否又意味着网络（新闻）信息传播所提供的公共服务的一种转型？

在2001年"9·11"事件后，同年10月26日，小布什签署了由众议院立法委员会草拟的《美国爱国者法案》（该法案正式的名称是"Uniting and Strengthening America by Providing Appropriate Tools Required to Intercept and Obstruct Terrorism Act of 2001"，中文意义为"使用适当之手段来阻止或避免恐怖主义以团结并强化美国的法律"，取英文原名的首字缩写成为"USA PATRIOT Act"，即"美国爱国者法案"之意）。

该法案以防止恐怖主义的目的扩张了美国警察机关的权限。根据法案的内容，警察机关有权搜索电话、电子邮件通信、医疗、财务和其他种类的记录；减少对美国驻外情报单位的限制；这个法案扩张美国财政部长的权限以控制、管理金融方面的流通活动，特别是针对与外国人士或政治体有关的金融活动；并加强警察和移民管理单位对于居留、驱逐被怀疑与恐怖主义有关的外籍人士的权力。这个法案也延伸了恐怖主义的定义，包括国内恐怖主义，扩大了警察机关可管理的活动范围[①]：

法案第201款规定，允许政府或者执法机构如警方人员可以在某些情况下，大规模地截取电话或者互联网通信内容，从而进行电话、电子通信与网络信息传播监听；

第212款规定，要求电子通信和远程计算机服务商在某些紧急情况下向政府部门提供详细的客户个人信息与通话信息；

第217款规定，在特殊或者紧急状态下窃听电话或者窃取计算机网络信息与电子通信是合法的。[②]

此外关于《爱国者法案》的内容，还有几项尤其值得关注，它包括：

---

① 具体可参见维基百科上对"美国爱国者法案"内容的具体介绍。
② 具体可参见 Declan McCullagh《爱国者法案：先窃听再说》，《财经观察》2001年10月3日。

后斯诺登时代的美国互联网治理

- 扩大警察的窃听权和FBI肉食动物（Carnivore）监视系统的用途。在紧急情况中，任何美国检察官或州检察长都可以在没有获得法庭准许的情况下命令安装FBI肉食动物网络监视系统。
- 简化执法部门的调查人员监听语音信息的手续。执法人员只需获得搜查证即可，不需向法院申请更高一级的窃听证。
- 窃听的手续也将简化。①

可见，该法案对美国的《联邦刑法》、《刑事诉讼法》、《1978年外国情报法》等进行了修正，政府无需法院的准许便能对涉及恐怖活动、网络欺诈等行为网络信息传播活动进行必要的监视，并以便政府掌控涉及国家安全的第一手互联网信息；同时，法官拒绝监视申请的权力也受到大幅度地限制，从而增加了秘密联邦法庭的权力范围。

《爱国者法案》的出台立刻遭受到了诸如美国公民自由联盟的反对，他们认为以"国家安全"为由从而对公民的电子通信与互联网信息传播进行监控，可能会对宪法第一修正案里的言论自由与隐私等个人基本自由权利造成潜在伤害。尽管遭遇民间、知识分子的诸多声讨以及政府内部共和、民主两党的分歧，2006年3月9日，小布什政府签署了延长《爱国者法案》，永久化其中的14项条款。

正如威廉·迈克尔（William Michaels）在其著作《最大的威胁：9·11后的美国与一个国家戒备状态的崛起》（*No Greater Threat*：*America After September 11 and the Rise of a National Security State*）中所指出的。

> 事实上，对我国国家安全造成的最大威胁莫过于对公民自由和法律法规的系统肢解。大量的政治力量和资源用于调查、监视与迫害，配合以美国公众对政府异常的信任，从而牺牲了公民的网络新闻自由以达到安全，这意味着公民很容易受到政府压迫和警察镇压，毁坏了它声称要保护的宪法。②

---

① 具体可参见Declan McCullagh《爱国者法案：先窃听再说》，《财经观察》2001年10月3日。
② C. William Michaels, *No Greater Threat*：*America after September 11 and the Rise of a National Security State*. Algora Publishing, 2005, p. 2, 4, 15, 28, 47。

之所以将《爱国者法案》作为美国网络（新闻）管理政策的重要文本，其意义在于，其媒介管制范式从对宪法权力和公民自由的优先关注转变为等量齐观地平衡国家安全和个人生存之间的关系①，即在行业标准、商业利益、公共服务等标准之上，存在着一个最大的刚性外围，这就是美国国家利益。它连同之后2002年11月的《国土安全法》，在国家安全的基础上对美国互联网的新闻管理与信息传播进行严密的监控，增强执法部门和情报部门搜集情报的能力，从而实现从搜集证据到收集情报的转变。

四 小结

面对干预主义和自由市场各自支持者在商业化、公益服务等命题的相持不下，美国关于网络（新闻）管理的法规制定与改革的过程是一个充满了争斗和妥协的过程，其间，国家利益、公共利益与行业等衡量标准相互制约。干预主义和自由市场的对立在管理政策文本中造成了大量的妥协与彷徨，导致很多政策文本留于概念而无从执行②。不同的主管部门在这一问题上步伐并不一致。当然，我们无从判断某一权力主体是完全站在干预主义还是自由市场立场，于是，相继出台的《96电信法》、《传播净化法案》与《爱国者法案》分别从行业与产业、商业与公共利益、国家意识形态三个方面奠定了美国网络（新闻）管理机制的基本框架，其中彰显的各种利益主体和权力主体彼此交错，编织成一幅错综复杂的范式转型期博弈图景。

从《传播净化法案》、《爱国者法案》到斯诺登事件及其棱镜门，不难察见，无论出于商业与公共利益，还是国家意识形态的力量，美国网络监管从不同角度、以不同形式奠定了在地化的网络管理机制的基本框架，其中彰显的各种利益主体和权力主体彼此交错，编织成一幅错综复杂的范式转型期博弈图景。必须指出，俄罗斯、美国、欧洲甚至中国，各国"对在表达自由、知情

---

① 〔美〕黄锦就，梅建明：《美国爱国者法案：立法、实施和影响》，蒋文君译，法律出版社，2008，第5~8、12页。
② 具体可参见赵瑜《国际媒介政策范式的转型——以数字电视为例的研究》，博士学位论文，复旦大学新闻学院，2008。

权与网上内容潜在危害三者之间如何取得平衡的关系做法不一"①，不能采取整齐划一的视角。诚如赵瑜的分析，网络媒体在传输技术上横跨了媒体和电讯两大领域，本身存在界定的双重性和管制的困难性。因此，网络媒介不仅面临着自由、侵犯隐私、互联网管理、反垄断及信息通道管理等一系列问题，并且还要与国家的宏观政策对其作为"另类媒介"的补充（supplementary）角色的限制和规制作斗争②。所以，网络监管及其政策制定的过程是一个充满了争斗和妥协的过程，其间，国家利益、公共利益与行业等衡量标准相互制约。意识形态、干预主义和自由市场的对立、交织或冲突在管理政策文本中造成了大量的妥协、彷徨、前后矛盾甚至倒退。

---

① 德里克·巴姆鲍尔：《互联网自由之谜》，http://www.21ccom.net/articles/qqsw/qqgc/article_20100917 19232.html，英文原载于《美国电子期刊》（eJournal USA）2010年7月号"界定互联网自由"（Defining Internet Freedom）。
② 具体可参见赵瑜《国际媒介政策的范式与转型——以数字电视为例的研究》第二章，博士学位论文，复旦大学新闻学院，2008。

传 播 力
Reach

B.12
2013年上海报业变革分析

戴丽娜*

摘　要： 2013年全球报业市场出现了较为普遍的下滑趋势，中国报业市场亦未能幸免，上海报业在被动形势下主动突围。经过短暂的调研，在上级行政力量的主导下，解放日报报业集团与文汇新民联合报业集团合并组建为上海报业集团，开启了上海报业历史的新篇章。本文着重探讨了上海报业变革的背景、原因、过程、格局、趋势，以及相关发展建议。

关键词： 上海报业　报业变革　集团合并

2013年10月28日，有着百余年辉煌历史的上海报业，又写下了浓墨重彩的

---

* 戴丽娜，博士，上海社会科学院新闻研究所副研究员，中国舆情研究中心主任，研究方向为新媒体传播、营销传播。

一笔——由上海解放日报报业集团和文汇新民联合报业集团合并组建的上海报业集团正式宣告成立，简称申报集团，英文名为 Shanghai United Media Group。由原上海广播电视台台长和上海东方传媒集团有限公司（SMG）总裁裘新出任上海报业集团党委书记、社长。在全球报业普遍衰退背景下，上海报业格局的大手笔变动，在学界和业界引起了广泛的关注和热议，被称为是"新闻界的最大新闻"。

一 变革背景

（一）全球报业衰退趋势

2013年，全球报业变局迭起。在大洋彼岸，仅8月份就发生了两起引人瞩目的收购事件。8月3日，纽约时报集团以7000万美元的低价出售了旗下具有140余年历史的《波士顿环球报》，而20年前收购时则花了将近11亿美元。紧接着，8月6日，又发生了另外一起引人关注的报业收购案。全球网络电子商务巨头亚马逊总裁贝索斯斥资2.5亿美元收购了《华盛顿邮报》，这宗交易结束了Graham家族对《华盛顿邮报》长达80年的掌控。自2012年开始的报业衰退浪潮仍在全球范围蔓延着。我国的报业市场亦未能幸免。根据2013年7月底，中国广告协会报刊分会和央视市场研究媒介智讯发布的《中国报纸广告市场分析报告》显示，上半年报纸广告全方位衰退，6月，报纸广告同比下降16.4%，环比也下降2.9%①。大势所趋之下，上海报业市场也陷入衰退之中。根据2013年3月上海市工商局发布的《上海广告市场报告》显示，2012年报纸广告营业收入首次出现了两位数的负增长。

根据中国知网论文文献统计数据发现，此轮全球报业危机已非首次，自新世纪以来我国学界对报业衰退的探讨曾出现过三次高峰，分别是2006年、2009年和2012年（见图1），而它们分别则对应着2005年、2009年，以及2012年延续至今的三次全球性报业发展危机。

---

① 数据来源：中国经济网，2013年7月31日，http：//www.ce.cn/culture/gd/201307/31/t20130731_24622153.shtml。

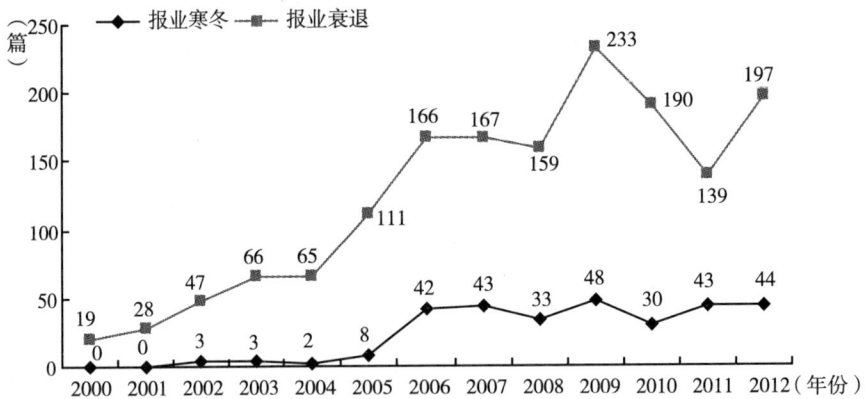

图1 2000~2012年我国学者关于报业衰退发展趋势的文献量统计

（二）新媒体的冲击

回顾新世纪媒介格局的演变历程，2005年以前，传统媒体还基本上处于优势地位；而2006年以后，媒体格局则出现了新的态势，一方面是以数字传播技术为支撑的新媒体快速崛起，一方面则是传统媒体的日渐衰落。

自20世纪末到21世纪初我国各地报业集团纷纷成立以来，我国报业市场曾经历过一个短暂的繁荣发展阶段。虽然中国互联网发轫于1996年，但对报业的冲击并没有很快显现出来。最初网络用户数量很少，功能简单，用户体验性差，并在2001年时出现了严重的低谷。但随后的三四年互联网进入了快速发展通道，2000年用户人数仅2300万，到2005年已达到1.11亿人。也就是在这一年报业感受到了来自新媒体的第一次冲击，所谓新媒体概念也渐为人知，当时主要指手机新闻（文字短讯）、移动电视、楼宇电视等。

经过第一次报业寒冬洗礼，报业发展开始进入了报网融合的大发展阶段。然而，报网融合并没有改变大部分报纸的命运，很多报业的网络版犹如鸡肋，增加了高额支出，却收益甚微。在此期间，门户网站虽然没有采访权，但具有明显的优质信息和新闻的聚合优势，从而培育了用户网络新闻阅读的习惯。因此，在门户新闻网站的持续冲击下，2009年，世界范围的报业发展出现了财政赤字、印量减少、发行下跌等现象。全球性的报业衰退再次爆发。当报纸还在探索如何通过报网融合与互联网竞争的时候。互联网已经开始以门户网站为代表的1.0时代，进入了以社交网站为代表的社会化媒体即互联网2.0时代。这一阶段传统的自上而下的信息传播格局被颠覆，传播权力空前普及，公民新闻现象对专业新闻构成了强烈冲击。这一时期的新媒体代表是手机报、人人网、开心网、优酷、微博、IPTV等。

2012年以来全球报纸经营状况再度恶化，减少出版频次、出售固定资产、大幅裁员、减缩发行区域、所有权交易频繁等报业经营衰退迹象再次频现。与此同时，我国报业的发展状况同样不容乐观。2013年我国报业广告收入继续下滑。根据梅花网广告监测数据显示，2013年1~5月中国报刊广告累计同比下降12%①。另一方面，互联网用户量和广告额则处于快速上涨阶段。根据中国互联网络信息中心发布的最新研究报告显示，截至2013年6月底，我国互联网用户已达5.91亿，手机网民规模已达4.64亿。各种新的媒体终端形式层出不穷，如智能手机、平板电脑、电子阅读器等，其中微博、微信、新闻客户端等都在吞噬报纸读者市场。

二 变革原因

（一）顺势而为

从历史维度分析，上海两大报业集团合并具有一定的历史必然性。从2013年7月上海市人大副主任杨定华率调研组，对解放和文新两大集团进行调研开始，至上海报业集团成立，仅仅百日。然而，这看似偶然的事件背后蕴藏着巨大的历史必然性。纵观人类信息传播发展史可知，报纸的衰退是一种历史必然，其根本原因正是势不可挡的信息传播技术发展洪流。报纸曾开启了大众传播时代的序幕，但时至当下，作为纸质媒体的报业辉煌期已然消逝在历史的长河中。

---

① 郭全中：《中国报业"拐点"向下》，《南方传媒研究》，http：//www.nfmedia.com/cmzj/cmyj/jdzt/201309/t20130927_361757.htm。

至今，人类大致历经了语言、文字、造纸术和印刷术、电子传播、数字传播五次信息传播技术革命。报纸诞生于以造纸术和印刷术为核心的第三次信息技术革命时期，并引领了大众传播时代。而此后两次信息技术革命带来的诸多媒介形态，从报纸的立场上看，可谓是一个漫长的分食报纸市场的过程。而整个信息技术发展的历史，也正是一部媒介市场一轮轮细分的演变史。以广播、电影、电视等为核心的电子信息传播革命，虽然削弱了报纸在大众传播时代早期曾经辉煌的统领地位，但是由于它们之间相异的媒体特质，使得互补传媒生存发展格局逐步形成。但是，当具有融合纸媒与传统电子媒介于一体的互联网诞生后，对此前的媒体形式均产生了不同程度的冲击，首当其冲的就是技术复杂度较低的报纸。

面对日益复杂和多元化的媒体竞争格局，报业整体的竞争力在弱化、市场在萎缩。在此形势下，报业的竞争目标已不是也不应该再是其自身，共同应对来自新技术和新媒体冲击才是当务之急，因此，可以说上海报业集团的成立是顺应信息传播技术发展趋势的历史必然。

（二）因势而变

从现实维度分析，上海报业集团的成立是应对当前困境的必要选择。新技术新媒体的快速发展对传统主流媒体在意识形态和市场竞争两个层面形成双重冲击。

在意识形态领域，自互联网诞生以来，主流媒体的舆论影响力就开始呈现下降趋势。首先，网络的快速发展使之已成为人类继海、陆、空、太空以外的第五大生存空间，且此空间具有显著的全球性特征，一个极为不可控的全球舆论场也由此诞生。此阶段国际舆论场对国内舆论场的作用力明显增强。如果说网络1.0阶段，在网络空间里发布信息的主体相对可控的话，那么进入网络2.0阶段以来，网络朝自媒体和社会化方向演化，每个人都可以成为信息发布者，使得自上而下的信息传播格局被颠覆，形成了草根舆论场和主流媒体舆论场对峙、国内舆论场与国外舆论场联动的局面。这对担负塑造主流意识形态和引导主流舆论责任的传统媒体而言无疑是巨大挑战，并且已出现了势微的局面。

在市场竞争领域，上海报业面临的发展困境和生存危机是解放与文新合并的一个重要原因。近三年，《新闻晨报》、《新民晚报》、《东方早报》、《新闻晚报》和《解放日报》等媒体的广告额增长率出现了不同程度的下滑，甚至出现较大幅度负增长。一方面，在新媒体的冲击下，报纸读者群体正日益萎缩，广告收入呈下降趋势；另一方面，全国报业竞争的格局正逐步突破行政区域的限制演变为全国性市场。因而，上海两大报业集团同城竞争的格局，已经不合时宜。整合资源以形成规模优势成为应对现实竞争的必要选择。

三 变革过程

在外界看来，上海报业的变革来势迅猛。从2013年7月人大调研开始到10月挂牌成立不足百日。但实际酝酿则始于2012年底。回顾十八大以来上海市宣传工作推进动向可以发现，这次变革的推动者不仅仅是上海市委宣传部，更是上海市委及市委书记韩正[①]。2012年年底以来，韩正多次前往市委宣传部，深入本市主要新闻单位调研，先后召开六个座谈会，与大家一起探讨在新技术革命带来新媒体迅猛发展的新形势下，上海传统媒体转型发展的路径问题。

早在2012年11月28日至12月5日，市委书记、市长韩正在调研思想文化工作推进情况时，就表现出对新闻宣传工作的高度重视。在市委宣传部举行的座谈会上，他指出，新闻宣传工作要进一步提升"引导力、影响力，增强说服力、吸引力和感染力"，并强调应高度重视新媒体的作用和未来的社会地位及影响力，紧跟时代步伐。2013年1月21日，韩正书记在宣传思想文化工作会议上再次提出"壮大主流思想舆论，切实增强正面声音的引导力和影响力"的要求。同时也指出，要善于运用新媒体，把用好新媒体作为服务发展的重要平台、作为党和政府更好联系群众的重要平台。8月15日，韩书记再次到市委宣传部调研，在与大家探讨网络新技术革命时，提出了"要进一步解放思想、创新突破、抓住机遇、顺应潮流、有所作为，加快传统媒体的创新

---

① 俞振伟：《上海新一轮报业改革 出手快动作大看点多》，新浪上海，http：//sh.sina.com.cn/news/b/2013-10-15/150365828.html。

转型，跟上新媒体的发展步伐"的观点。从韩正书记的几次讲话中，可以看出他一方面极为强调主流媒体影响力提升问题，另一方面也非常关切传统媒体创新与转型发展问题。

2013年7月，由上海市原人大副主任杨定华牵头的上海市委第一调研组，深入文新、解放两个报业集团进行了为期一个半月的调研，听取了百人次的意见。调研围绕三个核心展开：发展问题、班子问题、年轻干部问题。调研的结果显示要求"积极推进报业的调整改革"的呼声很强烈。①

9月2日，上海市委书记会议的所有成员，会同相关部门负责人，听取了调研组的汇报。会后，上海市委决定，由市委宣传部部长徐麟、副部长朱咏雷、市委组织部副部长于明黎三人，成立"新报业集团成立筹备小组"，简称"三人小组"。此后，这一工作在高度保密的状态下高效推进。

大概三周以后，"三人小组"扩大为"六人小组"。新加入的三人为上海广播电视台台长裘新、解放日报集团党委书记尹明华、文汇新民联合报业集团党委书记徐炯。

一个月后，"六人小组"制定完成了整套具体的改革方案。

10月12日，上海常委会投票通过了上海报业集团调整改革方案。

10月14日，报业调整的部分重要人事提任信息开始在《解放日报》上公示。

10月28日，上海报业集团正式挂牌成立。

四 当前格局

从中华人民共和国成立至今，上海报业格局经历了一个从"三足鼎立"到"两强相争"再到"一家独大"演变过程②。1998年7月25日，中国大陆两份历史最悠久的报纸——《文汇报》（创刊于1938年）和《新民晚报》

---

① 王云帆：《上海报业百日革新：如何跳出周期律办报》，新华网－上海频道 http://www.sh.xinhuanet.com/2013-10/25/c_132830639.htm。
② 刘鹏：《大势所趋 潮流所向——上海报业集团组建之我见》，《新闻记者》http://journalist.news365.com.cn/bktj/201310/t20131021_1660962.html。

(创刊于1929年)联合组建成立了文汇新民联合报业集团,结束了上海报业"三足鼎立"的时代。2000年10月9日,以中共上海市委机关报《解放日报》为主报组建的上海第二个报业集团——解放日报报业集团宣告成立,正式拉开了"两强相争"的序幕。文汇新民联合报业集团,以《文汇报》和《新民晚报》为骨干组成了"兄弟型"报业集团,旗下主要媒体形成了文汇系(《文汇报》、《新读写》、《文汇读书周报》和文汇网等)和新民系(《新民晚报》、《新民周刊》、《新民地铁》、《新民晚报社区版》和新民网等)两脉。而解放日报报业集团则是以《解放日报》为核心的"父子"型集团,旗下包含多个著名特色报纸品牌,如面向白领消费的都市周报《申江服务导报》,最早的免费地铁报《I时代》和全国首家文摘类报纸《报刊文摘》等,曾一度一日发行三种都市新闻报:《新闻晨报》、《新闻午报》(后脱离解放集团)和《新闻晚报》。经过十几年的市场磨合,两大报业集团及其子报的各自定位及运作边界已相对稳定,竞争趋于和缓,市场格局相对固化①。

如今,上海报业集团的成立无疑开启了上海报业历史新篇章。无论从数量,还是从经济规模角度,上海报业集团在上海报业市场中均处于无可匹敌的垄断地位。根据上海新闻出版与上海版权官方网站的上海报纸数据库统计显示,截至2013年10月底上海共有报纸100种,而新组建的上海报业集团就占了22家,除此之外,再无其他同时拥有5家以上报纸的机构。就资产规模而言,据2013年7月公布的《新闻出版产业分析报告》显示,原解放日报报业集团和文汇新民联合报业集团经济规模在全国分别排第3名和第5名②。据初步估算,二者合并后资产达到208.71亿元,净资产为76.26亿元③,其总体经济规模在全国报业集团中也是位居前列。

表1为上海报业集团报纸资源及其向新媒体延伸发展情况统计。其中,新浪微博粉丝量前五位依次是《新闻晨报》(569万)、《东方早报》(258万)、

---

① 俞振伟:《上海新一轮报业改革 出手快动作大看点多》,新浪上海,http://sh.sina.com.cn/news/b/2013-10-15/150365828.html。
② 原国家新闻出版总署官方网站:《2012年新闻出版产业分析报告》(2013年7月)http://www.gapp.gov.cn/govpublic/80/671_4.shtml。
③ 新华网:《上海报业集团挂牌成立 成"一集团三报社"架构》,http://news.xinhuanet.com/fortune/2013-10/29/c_125614154.htm。

《新民晚报》（214.7万）、《解放日报》（123万）和《新闻晚报》（48万），三大骨干报纸《文汇报》有29.2万粉丝排名第六。《解放日报》不但进入了前五名，同时它还拥有腾讯微博账号、微信官方账号和ISO平台的APP客户端，是三大报中新媒体延伸发展最全面的。《文汇报》和《新民晚报》两家也积极地拓展了新媒体应用。

除报纸外，合并后的上海报业集团还拥有杂志10种，出版社2家，剧院1座。在新媒体领域，拥有16个网站，25个新浪微博账号、16个腾讯微博账号、19个微信账号和13个App产品①。

表1　上海报业集团报纸资源及新媒体延伸发展现状

名称	创刊年份	简介	官方微博关注量		微信官方账号	App客户端	原属集团
			新浪粉丝	腾讯听众			
《解放日报》	1941	日报。是中共早期的政治理论刊物。新中国成立后成为中共上海市委机关报	123万	58.8万	解放日报	iSO系统	JF
《文汇报》	1938	日报。内地连续出版历史最悠久的综合性大报之一	29.2万	—	文汇笔会、文汇讲堂、汇吃	iSO系统	WX
《新民晚报》	1929	晚报。中国创刊时间最早、出版时间最长的晚报	214.7万*	—	新民法谭、新民体育	iSO系统	WX
《上海日报》	1999	日报。全国第一份彩色英文报	4.3万	52.4万	上海日报SHDaily	iSO系统	WX
《新闻晨报》	1999	早报。综合性都市报	569万	64.8万	新闻晨报	—	JF
《新闻晚报》	1999	晚报。现代都市晚报	48万	60.8万	新闻晚报	—	JF
《东方早报》	2003	日报。立足上海辐射长三角的财务类综合性日报	258万	44.9万	东方早报、东方早报第一现场	iSO系统	WX
《申江服务导报》	1998	周报。融新闻性与服务性于一体的综合性周报	24万	23.7万	申江服务导报	—	JF

---

① 统计数据来源于上海报业集团官方网站，http://www.sumg.com.cn/gfwb/，截至2013年11月15日。

2013年上海报业变革分析

续表

名称	创刊年份	简介	官方微博关注量		微信官方账号	App客户端	原属集团
			新浪粉丝	腾讯听众			
《文汇读书周报》	1985	周报。首家公开发行的读书类专业报纸	—	—	—	—	WX
《I时代》	2003	工作日日报。国内首份地铁免费报	24.5万	13.0万	铁丝团	—	JF
《新民地铁》	2010	周报。《新民晚报》子刊，免费	5.3万	3.9万	—	—	WX
《房地产时报》	2001	周报。与上海市房屋土地资源管理局合作，服务性报纸	1.0万	1.6万	房地产时报	—	JF
《新民晚报社区报》	2007	周报。凸现海派家庭文化的生活服务类周报	0.14万	3.0万	—	—	WX
《上海法制报》	1984	每周三期。上海政法委员会和上海市司法局主办的专业报	0.015万	2.75万	—	—	JF
《社区晨报》	2012	双周报。为30多个社区度身定做的中国首张社区报。免费	0.35万	—	—	—	JF
《东方体育日报》	2002	日报。全国第一家面向市场的体育专业类日报	8.2万	4.4万	东方体育日报	—	WX
《上海学生英文报》	1986	每周两期。全国第一张面向中学生的英语学习辅导类报纸	0.68万	0.72万	—	—	JF
《外滩画报》	2002	周报。定位于白领的解读城市文化生活的高端周报	22.5万	4.7万	外滩画报	—	WX
《报刊文摘》	1980	每周三期。我国第一张综合性文摘报	0.28万	—	—	—	JF
《文学报》	1981	周报。改革开放后率先创刊又最有影响的文学类专业报纸	0.43万	—	—	—	WX
《浦东时报》	2008	每周三期。中国首份区县城市命名的公开发行报纸	0.26万	—	—	—	JF

* 《新民晚报》与新民网同一个新浪微博官方账号。

上海报业集团采取了"一集团三报社"基本架构，新成立的报业集团将以统筹经营为主要职责，担负起在新技术运用、新媒体发展、新领域拓展三方面的职责；集团所属的解放日报社、文汇报社、新民晚报社则恢复报社独立建制，实行党委领导下的总编辑负责制，以做好媒体内容业务和把握舆论导向为主要责任。恢复三大报的法人资格后，三家报社对报纸全面负责，拥有事权、人权和财权。原两大报业集团所属其他报刊，将按内容类型、社会影响、品牌效应等，或归入解放、文汇、新民三大报系，或由报业集团进行整合优化、定位调整。

五 结语

（一）发展趋势

从变革主导力量的角度分析，此次上海报业变革是由上海市委书记、市委、及宣传部自上而下推动促成，而非自下而上的市场力量。因此在今后一段时期内，上海报业集团在意识形态领域所担负的功能必定有所增强。"做大做强主流媒体、提高主流舆论的影响力，巩固党的执政地位和群众基础"应是上层推动报业深化改革的初衷。为进一步减轻报业市场下滑的背景下主流媒体的经济压力，专注于优质内容生产，从2014年起，上海财政拟对解放日报社和文汇日报社分别给予5000万元的资金扶植。同时，上海市宣传文化专项基金也将安排资金支持主要报纸发展新媒体，扶植外宣媒体和具有文化影响力的报刊。上述支持性举措的目的均在于提升主流媒体的传播力、影响力和公信力。

从技术角度分析，要大力发展新媒体。应对新媒体的挑战不仅是上海报业变革的重要原因之一，同时，顺应技术发展趋势进行转型发展也是传统媒体唯一的出路。上海报业集团发展新媒体的姿态已非常明确。"新技术、新媒体、新领域"被确定为集团创新发展的方向。"新媒体"意味着上海报业集团将在传媒产业中横向扩张。集团成立当日下午，即与百度公司正式签署协议，并宣布已就战略合作和共同运营百度新闻"上海频道"达成协议。此外，集团还将迅速推出新媒体业务"上海观察"App，该款App归于《解放日报》旗下，其内容不体现在报纸上，以评论和网络主流表达形式，全方位展现上海人和上海事①。

（二）相关建议

1. 形成差异化发展格局

从表1中所列出的上海报业集团报纸资源情况分析，有些报纸的市场重合度较高，在市场整体萎缩的情况下，应进一步采取合并同类项策略。如将《新闻晚报》并入《新民晚报》；《新民地铁》并入《I时代》；《新民晚报社区报》与《社区晨报》合并，打造新的社区报品牌。在优化组合的同时，着重打造以《解放日报》、《文汇报》和《新民晚报》为核心的三大报系。《解放日报》是市委机关报，《文汇报》面向知识分子，《新民晚报》则"飞入寻常百姓家"，它们分别对应了公务员、知识分子、普通百姓三个受众群体，三者组合覆盖率极高。不但应继续保持其各自历史风格特色，同时还应将其品牌价值向新媒体产品延伸，形成差异化的解放系、文汇系和新民系三大脉络的媒体产品格局。

2. 采取多元化经营策略

这场报业变革成败的检验标准为双重。一方面是政治的，即报业集团作为传统主流媒体舆论影响力的提升。另一方面则是经济的，即报业集团作为市场主体赢利能力的提升。要做大做强，紧靠有限的财政支持是不够的，采取金融、房产等多元化经营策略是国际传媒业通用的手段。原解放和文新集团都已进行过成功的运作。新集团仍需要采取多元化的经营策略夯实经济基础。从当前集团的领导成员配备上可以推断，报业改革正朝着深化市场化之路上前行。集团新增设的总经理与副总经理职位表明事业单位的企业化改革又向前迈进了一步。

3. 追求更高的发展目标

两大报业集团合并以后，同城竞争者自然消失。上海报业集团应树立全国

---

① 王昕晨：《上海报业集团28日挂牌　首推新媒体业务》，《上海证券报》，http://company.cnstock.com/company/scp_dsy/tcsy_rdgs/201310/2781349.htm。

乃至全球市场意识。自2011年以来，全国各省市陆续完成了第一批非时政类报刊出版单位转企改制；同时中央财政更是投入巨资，加强对中央级报业媒体单位的资助扶持。上述两种情况客观上促成了全国范围的报业发展竞争格局①。而就目前而言，上海的报纸在全国市场上的竞争力还较弱，即便是三大报的影响力也远不及历史辉煌时期。此外，还应借助集团雄厚的实力打造具有国际影响力的英文版《上海日报》，拓展国际舆论空间的话语权。复旦大学新闻学院党委书记俞振伟教授提出了将上海打造成国际化"媒体"中心城市的建议非常值得考虑。凭借上海作为近代报业、电影发源地的历史积淀，以及当前建设"四个"中心的国际化大都市定位，上海有条件、也有能力率先发展成为全国传媒业高地。

2013年上海报业变革被业界称为"新闻界最大的新闻"，有些专家甚至认为其极有可能在全国范围内引起一轮报业合并高潮。姑且不论能否成真，但足见业界和学界对两大报业集团合并的高度认可和热切期望。然而，变革的序幕才刚刚拉开，顶层架构已初步建立，底层调整方案还有待进一步细化。期望已起航的上海报业集团能够审时度势、锐意创新，传承历史文脉、彰显主流价值，并且能够经得起市场的考验！

---

① 俞振伟：《上海新一轮报业改革 出手快动作大看点多》，新浪上海，http：//sh.sina.com.cn/news/b/2013-10-15/150365828.html。

B.13
主流文化价值体系的新媒体传播*
——以文化精品的轻博客传播为例

王 月**

摘　要： 本文在梳理相关文件的基础上，首先对"文化精品"的概念进行了界定。然后介绍了文化精品在点点网轻博客的传播现状和信息传播特征。之后通过与新浪微博的对比，分析了文化精品在轻博客和微博信息传播中规律的异同。最后，基于现有分析对扩大文化精品及主流文化价值的传播提出相应的建议措施。

关键词： 主流文化价值　文化精品　轻博客　传播现状　传播规律

一　研究背景及意义

社会主流文化价值的传播关乎社会核心价值观的建立，关乎意识形态的建设、经济的实现以及社会全面进步和人的全面发展。而文化精品作为时代文化发展水平的重要标志，以及社会群众认同的优秀作品，承载着弘扬主流文化价值的使命。借此缘由，本文通过对文化精品轻博客和微博传播的研究，探究社会主流文化价值的新媒体传播。1996年十四届六中全会通过的《中共中央关于加强社会主义精神文明建设若干重要问题的决议》中就提及了："树立精品

---

* 本文为国家社会科学基金青年项目"文化精品的轻博客传播研究"（12CXW033）的阶段性成果。
** 王月，博士，上海社会科学院新闻研究所助理研究员，研究方向为新媒体和文化传播。

意识，实施精品战略"，但"文化精品"的完整提法最早出现在"国家'十一五'时期文化发展规划纲要"中——"繁荣发展文学艺术，实施文化精品战略"。"国家'十二五'时期文化改革发展规划纲要"中提及的已不仅是文化精品的生产，而是"推动当代文化精品网络传播，制作适合互联网和手机等新兴媒体传播的精品佳作"。"文化精品"追溯起来是一个自上而下的概念，通过梳理十四届六中全会的"精神文明建设决议"、"十一五"、"十二五"时期的文化发展纲要，以及《中共中央关于深化文化体制改革推动社会主义文化大发展大繁荣若干重大问题的决定》，可发现意识形态方界定的"文化精品"为：反映时代精神，代表国家形象，具有民族特色，具备国际水准，思想性、知识性、艺术性、观赏性统一，并能适应人民群众需求的文艺作品。"精品战略"中也提及"鼓励一切有利于陶冶情操、愉悦身心、寓教于乐的文艺创作"。"五个坚持"论中也提到"推出更多面向群众、面向基层、面向市场"的精品力作。但"文化精品创作生产工程"中重点推出的是"弘扬主旋律的文艺作品"，重点资助的是"重大革命和历史题材创作"。重点扶持的是"反映中国革命和现代化建设事业以及当代现实生活的作品"。透过各畅销书榜、电影票房、电视剧收视率等受众的文化消费情况，不难发现目前受众与官方对文化精品的界定存在错位的现象。结合意识形态方与文化消费情况，本文对文化精品概念进行了界定：反映时代精神，陶冶情操，愉悦身心，具有思想性，并为群众喜闻乐见的文艺作品。

多媒体竞争的信息时代，合适的传播方式和传播策略是决定传播成败的关键。从各文化消费指数中可发现中国并不乏文化精品，但目前受众与官方对文化精品的界定存在错位现象，且文化精品的传播途径单调，未能很好地利用新媒体传播，致使其在文化传播中处于边缘地位。文化精品的传播关系到社会主义文化强国建设和文化软实力的提升。扩大文化精品的社会影响力，有利于促进社会主义核心价值观建构，人民精神文化生活的满足。

二 研究对象和研究方法

轻博客作为继Facebook、Twitter后，在国际上影响第三大的社交模式，技术上，它既有博客的表达力，又有微博的社交传播力。更为重要的是它打破了之前以人为中心的社交模式，以内容为传播主体，致力于高品质文化传播，与文化精品的传播有着天然的亲和性。目前国内产生一定影响力的轻博客网站主要有：点点网、推他网、新浪Qing、人人小站和身旁网等。本文主要以点点网为研究对象，通过其与新浪微博平台的对比，分析文化精品在社交网站的传播情况。点点网是中国目前最大的轻博客平台，中国轻博客模式的创建者和领跑者，目前拥有超过600万注册用户。点点网于2011年4月上线开放注册，弥补了社会化媒体中高质量内容平台的缺失。其用户和内容覆盖时尚、电影、电视、音乐、插画、艺术、摄影、建筑、设计、美食、动漫、文学等数十个领域。

本文采用的研究方法包括：线上线下的参与式观察、深度访谈、抽样调查和比较分析法，试图探析文化精品在轻博客的传播规律，以及如何扩大文化精品的传播力和影响力。本次研究文本采集日期从2012年7月1日至2013年6月30日止。在点点网近四十个热门标签中选择活跃度较为稳定的：文化、阅读、视觉和时尚四个标签。再从这四个标签的杰出博客中分别挑选2~3个轻博客账号进行参与式观察。挑选原则为：①挑选出的账号每周均更新四次以上；②该账号半数以上的博文热度在10以上；③该账号与一个或一个以上其他社区网站或社交网站进行同步发布绑定，便于将文化精品在轻博客的传播规律与在其他社区、社交网站的传播进行比较分析。

三 研究发现

（一）传播现状

1. 从账号活跃度看，图片类信息更新频率高于文字类信息

在抽样的六个点点网账号中以图片为主要表达方式的账号有两个：色彩志和Fationality；以图文结合为主要表达方式的账号有一个：探索客；以文字为主要表达方式，但均以图片作插图的账号有三个：素字、悦读生活和美文日赏。从采集期间六个账号每月发表博文数量情况看，色彩志和Fationality整体发表数量较高。Fationality虽每月发表数量不是很稳定，但它占据了最高发表量 372 篇/月；色彩志发表数量则较为稳定，大体保持在每月 100~150 篇。图文结合类和文字类账号中，除素字外，其他账号每月发表博文数量基本上在 100 篇以下（见图 1）。

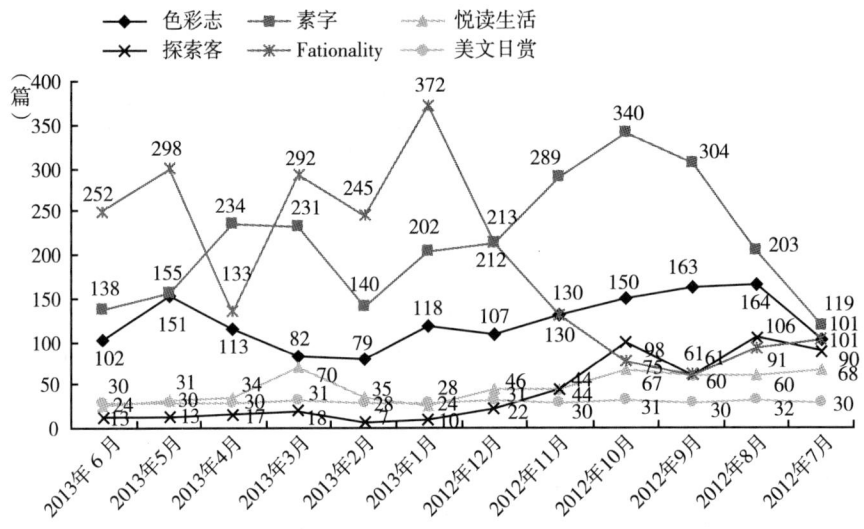

图 1 点点网活跃账号月发文情况

2. 从月均热度看，文化精品类文字信息热度最高

从每个账号的月均热度看，图片类信息热度普遍高于文字类信息，占据第二、三、四位的都是图片类账号：色彩志，探索客和 Fationality，热度均值在 50~80 篇。位居第一位的是文化精品类文字账号——美文日赏，热度多在 100 篇以上。该账号的博文大多为作者转载的现当代海内外名家的经典作品，如徐志摩、杨绛、莫言、苏童、贾平凹、龙应台、迟子建、周国平、严歌苓、张晓风、白先勇、曹文轩、张小娴、笛安等的作品。据此看来，文化精品类文化信息在点点网的关注度最高，这也正符合轻博客"致力于高质量内容的发布"这一初衷，利于文化精品的生产、传播和受众审美鉴赏力的提高（见图 2）。

3. 综合博文热度和账号活跃度看，二者无直接关联

综合博文热度和账号活跃度看，账号活跃度较高的素字，它的平均热度最低；活跃度排在后两位的美文日赏和探索客热度则均在前三位。据此可看出并非账号活跃度越高或更新频率越高，账号热度越高，即账号活跃度和热度并无

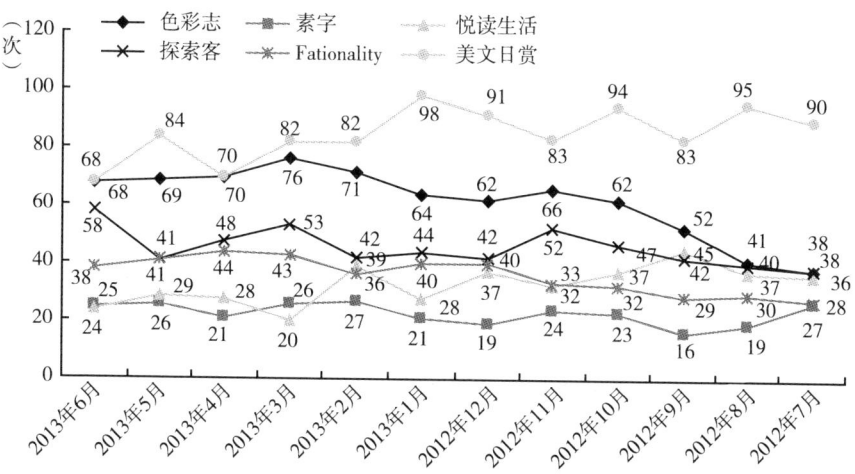

图2 点点网活跃账号月平均热度情况

直接关联。即轻博客网站点点网的受众不会因为任何一个账号内容丰富或更新快而对其进行转载、喜欢或回应等互动，而是根据博文内容决定是否进行互动，可以说点点网的受众具有一定的精品辨识能力。

（二）传播特征

为了进一步探析文化精品在轻博客网站的传播情况，在已选取的六个活跃账号中又筛选出热度前十的博文进行进一步的分析。以此为样本，通过比较这十篇博文在点点网和新浪微博的传播情况，分析文化精品在轻博客中的传播规律，以及轻博客在普通文化传播和文化精品传播中信息传播规律的异同。

1. 从账号来源看，优质账号质量稳定度较高

从热度较高的前十篇博文的账号来源看，它们主要集中于两个账号：美文日赏和悦读生活，每个账号各有4篇文章入榜，色彩志和探索客各有1篇文章入榜。这也印证了上文的论证，这两个账号的活跃度都不是很高，但按热度排行后，它上榜的博文最多。从图1看虽然素字的活跃度位居第二，但在图2中显示它的平均热度最低，表1的结果与图1和图2所示也一致，素字的博文无一篇上榜。前十的博文集中于一两个账号中，也可见点点网优质账号的质量稳定度较高。

表1　点点网活跃账号中热度前十博文基本信息

序号	日期	篇名	来源账号 点点	来源账号 微博/微信
1	2013-5-19	如果你爱我村上春树	美文日赏	凌汛（博）
2	2012-7-26	让自己做一个有气质的人	悦读生活	悦读资讯（信）
3	2013-3-11	也许有一天，你发觉日子特别的艰难，那可能是这次的收获将特别的巨大（以下简称"也许有一天"）	色彩志	色彩志（博）
4	2012-12-19	我想念你的多种方式	美文日赏	凌汛（博）
5	2012-9-19	世界不会因为你的疲惫，而停下它的脚步	悦读生活	悦读资讯（信）
6	2013-2-25	你好，陌生人	悦读生活	悦读资讯（信）
7	2012-8-16	【旅行攻略】云南、九寨沟之旅及西藏之行建议	探索客	探索旅行（博）
8	2012-8-8	请珍惜自己的"最佳损友"	悦读生活	悦读资讯（信）
9	2012-12-25	甘愿为你停下的人	美文日赏	凌汛（博）
10	2013-1-17	究竟怎样才算是爱情	美文日赏	凌汛（博）

2. 从媒介表现形式看，点点网最常用的表现形式是图片，最主要的表现形式是文字

通过对前十博文的表现形式进行分析后发现，插图式占了50%，配字式占40%，图文结合式占10%（见图3）①。可见，图片是点点网最常用的表现形式。但从以文字为主要表达方式的插图式占比大于以图片为主要表达方式的配字式看，文字仍然是点点网最主要的表现形式。

3. 从主题看，情感类博文热度较高，旅行风景类和励志类次之

从对前十博文的主题分析看，情感类博文占50%，其中以爱情为主题的有4篇，1篇以友情为主题。其次，励志类和旅行风景类各占20%（见图4）。励志类均强调以积极的人生观面对困难，如："也许有一天，你发觉日子特别的艰难，那可能是这次的收获将特别的巨大"，"世界不会因为你的疲惫，而停下它的脚步"。旅行类除实用性较强的"旅行攻略"外，"你好，陌生人"则强调以和谐、友善的态度面对陌生人。情感类则以赞美真爱和友情，倡导付出和发现平凡美为主题。综观各主题均提倡和谐、友善的世界观和人生观。

---

① 插图式主要以文字为主要表达方式，配一两张与主题相关的图片作为装饰；配字式则图片作为主要表达方式，图片上的文字对图片起解释说明作用；图文结合式则边用文字叙述边提供图片展示。

主流文化价值体系的新媒体传播

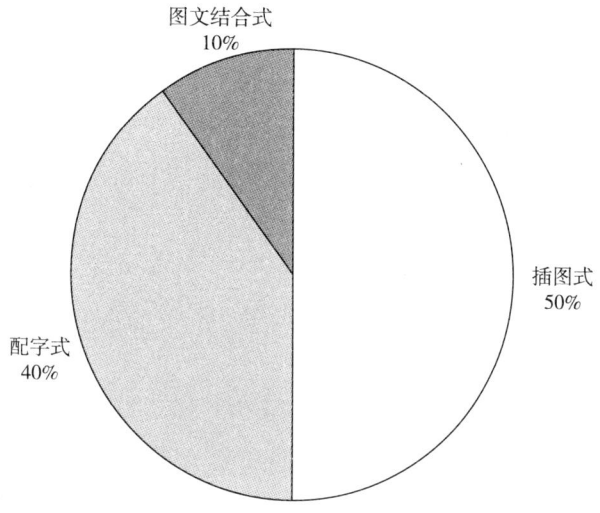

图3　点点网活跃账号中热度前十博文媒介表现形式

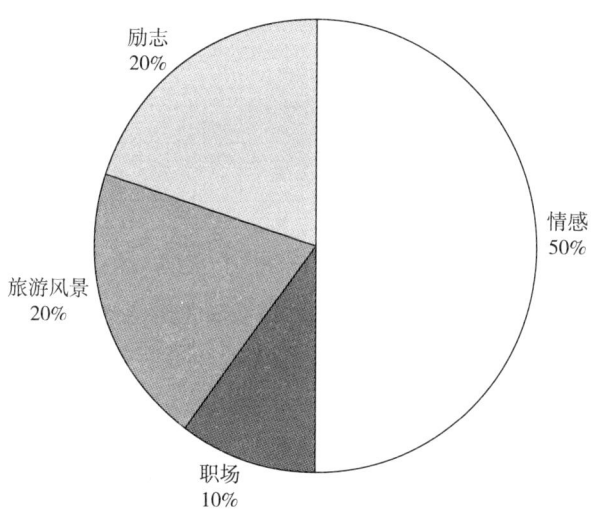

图4　点点网活跃账号中热度前十博文主题分布情况

（三）传播规律

为了便于进一步明晰轻博客的传播规律，特将热度前十博文中与新浪微博

229

同步的6篇博文在点点网和新浪微博的热度情况作以比较分析,分别比较其总热度、喜欢/赞、回应/评论及转发/转载情况。

1. 点点网热度较高的博文在新浪微博的关注度均较低

点点网热度较高的博文(热度均在250以上)在新浪微博的热度都较低,最高才达到336,甚至出现热度为0的情况(见图5)。微博碎片化的信息传播方式使受众已习惯浏览140字的消息,没有耐心读完微博发布框中4行字以上的文章。微博用户习惯看段子式的观点、思想,而点点网的博文虽有思想,但它的思想与故事互为论证,或是思想溶于故事中,需要揣摩、品味或自我提炼,被碎片宠坏的受众已丧失了读故事、鉴赏和回味的乐趣。

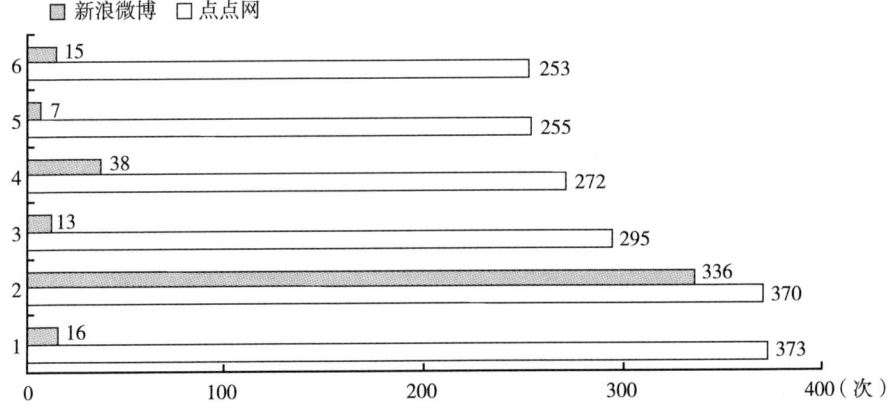

图5　部分博文在点点网和新浪微博"热度"情况比较

注:图4~图7中的变量1~6分别指代表1中1、3、4、7、9、10这6篇博文,因其他4篇博文的来源账号没有与新浪微博同步,只与微信公众平台同步,故在图中未做比较。

2. 点点网用户"喜欢/赞"功能的运用频率最高

从对筛选出的6篇博文热度情况的具体分析看,点点网用户使用频率最高的是"喜欢/赞"功能,其次是"转发/转载"功能,最后是"回应/评论"功能(见图6)。由于点点网用户使用"喜欢"功能后,除博主外,其他用户无法看到被喜欢的文章,这样便影响了博文的传播。而新浪微博用户"转载"功能运用频率最高,其次是"喜欢/赞"功能,最后是"回应/评论"功能

（见图7）。新浪微博所有关注该账号的用户都有可能看到转载的文章，这样便使得新浪微博的信息传播力较高，但文化精品类博文在新浪微博的传播效果并不好。

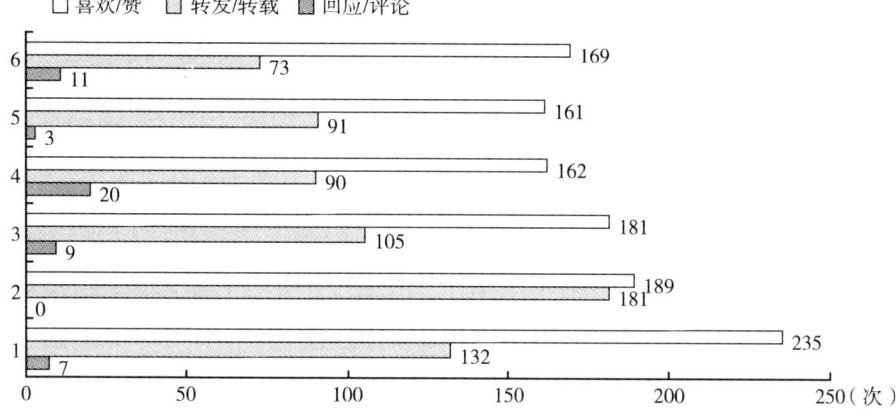

图6　与新浪微博同步的6篇博文在点点网的具体热度情况

注：图4～图7中的变量1~6分别指代表1中1、3、4、7、9、10这6篇博文，因其他4篇博文的来源账号没有与新浪微博同步，只与微信公众平台同步，故在图中未做比较。

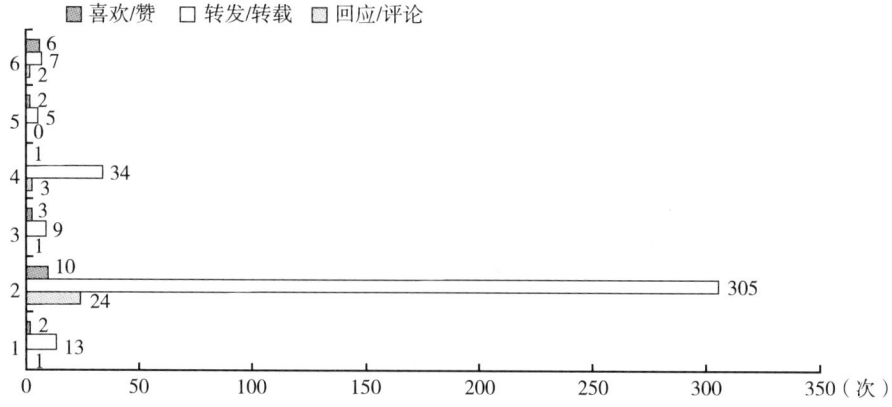

图7　与新浪微博同步的6篇博文在新浪的具体热度情况

注：样本2的热度中有3个评论同时并转发的，因此图7显示的总热度大于图5显示的热度。

3. 信息扩散模式比较

此部分的研究主要借助"寻找微博引爆点"（草根版）和"北京大学PKUVIS微博可视分析工具"，按照某一博文中受众的参与情况和活跃程度分析文化精品在轻博客和微博的传播模式。

这一部分在前十的博文中选取"也许有一天"进行点点网和新浪微博的比较研究，因从点点网同步到新浪微博的博文中所获热度均比较低，大多热度都在5以下，只有该博文热度过百。为了便于更好地呈现两个网站传播模式的异同，固选取了此博文进行比较研究。博文"也许有一天"由"色彩志"账号从点点网同步到新浪微博，共获得336的热度，其中转发达到305次。通过"寻找微博引爆点"的分析可见转发者中有2人带来了5个转发量，有6人带来2个转发量，其他转发者带来1个或未带来转发量，也就是这一博文的传播过程中并未出现"引爆式"的转发者。

运用"北京大学PKUVIS微博可视分析工具"对该博文进行处理后发现，其在新浪微博的传播呈现为较规整的"蒲公英"状，是蒲公英模式最原始、简单、直观的映像（见图8）。

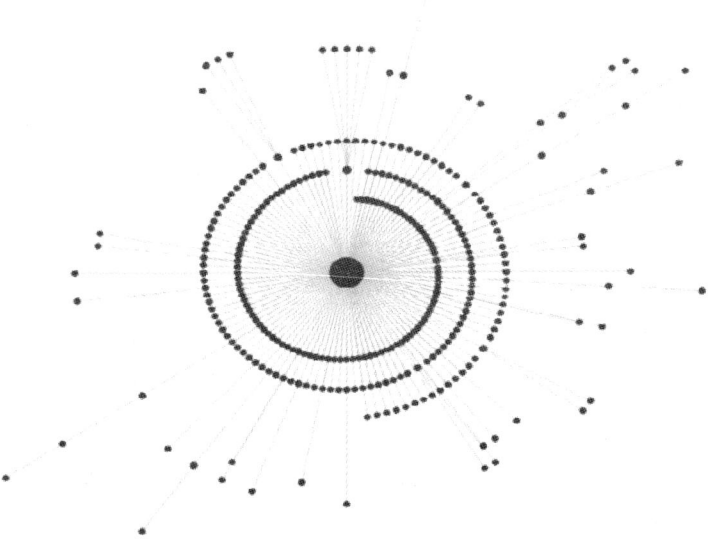

图8 博文"也许有一天……"在新浪微博扩散模式的可视化处理

目前尚无自动生成轻博客信息扩散模式的软件，现有可视化软件多只适用于微博。固根据"也许有一天"的具体热度情况，人工分析了该博文的传播节点，并绘制了该博文在点点网的扩散模式图（见图9）。

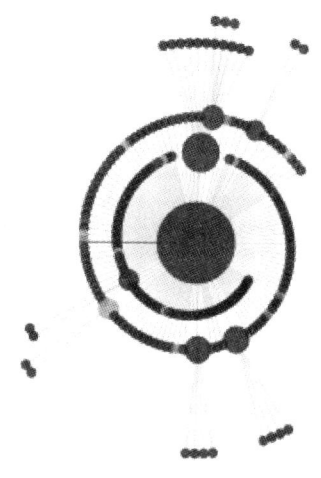

图9 博文"也许有一天……"在点点网扩散模式

从图8、图9看，尽管轻博客是兴趣社交，微博是关系社交，该博文在点点网和新浪微博的扩散模式比较相近，都属于蒲公英模式。分析其传播力不强的可能性原因有：一是由"色彩志"在新浪微博和点点网的关注者所限。从图8和图9可见，博文主要由主账号传播出去，其受传者中二次转发量并不多，可见其受传者影响力有限。但在点点网轻博客则无法获得用户的粉丝人数，只能看到每篇博文被关注情况。另一可能性原因是博文传达的价值或表达方式未能很好得到网站用户的认可或引发受众的共鸣。色彩志在新浪的粉丝超过20万，博文热度才刚过300，可见它在新浪的传播力不佳主要原因并非因粉丝过少，而是博文内容未能获得足够多的认可。分析该博文的信息主题和信息内容发现，它是一篇励志类博文，而在新浪微博上能够引起较高关注的多是涉及公共话题和争议性事件或有强势意见领袖介入的话题。点点网的精品文化则不在微博的关注热点之列。

四 结语

从上述分析看,目前文化精品的网络传播效果并不理想。本文在总结文化精品轻博客传播效果的基础上,分别从传播主体、传播内容和传播渠道几方面对扩大文化精品的传播提出相关建议,与实务及研究者商榷。

从传播效果看:点点网作为中国轻博客的创建者和领跑者目前用户仍远远小于微博的用户,它的使用者主要是精品文化艺术的爱好者、坚定拥趸者,而目前这一群体在中国只是小众的存在,这与我国人民目前的物质文明和精神文明现状不无关系。点点网仿效的 Tumblr 截止到 2013 年 3 月在全球用户已接近 1.2 亿,而点点网目前用户只在千万左右。用户增长所限严重影响了它的传播力,再加上点点网作为兴趣社交网络,其主题缺少争议性,以及受众使用习惯多为自我品味,使其较难产生传播的引爆点。传播力不足又限制了它的影响力,使其目前传播效果不是很理想。

从传播主体看:针对点点网目前传播力和影响力不理想的现状,可利用点点网的优质账号(更新频率较为稳定、内容质量较高的账号)进行文化精品的传播。其次,博文同步到微博的同时,可再利用微博的名人效应,通过名人微博进行转发、扩散,引起更多的关注。再次,也可借助名人读书会等线下形式加强传播。如任志强和王巍在金融博物馆书院举办的读书会,公众通过微博报名,每期再从中筛选现场听众。借助类似的已具有一定受众群的线下读书会进行文化精品的传播,通过线下带动线上的传播,实行扩散。会后也可将读书会内容上传至微博、轻博客等社交媒体,实现线上、线下的循环互动。

从传播内容看:首先,可将文化精品进行多媒介形态或多文艺类型的复制生产,通过表现形式的改变扩大受众人群和影响范围,强化不同文化表现形式的民族传承。如将轻博客网站中的文化精品转化为适合微博和微信等目前强势新媒体的信息表达习惯,如将长文字中的精华的思想和理念发布到新浪微博或微信公众平台,并附上原文链接。在扩大文化精品传播辐射力的同时,培养习惯碎片化阅读的微博受众能日渐品味精品文化之韵味美。

从传播渠道看:在细化市场趋势下,各新媒体都有特定的受众群,并且互联网用户增长已进入平台期,因此仅靠一种网络传播方式并不能实现理想的传播效果。轻博客只能说是目前最适合文化精品传播的一种网络传播方式,以它为网络传播节点,借助云传播管理,通过它与其他网络传播方式的同步互动进行扩散传播,并与传统媒体结合,实现传播能力的复制和聚合,最终实现全媒体传播。

同其他传播模式的研究一样,本研究的限制在于运用传播模式研究文化精品的轻博客传播,一定程度上有助于揭示其信息传播规律,并对传播的关键要素有更为深刻的把握,但相对冗杂的社交网络信息,任何模式又都具有不完整性,或可能过于强调某一传播要素,或也有未尽之处。本研究的另一限制在于,文化精品类信息在轻博客和微博的扩散度都不是很大,而基于二者比较的基础上,所能选取的有效样本就更有限了。如点点网热度较高的前十博文中只有一篇在新浪微博具有过百的关注度。同时,目前尚无分析轻博客的专业工具,只能靠人工进行数字的统计分析及绘图。相较于微博,轻博客上的信息缺乏可挖掘的能力,比如,天然的无法搜索,无搜索功能,信息只能保存五天,信息追溯难,无法进行量化分析。这些都限制了结论的丰富性。另外,在热度前十的博文中有4篇博文没有由点点网同步到新浪微博,而是同步到微信公众平台。而目前微信公众平台尚不能观测推送博文的热度,无法对其进行传播模式的详尽分析。只能与账号主人"悦读生活"取得联系后,获取她公众平台的用户概况,该账号每次推送的消息可到达12433人,但具体受传者的二次转载情况目前尚难统计。而微信的兴趣主导与轻博客的兴趣社交有异曲同工之意,点点网信息同步微信的用户又较多,本文对这一部分的分析还存在不足之处。

B.14
新闻媒体微信公众平台发展现状与思考

徐琦*

摘　要：

观察移动互联时代全局，微信的"入口"作用日渐显现，地位不容忽视。众多企业、媒体机构、政府及公共部门、社会人士以及普通个人用户踊跃入驻，投身其微信公众账号的运营发展。其中，新闻媒体是微信公众平台上最为活跃的一支力量，如何利用微信平台谋求新媒体时代发展也成了当下行业关心点与热议焦点所在。在此背景下，本文聚焦于微信平台上新闻媒体的发展问题，从产业生态切入，梳理其整体发展现状，同时结合"央视新闻"等主流新闻媒体的微信发展个案分析，深入解读年内新闻媒体微信公众平台的发展思路与策略。

关键词：

微信　公众平台　媒体微信　移动互联网开放平台

一　潜力平台：媒体机构转战微信生态圈

微信是腾讯公司推出的一款为智能手机提供即时通讯服务的免费应用程序。从2011年1月推出以来，微信的发展势如破竹，用户规模屡破亿级大关，版本功能不断推陈出新，跨界战略布局初现，目前已经跃升为全球最受瞩目、最具潜力的移动互联平台之一。

---

* 徐琦，博士，中国传媒大学新媒体研究院讲师，助理研究员，研究方向为新媒体商业运营及政府规制。

新闻媒体微信公众平台发展现状与思考

从用户量级成长来看,微信目前已有18种语言版本,用户遍及200多个国家和地区,覆盖了智能手机用户总数约70%。截至目前,微信的国内注册用户已超过4亿,海外注册用户也已超过1亿。从应用功能配备来看,除基本通信功能外,微信还设置了公众平台、朋友圈、扫一扫、摇一摇、附近的人、漂流瓶、游戏中心等多种功能。从战略布局来看,微信已成为移动互联网时代的关键入口,其产业布局横跨通信、社交、营销、媒体、娱乐、商务等各个领域。整体观察,微信的横空出世与极速成长,不仅为腾讯抢到了首张移动互联网"船票",也成了众多产业力量借力部署移动战略的重要风向标。

在微信众多功能模块中,2012年8月23日正式上线的公众平台与媒体属性的结合最为紧密。通过微信公众平台,个人或机构可以实现与特定用户群体的文字、图片、语音、视频的全方位沟通与互动(微信公众平台的主要功能见表1)。按照运营主体及运营方向的差异,当前微信公众账号可划分为新闻阅读类、综艺明星类、科技数码类、生活购物类、影音娱乐类、社区交友类、文化教育类、地方政务类、公共名人类①等。经过一年多发展,微信公众平台

表1 微信公众平台的主要功能

主要功能	功能简介
多媒体信息大规模推送	免费群发:可免费向关注自身的用户群体进行多媒体信息群发
多媒体信息定向推送	用户分组管理:将关注公众平台账号的用户按照不同标准或类型进行分组 分组群发信息:针对不同的用户分组、用户性别、用户所在地区进行定向信息推送
一对一互动	实时消息:用户向公众平台账号发送微信消息,公众账号可接收用户的消息,并按需回复 自动回复:包括被添加自动回复、消息自动回复、关键词自动回复。公众平台账号设置回复规则,当用户所发信息符合规则时,就会收到自动回复消息
多样化开发	自定义菜单:公众账号在会话界面底部设置自定义菜单,菜单项可按需设定,并可为其设置响应动作。用户可以通过点击菜单,收到设定的消息 开发模式:申请成为开发者后,可以使用公众平台的接口进行开发,丰富公众平台的功能及服务

---

① 此分类标准部分参考了牛华网运营的"微信公众账号导航"(v. newhua. com)的分类标准。

237

已经吸引了超过100万的公众账号入驻,其中4万多已经过认证,70%为企业用户①,公众平台所标榜的"连接用户+服务+世界"的入口优势得以彰显。

微信背靠着腾讯这棵"大树",坐拥数亿用户,且广泛预埋跨界布局接口,这造就了其强大的传播势能与潜力空间。基于此,微信公众平台自然成为了各类媒体机构重点关注与踊跃尝试的新战线,而基于微信平台公众账号的媒体运营与推广也成了与官方微博、移动应用客户端(App)比肩的又一个新媒体战略部署重点。

二 猛进观察:新闻媒体微信公众平台现状扫描

纵观当下微信公众平台各类账号的发展,媒体类公众账号当属订阅规模大、活跃度高、影响力突出的一类。下文将从发展阶段、运营主体、内容策略、推广策略、赢利模式等主要维度切入,同时结合代表性个案分析,来全面梳理并深度解析新闻媒体类微信公众平台的发展现状。

(一)所处阶段:极速生长、格局未定

从发展阶段来看,依托于整个微信生态系统的极速成长,公众平台的发展正在经历着狂飙突进带来的红利与隐忧,新闻媒体类公众账号自然也不例外。早在2012年初,微信低调地选定"南方周末"、"极客公园"、"爱范儿"等几家媒体机构,吸引其作为首批媒体类合作伙伴进驻公众平台。这一时期微信团队与少数媒体机构之间这种小范围的内部测试,为改进与完善公众平台的后台奠定了基础。

2012年8月23日,微信公众平台正式面世。面试后不久,微信公众平台的媒体属性与营销潜力就被各路传媒机构高度关注,一时间媒体类微信规模急速膨胀,无节制生长之势明显。微信公众平台凭借自身免费、图文音视频兼

---

① 腾讯科技:《微信发布公众平台策略:账号功能分类支付上线》,2013年7月3日,http://tech.qq.com/a/20130703/013335.htm。

备、"封闭订阅"、"精准推送"、"一对一互动"等诸多优势，吸引了大量报纸、杂志、电视台等传媒机构纷纷进驻。这一时期，传媒机构对微信公众平台的积极参与，既是自身新媒体渠道拓展的尝试，客观上也起到了教育用户的作用，进而促进了微信媒体功能的创新扩散，但同时也不可避免地造成了信息轰炸、过度营销等破坏用户体验的问题。由于腾讯公司对信息监管问题的长期警惕，这一时期微信团队对公众平台媒体属性的开发与利用也变得日益微妙与谨慎，各媒体机构也是在"摸着石头过河"，产业链合作规则与秩序也都处在探索建立当中。

2013年8月5日，微信5.0版本正式上线，公众平台出现了两点重要变化：首先，公众账号被区分为订阅号和服务号。运营主体为组织的，在新注册时可选择成为服务号或订阅号。其中，服务号可以申请自定义菜单，让用户可以通过点击菜单项，收到服务号设定的消息。之前注册的公众号则被默认为订阅号，也可后期升级为服务号。其次，订阅号的消息会被折叠起来，新消息提示将不会出现在用户信息流里。而这一变化，将对前期蜂拥而至的新闻媒体类微信账号造成不小影响，预期也将推进媒体类微信公众订阅号的发展进入新阶段。

（二）运营主体：多方参与、内外有别

从发展阶段来看，目前参与新闻媒体类微信订阅号运营的主体比较广泛：传统大众媒体、互联网媒体等机构均有投入；与此同时，大批公众名人也以"自媒体"身份踊跃参与其中，主要包括：①广电媒体运营的微信公众账号：如央视新闻中心推出的"央视新闻"、央视新闻频道推出的"央视新闻周刊－岩松说"、北京电视台推出的官方微信公众账号"北京电视台"等；②报刊等平面媒体运营的微信公众账号：如人民日报社推出的"人民日报"、南方报业集团推出的"南方周末"、商业价值杂志社推出的"商业价值"等；③互联网媒体运营的微信公众账号，其中又可细分为综合类门户网媒与垂直类网媒两类，前者代表有腾讯网推出的"腾讯新闻"、网易推出的"网易新闻客户端"等，后者以数码科技、计算机软硬件等细分市场的垂直网媒为主，如近年来成长态势迅猛的独立科技媒体"爱范儿"、"虎嗅网"、"36氪"等；④"自媒

体"微信公众账号：如程苓峰推出的"孕峰"、《微革命》作者推出的"金错刀"、冯大辉推出的"小道消息 by Fenng"等等。

整体上看，互联网、自媒体等与新媒体天然较为亲近，它们相对传统媒体而言，进驻微信平台的时间相对较早、对微信公众平台功能的探索与利用较为深入、对微信平台运营推广的理念与实践也表现出较高水平。其中，值得注意的是，国家权威主流媒体对微信平台的认知、接受、应用也非常领先，"央视新闻"更是成为腾讯官方主推的新闻媒体类微信订阅号的示范样板。目前代表性的新闻媒体类公众订阅号简况如表2所示。

表2 代表性新闻媒体类公众订阅号简况

名称	微信号	运营主体	微信认证信息
央视新闻	cctvnewscenter	央视新闻中心	负责央视新闻频道、综合频道、中文国际频道的资讯及新闻性专栏节目以及英语新闻频道、西班牙语、法语等频道的采制、编播
人民日报	rmrbwx	人民日报社	人民日报微信
腾讯新闻*	—	腾讯网	"我将每天为你呈现国内外要闻，让你顷刻了解天下动态"
爱范儿	ifanr	爱范儿	是国内最出色的新锐科技媒体，为《新周刊》2011年度网站奖项得主，致力于"独立、前瞻、深入"的原创报道和分析评论
虎嗅网	Huxiu_com	虎嗅网	虎嗅网是一个有视角的、个性化商业资讯与交流平台，核心关注对象是包括公众公司与创业型企业在内的一系列明星公司。虎嗅网的愿景是：创造让用户最有效率地获取商业资讯并进行交流的方式
孕峰	yunkejiAPP	程苓峰	程苓峰和他朋友们甄选的内容。涉猎互联网、泛科技以及文化、宗教，并在它们之间做跨界思考

* 一旦安装微信，"腾讯新闻"公众号默认被订阅，且出现在消息流列表中，而非被折叠起来。

虽然参与新闻媒体类微信公众平台运营的力量众多，但微信平台却未等同视之，而是表现出了明显的倾向性。首先，微信平台鼓励主流权威媒体发展其订阅号，突出的表现是对"央视新闻"的肯定与支持。目前在微信官网上列出的五个成功案例当中，只有"央视新闻"是新闻媒体类订阅号，其余案例均为服务号。在微信官方主办的多场分享活动中，"央视新闻"团队都受邀参与交流，并被作为媒体类微信公众账号的标杆向外推广。其次，微信平台鼓励自媒体走精品化道路，2013年7月腾讯"互联网与社会研究中心"在"腾讯合作伙伴大会"当天同步启动了"自媒体精品百人计划"，首批优选20位优秀的自媒体提供支持，并计划利用自身媒体资源帮助其获得更好的发展。最后，微信平台还给予了"自家"的新闻订阅号以极大的竞争优势。微信5.0版本发布后，所有订阅号被强行折叠起来，而"腾讯新闻"依然直接展示在一级页面里，并对所有用户默认开通了新闻提醒功能。这种"不公平待遇"的背后，暗藏着腾讯公司对新闻类新媒体渠道建设的思考与整体布局，而这种对直系势力的扶持或将打压同类定位的订阅号发展的影响也将在后期逐步显示出来。

（三）内容策略：跨界混搭、注重体验

从内容策略来看，经过一年多的运营实践，新闻媒体类公众订阅号已在内容编排、内容推送等方面积累了一定的经验，形成了以图文内容编排为主、同时混搭音视频资源、注重用户互动功能开发、严格控制推送频次、力求传播效果与用户体验的平衡等基本特色。目前代表性的新闻媒体类公众订阅号的内容策略如表3所示。

内容编排方面，主要可分为推送类内容与主动索取类内容，前者是由新闻媒体类公众订阅号运营方向其订户发起的信息推送活动，而后者是由订户通过发送关键字、点击拓展功能等来发起的信息索取活动。针对推送类内容，新闻媒体类公众订阅号目前基本以图文内容编排为主，每组图文信息多以一条主要消息搭配多条副消息的"消息框"形式构成。同时，各家运营方还会视自身资源优势所在，搭配一些音频、视频类媒体资源，以增强微信订阅号的内容竞争力。以"央视新闻"为例，其编辑团队经过多次调整，先后向订户推送过央视主持人口播语音信息、独家视频信息，最终形成了目前"早晚推送精选新闻图文专题，随时推送重大突发新闻独家资源，以图文素材为主，注重多媒体搭配"[①]的基本策略。早晚精选新闻图文专题方面，一般会选择重大新闻、

---

① 蔡雯、翁之颢：《微信公众平台：新闻传播变革的又一个机遇》，搜狐传媒，2013年8月14日，http://media.sohu.com/20130814/n384129090.shtml。

表3 代表性新闻媒体类公众订阅号的内容策略

名称	推送频次	推送（PUSH类）内容编排	用户主动索取（PULL类）内容编排	主要特色
央视新闻	每日推送1~4条，突发事件随时推送	早晚推送精选新闻图文专题，随时推送重大突发新闻独家资源，图文为主，重视多媒体	未设该模块。但不定期推出"发送特定数字索要对应专题"的互动活动；不定期推出投票活动、"正在直播"链接，可"点击进入直播间"等	内容权威、编排新颖；媒体形态丰富、充分整合新媒体资源
人民日报	每日1条	每期推送4~5条图文信息	"热点聚焦"、"@人民日报"、"特色栏目（人民时评、人民论坛、舆情回顾、今日谈）"	内容权威、独家；向"人民网"导流，利于跨平台导流
腾讯新闻	早晚各1条	每期推送4条图文信息	未设该模块。无互动通道。每条信息后附"打开新闻客户端参与话题讨论"信息进行导流	官方背书；强制传播效果好；导向腾讯新闻客户端
爱范儿	早晚各1条	每期推送3~4条图文信息	"今日推荐"、"精选专题"、"爱范+（关注新酷公众号、获取官方应用、如何投稿）"	内容专业、有深度；可较好地整合线上线下资源
虎嗅网	早晚各1条	每期推送3~4条图文信息	"最新文章"、"手气不错"、"更多（我的收藏、绑定账号、使用帮助）"	内容专业、有深度；可较好地整合线上线下资源
孕峰	不定期	每期推送1条图文信息	未设该模块。订户可通过微信的通信功能留言、互动等	运营者个人影响力大；内容独家原创；有赢利尝试

央视独家报道、民生消息、网络热点信息各一条，并且形成了"一图解读"的可视化数据新闻、"回看今日"等特色栏目。而针对重大突发新闻，"央视新闻"不仅会在第一时间实现新闻推送及"直播链接"推送，同时也会搭配上独家视频等媒体资源。

而用户主动索取类内容模块，并非所有新闻媒体类公众订阅号的"标配"，目前多被运营理念较为领先的订阅号所应用。用户主动索取类内容模块可由公众平台后台的"自定义菜单功能"来设置。完成设置后，用户可以通过回复关键字、点击专题或专栏去主动索取更多内容。如"虎嗅网"的微信公众订阅号就设置了"最新文章"、"手气不错"、"更多"等三块内容，用户点击后会触发相应的信息推送，同时也可以实现关键字回复、收藏等升级功能。用户主动索取类内容模块的设置，可以增强用户的参与度与黏性，提升用户体验。

内容推送频次方面，出于对用户的免打扰策略考虑，微信规定普通的公众订阅号每天只能推送一条信息；经过认证的公众订阅号则稍有放宽，每日可推送三条信息；而针对类似"央视新闻"这种深度合作伙伴，内容推送频次的规定则更为灵活。因此，经过认证的新闻媒体类公众订阅号通常会选择早晚各推送一次的策略；深度合作伙伴则享有更为灵活的政策，在信息推送方面的自由度较大；而自媒体公众订阅号的内容推送频次更为灵活，以每日一次为主，或采取不定期更新策略。除推送频次外，新闻媒体类公众订阅号在内容推送的具体时间设定方面也比较谨慎，一般会综合考虑用户活跃时间、同类媒体推送高峰等因素来决定。

（四）推广策略：混媒互推、重活动营销

从推广策略来看，发展领先的新闻媒体类公众订阅号已初步确立了多媒体渠道整合营销、综合运用新媒体手段互为推广、高度重视活动营销等基本思路。具体有如下几个方面。

首先，新闻媒体类公众订阅号运营方多依托其原有媒体渠道优势，综合应用"微博带动微信"、媒体推荐、大号推荐、网络推广、微信导航网站位置推荐等推广方式，以加大对微信公众平台的宣传推广，以吸引更多人去关注、订阅。如2013年4月1日"央视新闻"官方微信正式上线当天，《新闻联播》便推出了一条新闻对其进行简介与推广，此举吸引了近10万用户参与当日互动。不久后，每期《新闻联播》结束前都会加上一句口播，以吸引观众通过微博、微信、新闻客户端三个新媒体平台获取更多新闻资讯。央视的官方背书极大地促进了微信公众平台的推广，"央视新闻"公众平台上线至今已获得用户70余万，每天收到用户回复3000条以上，其订户规模与活跃度均在微信媒体公众平台上名列前茅。

其次，新闻媒体类公众订阅号运营方高度重视主题活动营销策划、综合整合各种媒体资源、充分利用微信各类传播途径，以达到吸引订户互动、鼓励分享以提升传播效果的推广目标。如"央视新闻"在上线之初，便以央视主持人口播语音信息的特色吸引了大批粉丝；微信公众平台增加视频功能后，"央

视新闻"又在第一时间将电视新闻画面"搬入"微信中,提升了新闻的表现力;"雅安地震"发生后,"央视新闻"在晚间消息推送中加入了专题直播链接,率先以"微信直播"的方式报道重大新闻事件。再如《钱江晚报》的官方微信,其运营方充分发挥了声音的魅力,先后策划执行了2012年10月麦加等文艺明星的"喊你起床"、2013年春节"向你拜年"、"浙江方言好声优"、"寻找最萌好声音"、"杭州、南京、青岛三地微信女主播,带你假期微穿越"①等一系列活动。通过这一系列将明星、名人的声音"搬上"微信平台的主题活动营销,连平面媒体也立体起来了,推广效果自然大为提升。

此外,微信平台还设有"摇一摇"、"扫一扫"、"附近的人"、"漂流瓶"等功能,运营方也可利用这些扫码、LBS等功能,策划创意营销活动、对接线上线下活动,提升推广效果。

(五)盈利现状:零星尝试、整体不明

盈利状况自然是公众订阅号运营方最感兴趣的焦点话题。但由于腾讯公司对微信商业化持非常谨慎的态度,现阶段微信平台整体的商业化战略并不明朗,新闻媒体类公众订阅号只能在整个生态系统规则的框定下摸索、尝试,目前并未确立起成熟的商业模式。

概括看来,新闻媒体的盈利来源主要有用户付费订阅与广告模式两类。在微信公众平台上,用户付费订阅不仅需要高质量内容以维系用户支付意愿,更需要支付接口来做功能性支撑;而要实现广告付费,首先需要壮大用户基数,更要顾及腾讯的用户免打扰策略,努力去平衡传播效果与用户体验的关系,这样一来,硬广方式很难行得通。因此,现阶段大多数新闻媒体类公众订阅号仍是以内容运营为主,通过内容运营拉升用户流量,并将流量导至官网、新闻客户端等其他渠道进行变现。

在各方踊跃探索赢利模式的同时,部分独立科技媒体、自媒体在微信平台上的零星尝试非常值得关注。以程苓峰推出的自媒体微信公众号"孕峰"为

---

① 刘硕、蒋梦桦、李晓鹏:《纸媒发声——浅谈钱江晚报对腾讯微信的运用》,《新闻实践》2013年第7期。

例，其真实订户约为 2 万，其中包括不少互联网界高管及创投人士。基于此，2013 年初"孕峰"推出"图片+链接"形式广告，这种广告出现在推送信息文末，同时附上跳转链接，并辅以流量导入。广告推出后，唯品会、百度音乐、金山云等二十余家广告主均尝试投放，并获得较好的 ROI。同时，"孕峰"内置了支付通道，订户可通过支付宝进行订阅支付或捐赠。此外，部分科技媒体也在尝试利用微信进行移动应用（App）推广、电子商务流量导入等方式。但总体来看，这些尝试目前仅在小范围内展开，是否适合全行业推广还值得深入探讨。

三　新闻媒体微信发展中的核心关系

据市场研究机构 GlobalWebIndex 数据称，微信日前已跻身全球智能手机最流行 App 排行榜第五位①，这一排名仅次于 GoogleMaps、Facebook、YouTube、Google+，甚至超过 Twitter。这既是微信眼下极速成长的一个量化注脚，又是彰显其国际竞争潜力的一个参照坐标。那么，在移动互联网浪潮席卷全球的产业背景下，媒体机构如何借力微信这种超级平台来谋求新发展，则无疑成为了当下亟须研究的关键课题之一。而要回答以上问题，必须洞察并善用好以下几组核心关系。

第一，要找准微信生态中各媒体发展的定位。传统媒体产业链通常而言比较简单，"广告主—广告代理公司—媒体—受众"就构成了核心链条，其中"受众"还往往被置于被动的弱势地位。而在移动互联网的生态系统中，生态环境、物种成员以及生态规则都变得更加复杂，平台、开发者、硬件设备、渠道、用户、运营商、推广渠道、支付、广告、政府、VC、非官方推广渠道等都是影响其生态走向的重要节点。从大众媒体到移动互联网时代，产业链玩家变了，玩法自然也变了。微信既不同于传统媒体，也不同于微博、新闻客户端等新媒体平台，其传播特性、运营法则都各有侧重。而各家媒体机构，特别是传统广电、报刊等机构要"玩转"微信平台，把握平台特性、摸清平台规则、

---

① 这些调查数据是基于全球智能手机用户在过去一个月时间里的使用比例统计得出的。

找准自身定位、适应平台进化是第一要务。

第二，要平衡好内容战略与渠道战略的博弈。"内容为王"是传媒界最为人熟知的从业理念之一，即使在渠道日益丰沛的当下也是如此。微信公众平台虽为各家新闻媒体机构提供了同样的开放平台，但说到底却更鼓励精品内容、原创内容，更鼓励具备公信力、有担当的媒体机构和个人在此长远发展。这一点，从微信公众平台几次大调整中便可见一斑。而对于新闻媒体类公众平台运营者而言，实施其内容战略，不仅仅是简单的图文搭配、控制推送时间，更需要内容采编、审核、发布、推广等全流程创新的支撑；而实施其渠道战略，也不仅仅顾好微信这一摊，更需要以"平台化"思维通盘规划好新媒体渠道战略这盘棋，量化评估与管理各个平台的实际运营效果，最终实现内容战略与渠道战略的同步发展。

第三，要保持好商业运营与用户体验的平衡。回顾微信公众平台这一年多的发展历程，不难发现"用户体验"一直是一根"红线"，也是一根"底线"，容不得肆意挑战。2012年底，"美丽说"和"蘑菇街"在微信中采用"病毒式轰炸"的方式发展用户，旋即引起微信团队高度警惕。此后，微信大量封绞草根大号，对各种营销推广新玩法变得空前谨慎。事实上，这种谨慎与警惕是有预见性的，微信公众平台信息过载局面一旦失控，微信则会重蹈短信群发平台的覆辙，最终难逃惨遭用户抛弃的命运。而对于运营方而言，也要时刻将用户体验置于首位，强化内容的竞争力，强调媒体的品牌调性，用微信做好用户服务，创造与优化用户与媒体之间的互动体验，而不是仅仅将用户当作被动的营销靶子，一味攫取用户注意力资源。

第四，要善用"大平台"与"大数据"资源。微信平台不仅"大"，而且在持续完善当中，更多功能、更多合作伙伴正在被吸引进来，这也给新闻媒体类公众平台的未来拓展了更为广阔的想象空间。以微信5.0版本为例，目前除针对公共平台进行改版外，更引入了微信支付、表情商店、游戏中心、二维码扫描条形码报价、街景等新功能。这些举措的背后，实质暗含着微信平台的商业化战略思考，而新闻媒体类公众平台如何对接整体布局、如何利用微信在移动社交、移动支付、O2O等诸多方面的优势，尝试并拓展广告、订阅之外的多元赢利模式，非常值得关注。

与此同时，各媒体机构更要高度重视微信"大平台"下蕴藏着的"大数据"宝矿。目前通过微信公众平台后台，运营方可以便捷地查看用户管理分析、群发图文消息分析以及用户消息分析等统计数据。利用这些数据，运营方可掌握用户增长情况、用户属性分布，量化评估内容的推送、转发、分享等传播效果，量化管理营销活动策划与执行情况，量化用户洞察及客户关系管理等等。而若放眼中长期发展，"大数据"对新闻媒体类公众平台的深远改变并不止步于量化管理，更在于通过量化管理支撑其模式与商业模式的快速创新，在于透过数据洞察数字时代里媒体核心价值的传承、转移与重塑。

B.15 刍议新老媒体融合发展*

——谈上海报业集团的成立与《赫芬顿邮报》的国际合作战略

徐 佳**

摘 要： 文新、解放两大报系合并组建上海报业集团是2013年沪上乃至中国传媒产业的最重大事件。这次改革的深层次原因是要在新的信息传播环境下更好地发挥主流媒体的传播力、影响力和公信力，促成改革的直接原因则是新媒体对报业的强大冲击，因此深度探索主流媒体如何发展新媒体成为新集团的起点和重任之一。在国际上，美国《赫芬顿邮报》则触及到了Web2.0新闻网站发展到一定阶段的瓶颈并正在通过大举与海外传统的报业公司合作来实现在美国本土无法实现的、从新媒介到新媒体的转变，这揭示了即便是在变革的信息传播环境下，新闻性仍然是媒体的永恒生命。因此，过去谈传统媒体转型，今天应更多地思考新老媒体融合，为传媒业的改革发展提供新的思路。

关键词： 上海报业集团　赫芬顿邮报　新老媒体融合发展　新闻性

---

* 本文得到国家社科基金重大招标项目"下一代互联网与我国参与建构世界信息传播新秩序研究"（项目批准号12&ZD219）、宁波市社会科学研究基地课题项目"突发公共事件与微博意见领袖研究"（课题编号JD12CM05）以及浙江理工大学科研启动基金"媒介化社会与转型期中国"（项目编号1115836 - Y）资助。

** 徐佳，复旦大学新闻学院博士后，浙江理工大学文化传播学院副教授，研究方向为新媒体、传媒产业。

刍议新老媒体融合发展

在2013年的世界传媒产业中，上海报业集团的成立和《赫芬顿邮报》的海外战略无疑写下了发人深省的浓重两笔。前者标志着中国传统新闻媒体启动了对发展新媒体的更深度的探索，后者则是美国正当红的新媒体"回过头来"寻找与传统媒体的合作之路；在两种不同的表象之下蕴藏的则是各种新老媒介共同追求新闻性、传播力与影响力的实质。

一 传统媒体办新媒体——上海报业集团的新探索

2013年10月28日，由解放日报报业集团和文汇新民联合报业集团合并组建的上海报业集团正式挂牌。这是继1998年7月25日成立文汇新民联合报业集团、2000年10月9日成立解放日报报业集团之后沪上主流传统媒体的又一次大的合并举措。

2013年1月份上海市委书记韩正调研上海新闻单位时指出应"增强主流媒体的公信力、影响力、引导力"，并指出"面对新技术新媒体快速发展态势，传播格局正发生深刻变化，主流媒体要增强紧迫感，在转型发展上取得进展，在新形势下进一步传播好党和政府的声音，反映好人民群众的心声，加强舆论监督工作"①。之后的数个月内，上海市委就上海传统媒体应对新媒体转型发展的新路径召开了多个专题会议和座谈会并组织了多场关于新媒体的业务讲座活动。根据这一系列信号，普遍预计上海市传媒业可能发生较大的变动。7月，随着市委调研组深入文新、解放两个集团内部进行调研活动，社会上开始兴起两个集团合并的传闻，至10月28日新集团正式挂牌，各种消息尘埃落定。

（一）此次改革的三个焦点问题

对刚刚启航的上海报业集团，业界和研究界的关注则更为密切，焦点主要集中在三个方面：其一，新集团在更好地发挥主流媒体传播力、影响力、公信力方面的举措，其二，拥有208.71亿元资产的新集团的经营战略，其三，与

---

① 《韩正：主流媒体要全面传递群众的呼声》，《新闻晨报》2013年01月20日，http://www.jfdaily.com/a/5035904.htm。

上述二者相关，集团如何布局新媒体。

关于实施正确的舆论导向，信号已非常明确——根据官方信息，"上海报业集团所属的解放日报社、文汇报社、新民晚报社恢复报社独立建制，实行党委领导下的总编辑负责制，以做好媒体内容业务和把握舆论导向为主要责任"；同时，这次改革的方案还"明确取消了对报社的经济指标考核，实施正确导向把关等政治考核，确保报社将精力集中于保证权威性和提高内容质量"①。

关于集团经营发展，一方面，根据公开消息，从2014年起上海市每年将为解放日报社、文汇报社注入财政资金，支持其品牌拓展和传播运营，同时市宣传文化专项资金还将安排扶持资金、支持各主要报纸发展新媒体业务等、扶持外宣和具有文化影响力的报刊；另一方面，根据新集团高层在接受采访时的公开表述②，报纸是一个载体，报业是一种事业和产业，新成立的集团将清晰界定二者之间的关系，统筹报业资源资产、发展报业事业产业。一个强大的信号是，新集团设置了总经理和副总经理二职并分别由熟知集团情况、拥有丰富广电、纸媒、新媒体运营经验的资深人士和上海市国资系统高层担任。同时，社会上也流传着关于集团将开展传媒、文化产业、地产和证券等跨产业经营的猜测和争议，根据沪上一些研究者③的观点，通过经营非传媒业务为传媒主业提供支撑的方式是一种符合传媒集团运营特征与需求的国际惯例。

新媒体则既是这次改革的"因"也是"果"。作为"因"，如果说坚持舆论导向功能是改革的深层次动因，那么新媒体带来的挑战与机遇则是触动改革的成因——世界范围内受新媒体冲击造成的报业颓势、加上我国传媒业机制体制长期落后于市场变化的事实，尤其是原两个集团多份报纸在近几年出现的收

---

① 李泓冰、曹玲娟：《上海报业集团挂牌200亿资产报业航母启航》，《人民日报》2013年10月29日，第16版。
② 宋杰：《裘新谈上海报业发展：今天的报纸不是昨天的报纸》，《新闻晨报》2013年10月29日，http：//sh.eastday.com/m/20131029/u1a7740462.html。
③ 俞振伟：《上海新一轮报业改革　出手快动作大看点多》，新浪上海，2013年10月15日，http：//sh.sina.com.cn/news/b/2013-10-15/150365828.html。
魏武挥：《上海报业整合之后的新媒体，一手腾讯一手百度？》，钛媒体网，2013年10月29日，http：//www.tmtpost.com/73990.html。

益下滑乃至负增长态势促使这一次合并重组尽快、尽可能深度发生，是"规律使然、趋势使然"①。作为"果"，探索传统媒体尤其是党报办新媒体的"不烂尾"、可持续发展的新模式又是这次改革的一大目标指向，在世界范围内尚未出现一个传统媒体办新媒体完全成功的成熟先例与范本之时，这将成为在中国乃至世界都具有创新意义的一次探索。

（二）上海报业集团办新媒体的"三把火"

新集团发展新媒体的主体是三个独立的经营单位，换言之，将由解放日报社、文汇报社、新民晚报社负责开发新媒体产品、探索新媒体商业模式，集团的作用主要有三：一是集成，二是做基金平台，三是孵化体制机制，集团高层提出一个比喻："如果把新媒体比喻成挖金矿，（各）报社的新媒体产品就是金子，集团负责提供桶和铁锹"②。

作为"桶"和"铁锹"的提供者，上海报业集团在成立之时点燃了办新媒体的三把火。

1. 集团与百度合作互联网搜索产品"上海频道"

集团挂牌当日即与国内互联网搜索巨头百度公司签署了战略协议，约定双方将开展上海本地新闻搜索引擎、媒体资源购买、云服务器资源提供、舆情报告、手机阅读服务等七个方面的实质性合作。首个合作推出的项目是"上海频道"，这将是一款集上海报业集团的新闻内容资源和百度公司的技术与平台优势于一身的新媒体产品③。

将"上海频道"与 2012 年《解放日报》与腾讯网合建的大申网做一比较：首先，前者的目标是打造"搜索上海的第一选择"，后者则力图成为"了解上海的第一选择"，可以看出，前者的定位更清晰，对所需资源与能力的要求也更为明确，因此可以预测其道路前景也将更加明朗；其次，前者强调"上海"，弱化了两个合作方孰主孰次的问题，后者的主角则是腾讯，是名为

---

① 胡泳：《报纸已死，报纸万岁——报纸转型的关键策略》，《新闻记者》2011 年第 11 期。
② 胡泳：《报纸已死，报纸万岁——报纸转型的关键策略》，《新闻记者》2011 年第 11 期。
③ 《上海报业集团挂牌成立 形成"一集团三报社"架构》，人民网，2013 年 10 月 29 日，http://media.people.com.cn/n/2013/1029/c40606-23356290.html。

"腾讯-大x网"（x为地名）的十三个地方站点之一；此外，前者是以集团名义开展的合作，表明了集团层面充当集成平台和孵化器的角色，后者则以《解放日报》一家为主体。当然，大申网自开通至今已经实现了非常可观的发展并为"上海频道"的创办带来概念上的灵感与运营上的经验。

有意思的是，与百度的签约仪式被安排在当日新集团挂牌之前的时段，不知这个安排是否具有新媒体先行的象征意义。

2. 解放日报社酝酿数字阅读产品"上海观察"

解放日报社出品的首个数字阅读产品"上海观察"将于2013年末上线。"上海观察"的关注主题是上海城市社会发展中的重要事件和前沿问题，内容形式以原创专栏文章为主，提供上海事件的背景、事实与分析并对中国社会的其他公众话题提供上海视角的讨论，发行则贯通智能手机、iPad、电脑等多个终端平台。

报社出品数字阅读产品并非首创，世界及我国报业单位已经开展了诸多尝试，上海的《第一财经日报》、《东方早报》iPad阅读器等也跻身口碑较好的产品之列，然而，"上海观察"并非意在将纸上内容作数字化加工，它的独特之处在于提供原创内容，可将其视作一个独立的新媒体产品而非传统媒体在新媒体上的变身与延伸，可以说这是一种全新的尝试。

3. 集团开通微信微博账号

传统媒体在社交平台上开通账号的做法在我国也已经非常普遍，然而新成立的上海报业集团在第一时间开通微信与微博的举措看似常规却并不常规，这是因为，它既是作为新闻当时方、也是作为媒体进行信息发布的。

上海报业集团的公共微信甚至比集团更早"挂牌"——10月23日公共微信账号发出第一条信息，宣布上海报业集团即将成立；10月26日发出第二条消息，宣布两天以后集团正式挂牌，这是外界最早得到的关于挂牌的官方消息之一。

在新浪微博上，上海报业集团的官方账号于10月22日转发了旗下《解放日报》账号所发的关于组建新集团的微博，28日又用文字简短报道了挂牌的消息并称"未来，解放日报、文汇报、新民晚报将恢复独立法人代表身份，全力抓新闻宣传，报纸版面，做强品牌，搞好导向，扩大影响力，发挥主旋律"。

在未来，如何持续运营好集团社交账号，尤其是如何与子报子刊的社交账号在内容与功能上相区别又相关联，看似平常，确也是一个大问题，值得我们拭目以待！

二 新媒介寻求与传统媒体合作——《赫芬顿邮报》的国际化战略

当上海的主流传统媒体正在探索办新媒体的道路之时，2013年国际上一些新媒体的新发展趋势同样值得我们关注，其中美国博客新闻网站《赫芬顿邮报》通过国际化战略寻求与传统媒体的合作是一个耐人寻味的系列举措。

自2005年创办以来，《赫芬顿邮报》一直是热门话题——从打出"第一份互联网报纸"的口号开始，到先后被美国《时代》杂志和英国《卫报》评选为"最好"、"最有权威"的博客第一名，再到2011年以3.15亿美元被美国在线（AOL）收购、2012年获得著名的传统新闻奖项普利策奖，《赫芬顿邮报》身上几乎浓缩了一个Web2.0新闻网站的全部可能性，因而其命运尽管饱受争议却也备受关注。

2013年05月，《赫芬顿邮报》与日本朝日新闻社合作的《赫芬顿邮报日本版》（the Huffington Post Japan）正式上线。这是赫芬顿首次向亚洲市场的进军，也是其在美国本土以外开拓的继加拿大、英国、法国、西班牙和意大利之后的第六个海外市场。此外，赫芬顿计划于2013年下半年开办德国版和巴西版，之后进军韩国、印度和俄罗斯①，甚至有消息称赫芬顿已着手与中国媒体就合作开办中国版事宜进行接触②。这一系列大胆乃至有些激进的国际化举措在新闻史上鲜有先例，即便在互联网的历史上也仅有雅虎等少数几家网站的国际化速度、广度与深度能与之相比。

---

① P. Sawers. "The Huffington Post Launches its Local Japanese Edition." May 7th 2013, http://thenextweb.com/media/2013/05/07/the - huffington - post - launches - its - local - japanese - edition/.
② 《赫芬顿邮报计划入华：与报纸合推中文网站》，2012年7月2日，http://tech.hexun.com/2012 - 07 - 02/143090798.html。

（一）对《赫芬顿邮报》国际化战略的多种解释

可从政治、文化、经济等多个角度来解释《赫芬顿邮报》大举向国际市场进军的举措。

从文化的角度看，互联网、尤其是开放性更强的 Web2.0 比以往任何一种媒介都较少受到地理界限的束缚，可以说天生具有"国际基因"。在此基础上，《赫芬顿邮报》又将眼光从国际拓展到了全球，将促进全球对话设定为其主要的文化目标。如果说在 2013 年之前赫芬顿的海外市场集中在北美和欧洲地区，那么进军日本可被视为其从国际化向全球化的进一步走深——邮报主要创始人和灵魂人物阿里亚娜·赫芬顿将日本版的面世称为"对邀请世界上多种声音加入其全球对话的目标的实现"，她认为日本版标志着 21 世纪的媒体已经跨越了地理、语言与文化等从前难以逾越的障碍[1]。

另一种解释则反映了《赫芬顿邮报》，尤其是在被美国在线收购之后的商业发展需求。2012 年赫芬顿在美国国内的日独立用户访问量已超过 166 万[2]，相比之下全美第三大报《纽约时报》的日平均发行量约为 160 万份[3]，可以说赫芬顿已经完成了在美国本土的爆发性增长；另一方面范围广大的国际用户的日访问量尚不足美国国内用户的 40%，因此商业潜力巨大的海外市场可能成为赫芬顿的一片新的蓝海，而赫芬顿也承担着为母公司美国在线创造利润、摆脱颓势的义务。

上述两种视角同样可以解释近年来包括《华尔街日报》、《金融时报》、《纽约时报》、《朝日新闻》、《日本经济新闻》等在内的诸多传统新闻媒体的国际化战略。以拥有 120 余年历史的美国《华尔街日报》为例，继 20 世纪 70 年代创办《亚洲华尔街日报》并设立 9 个覆盖全亚洲的印刷点，以及 80 年代创办《华尔街日报欧洲版》并在欧洲 7 个国家以及土耳其、以色列开设印刷

---

[1] The Diplomat Staff. *The Huffington Post Hits Japan*, May 7th 2013, http://thediplomat.com/asia-life/2013/05/the-huffington-post-hits-japan/.
[2] 《〈赫芬顿邮报〉与朝日新闻合作将推出日文网站》，新浪传媒，2012 年 12 月 18 日，http://news.sina.com.cn/m/2012-12-18/110525838328.shtml。
[3] 《华尔街日报蝉联美第一大报 纽约时报发行量大增》，中国新闻网，2012 年 5 月 3 日，http://www.chinanews.com/gj/2012/05-03/3862360.shtml。

点之后，又于 2002 年创办华尔街日报中文版网站，为全球华语受众提供新闻服务。其他一些国际知名的传统新闻媒体也纷纷采取了互联网上的国际化战略，仅以在中国市场可见的国际媒体为例，自 2005 年英国《金融时报》开通 FT 中文网之后，路透中文网、纽约时报中文网、日经中文网、朝日新闻中文网等相继开通。无一例外，多元文化与商业前景是影响其决策的主要因素。

然而，与这些传统上以新闻为主业的媒体不同，博客新闻网站《赫芬顿邮报》的国际化战略蕴含另外一层，对其来说或许是更重要的诉求：对新闻属性的追求。

（二）《赫芬顿邮报》通过国际化实现专业新闻媒体化

1. 改组自身，追求新闻原创性

在创办的最初四年（2005～2009 年）间，《赫芬顿邮报》上的原创性内容比例较小，甚至可以说几乎唯一的原创内容是那些依赖于赫芬顿本人在美国政界和娱乐界的广泛人脉得到的名人故事[①]，其余的大部分内容则是以"新闻聚合"的方式生产出来的。

有研究者将《赫芬顿邮报》内容生产的基本流程总结如是：编辑们首先从网上寻找原创且最好是免费的新闻内容，因而通常这些内容来自专业新闻媒体；然后将新闻的故事主题与网民爱看的内容做流量匹配分析；接着按照 15%～30% 的"合理比例"对新闻进行改写，这种改写是经过精心设计的，其目标是使得网民无需主动浏览原创网站就能获取相关新闻的足够信息，因此即便《赫芬顿邮报》提供原创新闻的网址链接，事实上也很少有网民点击这些链接[②]，这样一来网民的访问量就被固定在了《赫芬顿邮报》的网站上。

这个新闻聚合的流程取得了巨大的市场成功，《赫芬顿邮报》迅速成为了许多美国人获取新闻的来源，甚至是部分美国年轻人获取新闻的唯一来源。因而，一些美国记者及需要发布原创内容的公关人士甚至主动将稿件内容提供给《赫芬顿邮报》的编辑，要求其重新包装并放置到首页上[③]。

---

① 胡泳：《报纸已死，报纸万岁——报纸转型的关键策略》，《新闻记者》2011 年第 11 期。
② 胡泳：《报纸已死，报纸万岁——报纸转型的关键策略》，《新闻记者》2011 年第 11 期。
③ 胡泳：《报纸已死，报纸万岁——报纸转型的关键策略》，《新闻记者》2011 年第 11 期。

传统媒体对《赫芬顿邮报》的这种"新闻聚合"方式给予了激烈的指责。《纽约时报》认为赫芬顿窃取了原本可能属于稿件原创者的收益并谴责这种盗版行为竟成为了传媒行业的一种备受推崇的商业模式[①]。默多克更是称其为"寄生虫"、"剽窃者"和"吸血鬼"[②],并将新闻集团开通付费网站所面临的重重艰辛部分归咎于市场上以赫芬顿为首的"寄生虫"们。还有人质疑《赫芬顿邮报》这种缺乏原创内容的"数字化沙堡"究竟能存活多久。有趣的是,连赫芬顿自身也意识到了这些问题——2010年3月《赫芬顿邮报》发表了乔什·斯坦恩伯格的博客,称社会化媒体是一个潘多拉的魔盒,它改变了我们的世界[③]。

作为一家已经完成了爆发式成长的信息分享网站,原创内容的极度贫乏不仅正在限制《赫芬顿邮报》的发展,甚至关乎其生死命运,尤其是一旦内容的原创方们联合起来用法律或其他手段强制终止其获取内容,这对赫芬顿来说将无异于釜底抽薪。因此,追求真正的新闻属性已经不再是一个可有可无的选择,而成为了赫芬顿面临的唯一道路!

内部的转变发生在2009年,在网站运营了四年之后,商业上的成功和经济上的自由赋予了《赫芬顿邮报》追求原创新闻的可能性。2009年3月,赫芬顿投入175万美元用于建设网站的调查性新闻报道,且从一开始便确定了其报道对象是"我们这个时代的最重大事件"[④]。同年,赫芬顿开始改造其人员结构,雇佣了梅林达·汉尼伯格等美国著名记者,2011年获美国在线注资时又恰逢美国媒体新闻职位大幅削减,《赫芬顿邮报》借机大量吸引了来自《纽约时报》、《今日美国》、《福布斯》等传统新闻媒体的记者加盟。这样一来,在短短的两年时间内赫芬顿便建成了一支约500人的全职记者团队。

即便如此,在现代新闻业发展成熟的美国市场,就新闻内容的原创能力看来,《赫芬顿邮报》仍然远远无法与《纽约时报》、《华尔街日报》等传统的

---

① 江海伦:《〈赫芬顿邮报〉的成功之道》,《新闻记者》2012年第08期。
② 胡泳:《报纸已死,报纸万岁——报纸转型的关键策略》,《新闻记者》2011年第11期。
③ J. Sternberg. "The Three Laws of Social Media" March 15 2010, http://www.huffingtonpost.com/josh-sternberg/the-three-laws-of-social_b_499067.html.
④ 胡泳:《报纸已死,报纸万岁——报纸转型的关键策略》,《新闻记者》2011年第11期。

新闻媒体相竞争,因内容使用问题与诸多美国老牌媒体的交恶又使得赫芬顿失去了寻求与其合作的可能性。有鉴于此,拓展国际市场成为了《赫芬顿邮报》追求在美国本土无法实现的新闻性以及作为一个媒体的话语权乃至权威性的必然路径。

2. 寻求外部合作,实现专业新闻媒体化

《赫芬顿邮报》(*The Huffington Post*)这个名字耐人寻味——"Post"既指的是"博客等的发布",又有传统"邮报"的意思。创办者是否有意设计这一双关的名称我们不得而知,然而,赫芬顿作为Web2.0新新媒介①或迟或早必将做出"去新媒体化"的战略选择。

在海外市场与当地老牌新闻媒体的合作是《赫芬顿邮报》"专业新闻媒体化"的一个典型策略——日本合作方朝日新闻社是日本第二大报社,其每日早晚报的发行总量超过1000万份,《朝日新闻》庞大的本国读者基础与根深蒂固的媒体品牌被认为是《赫芬顿邮报》在日本成功的关键②。此前与法国《世界报》、西班牙《国家报》和意大利《共和报》的合作亦是如出一辙。

那么,为什么赫芬顿乐于寻找报纸,而不是电视或其他网站作为海外合作伙伴?

这其中固然有读者人口分布等市场因素的考虑。以日本为例,尽管日本每千人拥有报纸数量一向居高,但随着日本社会的老龄化和新媒体对报业的冲击,报纸读者老龄化已经是一个不可否认的现象——《朝日新闻》纸质版的读者主要是50岁以上的日本人③,《读卖新闻》、《每日新闻》、《日本经济新闻》等其他日本大报也面临同样的情况,因此赫芬顿与当地报业集团合作一方面在最大程度上避免了侵犯合作方固有的读者市场,另一方面又可与合作方一起开拓一片新的市场——日本年轻人主要从互联网上消费新闻,雅虎是日本访问量最高的网站,此外朝日新闻网、日本经济新闻社旗下的NIKKET. NET

---

① 莱文森:《新新媒介》,何道宽译,复旦大学出版社,2011。
② P. Sawers. "The Huffington Post Launches its Local Japanese Edition" May 7th 2013,http://thenextweb.com/media/2013/05/07/the-huffington-post-launches-its-local-japanese-edition/.
③ 胡泳:《报纸已死,报纸万岁——报纸转型的关键策略》,《新闻记者》2011年第11期。

等网站也颇受市场欢迎,但现有的新闻网站远远未能满足受众市场的需求,加之日本的互联网基础设施发展水平较高,新的信息需求被不断创造,数字新闻的发展空间巨大,赫芬顿与朝日新闻社携手切入这个市场是一个双赢的策略。

在读者市场因素之外,更重要的是,与报纸的合作可谓一种直截了当的资源获取方式。

首要的是新闻核心资源的获取。《朝日新闻》拥有130余年历史,是日本最知名的报纸之一;《世界报》则是一份法语精英读物,在法国和全球法语区颇有权威;《国家报》尽管创办的历史不长,但却是西班牙新闻业的"领军者",而《共和报》也是意大利发行排名前三的大报。这几份报纸共同的核心资源是:丰富的原创乃至独家新闻内容生产能力,在严肃新闻、深度报道和权威评论方面的专长,影响本国、本地区乃至世界舆论的能力。这些专业性强且依靠长期积累的资源往往是专属于传统媒体,尤其是报纸的核心资源,也正是《赫芬顿邮报》等 Web2.0 网站所缺乏且在短时间内难以积累的。

其次是与之相关的媒体品牌资源、从业者资源、股东及合作方资源等的获取。例如,在将《赫芬顿邮报》的公民新闻体系推向全球方面,这些相关的资源起到了决定性作用。在美国本土,阿里亚娜·赫芬顿凭借自身在娱乐圈及精英阶层的号召力,长期邀请包括明星主播克朗凯特、普利策奖获得者施莱辛格等大批名人为《赫芬顿邮报》撰写博客,不仅使得这个新生媒体一举成名,又在美国社会生活的诸个重要事件中与焦点人物联手推动事件的发展(例如2008年美国总统大选期间发起"Off the Bus"项目并充当奥巴马的阵地[①]),由此不断巩固其地位。在本土取得成功之后,赫芬顿将名人博客的策略运用到了其国际化战略中。以日本版为例,合作伙伴朝日新闻社凭借自身强大的品牌影响力和在日本社会精英阶层的纵深资源邀请首相安倍晋三为《赫芬顿邮报日本版》撰稿,同时邀请枝野幸男、冈田克也、马渊澄夫、野田圣子、盐崎恭久等多位民主党、自民党的众议院议员以博主身份参与赫芬顿日本版;在浏览其实时更新的首页时,也不难发现开通仅两个月的日本版已经聚集了一大批大学教授、研究人员、知名媒体人、企业高官、作家、参众议院议员以及在日

---

① 胡泳:《报纸已死,报纸万岁——报纸转型的关键策略》,《新闻记者》2011 年第 11 期。

本享有较高地位的僧侣等社会各界精英人士为其撰写博客，这些都将《赫芬顿邮报日本版》初步打造成了其标题所称的"联合有识之士和个人的社会化媒体"。此种现象的产生一方面固然是因为《赫芬顿邮报》本身作为开放的信息平台的吸引力及其为日本社会带来的新鲜感，但更多的则是因为《朝日新闻》媒体品牌等资源的吸引力和说服力。

简言之，在海外市场与当地老牌报纸的合作直接弥补并强化了《赫芬顿邮报》的新闻属性。

（三）从媒介到媒体——Web2.0的新闻属性回归与创新

可以预见，日本只是《赫芬顿邮报》在北美和欧洲以外市场上的第一站，日后赫芬顿将在国际化、全球化的道路上走得更远。与《赫芬顿邮报》相似，近年来我国信息传播产业的发展过程中，也在悄悄发生类似的现象。例如，前文提及的腾讯网从2006年开启的地方门户计划实际上就是与各地报业集团合作，其中大渝网是与重庆日报报业集团合作的，大粤网是与南方报业传媒集团合作的，大浙网是与浙江日报报业集团合作的，大申网则是与合并以前的解放日报报业集团合作的，短短几年间腾讯已经开通了13个地方门户网站。

应当明确，国际化和地方化分别是赫芬顿和腾讯的战略路径，专业新闻媒体化才是其真正的发展目标——以互联网为基础的信息传播技术的推陈出新为人类带来了种种新的媒介，其中Web2.0就是一个以用户自创内容为特征的新媒介群，博客与微博、基于地理位置的服务（LBS）、视频与照片分享、维基等Web2.0媒介正在改变我们的生活；然而，当新媒介发展到一定阶段时也自然会遇到瓶颈，其中《赫芬顿邮报》等以新闻为主诉的Web2.0网站遇到的直接瓶颈正是自身的内容生产能力滞后、跟不上传播方式创新的需求。

三 新闻性是媒体的永恒生命

近年人们普遍"唱衰"传统媒体，认为报业很快或者已经被新媒体赋能的公民新闻业务等取代，今天我们从国际国内看到新媒体的"转身"并反思自身的发展，应当更加清晰地认识到，衰落的不是传统媒体，而是传统媒介。

报纸的生命已经延续了四百余年,尽管我们无法附庸美国学者提出的2044年10月人类将送走最后一份报纸①的说法,但能为人类提供多种信息接触渠道的各种新媒介的发展的确势不可挡,报纸的生存空间确实越来越狭窄。

然而新媒介也并不等同于新媒体,就像躯体并不等同于人,有了灵魂才是人,对媒体来说这个"灵魂"正是新闻性,是永恒的专业和目标!纵观媒介发展的历史,是"新闻"二字赋予媒介以特殊性——正因为承载了新闻内容,纸张成为了报纸,也正是由于以新闻为主诉,包括一些Web2.0网站在内的新媒体在完成了基础的、哪怕是惊人的发展之后需要实现从媒介到媒体的转变。

非常简单,传统媒体在发展媒介形式上处于劣势,而传统媒体所拥有的新闻专业优势则决定了一种新媒介是否能变身新媒体。因此,过去我们谈传统媒体转型、传统媒体新媒体化,今天我们应该更多地思考新老媒体的融合议题,探索如何在多元主体创制互动内容以及多渠道发布的基础上,履行报道事实、引导舆论、影响环境、记录历史等新闻职责。

在上海报业集团挂牌当夜,《文汇报》微博发出了"晚安帖",或许可以代表新闻人对职业与事业的一种新认知——"今天注定是上海报人都将铭记的日子,上海报业集团在今天扬帆起航。岁月流逝,时代变迁,即使方式会变,载体会变,不变的是一代代报人的精神和理想。新起点,新未来,祝福明天!"

---

① 〔美〕菲利普·迈耶:《正在消失的报纸:如何拯救信息时代的新闻业》,张卫平译,新华出版社,2007。

B.16 媒介环境论的视角：广播媒介的新机遇[*]

李 敬[**]

摘 要：

在新媒介环境下的广播媒介面临生存的困境，2012年，广播媒介退出传统的五大传媒之列，"媒介融合"遂成为广播寻求出路的重要手段。笔者从以尼尔·波兹曼为代表的二代媒介环境理论的视角出发，提出广播生存的新思路：媒介融合在技术融合的同时，也是文化的融合，更确切地说，是向电视网络文化的妥协。广播媒介需要回归到言语逻辑的起点，探寻、发掘真正的理性交流的可能。

关键词：

广播媒介 波兹曼 言语 文化

一 广播媒介的言语特征：媒介环境论的视角

2012年，央视在全国范围内进行了一次抽样调查，在这份调查报告中（《中国电视观众现状报告：2012年全国电视观众抽样调查与分析》），我们看到这样一组数据："……从各类媒体的渗透率情况看，传统的五大传媒中，电视媒体居首位，虽已接近饱和，但相比2007年渗透率仍有所上升（99.23%）；报纸虽依然处于媒体渗透率第二的位置，但是已经没有竞争的优势（比五年前下降了6.56%，为53.97%）；互联网媒体渗透率大幅提升，已

---

[*] 本文为上海市哲社一般课题："个体化"社会中我国媒介话语的价值构建研究（2013BXW002）的阶段性研究成果。

[**] 李敬，文学博士，上海社科院新闻研究所助理研究员，研究方向为传播学理论。

经超过杂志（第三位，上升了33.17%，为51.88%）；杂志居第四位（下降了8.41%，为45.62%）……手机媒体的渗透率达到44.03%（第五位）；广播媒体的渗透率已降至33.41%，历史性地退出前五媒体排位①（第八位，排在车载电视和楼宇媒体之后）。"②

  广播媒介已退出五大媒体之列。新媒体环境下广播生存的困境，引发了业界与学界的广泛讨论，我们看到，"媒介融合"成为近年来广播调整的大方向，它试图通过与电视、互联网、手机等新媒介的技术融合，突破单一的终端接收平台，以电子广播、网络广播等新的技术形态拓宽受众群体。同时，广播也通过技术升级实现"内容升级"——更高效的新闻直播、更丰富的音乐电台，更立体、更广泛的受众互动③。但是，建立在技术融合基础上的媒介融合，也许可以实现广播媒介的"变形"，但绝非可能带来真正的"蜕变"。也就是说，"媒介融合"的策略使得广播不再是传统的单一的媒介，它在功能与技术上愈来愈趋向于新媒体，新媒介环境下的广播将成为"广播、电视、报纸与互联网的集合体"，但这种"变形"始终只是技术层面的，它只是广播媒介在新媒体冲击下的无奈之举。真正的机遇在于"蜕变"——准确地说，是一种"回归"，回归语言逻辑的起点，找回广播媒介最初的隐喻（metraphor）。

  麦克卢汉说，媒介即信息。在尼尔·波兹曼看来，媒介即隐喻。他更进一步区分了"信息"与"隐喻"，他指出，"信息是关于这个世界的明确具体的说明，但是我们的媒介，包括那些使会话得以实现的符号，却没有这个功能。它们更像是一种隐喻，用一种隐蔽但有力的暗示来定义现实世界……这种媒介—隐喻的关系为我们将这个世界进行着分类、排序、构建、放大、缩小、着色，并且证明一切存在的理由。"④ 可以称之为"媒介"的对象，并不只是一

---

① 《中国电视观众现状报告：2012年全国电视观众抽样调查与分析》，是中央电视台在全国范围进行的第六次电视观众抽样调查，前一次调查在2007年，当时调查的受众接触最多的五大媒体的排序为"电视、报纸、杂志、广播、网络"。
② 该数据转引自中国广播网 http://www.cnr.cn/gbzz/ytzmdm/201310/t20131012_513804423.html。
③ 这里指的是移动互联技术丰富了听众互动的形式，不仅是谈话类广播节目，很多其他节目也增加了与听众互动的环节，听众可以随时通过短讯、微博、微信和即时聊天技术等诸多方式参与进节目中。
④ 〔美〕尼尔·波兹曼：《娱乐至死》，章艳译，广西师范大学出版社，2006，第12页。

媒介环境论的视角:广播媒介的新机遇

种技术,它更重要的意义,是参与构建了社会生活的文化形式与文化内容。因为技术一旦"使用了某种特殊的象征符号,在某种特殊的社会环境中找到了自己的位置,或融入经济和政治领域中,它就会变成媒介……技术只是一台机器,媒介是这台机器创造的社会和文化环境"[①]。一种媒介被社会广泛接受和使用的结果在于,它在不知不觉中对人们判断、思考、处理事物的方式产生了重要的影响。从这种媒介环境论的角度来看,钟表绝非仅仅是工匠的杰作,它是人类重要的媒介,"把时间再现为独立而精确的顺序";文字也不只是神秘的技艺,它"使大脑成为书写经历的石碑",电报更不只是电磁波技术的成果,它"把新闻变成商品"[②];而作为"媒介"的电视,转瞬即逝的图像取缔了印刷文字的线性逻辑,把时间与空间变得支离破碎,把一切事件变成娱乐。

那么广播媒介是怎样的隐喻?广播可以产生怎样的文化?它鼓励怎样的对话存在?在新媒介语境中,广播与其他媒介的关系如何,它是否已成为其他媒介文化形态的附庸,如果是,又该如何剥离?

从口语、文字、印刷术、广播、电视到互联网,麦克卢汉的"后视镜"理论认为,一种新媒介只是旧媒介的延伸。倘若我们接受了麦克卢汉的思维——一种隐藏在中性技术论表象下的隐约的乐观理解,我们看到的是一个连续的世界:文字对口语的记录,印刷对文字的记录,广播对文字的扩散,电视图像对广播的完善,互联网对文本、图像与声音的完美融合,这是一个毫无断裂的连续的体验。然而我们将无法理解,为何公共话语与广泛的政治兴趣让位于没有边际的消费与娱乐,为何理性的阐释话语被铺天盖地的、空洞的、无意义的表达所淹没。我们不难发现,麦克卢汉的后视镜思维是建立技术层面的,波兹曼的媒介环境论是着重于文化层面的,结合两者,断裂和连续将变得能够理解:口语、文字、印刷术到广播的媒介史,是语言媒介的延伸与扩展,它是阐释文化的历史;互联网等新媒体技术是电视的延伸,但它却是对文字文化的攻击而非延续。

---

① 〔美〕尼尔·波兹曼:《娱乐至死》,章艳译,广西师范大学出版社,2006,第111页。
② 〔美〕尼尔·波兹曼:《娱乐至死》,章艳译,广西师范大学出版社,2006,第17页。

媒介技术有其自身的内在偏向，每种技术都是等待揭示的一种隐喻。正如印刷术不曾广泛地专用于图像的传播，它总是书面文字的传播工具，被用作语言的媒介。尽管波兹曼并未给予广播媒介较多的关注，但从广播媒介的言语哲学①的特性来看，我们不难发现，广播也有自身的内在技术偏向，它与印刷术一样倾向明显，即被作为语言媒介，确切地说，是言说（lexis）的媒介。这里我们并不讨论"语音中心主义"②与书写语言学的流派之争，无论是语音还是书写中心，都一致的把语言视作人的重要条件，即人之行动（praxis）、思考、理性交往的条件。前苏格拉底哲学中，言说和行动是同时发生和同等重要的，属于同一层次同一类型，这一点首先不仅意味着真正的政治行动要以言说来进行，而且更为根本的是，除了言说传达或交流的信息外，在恰当的时刻找出恰当的言辞本身就是行动，城邦经验之后的政治哲学里，行动与言说开始分离，政治的重心从行动转向言说，言说成为政治生活的表征③。人作为"能言说的存在"④，意味着言说获得意义，唯有言说才能使人理性地参与进政治生活。

广播是言语的媒介，媒介环境理论的第三代学者沃尔特·翁提出了次生口语文化理论，电子公共领域恢复了古代口语文化的一些特征，虽然形式和原生口语文化不同，"次生口语文化产生了强烈的群体感，因为听人说话使人形成群体，使人成为真正的听众。"⑤沃尔特·翁继承了麦克卢汉的乐观，尽管他的老师波兹曼采取了更为谨慎和悲观的态度，但这种批判是针对电视文化提出的，对于广播媒介，波兹曼也赞同它的言语逻辑本质，他指出，在充满现代技术麻醉剂的世界中，广播算得上媒介中的另类。广播本身的特点使得它

---

① 这里的"哲学"，笔者采用波兹曼对电视广告哲学的定义方式，即这里指称广播媒介关于语言交流的性质与其他电子媒介（电视、互联网）相左的独特观点。这是广播媒介的一种根本属性，它是语言的媒介，语言的逻辑决定了广播媒介所鼓励的文化逻辑。
② 德里达指出，从亚里士多德、柏拉图到卢梭和索绪尔，总认为口语词优先，文字是语言的附庸，书写被视作是对言语的记录。〔美〕豪威尔斯：《德里达》，张颖等译，黑龙江人民出版社，2002。
③ 〔德〕汉娜·阿伦特：《人的境况》，王寅丽译，上海世纪出版社，2009，第16～17页。
④ "能言说的存在"是亚里士多德对人的著名定义。
⑤ 〔美〕沃尔特·翁：《口语文化与书面文化：语词的技术化》，何道宽译，北京大学出版社，2008，第136页。

媒介环境论的视角：广播媒介的新机遇

非常适合传播理性而复杂的语言①。从这种意义上说，麦克卢汉的箴言是适用的，广播是印刷术的延续，但绝非停留在听觉延伸层面，更是在媒介－文化的意义上而言。广播延续了印刷术的文化，我们可以说，"人们阅读广播"，尽管现代商业广播早已不再被"阅读"，但从广播媒介的根本性质上说，它允许被人们"阅读"。"阅读"意味着承袭了印刷文字的线性逻辑，这种逻辑支撑了"思想交流"的必然性，或者说，它鼓励有逻辑命题的、有语义的、可阐释的、理性和秩序的话语。在收听广播时，图像是缺席的，波兹曼指出，图片取代印刷文字的线性和序列逻辑的特征，往往使得文字的严谨失去了意义。②没有了视觉的干扰，听众对陈述做出冷静的判断，语音富有逻辑性的、有序排列的特征要求人们对之进行理性的判断。然而在电视、网络文化背景下的广播媒介，在"技术融合"的过程中，也必然被迫完成了文化融合的进程，但更确切地说，是广播文化被电视文化的征服、遗失自身的进程。

二 广播媒介的出路：媒介—文化的新思路

在电子新媒介冲击下的广播面对生存的困境，不得不以技术融合方式寻求突破，它表现在视听的融合。诸如上海文广集团 SMG 早在 2005 年就获得了原国家广电总局颁发的国内第一张 IPTV 集成运营牌照，并获准将 Bestv 百视通作为 IPTV 业务呼叫，打破传统广电业务框架，成立新媒体视听业务运营商，手机、互联网等各移动终端均可接受视听内容。③网络、广播、电视在技术上成为一个整体，广播不再是单纯的言语的媒介，它不断地接近电视、模仿电视，不断地被网络所吸纳。三网融合是正在发生的大趋势，广播的转型如何赢得市场回报是媒介经济学要研究的问题，在这里，我们只想进行媒介－文化层面的讨论，广播作为构建社会文化的媒介之一，怎样的传播形态更符合广播媒

---

① 〔美〕尼尔·波兹曼：《娱乐至死》，章艳译，广西师范大学出版社，2006，第146页。
② 〔美〕尼尔·波兹曼：《童年的消逝》，吴燕莛译，广西师范大学出版社，2004，第113页。
③ 沈嘉熠、范金慧：《上海三网融合视听媒体产业的现状和发展趋势》，《现代传播》2013年第1期，第166页。

介存在的本来逻辑？另外，文化与经济并非悖论，文化的视角将为广播媒介的生存发展带来全新的思路。

让我们回归到"单纯的"广播。广播作为言语的媒介，语言的逻辑与秩序是广播媒介的内在倾向，这是一种文化的倾向，它意味着支持并鼓励相应的理性表现形式。广播在于"听"，听的是有语义的句子的"陈述"，而当广播与其他电子媒介融合之际，这种"听"的属性丧失了，从"听"转变为"看"，"看"的是稍纵即逝的流动的图片，视觉的快感驱走了听觉的冷静。"陈述"最重要的特点在于"语境"的存在，它促成了真正意义上的交流。"语境"是印刷术时代的话语方式，在这样的话语结构里，事件和观点之间的连贯性为判断和反思提供了基础，广播媒介的特性允许"语境"的延续。相反，"伪语境"是电视媒介的文化话语，大量的信息向人们袭来，波兹曼称之为"假信息"，它们并非错误的信息，而是毫无关联、支离破碎或流于表面的信息，这些信息使人产生误解，以为自己知道了很多事情，其实却是离真相越来越远，知识沦为信息，人们逐渐失去了判断什么是真正信息的能力。[①] 在这些彼此独立存在的信息中，连贯性消失了，"假信息"无法促成行动和反思，它们只是汇聚在一起，显现出看上去的"完整"，诸如"新闻电台""新闻频道"这样的指称。波兹曼称之为"伪语境"，他悲观地将其视作文化的避难所。

我们引述波兹曼的批判性论述，并没有任何质疑广播新闻频道的意思。从受众分类的角度来进行专业的内容分类，不失为明智之举。但通过上文的阐述，我们很容易发现，专业新闻频道绝非广播媒介自身特性的发掘，它更是对电视媒介的效仿。我们受到的启发是，除了专业频道的制作，广播媒介有更具潜力的发展空间——对深度谈话节目更精准的定位和开发。

广播谈话类节目涉及主题宽泛，包括针对新闻事件、社会、情感等诸多话语的即时聊天节目。广播谈话类节目作为美国的舶来品，20世纪末成长于中国，数十年的发展，谈话的话题愈来愈丰富，交流的语言表达形式也越来越专业，其中也有不少节目脱颖而出：诸如上海人民广播电台的新闻类谈话节目

---

① 〔美〕尼尔·波兹曼：《娱乐至死》，章艳译，广西师范大学出版社，2006，第139页。

媒介环境论的视角：广播媒介的新机遇

《市民与社会》，上海东方广播电台的情感类谈话节目《相伴到黎明》等，但是真正能够做到"在陈述的语境中理性交流"的节目只是冰山一角，大多数的谈话类的节目仅以"秀"（show）的方式"展示"给听众，语言失去了可贵的逻辑，沦为肤浅的娱乐或空洞的安慰。以《相伴到黎明》节目的主持人叶沙的一段对话为例，来理解"有语境的真正交流"的谈话类广播节目意味着什么（文本详见附录）。

在叶沙与听众的上述对话中，"情人的存在是否合理？"成为一个明确的谈话主题。我们看到当听众打电话来叙述他的情感困扰，叶沙从一开始就根本没有打算去"听一个故事"，让他去"说一个故事"。然而，我们知道，"讲故事/听故事"是很多广播谈话节目的叙述结构。但叶沙坚决摒弃了这个套路，她更愿意去"提出一个问题/思考一个问题/回答一个问题/解决一个问题"。在谈话中，叶沙始终紧扣问题：对情人的定义？情人存在的合理性？解决"情人-家庭"矛盾的办法？随着问题的提出、引导、阐述，听众完成了思考、判断、行动的过程。叶沙的对话是一个完整的语境，她还原、尊重了言语的自身逻辑。在争论、假设、讨论、说理、辩驳等一系列言辞方法中，广播构建了阐述的话语，而阐述，是只属于广播这样的电子媒介的。无表演的延续了印刷术的理性阐述，是叶沙的语言。叶沙的节目只属于广播媒介。她不会走进电视①。

叶沙的主持使得谈话节目实至名归。《现代汉语词典》对"谈话"的释义为：①两个人或许多人在一起说话。②用谈话的形式发表的意见（多为政治性的）。毛泽东有《和美国记者安娜·路易斯·斯特朗的谈话》、《对晋绥日报编辑人员的谈话》等文章。③用谈话形式做思想教育工作②。我们看到，谈话具有三个特征：一是谈话非独白，它是两人以上的对话；二是谈话是观点和意见的表达；三是谈话是主体间的相互影响，思想的交流是谈话的本质。这意味着：一档谈话类节目是主持人与听众或嘉宾之间的言语互动；谈话类节目不应只停留于对事件的叙述，它还应包括判断、分析、陈述；谈话类节目不应只满

---

① 《相伴到黎明》节目的主持人还有万峰，他独特的语言风格受到很多听众的喜爱。但笔者认为，万峰与叶沙有着根本性的差异，万峰的语言是属于电视文化的。
② 引自中国百科网，http://www.chinabaike.com/dir/cd/T/403238.html。

足于交流，它的更高目标在于对他人的积极影响，而这需要通过有条理的叙述、严谨的分析、审慎的判断和有社会责任感的陈述来达到。这样来看，目前我国广播谈话类节目的现状一目了然：大多数节目无法同时满足这三个要求。我们看到，新媒体技术的融合丰富了互动的形式，第一点早已不是问题，但观点和意见的理性表达仍为许多节目所缺失，受众往往"听了很多故事"，也"宣泄了很多情绪"，但并未理解什么是真正的论点，理性的态度和意见被感性的体验所湮没。第三点，也是广播谈话类节目的文化意义所在，建立在理性交流基础上的传播效果，是对他人乃至整个社会文化的责任。主持人的素质绝非仅是言语表达的能力，"言语的表演"与"思想的阐述"差之千里。

附　　录[①]

男士：我是一个有家庭的人，最近，为了一个婚外情人心里很烦……（男子表达自己的矛盾心理，对情人有感情，但又不愿和妻子离婚）

叶沙：你想问我什么？

男士：我的下一步该怎么走？

叶沙：你想得到什么呢？

男士：我又不想失去我的太太，又不想失去这个我很爱的情人。

叶沙：你觉得你可以有情人吗？

男士：怎么说呢，我也想过要断掉，因为在两个女人之间太痛苦了，我真是受不了。

叶沙：我再问你，你可以有情人吗？

男士：怎么说呢，也许从道义上来讲是不可以的。

叶沙：不是从道义上说，我问的是一个非常简单的问题，你觉得你可以有情人吗？

男士：我，我，应该说是不可以，但是，如果我们做好朋友，我希望我们能够做最好最好的朋友。

叶沙：是不是你的每一个好朋友都会对你提出结婚的要求？

男士：不，当然不是。

[①] 出自叶沙《相伴到黎明——叶沙谈话录》第一章"情人"，上海教育出版社，2008。电子图书资料来源于豆瓣网 http://www.douban.com/group/topic/1707201/。

叶沙：为什么她会？她跟你的其他好朋友有什么区别？什么叫做情人？

男士：其实我们在一起就是无话不说。

叶沙：什么话都可以说的人，应该是你的妻子。关键在于你是否可以有情人？如果有情人是一件合理的事情，那么，你现在面临的局面是不合理的局面，我可以帮你找到解决这个不合理局面的方法；而如果拥有情人是不合理的，而你现在面临的局面便成了合理的局面，应该让你吃点罪，受点苦的。

男士：我怎样才能摆脱这种局面呢？

叶沙：你觉得你做错事了吗？

男士：嗯。

叶沙：如果你没有觉得做错了什么，而想摆脱这种局面，恕不伺候；如果你觉得你做错事了，那么，很简单，我要问你的就是：你该受什么惩罚？

男士：我想我是错了，但是，这是由于当时感情的冲动造成的。

叶沙：这是说自己错了的说法吗？还是在为自己找理由呢？

男士：不不不，我不是在为自己找理由。当时确实是由于感情的冲动，现在我想摆脱这一困境，我实在太累了。

叶沙：你一直在逃避回答我提出的问题，你觉得你可以有情人吗？

男士：不可以的。

叶沙：那你有情人是不合理的，对吗？

男士：对对，对的。

叶沙：那么，你的情人存在的本身是不合理的。所以，你的情人对你提出的任何要求都是不合理的。而她的任何要求你都可以不理会的，而且你要去对她说：我不能再继续这种状况了，我要把自己的生活理一理，过一种干干净净的生活。她是没有资格来提反驳意见的，当然她会提，每个人都有自己的一份完整的感受，她会觉得痛苦，所谓不平则鸣。但是，她的这种鸣，是否要让你引起犯罪感呢？是否要让你感觉做错了事呢？答案是否定的。换句话说，这件事当中有一个思路问题，如果你认为找情人是可以的，那么，情人所提的任何要求都应该是可以的，你如果不满足她的要求，那是你错了，你应该为此奔命；如果你认为找情人是错的，那么，所有和情人有关的事都是错的。你要调整自己的话，没有人可以来阻止你。再换一个角度说，你已经犯了一个错了，为了改正这个错，你不能用第二个错去代替。也就是说你的情人对你所提的任何要求，一旦被你满足的话，就是在用第二个错去弥补第一个错所造成的空缺。如果你希望你将来的生活是：你，你的孩子，你的妻子，三个人非常简单的、非常和谐的一个家庭，而且很稳定，没有其他的乱七八糟的附属品的话，那么，现在就是你痛下决心的时候了。如果你在和你的情人说起你的决定的时候，总觉得自己是不可以这样的，以至于在你和她说起这个决定的时候拖泥带水的话，那么，你们算是断不成了。至于站在你的情人的立场上说，她会因此而受痛苦，对，没错。然而，我连同情都不准备给出多少。因为我的基础是，做情人这事儿做不得！这种身份的人不可以存在，虽然这个苦不应该由她一个人来承担，你也有很大的责任。但是，毕竟我们总得找一个地方，作为自己的落脚点来开始行动。如果没有一个人愿意让自己去当别人的情人的话，那么，你也找不到什么情人了。至于说你现在所受的苦和折磨，请原谅我不给你同情。我觉得你所受的所有的苦，应该乘以十，乘以百继续地受上一段时间才能完，肯定会的。因为跟情人分手，可不像谈恋爱时和女朋友分手那样简单。

男士：对的，你说得很对。我跟她谈过分手的问题，她不肯……（叙述情人对他的纠缠）

叶沙：那只能说你作的孽，到了还债的时候了，这有一个过程，只有等到你从生活当中预支的并且已被消费了的一切还清了的时候，你的生活才会重新归于宁静。这其实是给大家一个教训，别以为这事情很好玩的，是一个人就能去做的，做不得啊！

男士：这是真的，我现在的日子很不好过……（讲述情人的纠缠对他生活的严重影响）

叶沙：其实你误会了，找情人本身就不简单，所以，你也不可能找到一个简单的解决情人的办法。如果有一个人很天真地想，我去找一个情人，我很开心，等到哪一天我厌倦了，她就消失，很简单，那么，这个人是傻瓜。这种事儿，开始很好玩，结束会要了你的命。我想，对你来说后头还有好多事情要做，好艰难的路要走，对此我们把可能会生成的同情留给应该得到同情的人。而对于你和你的情人的行为，希望人们把它看作是一个教训，一个可怕而又危险的雷池，千万不要让自己离得太近！

B.17
从移动新闻客户端看传统媒体转型

童 希*

摘　要：

> 新闻受众向移动互联网的迁移是一个趋势，移动新闻客户端成为网络新闻业最前沿的平台，围绕这一平台，传统媒体、门户网站、自媒体、社交媒体和科技创新企业开始布局。传统媒体在移动互联网时期继续面临双重属性带来的挑战，新闻业的公共功能和产业价值如何在移动互联网条件下得到巩固和发挥需要媒体管理者、媒体从业人员、科技创新企业共同发挥智慧。传统媒体要从内容生产、聚合方面发掘自身潜力，并树立将信息作为产品来运营的思维，积极探索新的商业模式。新闻业始终是公共知识的来源，对公共性的追求始终应当确立，在将受众当作积极用户的同时，不应忘记新闻业始终面对的是公众。因此，留住新闻的核心价值同时增进新闻的信息产业价值是传统媒体转型应当始终遵循的原则。

关键词：

> 移动新闻客户端　传统媒体转型　网络新闻　公共性

CNNIC最新调查显示，我国台式电脑上网网民比例继续下降，手机上网网民比例保持快速增长。69.5%的网民通过台式电脑上网，相比2012年底下降了1.1个百分点。通过手机上网的网民比例为78.5%，相比2012年底上升

---

* 童希，新闻学博士，上海社会科学院新闻研究所助理研究员，主要研究方向为新闻学理论、政治传播、新媒体传播、媒体产业等。

了4.0个百分点。2013年上半年,网民人均每周手机上网时长达11.8小时,79.9%的手机网民每天至少使用手机上网一次,其中,近六成手机网民每天使用手机上网多次①。随着智能手机和平板电脑的普及,受众持续向数字化新闻移动,移动互联网成为新兴的媒体平台,如今在通勤的路上、在等待的间隙里,我们都能看到手持移动终端的新闻受众。

对风雨飘摇中的传统新闻产业来说,受众的迁移意味着什么?美国皮尤调查中心在《2012新闻媒体状况报告》中报告了一个好消息,移动终端增加了总的被消费的新闻数量,"换句话说,数字平台成为一种增量的新闻体验渠道",技术升级后,消费者会被新的形式吸引,但旧的形式并不会被立刻抛弃,而是拓宽了他们新闻体验的广度和宽度②。但从一个相对长的时间段来看,网络新闻业的决战在移动端,因为从内容节奏上看,移动媒体几乎达到媒体梦寐以求的终极状态——实时,任何领域真正重要的新闻都可以在第一时间推送到用户的移动媒体上③。

针对美国受众的调查显示,一批新的新闻组织或新闻应用软件在新闻消费中正在获取可观的份额,大约1/4的新闻消费者声称正在使用新闻组织的网站或应用软件来获得新闻报道④。2012年Q1到2013年Q2期间对美国受众的调查显示,5~44岁的群体中通过移动终端阅读新闻比例最高,除了65岁以上的群体外,其他人群通过智能手机阅读新闻的比例均超过60%。与此同时,美国报纸订阅业务下降了2.2个百分点,为31.1%。在手机新闻阅读的重度人群中,这个下滑更加明显。45~54岁的群体里面,订阅报纸新闻的比例就从34.4%下降到2013年的28%⑤。在中国,这一趋势也正在成型。艾媒咨询数据显示,2013年上半年中国手机新闻客户端用户规模达到2.85亿人,较2012年年底的数据增加了23.9%,手机新闻客户端在中国手机网民中的渗透率则已经达到56.3%,预计到2014下半年中国手机新闻客户端用户规模将超

---

① CNNIC:《第32次中国互联网络发展状况统计报告》,2013年7月。
② 杨晓白编译《移动媒体终端和新闻消费:新闻业的好消息》,《青年记者》2013年第1期。
③ @老笨,《新媒体真正的决战,在移动端》,2013年3月13日,http://www.tmtpost.com/22093.html。
④ 杨晓白编译《移动媒体终端和新闻消费:新闻业的好消息》,《青年记者》2013年第1期。
⑤ eMarketer:《美国新闻阅读向移动走》,http://roll.sohu.com/20130903/n385780190.shtml。

过 4 亿,达到 4.28 亿①。

以智能手机和平板电脑为代表的移动终端的使用主要是通过第三方应用软件 Apps（Application Software）来中介的,时下主流的智能终端操作系统包括苹果 iOS 系统的应用商店、安卓系统的安卓市场等提供各类应用的下载。与普通网页或为手机专门制作的网页相较,为特定终端而设计的应用有更好的用户体验,在新闻信息的消费上也是如此。随着移动设备的普及,这一方向是非常清晰的。众多媒体组织瞄准这一目标,众多媒体内容生产和传播群体在移动新闻客户端这一领域集结,庞大的用户市场和潜力让互联网巨头、创业者都虎视眈眈。

传统媒体"披挂上阵",作为最资深的新闻生产者加入"战局",与门户网站、社交媒体、自媒体、科技创新公司同场竞技,这一景观不禁让我们联想到了传统媒体在过去的几十年里在互联网不同平台上不断迁移、探索的历程。新闻业在这一浪潮中表现如何呢？移动互联网时代的来临对新闻业和新闻产业会造成何种影响？传统媒体在现代新闻业的洗牌中能否调整方向,如何留住新闻的核心价值同时增进新闻的信息产业价值？

一 全面进化的新闻景观

移动新闻客户端在网络新闻业的发展中打开了新的江湖。在移动客户端领域,我们看到中国新闻内容的生产和传播的几大力量：传统媒体、门户网站、社交媒体、自媒体、科技创新企业等势力在此集结,形成了当代互联网新闻的新景观。

（一）传统媒体

包括报纸、电视、广播等在内的传统媒体作为新闻内容生产的"正牌军",拥有经验丰富的人手、成熟的审核机制。在此前媒介融合、报网互动等

---

① 赛迪网：《移动新闻阅读时代呼唤真正的个性化阅读》,2013 年 9 月 26 日,http://news.ccidnet.com/art/66/20130926/5198741_1.html。

大潮下，传统媒体纷纷向网络媒体延伸，从最初制作网站平移呈现媒体内容到积极调整新闻生产流程。在移动终端的新趋势下，传统媒体的表现有一些不同的形式①。

1. 直接制作本媒体的客户端

为在移动终端上全面展现本媒体内容，一些媒体制作基于自己媒体内容的客户端，以苹果应用商店为例，绝大多数处于免费下载的应用中，排名较高的例如中央级媒体《人民日报》、《央视新闻》、《中国日报》；在中国报刊市场上较有影响力的《财经》杂志、《南都周刊》、《南方周末》、《看天下》、《三联生活周刊》、财新网等。其中部分客户端只是将桌面网络的内容又一次平移到了移动网络，例如《人民日报》的客户端只是重新呈现每日的新闻版面，甚至试图在手机上呈现整个版面。也有部分媒体在母报刊的基础上制作了一个全新的媒体平台，呈现较为丰富的媒体内容，例如 iWeekly《周末画报》的客户端就将媒体内容按照新闻、专栏、画报、风尚、城市等分类，而不是平移报纸内容。

2. 进驻或被整合进入其他客户端

在各大门户的移动客户端中也有传统媒体的进驻。例如在搜狐新闻客户端中，为用户预留了直接订阅媒体频道的地方，用户可以通过订阅这些媒体频道将内容整合到每日新闻的推送中。这是一种普遍存在的模式，例如在网易新闻、ZAKER 新闻等客户端都可以订阅传统媒体的频道。

在社交媒体如微博、微信中，传统媒体也可发布、推送新闻。例如在微博中的蓝 V 就是机构微博，微博中往往不仅呈现新闻，还会呈现一个媒体的面貌，例如一些活动推广、采编经历等。在近期兴起的微信公共账号中，传统媒体开始向其订阅用户推送新闻，往往是每日精选 3 ~ 4 个重要事件或话题，整合后推送给读者，例如《解放日报》的微信公共账号在 2013 年 10 月 9 日这天推送了包括上海暴雨、十一黄金周、虹镇老街拆迁和遗产税等四个选题，有的是《解放日报》的重点新闻，有的则是综合了若干信息源的汇总。

---

① 受制于中国无线网络覆盖和手机资费，在手机终端中文本、图片内容因为占用流量较小，较视频、音频内容发展更快，在本文中，讨论的主要对象集中于平面媒体。

从新闻生产上来说，传统媒体仍然是互联网上拥有信息生产、传播主体资格和专业操作的重要力量，不仅是权威的信息来源，而且按照中国对互联网新闻服务的规定，也是唯一合乎规定的时政新闻生产机构，而门户、聚合、社交等终端绝大多数新闻都是来源于传统媒体，仅会自行生产一些娱乐、体育、社会新闻。正是由于如此，在移动客户端不断发展的今天，随着版权意识的提升，传统媒体拥有一定的话语权，并有机会通过入驻其他客户端，扩大自己的影响力，维护自己品牌的完整形象，享有在移动平台上的编辑和整合的权利，品牌较好的、在市场上有独特定位的媒体有一定的追随度。

（二）门户网站

门户网站主要领跑者腾讯、搜狐、网易、新浪等具有显著的先发优势，在现在的移动新闻客户端中，门户类处在第一阵营。安卓系统中按照下载量排列，搜狐（2911万次）、网易（1602万次）、腾讯（1026万次）分列前三位，新浪表现较差有68万次的下载量①。而在苹果iOS系统中，腾讯、网易、搜狐、新浪分列新闻类排行榜的第1、2、5、8位②。

不同门户具有一些不同的侧重点。例如搜狐进入移动客户端最早，娱乐性质比较强，较早开设供传统媒体整体展示的平台；网易主打的是"有态度的新闻门户"、"无跟帖不新闻"，并较早开始挖掘地方新闻，做了区域化的资讯定制设计；腾讯的口号是"事实派"，借助手机QQ、微信两个亿级用户平台，推出了开放媒体平台战略，搭建了非常通畅的传播渠道，推出了包括提前下载离线阅读等实用的功能；新浪在新闻客户端方面发力较晚，在2013年4月26日宣布将旗下新闻类客户端掌中新浪更名为新浪新闻，试图通过新闻早晚报、订制信息推送以及与社交平台的打通开拓市场。

门户客户端延续了PC端时期的综合新闻门户的风格，尽管各自都在推出更加新颖的模式来主打自己的品牌，但是总体来说，模式、定位类似，且主页内容类似都市报，严肃的一致的时政内容和极度娱乐化的迎合流行文化的新闻

---

① 沈跃德：《速途研究院：2013上半年新闻客户端市场分析》，2013年7月9日，http://www.sootoo.com/content/431462.shtml。
② 2013年10月7日苹果App Store手机新闻类免费应用排行。

并存,为了获取更高的关注,有不少是追求星、腥、性的煽情新闻,一定程度上存在着同质性高、娱乐化、浅表化、专业性缺失等问题。从中国互联网目前的状况来看,门户因为掌握大量平台渠道资源,有较强大的基础,因此在移动互联网新闻领域仍然拥有不少优势。

(三)社交媒体

微博、微信等通过社交关系传递信息,因此用户黏性极高,信息短小,个性化强。在新闻信息方面,微博引领了一波中国舆论的大爆发,其转发链条的灵活和高效使新闻的传播高效、突破性强,而微信推出的公共账号为传统媒体、自媒体都提供了独特的平台。

微信公众平台的开通给人很大的想象空间,从免费手游公众账号入手吸引海量用户,逐步成为自媒体用户的新平台,已经有了盈利的案例,互联网评论人程苓峰在微信公众平台开设的"云科技"账号有三万订阅用户,每单广告点击达1000~1500次。大多数传统媒体也在微信开设了公众平台订阅账号,订阅用户能收到推送的精选内容。一些微信公众账号已经有了独立App的雏形,微信有向着App Store模式发展的趋势[①]。但微信平台有自己的规则,其订阅账号对公众平台每24小时只能发送一则群发信息,而微信内部的内容源是彼此孤立的,既没有目录列表来给用户推荐,也没有微博这样的强力转发机制[②],对于自媒体来说到达率还是有一定的局限。

微博的兴起对新闻生产产生重大影响,突破性、即时性的生产得以可能,用户可以同步参与报道流程,媒体可以通过面对面、人性化的营销方式塑造媒体形象[③]。作为中国唯一能大量提供与传统媒体异质信息的社交、媒体平台,生命力很强。发展到现在,微博也遭遇瓶颈,因为短小的信息在完备性、准确性方面缺乏保证,信息冗余、谣言传播等问题出现,卖萌、粗口等看似吸引受众的手段因为过度使用而造成接受疲劳。用户想要在微博平台浩如烟海的信息中找到高质量的完整的新闻信息,需要很高的投入度、媒介素养等条件。

---

① 朱以师、王姗姗:《掘金微信平台》,《新世纪周刊》2013年第11期。
② 魏武挥:《客户端:闭环空间里的信息孤岛》,《网络传播》2013年第3期。
③ 童希:《微博如何影响传统媒体的新闻生产》,《青年记者》2011年第9期。

社交媒体作为个性化的信息入口提供了一个将社交和新闻进行融合传播的机会,正在分流一部分大门户的入口流量,同时给自媒体带来了平台。但微博、微信作为新闻信息的平台从实际使用来看有一定局限,其呈现较碎片化、片面化。

(四)科技创新型媒体

科技创新型的客户端应用如 Flipboard、ZAKER 新闻、鲜果联播、抽屉热播榜等,走的是一条优化用户体验、聚合新闻的道路。由于国内互联网管理的相关规定,它们不能采编时政新闻,而是通过用户订阅一些频道,将已有的新闻内容整合后推送给用户。抽屉热播榜主要是娱乐、迎合流行文化的新闻,而 ZAKER 新闻、Flipboard 有较多科技创新企业的基因。这些媒体可谓后起之秀,与庞大而根基稳固的门户客户端相比用户基础较弱,但科技创新企业是移动互联网的原住民,或是从用户界面、使用感受有所创新,或是主打个性风格内容,给新闻客户端带来很多的新鲜和变数。

但是,因为涉及新闻信息服务,此类客户端存在一定的政策风险。就在 2013 年 9 月 30 日,《人民日报》、新华社等刊出了国家互联网信息办公室的最新通报,包括抽屉新热榜、鲜果联播、ZAKER 新闻阅读、3G 门户新闻、一五一十部落、蜜蜂新闻等一批未依法取得互联网新闻信息服务资质,违规从事互联网新闻信息服务的移动客户端,依法要求其限期整改①。对这一警告,许多人认为 ZAKER 新闻、鲜果等属于聚合类应用,它们并不直接生产新闻,而是通过受众订阅来抓取或推送内容,正如 ZAKER 新闻的运营者并不将自己的应用与传统媒体归在一处,而更将自己看作是互联网技术企业,通过算法、筛选等方法来选择新闻,新闻编辑在这里只是补充技术的不足。此番警告有业内人士分析认为是因为部分应用允许读者订阅一些以往"翻墙"才可以获取的媒体信息,以及过度娱乐、低俗化的倾向。这显示出这些先行者处在灰色地带,他们的探索还需与现行的制度进行磨合,找到边界。

---

① 《国家互联网信息办通报查处一批违规移动新闻客户端》,2013 年 9 月 30 日,http://news.xinhuanet.com/politics/2013 - 09/30/c_ 117577860. htm。

二 移动互联时代的网络新闻业

当我们要探讨现今的传统媒体遭遇的问题和转型之困的时候,我们需要分清两个问题,新闻业的问题和新闻产业的问题。前者与我们的获知信息的自然需求相关,在新媒体时代遭遇的是社交网络和公民新闻带来的对意识形态的冲击,乃至坚持公共性的困难。而后者,与提供这些信息的模式与赢利模式有关,对应的是新的经济模式对传媒的臃肿体态的挑战。当然,我们遭遇的很多问题是这两者的混合,但是,在讨论的时候有必要将两者拆分开来。

(一)新闻业

有学者提出新闻业三项基本功能用来评估新闻业的实践:①数据收集;②解释;③讲故事。宽泛意义上来说,只要涉及了三项任务中的一部分,公民都可以被看作在实践某种"新闻业"[1],这种类型的公民新闻挑战着传统媒体的权威性。在新媒体环境中,新的事实被不断挖掘,受众反馈被整合起来,更多的声音可以被听见,一个新闻会以不同的视角呈现在我们面前,更多的故事被发掘和呈现,有权势的人被更加紧密地注视着,更多的人积极参与社会变革、拍照、摄影、通过博客发表评论或是分享自己的故事和感受。在这个意义上,移动互联网的广泛使用对于新闻业来说是一个好消息。人们可以更快地了解新闻,更方便地交流观点,更多地接触到不同的信息源以了解新闻乃至新闻业的面貌。这种持续的、多元化的见证和报道正表明新闻业的活力,而对信息分析和解释的公共需求在上升,但同时多元的新闻组织、新闻形态的出现打破了中国新闻作为意识形态领地的固有状态,给传统新闻业态和新闻监管带来了很多困惑。

新闻尤其是时政新闻带来的意识形态问题延续到了互联网媒体上,依据国

---

[1] 范·哈克、米歇尔·帕克斯、曼纽尔·卡斯特:《新闻业的未来:网络新闻》,《国际新闻界》2013年第1期。

务院新闻办和原信息产业部 2005 年颁布的《互联网新闻信息服务管理规定》，互联网新闻信息服务单位分为三类：一是由新闻单位设立，可登载超出本单位已刊登播发的新闻信息、提供时政类电子公告服务、向公众发送时政类通讯信息；二是由非新闻单位设立，可转载新闻信息、提供时政类电子公告服务、向公众发送时政类通讯信息；三是由新闻单位设立，可登载本单位已刊登播发的新闻信息。这里的新闻信息，是指时政类新闻信息，包括有关政治、经济、军事、外交等社会公共事务的报道、评论，以及有关社会突发事件的报道、评论①。这体现了中国对于舆论和信息的管理思路：从源头上、从信息生产者开始把控信息质量和意识形态。而这样的思路在移动互联网平台中产生许多的问题。

这三类"互联网新闻信息服务单位"对我们通常所说的"网络媒体"设定了较高的准入标准。新闻资质问题已是非门户类新闻客户端的通病，比如 10 名以上的专职新闻编辑，在新闻单位从事新闻工作 3 年以上的专职新闻编辑人员要有 5 名以上，以及高昂的注册资本等；而对于内容，主要是目前新闻客户端都在努力寻求差异化，避免站点时期受限于合法稿源，导致内容极度同质化，而内容想要出彩，就难免导致内容尺度突破监管部门的承受范围。

鉴于移动互联网的信息服务的复杂性，应当如何监管"泛时政"成为一个大问题。在一个用户生产内容、技术聚合内容的时代，用户谈论社会热点信息、一个客户端按照用户的兴趣将一些新闻编辑在一起提供给读者，这涉及互联网新闻服务中时政新闻的范畴吗？

为了这些泛时政的内容，政府将新闻管理权限伸向技术领域，从以前只要制定出报道规定就可以牢牢把握住意识形态方向，到现在应对此起彼伏的舆论事件。网络舆情分析师就是一个应运而生的新职业：据报道，人民网舆情监测室举行的首期舆情分析师培训包括舆情分析和研判方法、舆情危机处理与应对等 8 门课程，考试合格者将获得网络舆情分析师身份证明和从业凭证。他们的

---

① 《互联网新闻信息服务管理规定》，2005 年 9 月 25 日，http://news.xinhuanet.com/politics/2005-09/25/content_3538899.htm。

工作包括收集网民观点和态度，整理成报告，递交给决策者。目前，全国有200多万人从事这一职业①。但是鉴于越来越多的自媒体和信息聚合成为人们的新的信息入口，我们的监管和对新闻发布者的控制是否仍然能延续？而这些新的入口正是新闻可能焕发生机的重要部分。

（二）新闻产业

对传统媒体前途的忧虑很大一部分是基于产业发展遭遇瓶颈的现状，即赢利能力下降、广告流失等问题。传统媒体在互联网普及以前是处在一种渠道媒体的红利期，内容是非市场化的，但因为掌握了接触读者的终端渠道，因此，尽管版面大同小异，但仍能活下去，因为内容的缺陷被渠道的优势盖过了。当门户网站以更为纯粹的渠道姿态进入之后，传统媒体日子不好过了，而后来兴起的社会化媒体、移动互联网与门户网站抢夺入口的背后就是争夺渠道的把控权②。

同时，内容优势在新媒体时代有了不同的定义。传统媒体固然有着采编权和专业的内容，但是从用户的角度来说，网络论坛、信息聚合、微博平台等信息集群提供的内容也是不可或缺的，尤其是基于社交媒体的小圈子信息、基于新媒体的更具突破力和传播力的"内幕"更是传统媒体无法提供的。换句话说，以往传统媒体拥有的控制力，即依赖于渠道紧缺和高度专业化形成的内容霸权地位在新媒体市场上正在接受检验。

那么在移动新闻终端上，新闻产业的核心——内容和渠道——呈现怎样的状态呢？

在移动应用数据分析公司Flurry的移动应用用户忠诚度的图表中，频率高且持有时间长的应用有两种——新闻类和通讯类应用③。这对新闻客户端来说是个好消息，但并非对所有客户端都是。因为根据调研，73%的受访者表示他

---

① 涂重航、徐欧露：《网络舆情分析师：要做的不是删帖》，2013年10月3日，http://www.bjnews.com.cn/news/2013/10/03/286054.html。
② 许维：《媒体死不死，问题出在哪》，2012年12月30日，http://xuwei.blog.caixin.com/archives/50977。
③ 转引自魏武挥《客户端：闭环空间里的信息孤岛》，《网络传播》2013年第3期。

们主要通过新闻聚合应用来进行阅读,而 2012 年这一数据仅为 33%。另一方面,使用传统新闻媒体移动客户端(诸如全国或地方主流新闻报刊之类)进行阅读的用户已经从 60% 降至 40%。另一趋势是,越来越多的用户通过 Facebook、Twitter 等社交媒体来获取新闻,如今通过 Facebook 来阅读新闻的用户已经达到 43%,相比于 2012 年增长了 7%①。这一结果总体来说表明了一种趋势,就是越来越多的新闻资讯通过聚合应用和社交媒体获取,传统媒体在移动新闻客户端中,从长期来看,如果保持现在的发展方向,在渠道上来说生存确实有局限。

而内容方面,客户端的新闻信息来源主要包括几类:一是通过合作、购买等途径从传统媒体或传统媒体背景的网站获得新闻。二是少量原创新闻,主要包括文化娱乐新闻、体育新闻以及科技新闻等。三是网民上传的自创新闻,在很多突发事件中,一般都是普通民众第一时间拍下现场照片,然后在微博、微信等社交中发布,具有很强的时效性和真实性。在实际操作中,传统媒体成本高昂的新闻采编还未获得足够回报,版权意识薄弱导致媒体的报道被廉价地甚至免费地使用,而门户作为几乎是唯一主流的渠道获利颇丰。但是这些客户端的新闻是哪里来的呢?除了一些小社交圈中的新闻,绝大多数新闻还是由媒体生产的,只是用户获取这些信息的门户转移了,除了个别专业化或个性化的新闻以外,大部分用户喜欢通过渠道媒体来了解这个世界的全貌。

鉴于中国对互联网信息服务的规定,传统媒体是最基础的内容生产商,其他的则相当于渠道的作用,只是各自的测重不同,有的侧重整合自媒体,有的侧重整合用户生产内容,而有的侧重将媒体内容整合在社交网络中进行传播。有评论认为,渠道类的客户端和单个媒体的客户端的命运是会不同的,后者缺少持续的流量入口,用户会在获取内容的各个环节节节减少,而前者的大而封闭更有可能形成一种基于闭环的商业模式②。因此,传统媒体面临着占地而难为王的困境,优质内容生产不足,对内容变现不力反过来又会影响到新闻生产的投入,形成一个恶性循环。

---

① 赛迪网:《移动新闻阅读时代呼唤真正的个性化阅读》,2013 年 9 月 26 日,http://news.ccidnet.com/art/66/20130926/5198741_1.html。
② 魏武挥:《客户端:闭环空间里的信息孤岛》,《网络传播》2013 年第 3 期。

（三）双重属性

不论在何种媒体平台上，我们首先应当考察如何保障新闻业能够体面、稳妥地为社会提供效用——即为一个民主社会正常运转提供可靠信息和相关分析。[①] 这里的稳妥、体面是建立在现代社会的传媒机构核心价值之上的：影响力——大规模的受众是媒体权力的保障；象征资本——民主社会清醒的捍卫者的信誉；连续性——基于专业化的生产流程的"稳定的行为模式"；宽裕度——对单一事件、连续新闻、深度报道的持续灵敏的跟进。但是这些核心价值在不断贬损，这些稳定时期的优势在危机时刻成了拖累[②]。昂贵的新闻业需要寻找有力的支撑——这个行业如何保证自己的财务运转，从而保留报纸基于公共性的社会角色。

中国的党的新闻事业在党的十四大之后被确立成一支强大的精神上、道义上的力量，一支强大的经济力量，具有形而上的上层建筑属性和形而下的信息产业属性，在实行企业管理之后更具有企业属性[③]。在此之后，传媒产业的腾飞是有目共睹的，但是在现实中传媒处在一个只有义务，没有权利的尴尬境地，现行的双重属性的运作模式给传媒的进一步发展带来了不少的桎梏。

这意味着中国的媒体不仅要想方设法为昂贵的新闻找到支撑，还要为宣传事业找到支点。在传统媒体遭遇问题的时候就有学者呼吁实行双规制，即让以党的喉舌的新闻媒体和非党的喉舌的新闻媒体形成两大阵营，让前者减少市场竞争压力做好宣传工作，而让后者减轻宣传压力给予更大的发展空间，发挥市场资源配置的功能[④]。

在新媒体的时空下再回头来看对传媒的双重属性的论断，传媒面临的问题仍然存在，只是进入了新的"前有埋伏后有追兵"的状态。"追兵"是身

[①] 范·哈克、米歇尔·帕克斯、曼纽尔·卡斯特：《新闻业的未来：网络新闻》，《国际新闻界》2013年第1期。
[②] 余婷编译《"坚持到底"将无路可走，而转型没有不痛苦的——新媒体生态下传媒业的困境与作为》，《新闻记者》2013年第4期。
[③] 李良荣、沈莉：《试论当前我国新闻事业的双重性》，《新闻大学》1995年第2期。
[④] 李良荣：《论中国新闻媒体的双轨制——再论中国新闻媒体的双重性》，《现代传播》2003年第4期。

从移动新闻客户端看传统媒体转型

后庞大的传媒集团,严肃的意识形态宣传任务;"埋伏"则是势力壮大的门户网站,轻巧灵活的社交媒体和锐意进取的互联网企业。在现在的互联网技术赋予新闻业更大发展空间和实现民主抱负的情况下,是否能够实现新的双轨制,妥善解决"泛时政"的杀伤力,发展更为有效的、更有创造力的赢利模式和信息拓展模式,建立中国媒体的公信力、赢利能力是新闻业涅槃的新机遇。

三 对策与方向

回顾传统媒体与新媒体的碰撞,从20世纪90年代以来,传统媒体在探索应对挑战的过程中,"转型"、"融合"被作为基本的发展战略,包括"全媒体"在内的各种试验被提上日程。但是传统媒体的内容、品牌、资源优势很难顺利延伸到新媒体中,如何跨域跨界是一个关键问题[1]。在过去向互联网平台的转型过程中,出现的一个阶段就是媒体内容数字化之后向网络平台平移,出现所谓"图文仿真报"[2],这种"新出现的旧媒体"缺乏互动性[3],注定只能是一个过渡阶段。正如一位学者的发问:"难道同一家报社出品的版面,印刷在纸张上的就是旧媒体,通过iPad和iPhone接受的就是新媒体吗"?跨媒体平台是传统媒体向新媒体扩展的必然步骤,但能否推动媒体跨过壁垒向信息产业和通信产业新媒体发起挑战却是未知数[4]。

在桌面互联网阶段,通过转载传统媒体提供的内容,门户网站兴起。在移动互联网的潮流发展起来的时候,传统媒体赶早开始"占位"布局,但仍不免面临门户、自媒体、科技创新公司的竞争,遭遇商业赢利模式不明等问题。"占位"之后,要确定作为新闻业和新闻产业两方面的定位。

---

[1] 支庭荣:《新媒体不是传统媒体的延伸——融合背景下"传统媒体"的跨界壁垒与策略选择》,《国际新闻界》2011年第12期。
[2] 邓建国:《封闭与开放:"图文仿真报"的尴尬处境》,《新闻记者》2008年第3期。
[3] 匡文波:《"新媒体"概念辨析》,《国际新闻界》2008年第6期。
[4] 支庭荣:《新媒体不是传统媒体的延伸——融合背景下"传统媒体"的跨界壁垒与策略选择》,《国际新闻界》2011年第12期。

（一）新闻业：高素质的内容供应商

转型媒体的未来未必都是互动式新媒体，其中的一大部分，可能仍然是内容提供商。不论客户端打得多么火热，新闻内容的制作依然需要专业化的团队。现在的自媒体发挥作用主要还是评论、小众内容，而用户生产内容不经过整合的话距离可信的新闻还是有很大差距。在新闻制作方面，提供更高的专业水平的新闻就是传统媒体的最重大的机遇。而在聚合方面，传统媒体也有自己的优势，区别于一般化的按频道订阅，更精细的内容编辑和主题选择会是新的亮点。

1. 内容生产精益化

在经历了微博、微信的高潮之后，受众明白在互联网世界里，信息是取之不尽的，在被良莠不齐的信息轰炸之后，用户又开始怀念高质量的组织过的信息，经过核实的、有专业素养的、有前瞻性的新闻。小道消息、娱乐八卦无疑在社会上拥有最大基数的受众，但是人们在生活中更需要负责任的新闻。

在这个过程中，只有一种媒体依然能生存，那就是品牌型媒体。例如胡舒立从《财经》出走之后还能带走用户成立新的品牌，这是一种品牌效应。在新媒体时代，传统媒体要做内容媒体，做出自己的品牌，不论平台怎么变，顶多是受众随着平台的迁移从纸质移动到桌面电脑，再移动到移动平台。而渠道媒体，随着渠道的变迁、新的渠道机会的产生，只会不断流失受众，被其他品牌媒体分流机会。

因此，传统媒体需要"逆流而上"，与社交类、小圈子属性媒体提供的内容形成互补，提供专业、公共性的新闻，制作品牌内容，而将从什么渠道获取内容的自由还给读者。

2. 整合与聚合：专业中介的力量

新闻聚合网站能为受众提供大量的新闻，例如《赫芬顿邮报》（*Huffington Post*）这样的媒体是大有前途的。进一步说，能够提供筛选过的、编辑过的信息更会成为精英人士的座上宾。

有一个名为 Circa 的新闻聚合客户端通过人工编辑从不同新闻源收集当天

的热点新闻，摘取不同新闻源内的重要的差异信息点，为便于读者在手机上阅读，将一段段精炼的信息点用一张张新闻卡片按主次排序①。除了事件本身，还会给出新闻的来源、背景、数据、图片等很多其他附加信息。用户可以通过设置"书签"来跟踪一个新闻，当被跟踪的新闻有新进展时，用户就会收到推送通知。另外，Circa还允许读者通过邮件把想推荐的新闻分享给朋友②。Circa的特别之处就在于整合了多新闻消息源，给你一条新闻的全景式呈现；并为用户提供主动跟进某条新闻的选项，免去统一推送的干扰。例如在2013年10月5日关于Twitter上市的新闻，内容就涵盖了Twitter10亿融资计划、两年来营收数据、股东持股比例、Twitter上的官方消息源，还有各方对Twitter文件的看法评论，引用、整合了《纽约客》、《纽约时报》、*AllThingsD*、《财富》杂志等30家媒体的相关新闻③。这里以高端、权威的信息源来选择真正重要的新闻，尊重传统媒体，给各家媒体一个比拼内容的战场，不能不说引人入胜。同时，这也是另一种中介和聚合，不是简单的新闻聚合，而是带有编辑的眼光来挑选选题、挑选信息点，给出参考链接，这不就是传统媒体的价值吗？人工编辑的策划和编辑将会是新闻客户端的新趋势，也是传统媒体的机会。

（二）运营新思路

传统媒体优势在内容，而新媒体重心在技术和渠道，要想有优异的表现，平台搭建、技术维护、用户开拓都是必不可少的，也是耗资巨大的。除了少数具备条件的媒体之外，大部分的媒体需要改变贪大求全的新媒体扩展思路，在商业模式方面做一些冷静的思考。要寻求向互联网产品的转型，就要与互联网对接，用产品观来衡量新闻内容是重要的一步。

---

① JP Mangalindan：《手机新闻阅读有望迎来新时代》，2013年2月22日，http：//www.fortunechina.com/business/c/2013-02/22/content_145855_2.htm。
② 丁伟峰：《新闻聚合应用Circa再融75万美元，想要彻底颠覆移动新闻获取方式》，2013年1月21日，http：//www.36kr.com/p/200903.html。
③ 苑伶：《2.0版新闻应用Circa：让用户主动选择想要跟进的新闻，做移动端的突发新闻通讯社》，2013年10月5日，http：//www.36kr.com/p/206715.html。

1. 信息产品观

其中最核心的是将消费者作为你的用户,不仅关注生产出来的产品,也要对用户可能采取的行动加以关注,开放后续报道的编辑议程,开发便于公众给出看法、线索、资源的机制等[1],因为即时互动和反馈是移动互联网的精髓。同时,打破固化的划地为王的思想,放开内容空间,不做死胡同似的网站,不试图将读者封闭在自己的内容中,而是放开超链接向其他的内容源[2]。同时,在新闻内容的制作流程中,内容不应是使用一次就被丢弃的,而应当在高度开放的内容管理系统中被设计成不断重复利用的资源[3]。

从实际出发,媒体要做的是将自己的内容转换成能够与移动客户端顺利对接的"格式",而将创造更丰富新闻体验的机会交给更专业、更有创新动力的企业去完成。在这方面,《纽约时报》的操作模式十分值得借鉴。《纽约时报》的开放平台核心是数字内容,不是简单地将内容拷贝给第三方,而是对内容标准化(将数字内容用 xml、json 等格式标引)处理后,通过各类 API 把内容发布出去,供各类开发者调用。而开发者再将其开发的新闻客户端植入各类终端上,可以提供无穷的新闻阅读新体验。例如"We read, We tweet"的新闻 Apps 诞生,他将《纽约时报》在 Twitter 上点击最高、用户回帖和引用次数最多的报道用图形实时地显示在谷歌地图上,受众可以根据自己的兴趣和关注点点击地图中这些图像,跟踪该报的相关报道以及与其报道相关的 Twitter 上的评论,这个应用集成了《纽约时报》Times Article API、Twitter API 以及谷歌地图 API,让用户体验立刻上升到"天下大事,尽收眼底"的快感。除了新闻内容,《纽约时报》最为著名权威的电影评论也得到了利用,2008 年 11 月初的电影评论(Times Movie Review)API 上线,它可以让第三方开发者访问从 1924 年开始的超过 2.2 万多部电影的评论,信息包含电影的详细信息、导演、主演、故事情节、标签、美国电影协会的评级、发行日期等。通过集成谷歌地图 API 和这一 API,一款名为"Scene Near Me"的手机客户端应用可以将位于

---

[1] 劳伦·拉拜诺:《新闻编辑部:能向科技新创公司学些什么?》,《中国报业》2011 年第 7 期。
[2] 邓建国:《妨碍我国网络新闻发展的几个认知和行为误区》,《新闻记者》2009 年第 5 期。
[3] 余婷编译《"坚持到底"将无路可走,而转型没有不痛苦的——新媒体生态下传媒业的困境与作为》,《新闻记者》2013 年第 4 期。

纽约的用户所处周边影院、正在上映的电影简介、海报图片以及相关影评进行集中展示,迅速赢得用户青睐,并获得纽约2011年度最佳年度应用第二名①。

这种对优质内容多次、多角度、多组合的开发,不仅丰富了新闻的形态,更是为媒体带来源源不断的报酬。通过收入分成,真正有价值的内容不断创造出经济价值。

2. 商业模式方面的探索

从目前媒体已死的论断的论据来看,很多认为传统媒体的商业运作模式穷途末路了,人们能从不同渠道获得免费的消息,广告跟随受众进入互联网。这的确是传统媒体必须直面的问题。

首先要在赢利模式上摸索路径,传统媒体入驻已有的移动新闻客户端平台,提供内容,不弱化本身的信息影响力,与现有的新媒体势力形成良性合作。例如搜狐正在打造的手机新媒体发行渠道平台,试图成为很多平面媒体向手机渠道转型的主要渠道,搜狐的平台允许媒体将广告移植到新的平台上。目前新闻客户端可以与入驻媒体在用户、数据、流量等方面实现全面共享,未来模式成熟后,搜狐新闻客户端还将开放广告位或者付费阅读模式,届时可以带来广告收益、订阅收益的共享。搜狐新闻客户端目前已吸引了包括央视财经频道、《人民日报》、《参考消息》、《南方周末》、《财经》等各类定位的媒体进驻,其中《央视财经》、《人民日报》等均为独家合作。《央视财经》和《参考消息》的订阅量均超过500万,《青年文摘》接近300万,这些数据已经超过了媒体的纸版发行量②。网易新闻客户端"本地新闻"系统向地方媒体开放了新闻编辑权限以及广告权益,目标在于本地的生活服务和定向广告的投放,并在合作初期把广告收入让渡给合作媒体,未来再谈分成,以期获取健康的媒体生态和更大的商业利益③。腾讯也借助其庞大的平台优势将众多微信里优质的传统媒体、新媒体以及自媒体等公众账号,同步至媒体订阅开放平台,并按

---

① 刁毅刚:《〈纽约时报〉的内容数据开放和新闻客户端战略》,《中国记者》2012年第2期。
② 杨阳:《搜狐打造全新"移动媒体平台"》,2013年1月4日,http://www.eeo.com.cn/2013/0104/238286.shtml。
③ 丁伟峰:《网易新闻客户端发力地方媒体聚合,将新闻编辑权限和广告权益向首批合作地方媒体开放》,2013年5月24日,http://www.36kr.com/p/203550.html。

新闻、财经、娱乐、体育、科技、视觉、视频、思想、时尚等领域分类。这其中包括《三联生活周刊》、《创业家》、《南方周末》、FT中文网、虎扑体育网、36氪等不同领域,人们喜闻乐见的媒体①。这无疑是一种更为成熟和可持续的合作模式。这种与现有的客户端进行内容和渠道的合作获得分成的方式是短期来看最为实际的商业模式。

这需要媒体能够生产优质而不可替代的内容,也依赖于版权意识的强化,报业组团、内容联盟都有助于增强内容提供方的谈判筹码。另外,学习《纽约时报》的运营方式,将内容格式化后开放给开发者,最终从产品的收入中寻求分成,这是远期更有前景的运营方式。

其次,从资本投资方面补足自身由于意识形态属性带来的限制。进入新媒体并不便宜,在推广和获取用户的成本方面已经不是渠道霸权时代的一纸官文就能保证订阅量了。对于转型,中国的传媒集团应该有魄力走在潮流前面,通过资本运作、投资,完善自己的产业格局,深入互联网科技创新的腹地,寻找机会,做出自己的"微信"、"微博",通过并购、投资,从早期开始入股或是直接购买新媒体企业向该领域扩张。浙江报业集团在这方面可谓先行者。2001年,浙报传媒集团就提出"传媒控制资本,资本壮大传媒"的口号,"以新媒体为核心的全媒体战略"包括内部转型、外部扩张和孵化未来,用外部扩张的手法解决竞争层面的问题,扩大增量,同时引入新的思维和理念,反过来刺激到内部转型,为存量转移打下坚实的基础。浙报的资本平台除了介入成熟项目外,还通过传媒梦工场这一面向更早期项目的投资工具完成"理解互联网"的目标②。这样的探索对于传媒集团可以是一种参考。

四 结语

传统媒体在中国媒体市场上感受到危机,报纸的整体赢利能力、对受众的

---

① 《腾讯推媒体开放平台,用户可跨产品订阅资讯》,2013年7月3日,http://tech.qq.com/a/20130703/014498.htm。
② 魏武挥:《媒体人访谈录(二):高海浩与媒体的资本运作》,2013年8月15日,http://weiwuhui.com/5595.html。

吸引力都遭遇新媒体的挑战。在移动终端这一新的兵家必争之地上，传统媒体试图确立自己价值和发展方向的一系列尝试。而政府有关部门也在调整自己的媒体管理模式，并显示出重塑意识形态共识的努力。

从目前移动终端的发展来看，显示出两个主要的发展方向。商业的力量推动终端朝向重视用户体验、社交、个性化的方向发展，新闻、信息作为现代人生活的重要部分，必然会得到发掘；而意识形态的控制力量推动传统媒体攻占新媒体的阵地，掌握话语权。这两种话语构成了现阶段移动终端乃至网络新闻的主要发展方向。传统媒体转型新媒体遇到的核心问题其实就是于这样一种新双重属性带来的矛盾的正面相遇。当下传统媒体代表的新闻专业力量与意识形态力量和互联网企业对新闻信息市场的激烈争夺并非不可调和，优质内容和灵活经营是确立媒体影响力和产业前景的核心要素。

正如美国《后工业时代的新闻业》研究报告中指出的那样，新闻业的命运取决于新兴媒体如何变得成熟、稳定，以及传统媒体如何革新和灵活化。大型媒体像是大型战舰，尽管转向需要很长时间，但是一旦校准航向，就可以以惊人的力量和速度前行。传媒业的调适是未来新闻生态系统下最有价值的潜在资源之一①。在一个什么是新闻、什么是媒体的观念持续弱化的时代，我们期待着传统媒体和新兴的媒体能创造好的新闻格局，重振新闻业。

---

① 余婷编译《"坚持到底"将无路可走，而转型没有不痛苦的——新媒体生态下传媒业的困境与作为》，《新闻记者》2013年第4期。

B.18 上海主流媒体微信公众平台研究
——以上海报业集团为例

董倩*

摘 要： 随着互联网时代的到来，传统报业生存发展的环境发生深刻变化。本文从微信及微信公众平台产生的背景出发，以上海报业集团的三个微信公众平台为例，着重分析它们的传播特点、传播力评价标准，并阐述主流媒体利用移动互联网的发展趋势与危机应对之策。

关键词： 微信公众平台　上海报业集团　打开率　用户

一 传统媒体微信公众平台崛起的背景

微信是一款基于智能手机，可以实现通过网络快速发送语音短信、视频、图片和文字，支持多人群聊的移动通讯软件①，在两年时间内迅速发展成为拥有超过3亿用户的重型互联网产品。截至2013年6月30日，中国网民数量已达到5.91亿②。方兴东等认为，互联网正处于第三个高速发展热潮——即时

---

* 董倩，新闻学博士，上海社会科学院新闻研究所助理研究员，研究方向为都市传播与文化研究、互联网与新媒体。本文得到原《解放日报》报业集团数字传播中心和《新闻晨报》微信小组对本研究的支持。
① 方兴东、石现升、张笑容、张静：《微信传播机制与治理问题研究》，《现代传播》2013年第6期。
② 据中国互联网络信息中心（CNNIC）数据。

网络阶段。在这个时期,微信是最重要的典型应用之一,微信将"即时化、社交化"融为一体,呈现引爆未来的发展趋势①。

作为附加的功能模块,微信公众平台提供了与特定群体进行全方位沟通的渠道,很快成为各类媒体试水新闻传播新模式的试验场②。微信的使用标准规定,公众号只要发展到500位关注用户,就可以申请认证,认证后的账号则可向关注用户群发信息。个人账号接收到信息后,可以向朋友圈和自己好友分享。

人们在微博上加"关注",很容易将人际关系从熟人的圈子扩展到陌生人,"粉丝"可高达数十万乃至上千万。而微信比微博更容易形成一个忠实度高的"小众圈子"。用户可以关注100个每天刷屏的薛蛮子,却很难关注100个每天推送消息的公众账号。因此,微博较之微信,大众传播机制的特点更为明显。与微博的大众传播相比,微信更适合精准传播;与微博的塑造认知相比,微信更适合强化认同。

自从2011年1月21日发布以来,微信针对Apple、Android、Symbian、BlackBerry等平台,不断推出更新版本。2013年8月初,微信升级为5.0版本后,公众账号被分为订阅号和服务号,其中订阅号被收入统一目录下折叠,变成了一个子菜单;在发送消息给用户时,用户不会收到即时消息提醒,这一系列的变化,极大地削弱了公众微信账号的到达率、打开率。

近年来,传统报业生存发展的环境发生深刻变化,报纸原先的某些形态似乎被证明越来越难以适应社会的快速发展和读者的全新要求。如曾一度叱咤风云、很能显示报社实力和报纸市场竞争力的"厚报"就不断遭遇着挑战。原因主要有:纸媒广告不断下滑,报社财力难以支撑厚报;新兴媒体带来挑战,海量信息需求远离厚报;读者需求发生改变,报业转型不再倚重厚报;环保意识深入人心,节能减排重压排斥厚报③。把厚报变薄,把内容变厚,是人们信

---

① 方兴东、石现升、张笑容、张静:《微信传播机制与治理问题研究》,《现代传播》2013年第6期。
② 蔡雯、翁之颢:《微信公众平台:新闻传播变革的又一个机遇——以"央视新闻"微信公众账号为例》,《新闻记者》2013年第7期。
③ 马国仓:《五大因素或将终结厚报时代》,《中国新闻出版报》2013年6月6日。

息接收的趋势，也是报业发展的趋势。而这正好符合微信公众平台的特征——少数、精准推送，要求内容必须有价值。因此，微信公众平台也许是传统媒体的一个机会。

上海报业集团于2013年10月28日正式成立，由解放、文新两大报业集团整合重组而成。新的报业集团一方面做好媒体内容业务和把握舆论导向为主要责任，另一方面发展新媒体，积极谋求转型之路。注重新媒体业务是原《解放日报》报业集团一贯的特点。早在2006年，集团就制定了"4i"新媒体规划，即手机报i-news、网络数码杂志i-mook、电子报i-paper、公众新闻视屏i-street。这些新媒体服务方式依托于解放网内容管理平台，为公众提供质量更高、更便捷的服务。2007年，"4i"新媒体产品被国家新闻出版总署确定为首批"中国数字报业创新项目"。微信公众平台开放注册之后，原《解放日报》集团又快速抢占阵地，形成了主报与新的资讯产品结合，推送内容与提供服务结合的微信公众账号群。在本文中，主要以原《解放日报》集团的三个微信公众平台为例。

二 上海报业集团微信公众账号传播特点

原《解放日报》报业集团中，《新闻晨报》的微信公众账号开通于2012年7月。该报相关人员一听说腾讯开放微信平台，就和腾讯的媒体拓展部对口人员联系了。2013年上半年，集团其他报纸陆续开通了微信公众平台，并通过腾讯微博认证，正式上线（见表1）。

《解放日报》和"微观上海"的微信由《解放日报》报业集团报业集团数字传播中心制作。《新闻晨报》、《新闻晚报》、《申江服务导报》、《I时代报》的"铁丝团"等微信独立运营。虽然集团内部几份报纸的微信运营相对独立，在内容上并没有统一的协调配合，但是集团各个微信团队会互相取经、合作。如《I时代报》的"铁丝团"与"微观上海"合作手绘地铁地图的猜图活动。因为微信是重要的增长粉丝的渠道，集团的各个微信之间会互相推广。

表1 上海报业集团微信公众账号概况

名称	开始时间	内容	每天推送次数	每次推送条数	每天推送大致时间	菜单	有无音频
《解放日报》微信	2012	本报	1	3~6	20点左右	有	无
《新闻晨报》微信	2013	本报,有一定网络热点	1	3~6	9点左右或15点左右	有	有
"微观上海"	2013	集团内报纸内容集萃,有一定网络热点	1	1~5	15点左右	有	无

（一）内容研究

《解放日报》微信由原《解放日报》报业集团数字传播中心进行日常推送，由十个编辑轮流负责；而其框架设计则由原《解放日报》互动新闻部负责，该部门同时负责《解放日报》的官方微博。《解放日报》的微信公众平台一般在每晚20点左右推送，在内容上均为本报当天精选内容，推送新闻的标准为关注度、本土化、可读性，和做报纸的标准类似。如2013年9月27日的《真亮丑！真批评！真治病！——习近平总书记参加河北省常委班子民主生活会全纪录》、2013年9月29日的上海自贸区挂牌和整体方案的专题，作为党报的官方微信，推送这类关系到国计民生的硬新闻是应有之义。除了每日头条，国际、科技、文化类新闻是每日推送的重点。

原《解放日报》报业集团数字传播中心为了提高报纸微信之间的配合，避免同质化，推出了新的"方寸间的海派资讯品牌"、"微观上海"。"微观上海"是集团内报纸内容的集萃，同样由原《解放日报》报业集团数字传播中心负责，责编一人。编辑除了选择新闻，还要处理用户反馈、活动联系、与其他报纸联络。"微观上海"一开始也以新闻资讯为主打，但因为新闻同质化比较明显，如何真正与集团内部的《解放日报》、《新闻晨报》的微信区别开来？经过不断摸索和试错，编辑逐渐把重点放在偏重海派文化、实用信息、本地新闻上，还有一些网络热点。比如"薛蛮子被抓"这个新闻事件，放在以前一定要推送，且放在头条，但现在由于不是其定位所在，就可以不放，新闻产品的体现差异化就体现出来了。"微观上海"每天的头条不拘一格,有热门话题如轨交上海话报站、以房养老;也有实用信息如国庆出行不堵车攻略、景点半价;更有海上趣闻如"为何江北人曾在上海滩受歧视?"除了每天的头条和应时设立的临时话题如"长假"、"中秋"等外,常设栏目有"知沪者也"、"闲话上海"、"微观福利"、"上海模子"、"上海米道"、"摩登上海"等,栏目设置透露出浓浓的"海派"气息。编辑还根据本地化、实用性等标准从集团内部各报纸、东方网等网络媒体中选择内容,进行再加工,然后推送。再加工包括修改标题以及对材料的再度挖掘。如2013年10月8日《解放日报》的一条《再见,虹镇老街》本来是一条几百字的消息,"微观上海"的编辑在资料库中找到1988年、1997年、2000年的相关报道,用"穷街"和"蓝屋"的线索贯穿,使一条简单的消息有了历史的纵深感。

《新闻晨报》微信与集团其他报纸一样,独立运营,有自己的微信团队,共4名专职人员,但除了组长以外,都非采编人员。《新闻晨报》微信原先是每天推送一条,让用户自己获取两条。2013年7月15日,微信升级推出,开辟新栏目,设置菜单。现有新闻、闲话、财经、微足道、专题、天气、申活等常设栏目,《"微眼"·一周财经》栏目则由晨报财经部7月底推出。有的栏目如"专题"须用户回复获取。微信内容除了本报新闻,还有一定网络热点:如2013年9月8日的专题《女汉子时代来临你的身边有吗?》即出自网络;2013年8月17日的专题《盘点全球十大结婚胜地》是编辑从新加坡"relax"网站搜罗的;2013年8月13日的专题《〈龙门镖局〉被批宁财神与小伙伴的内部联欢》是网上各种吐槽的集纳。《新闻晨报》微信除了提供新闻内容,更注重对于看法的内容和表达,即"更观点,更个性"。这也与2013年晨报改版的口号不谋而合:不仅提供信息,更专注树立和分析;不仅追求速度,更考虑宽度和深度。同时,试图让读者能想象出记者的面孔,甚至感受到记者的情感。

另外,《新闻晨报》利用自身名牌记者的品牌优势和突出个性,二次开发媒体自身的新闻资源,鼓励记者开发"自媒体",初步形成了"自媒体群"。如国际部记者程艳运作的有关好莱坞的娱乐八卦、欧美明星街拍等娱乐内容的自媒体"石榴婆报告"、证券记者张佳昺的"张佳昺的投资笔记"、做相亲类垂直内容的"申江一姐"等。《新闻晨报》微信会在《晨自媒》栏目中做推广，形成多元化的内容团队。但由于记者的自媒体版权未必属于报社，合作起来一样需要谨慎。

《I时代报》的"铁丝团"有2个编辑和1个责编。内容上每天1篇，有原创内容；话题选择方面非常网络化，加入地铁元素，形式更活泼。互动也带有新闻元素，如对"地铁色狼"的讨论。同时还有一个微信粉丝群，编辑可从中随时提取话题资源，如"菲特"台风导致的交通问题。

（二）菜单与互动

《解放日报》微信、《新闻晨报》微信和"微观上海"均有菜单设置，可供用户自由、随时获取内容。从菜单设置（见表2）上看，《解放日报》微信和"微观上海"的菜单主要是提供服务，引导用户进行各种形式的互动，如活动信息、投诉和提问等等，并将获奖名单、用户对话题的反馈等内容纳入。而《新闻晨报》微信的菜单则更注重新闻，"新闻早知道"和"今日专题"及其二级菜单置入沪上热点、财经、评论、近日专题等精选新闻内容，由用户自由获取；而"乐活上海"菜单中的二级菜单只有"近日活动"、"我有话说"是面对用户的互动栏目。从菜单设计来看，《新闻晨报》微信作为新闻内容提供者的自我定位更为明确。

表2 微信菜单设置

类别	《解放日报》微信	《新闻晨报》微信	"微观上海"
菜单内容	"微投诉"、"微提问"、"微参与"	"新闻早知道"、"今日专题"、"乐活上海"	"幸运票"、"微友说"、"活动派"
有无二级菜单	有	有	无
菜单主要功能	互动	新闻、互动	互动

除了菜单以外，各个公众平台的编辑在用户互动方面可谓不遗余力：通过举办猜图、回答问题、抽奖等线上活动吸引粉丝的关注，从而创造一个高忠诚度的活跃社区，如"微观上海"的地铁站猜图活动；或者利用栏目和子微信开展线下活动，如《新闻晨报》的晨友会同通过微信的"申活"栏目和"晨

报健康周刊"开展的亲子活动；《解放日报》除了开放"微投诉"、"微提问"、"微参与"等互动通道外，还有"解放教育讲坛"和"解放健康讲坛"两个依托活动的子微信来优化用户体验。

（三）平台运用

微信公众平台的后台有自主开发接口，使用公众平台接口进行开发，可以开发出聊天室、电台、银行附加服务（如招商银行的余额查询）等多重功能。如"掌上青岛"微信早在2012年下半年就开始关注端口开发，也开发了一些自己独特的应用，打破了微信只能发布60秒音频和200条关键词的限制。

《解放日报》旗下的微信暂未涉足这些开发活动，目前仍然使用较为普遍的编辑功能——设置关键词，编辑在每期内容最后加以提示，用户输入关键词即出现自动回复。

"微观上海"同时开通了网站，主要是利用其报名和投票功能。这是因为目前微信平台的报名功能还不完善：虽然可以限定关键词，可以搜索，但是所有的回复都限于一个页面，且不能搜索用户，统计起来较为麻烦；同时，实时消息只能保存五天，用户所留的联系方式会被海量的实时信息淹没，过了五天又完全消失无踪。《I时代报》的"铁丝团"和《申江服务导报》微信都会借用"微观上海"的网站功能开展用户互动，这从某种程度上弥补了现阶段微信平台的不足，达到功能优化。

《新闻晨报》微信的"上海闲话"栏目提供教学上海话的音频内容，这是增加趣味性的栏目。虽然目前受到制作团队的主业工作影响，"上海闲话"的发布进入了一个较低的频率，但很多新用户都会将已经挂出的数十段节目一一听过；听完以后，他们基本不会放弃《新闻晨报》这个订阅号。更有新意的是，在2013年7月29日，用户在《新闻晨报》微信对话框中发送"知了"，就可以听到晨报记者在共青森林公园探访期间录下的蝉鸣声。不过，业内人士认为，从微信的传播特性来讲，使用音频有一些问题：一是步骤太多，打开后贴到耳边，室外环境中还时常听不清楚；二是没有快进、回放等功能；三是腾讯规定的时间限制：少于一分钟，除非如前述自主开发端口，链接至第三方软件。由于以上的诸多限制，音频在微信公众平台中尚未成为常规内容。

三 传统媒体微信公众账号的传播力

（一）订阅

如何评价微信公众平台的传播力和影响力？是订阅量？打开率？转发数？还是用户的实时消息？订阅量当然是一个重要的指标。不过，对于传统媒体的微信公众账号来说，微信的订阅量与媒体本身的影响力直接相关。如2013年7月之前，央视新闻频道的"央视新闻"微信公众账号的订户已经超过60万①。高订阅量当然很大程度上是取决于央视新闻频道的品牌效应、权威性。就本文重点讨论的三个微信公众平台来说，《解放日报》微信和《新闻晨报》微信的订阅量超过"微观上海"这一新产品也是再正常不过了。不过不同媒体订阅量之间的比较并不能充分反映微信运营、内容的好坏。2013年8月初，微信5.0版本发布后，微信订阅被收入统一目录下折叠，此后80%以上订阅号的订阅量都有不同程度的下滑。而从8月初到9月30日止，"微观上海"的订阅量却上涨了50%左右，这也许能从另一个侧面说明订阅量并不是唯一的评价标准。

（二）用户实时消息

在微信公众账号搜索排名的标准中，除了匹配度、是否认证、订阅量等因素之外，交互式信息流数量也是一个重要的标准。那么，用户的实时消息是否能够充分反映微信公众账号的传播力？如前所述，"微观上海"经常举行回答问题、抽奖这类的线上活动，一旦有猜图内容，实时消息猛增；如果没有，立刻下滑。实时消息多则三五百条，少则几十条。有业内人士给笔者举了个例

---

① 蔡雯、翁之颢：《微信公众平台：新闻传播变革的又一个机遇——以"央视新闻"微信公众账号为例》，《新闻记者》2013年第7期。

子:"假如一个公众号搞了一个活动,回答问题得 Iphone5,一天的反馈就有 5000 条,其他时间反馈为零,然后平均到一个月的每一天,说这是这个月的反馈数,这样的数据真实吗?"很明显,用户不是冲着微信账号,而是冲着奖品来的。还有一种形式的实时消息也不能算作实质意义上的沟通。如前述"石榴婆报告"每天的实时信息 1000 多条,其中超过一半是回复数字、关键词获取以往某期内容,这种反馈虽然是对内容的关注,但也不能算是真实有效。

(三)打开和转发

打开率和转发率是否能真实反映微信公众号的传播力?这里要先引入几个概念:UV(独立访客),即 Unique Visitor,访问网站的一台电脑客户端为一个访客,00:00~24:00 内相同的客户端只被计算一次。PV(访问量),即 Page View,页面浏览量或点击量,用户每次刷新即被计算一次。微信公众号中文章的打开数就是 PV,而某篇文章的打开率计算公式为:打开率 = PV/订阅数。

微信 5.0 版本发布之前,登陆微信海外版(WeChat Official Account Admin Platform)可以看到 PV,从而计算出打开率。2013 年 8 月底,微信公众平台新增加了数据统计功能。通过此功能,微信公众账号运营者在后台可以看到包括用户数增减、用户身份属性、图文消息阅读人数、消息转发等方面的数据统计。事实上,由于目前大多数用户都没有完善自己的个人信息,运营者还是无法了解所运营的微信公众账号的订阅者的用户喜好分析,判断用户属性;这次数据开放最大的变化是公布了微信内容的打开率、转发数、图文转化率(图文阅读数/订阅数)、原文页阅读数(原文链接的打开率,编辑不附原文链接则无此数据)。图 1 即"微观上海"8 月份阅读人数最多的一篇报道《一战成名:狮城舌战二十年》。

"很多事情都已经想清楚了,习惯了。之前还会思考应该如何选择,因为想象中和实际转发数高的往往不一样。加上现在看得到数据了,投其所好嘛。"正如某位编辑所言,毫无疑问,这些数据的开放能够更加有效的协助运营者更深入地了解用户偏好,更好地完成运营,是判断内容质量的重要工具。

这些数据针对的都是单篇文章,而非当天的所有文章,因为不同文章之间

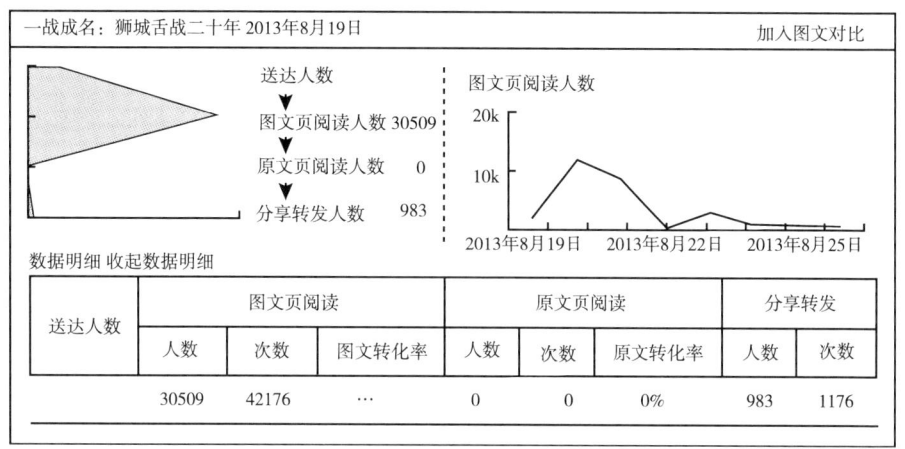

图1 单篇数据

注：应图片提供者要求，隐去"送达人数"和"图文转化率"。

的打开率差别巨大。《解放日报》微信打开率高者达到50%左右，而目前一般公众号的打开率平均为30%。转发数比较高的单篇报道为几百次。打开率较高的文章类型主要有：一是官员案件、人事变动新闻，如薄熙来案庭审，上海法官嫖娼案，主要是因为用户觉得《解放日报》这个信息渠道比较权威。二是和上海重大决策有关的报道，如迪斯尼、自贸区、上海市人口如何发展。这些都是与党报地位、权威性、影响力相符的。三是特稿，这是《解放日报》精心制作、"重拳出击"的深度报道，内容包罗万象，一篇报道5000～6000字，如《永远22岁——重访18年前清华铊中毒女生朱令的和她的亲友们》、《"助妻沉江"之后》。这类文章如果在朋友圈中转发开来，打开率会非常高。四是科技类报道，如关于互联网、微信、苹果手机与三星手机的争端。《解放日报》微信的编辑认为，这本身不说明问题，因为关注微信的一般都对科技比较敏感。而阅读量与编辑的期望值有距离的是国际新闻。《新闻晨报》微信中，最受欢迎的是专题类，打开率和转发数都独占鳌头。

"微观上海"中转发数较高的是实用信息，如《盘点老上海最爱的7种甜点》；以及带有海派人文色彩的历史趣闻，如《鲁迅到死都没在上海买上房》和《1958年大跃进设想的2000年上海》。不同的人朋友圈的转发量也不同。

《鲁迅到死都没在上海买上房》和《盘点老上海最爱的7种甜点》出现在同一天的"微观上海"中，在编辑的朋友圈中，前者转发数较高，而整体数据统计表明，后者的转发数较高，这说明不同的圈子口味不同。另外，推送之后转发的高峰不一定是在当天，往往是之后的一两天，有所延迟。

一般来说，活动内容的转发数较低，而优质内容的转发数较高；在实时消息方面，活动出现后消息数量会大幅增加。因此，在编辑看来，比较有效的阅读是转发、参与讨论，换句话说，"内容粉"要比"活动粉"更有质量。参与活动是吸引用户的好办法，但是要保持用户的"粘性"，提供更好的用户体验，优质内容不可缺少。由此看来，在评价传统媒体微信公众账号的传播力时，打开率、转发数等数据更为重要。而在评价其活跃度时，用户的实时消息更为重要。目前来看，对于传统媒体的微信来说，与举办活动相比，图文消息推送还是长效的传播方式。当然，如果意图制作一个与母媒体内容关系不大、主要依托活动的微信如"掌上青岛"，用户的反馈则更为重要。

四 主流媒体微信公众平台发展趋势及对策

目前来看，对传统媒体来说，主要目的不是从微信上盈利，而是将微信作为扩大自身影响力的品牌延伸和互动平台。微信公众账号尚未形成较为成熟的赢利模式。据业内人士透露，现阶段公关公司的开价是：2万粉丝的微信发一条广告，发布方收入2000元——这对资金、人员高投入的报社来说，无疑杯水车薪。况且，广告内容也不一定适合媒介定位。公众号与用户之间的关系介于强与弱之间，稍有不慎就可能造成用户的大量流失。没有谁会喜欢天天给自己发送硬性广告的朋友，微信公众账号亦然。

即使在传统媒体的新媒体业务中，微信所占比例也不会太高。就解放日报报业集团来说，新媒体业务中仍以网站广告为主。不光是《解放日报》，全国大多传统的媒体中尚无把微信作为新媒体中的主营业务。即使是做得最好的已有十几万粉丝"掌上青岛"，微信也是与平面广告捆绑作价。

目前，大多数传统媒体对待微信的态度是维持、观望。不能没有，但是也不会花钱大规模推广，否则粉丝太多如何兑现？微信是一个很好的举办活动的平台。由于媒体网站的用户逐渐老龄化，参与度、互动性较低，产生内容的人和参与讨论的人都越来越少，将网络论坛、网站活动转移到其他的平台比如微信是一个可行的办法。但如果要微信孤军奋战、挑大梁还不太可能。

针对现阶段传统媒体微信公众平台的问题，笔者提出如下一些对策建议。

（一）坚持内容为王，推送精品内容

中国传媒大学新媒体研究院院长赵子忠，用"狗熊掰棒子"来形容目前传统媒体在微博和微信等社交媒体上开设媒体公众账号的尝试，"我认为不管是微博也好微信也好……传统媒体还是要回到传统的主阵地，提升报纸影响力、做好内容、加强创新。"① 如前所述，在评价传统媒体微信公众账号的传播力时，打开率、转发数等数据更为重要，而这些数据是由优质内容支撑的，也是传统媒体得以立足的根本。因此，制作"小而美"的精品内容是传统媒体微信公众平台的基础。

（二）充分利用本地文化资源，塑造认同

由于报纸在本地化方面的优势，各纸媒微信公众平台也通常致力于本地内容的推送。在本地活动方面做得比较优异的有"掌上青岛"。《广州日报》微信的粉丝的本地化较为明显，大约有40%为广东粉丝，其中一半左右为广州人②。本文所列三个微信公众号的用户也以本地为主，"微观上海"尤其明显。上海作为国际化大都市，汇聚了大量各地和各国家的人流、物流、信息流，成为源源不断的新闻源头；同时，上海又具有两界三方、华洋杂处的独特历史，有海量文化资源可以挖掘。因此，本地媒介可从上海地方共同体和本地文化认同的角度（海派人文）入手，强化地域和文化认同，这样既有利于社会整合，又能增强自身的用户吸附力。现阶段，几个微信公众号在这一方面已经做了一些工作：《解放日报》微信注重本地的政治、经济新闻；"微观上海"注重本

---

① 转引自邱敏《品牌延伸与互动平台——兼谈广州日报官方微博和微信的运营》，《青年记者》2013年第12期。

② 邱敏：《品牌延伸与互动平台——兼谈广州日报官方微博和微信的运营》，《青年记者》2013年第12期。

地的吃喝玩乐、历史趣闻；《新闻晨报》微信的"上海闲话"栏目自2013年7月15日升级推出后，不定期由晨报记者吴飞和言莹通过微信分享上海话的知识和乐趣，希望"老上海人能找到乐子，让新上海人学到知识"。在笔者看来，今后可适当增加本地文化资源挖掘的内容和本地话题讨论。

（三）增强平台运用和数据挖掘

微信平台为腾讯所有，除了折叠订阅号之外，还对公众平台的运营者有诸多限制和审核。在每天推送次数（晨报可以一天三次）、菜单有无方面，腾讯有权根据不同媒体的情况分别对待；在内容方面，腾讯会对政治敏感词和可能"带有色情意味"的词语（如比基尼）进行过滤，编辑推送新闻时，点"发送"后，要经过腾讯后台的审核，消息才能出现在用户面前。8月底，腾讯才开始提供后台数据，此前运营者在选择时只能靠主观直觉。然而一旦腾讯的后台出现技术故障，所有的消息都无法推送。

面对如此强势的平台运营商，公众号的运营者应该如何应对？首先，应理解和尊重腾讯的谨慎措施。如将订阅号折叠，是为了使页面更清爽，增强用户的主动性，使用户主动获取自己感兴趣的内容；而关键词过滤则是努力避免政策风险，保持平台的持续性。作为公众号，应努力开发平台应用，优化用户体验，提供优质内容，提高订阅量，增强自身的竞争力，这样，就有了更多的资本向腾讯争取资源。其次，编辑应有"运营者"的角色意识，掌握更多的数据分析工具，充分利用腾讯移动分析提供的数据以及数据分析模型，深入挖掘用户属性、广告走向，及时对产品进行调整，提高产品体验，不断提升用户规模和活跃度。这一点，在"大数据"时代显得尤为重要。

据原《解放日报》报业集团社长尹明华所述，集团前几年广告对利润的贡献率达到80%以上，现在只有30%[1]。而由于国有的报业集团有对国有资产保值、增值的任务，因此"只能在被允许的有限的尺幅里进行意义不够深远的调整"[2]。这一方面刻不容缓，另一方面却顾虑重重。上海报业集团的成

---

[1] 尹明华：《报业转型中的重要选项》，《新闻研究》2013年第2期。
[2] 尹明华：《报业转型中的重要选项》，《新闻研究》2013年第2期。

立是一个历史性的事件,笔者期待此次合并能够真正使报业成功转型。

未来的媒体绝不可能单靠一个单一的产品(新闻、资讯或者声音视频)、一个单一的渠道(报纸、杂志或广播电视)来完成传播。传媒转型的重点不仅是采编制度的革新,也包含了传播渠道的更迭。与强大的"中央厨房"(多媒体融合采编中心)相对应的,是多触角、多形态的社会化传播渠道,而这种渠道应是有用户拥护的、平台是信息友好型的①。目前是微博、微信,两三年后也许会有新的产品。传播渠道将不停地更迭,市场变化极快。即使如此,谁如果错过新渠道,谁就输了一局,如果等发展成熟再跟进使用,会失去该平台的黄金成长期,越晚进入门槛越高。对于传统报业集团来说,投入不大的微信公众平台或许是抢占先机的一个阵地,应积极探索、谋划实施。

---

① 以上内容整理自笔者对业内人士的访谈。

影 响 力
Impact

B.19
制度红利预期下的中国（上海）自由贸易试验区文化产业政策解读

涂鸣华*

摘　要：
中国（上海）自由贸易试验区的建立给上海文化产业的发展带来了新的机遇，也面临着不少新的挑战。本文将从负面清单、制度红利等多重角度进行深入剖析，解读现有的自贸区文化产业政策。文章认为，只有突破制度的壁垒，建立稳定、透明、可预期的治理政策，并将制度红利同人民的首创精神结合起来，才能最大限度促进文化产业的大发展、大繁荣。

关键词：
制度红利　中国（上海）自由贸易试验区　文化产业政策

---

* 涂鸣华，新闻学博士，东华大学人文学院讲师，主要研究方向为新闻理论、文化产业。

制度红利预期下的中国（上海）自由贸易试验区文化产业政策解读

2013年9月18日，国务院常务会议上通过的《中国（上海）自由贸易试验区总体方案》（简称《总方案》）打破了一些人的一厢情愿。《总方案》在文化服务领域只开放了两项，一是取消外资演出经纪机构的股比限制，允许设立外商独资演出经纪机构，为上海市提供服务；二是允许设立外商独资的娱乐场所，在试验区内提供服务。此外涉及文化产业的商贸服务领域有一项，允许外资企业从事游戏游艺设备的生产和销售，通过文化主管部门内容审查的游戏游艺设备可面向国内市场销售①。这同外界预先的设想存在着较大差距。

上海市人民政府又公布了《中国（上海）自由贸易试验区外商投资准入特别管理措施（负面清单）》，其中列入了对外商投资项目和设立投资企业采取的与国民待遇不符的准入措施。涉及文化产业及相关产业有不少禁止和限制条款，例如在新闻和出版业栏里禁止投资新闻机构，禁止投资图书、报纸、期刊的出版业务，禁止投资音像制品和电子出版物的出版、制作业务，限制投资电影院的建设、经营（中方控股），限制投资广播电视节目、电影的制作业务（限于合作），禁止投资广播电视节目制作经营公司、电影制作公司、发行公司、院线公司，以及禁止投资网吧、博彩业和色情业等。

开放的项目不多，禁止和限制的条款依然不少，这让不少观察人士产生了疑惑并觉得不过瘾，而在刚公布的《中共中央关于全面深化改革若干重大问题的决定》（以下称《决定》）第24条提出的要"放宽投资准入"，也让很多人对自贸区改革的力度表示了不满。有学者和投资商比对了上海自贸区负面清单和现行的2011版《外商投资产业指导目录》（以下指《指导目录》），认为"两者的吻合度竟然达到100%，负面清单居然把所有的区外限制全搬进去了，而且犹有过之"。② 因为有些限制连《外商投资产业指导目录》里都没有规定，却出现在负面清单里，如禁止投资文物拍卖，禁止直接或间接从事和参与网络游戏运行服务，禁止投资经营因特网数据中心业务。那么如何来理解现有的自贸区文化产业政策？本文将从负面清单、制度红利等角度进行剖析。

---

① 《国务院关于印发中国（上海）自由贸易试验区总体方案的通知》，http://www.gov.cn/zwgk/2013-09/27/content_2496147.htm。
② 马宇：《上海自贸区负面清单流于形式、无实质突破》，http://comments.caijing.com.cn/2013-10-11/113397707.html。

一 负面清单

对于负面清单（negative list），有学者指出相当于是投资领域的"黑名单"，完整的理解应当是不能给予国民待遇的投资清单，而"黑名单"则还包括危害国家安全和社会安全，以及损害社会公共利益的经营活动。负面清单是不能给予本国国民待遇的限制，而黑名单则是基于法律的禁止。对这两者的定义应当有清晰的界定，以免公众误解。

以往我国外资管理采取正面清单的模式，即以投资产业指导目录的形式，鼓励外资投向政府扶持的产业，而在2013年8月16日，国务院拟提请全国人大常委会审议地上海自贸区暂停实施若干法律规定的决定草案，提出"为推进中国（上海）自由贸易试验区加快政府职能转变，探索负面清单管理，创新对外开放模式。"[①] 从负转正这是政府治理思路的重大改变，中央关于深化改革的《决定》里，将负面清单作为"建立公平开放透明的市场规则"的重要措施，保证"各类市场主体可依法平等进入清单之外领域"。正如上海市委书记韩正所说"过去的目录只告诉你哪些可以做，而负面清单告诉你没规定的都可以做，这是完全不同的制度安排。"[②]

现行的制度是对外商投资采取审批和备案的管理制度，不可避免地造成政府管理审批的项目太多，从而导致效率低下，并会留下大量腐败和寻租的空间。此外政府不断发布的投资目录客观上也会导致企业不断追逐政府的政策红包，不利于发挥市场在经济中的基础调节作用。目前自贸区将逐步采取准入前负面清单许可管理，准入后监督为主的备案制，程序简单，将对政府过度干预市场的行为起到限制作用。

从表面上看，现有的2013负面清单里，文化产业方面的内容开放力度似乎不大，反而是负面清单条款不少，这里需要从以下几个方面来理解。

---

① 《国务院拟提请在上海自贸区暂停实施若干法律规定》，http://news.xinhuanet.com/politics/2013-08/16/c_116975393.htm。

② 《韩正澄清种种谣传——不存在中央地方博弈》，http://news.xinhuanet.com/local/2013-11/07/c_118037932_2.htm。

制度红利预期下的中国（上海）自由贸易试验区文化产业政策解读

第一，负面清单是份不断动态调整的清单。自由贸易区从提出动议到最后挂牌运行还不到 10 个月的时间，因此制度规范并不完备。有熟悉自贸试验区立法工作的人就表示："政府方面是想逐步完善，因为当时出台的时候比较急，而且自贸试验区尚未开始运转，是在没有任何经验的情况下制定的。"① 因此作为中国首份负面清单先需要借鉴"指导目录"，然后根据自贸区的实际情况再进一步完善。

据报道，2014 负面清单正在草拟之中，在可以预见的未来，文化产业服务方面还会有进一步开放的空间，《决定》里提出在文化等服务领域将有序开放。例如现有的负面清单里有"禁止投资文物买卖"的条款，但根据人大常委会的授权，在自贸区内暂停实施文物保护法的有关禁止设立中外合资、中外合作和外商独资的经营文物拍卖的拍卖企业的规定。那么未来的某段时间内，这样"禁止投资文物买卖"的条款将会得到调整、细化，以适应自贸区的实际情况。园区内的文化产业服务机构如国家对外文化贸易基地等，也在密切关注负面清单的实施情况，及时向主管部门反馈，以便做出相应的调整。

第二，负面清单的长短并不一定就体现开放的实际情况，上海市委书记韩正采用了房间楼道的比喻，阐明负面清单并非越短越好。他指出"管大类好比管住一幢楼的门，整幢楼就进不去了；管中类好比管住几个楼层，其他的楼层就可以进去了；管小类好比管住几个房间，其他许多房间就可以进去了。"② 这样，负面清单规定的小类越详细，看上去清单的数量挺长，但实际上开放的空间反而是更大。而且若是负面清单的小类规定越详细，投资者和市场主体认识和理解就更为清晰。随着技术的发展，清单以外的产业将会越来越多。对于文化产业而言，跨界的产业发展空间将大为拓展。

创立自由贸易区时反复强调了风险可控的原则，一下子放开，将未来可以做的事情提前到现在立即去做，这对改革也是不负责任的态度，所以负面清单现在也会长些。此外还有法律衔接的问题，有些负面清单上项目去除需要同不

---

① 《自贸区管委会启动阶段性总结——研究 2014 版负面清单》，http：//news. cnfol. com/131113/101，1281，16379046，00. shtml。
② 《上海自贸试验区：不栽"盆景"勇当"苗圃"——访中共中央政治局委员、上海市委书记韩正》，http：//news. xinhuanet. com/2013 - 11 - 06/159440279. html。

同部门会商协调，修改相关的法律才可以办到，尤其是包含到意识形态的文化产业领域。

二 制度红利

有段时间，有关自由贸易区的概念股被热炒，园区内的房地产价格也飙涨，外高桥和临港新城板块在自贸区成立的一个月内，房价普遍上涨40%到50%①。这反映了长期以来人们形成的一种心态，将自贸区等同于改革开放之初在深圳等地建立的经济特区或者是各地陆续建立的经济开放区，能够在土地和税收上获得中央和地方政府超出常规的支持。所以就有这样的传言，园区内将对企业减免15%的所得税，低于香港、新加坡的标准吸引国内外投资。这是对自贸区的误解。据媒体报道，上海市长杨雄多次公开强调，上海自贸区建设的重点不是政策优惠，而是制度创新，他曾向总理表态，上海没要政策，要改革②。这需要理解上海自贸区改革的意义，先从园区的名字上判断，原本上海市有关部门报给中央的名字是"上海自由贸易园区"，国务院主要领导同志将其改为"中国（上海）自由贸易试验区"，这体现了自贸区将不是局部意义的特区，而是带有全局性的全面深化改革开放的试验区，根据中央的部署，自贸区的形式也不仅是会出现在上海，时机成熟的时候将推广到全国。

刚刚结束的十八届三中全会通过了《中国共产党第十八届中央委员会第三次全体会议公报》，在此公报里，提出"到2020年，在重要领域和关键环节改革上取得决定性成果，形成系统完备、科学规范、运行有效的制度体系，使各方面制度更加成熟更加定型。"有学者认为这说明改革不会一直处在转型期，基本的制度应当定型，到2020年形成可以预期的制度体系③。而此前国务院总方案里提到的要"建设具有国际水准的投资贸易便利、监管高效便捷、法制环境

---

① 《一月飙涨50%沪自贸区房价或稀释改革红利》，http://finance.people.com.cn/n/2013/1018/c1004-23248469.html。
② http://paper.wenweipo.com/2013/09/27/YO1309270004.html。
③ 宋世明：《十八届三中全会有两个独特历史使命》，http://news.xinhuanet.com/video/2013-11/12/c_118113729.htm。

规范的自由贸易试验区,使之成为推动改革和提高开放型经济水平的'试验田',形成可复制、可推广的经验",便可以说明上海自贸区的政策必须可以复制推广到全国,而一般刺激性的税收优惠政策,并不具有全国适用的可能性。

而且靠政策的经济增长模式本身就是新一轮深化改革要处理的突出问题,刚公布的《决定》里,就提出"改革市场监管体系,实行统一的市场监管,清理和废除妨碍全国统一市场和公平竞争的各种规定和做法,严禁和惩处各类违法实行优惠政策行为,反对地方保护,反对垄断和不正当竞争。"自贸区是全国改革的先行者,政策上只有先行一步的试点意义,而不具备特区的意义。

自贸区文化产业的制度红利至少包括以下几个方面:一是相关领域对外商投资的放开;二是治理制度改革带来的便利;三是自贸区其他产业放开对文化产业的连带效应。

文化产业政策的第一个制度红利是在相关领域对外商投资放开,其主要包括以下几个方面。

一是在自贸区内可以成立外资经营的演出经纪机构、演出场所经营单位。此前根据国家发展和改革委员会、商务部发布的《外商投资产业指导目录(2011年修订)》规定,演出场所的经营鼓励外商投资,但必须是中方控股,而演出经纪机构则属于限制外商投资的产业,也必须由中方控股。根据这一政策利好,在自贸区内设立的外商独资演出机构,不需要同国内的机构合作,就可以独立申请在上海演出场馆进行演出。但有关官员表示:"走出上海,外商独资演出经纪机构还是不能作为第一申报主体,必须寻找中方合作伙伴。"① 目前来看,该举措将会活跃上海市的文化演出市场,在不久的将来,此举措会逐步推广到全国。根据2011年的统计数据,上海有演出市场经营主体724家,包括剧场123家、文艺演出团体154家和演出经纪公司447家。剧场收入2.3亿元,文艺团体收入3.5亿元,演出经纪机构收入7.9亿元②。而整个大陆演出市

---

① 《文化企业纷涌上海自贸区 期待更大开放空间》,http://business.sohu.com/20131031/n389291941.shtml;《加强国家对外文化贸易基地(上海)建设 推动文化贸易繁荣发展》,http://www.culturetrade.com.cn/nbict/node3/n4/n5/u1ai415.html。
② 2011年上海市演出市场概况,http://wgj.sh.gov.cn/wgj/node743/node1004/userobject1ai79615.html。

场以2012年的数据为例，全年演出场次200.9万次，总收入355.9亿元，票房收入135.0亿元①，总的市场规模并不大，放开后对市场不会造成严重的冲击。

此外内地目前演出市场并不规范，市场有待培育，绝大部分的外资演出机构还是会选择同国内机构合作。

二是允许在自贸区内设立外资经营的娱乐场所。这是非常吸引媒体眼球的政策，有大量相关新闻都将此条设为标题。但随着负面清单的出台，过度的解读，如在自贸区内开放博彩业等随之消失。上海娱乐场所的市场规模也不大，根据2011年的数据，全市文化娱乐场所的年收入是38.62亿元②。

上述两项在文化产业中是小比重行业，专业人士认为预示意义将大于产业意义。首先开放这两项，带有很强的试点意义，希望为其他文化产业的开放提供借鉴参考，保持风险的可控性。

三是允许外资企业在自贸区内从事游戏设备的生产和销售，通过了文化部门审核的游戏游艺设备将可以在国内市场销售。2000年，国内七部委联合发布了《关于开展电子游戏经营场所专项治理的意见》，停止面向国内的电子游戏设备及其零、附件生产和销售，遍布中国大街小巷的街头游戏厅销声匿迹。此次销售家用机硬件的解禁，意味着微软、索尼和任天堂将不再需要改头换面就可以在国内销售，这也意味着价值数千亿人民币，拥有近3亿用户的中国游戏市场对外开放。听闻此消息微软公司立即采取行动，与百视通公司联合成立了上海百家合信息技术发展有限公司，成为第一家在自贸区备案的中外合作企业，该公司从事家庭娱乐和游戏产业的技术研发以及内容聚合。索尼旗下的游戏业务也正在为进入中国市场做准备。

2012年的中国游戏市场实际销售规模是602.8亿元，同比增长35.1%，预计2017年的中国游戏市场实际销售收入将达到1352.2亿元，同比增长12.4%。2013~2017年的年复合增长12.3%，2012年，中国客户端网络游戏市场实际销售收入451.2亿元，同比增长23%③。这个市场的开放将会游戏产

---

① 2012年中国演出市场年度报告，http://www.capa.com.cn/news/showDetail？id=60342。
② 2011年上海市文化娱乐市场概况，http://wgj.sh.gov.cn/wgj/node743/node1004/userobject1ai79616.html。
③ 2012年度中国游戏产业报告，http://www.cgigc.com.cn/201301/151659133828_2.html。

业的发展带来更大的活力。

随着未来自贸区相关条例的出台，以及新的负面清单面世，将会有更多的相关领域开放。

第二个制度红利是治理制度改革带来的便利。改革治理制度也需要从两个角度来理解，这包括自贸区内治理制度的变化和全国范围内治理制度的改变对自贸区的影响，两者相辅相成，不能认为自贸区是特区，而是在举国进行深化体制改革后的受益者。如举办理工商执照的例子，以往企业办理工商执照注册需要分类管理，各类材料齐全以后最快经过审批，最快也要一个月才能办好。而在自贸区里几天就可以全部办好。因为自贸区深化了行政审批制度改革，采取了准入前国民待遇和负面清单管理，准入后监督的模式，政府从根本制度上实现了简政放权，把权力用在管得住的地方。以微软和百视通的合资公司为例，据百视通负责人透露，按照过去的行政审批制度，需要先向相关审批机构申请，进行企业名称预先审核，取得批准证书后才可办工商注册登记，不但要提供大量材料，还要跑很多部门，至少需要三个月时间。改为备案制以后，企业通过一口受理仅用七个工作日就领到执照①。

同一般经济开发区依靠特殊政策推进经济发展的路径不同，上海自贸区是更高层面的改革，它更着力于制度本身的改善，例如投资优化、金融创新、审批简化和服务提升等。这样的制度红利没有多开放项目来得直接，没有税收减免立竿见影，但规范、高效、透明、便捷的制度保障将会更好的提升文化产业品质。

而在更高层面上，机构改革和政府职能的转变正在不断推进，中央通过的《决定》提出了"坚决破除各方面体制机制弊端"、"推进国家治理体系和治理能力现代化"，上海自贸区的文化产业也必然受惠于国家层面改革的深入。以国务院的改革为例，新一届政府以简政放权为核心，目前正在不断地清理行政审批项目，2013年5月15日取消和下放117项，涉及广电总局4项，文化部4项。7月13日取消和下放50项，涉及新闻广电出版总局的取消有10项，下

---

① 《百视通上午领到"001号"备案证》，http://xmwb.xinmin.cn/html/2013-09/29/content_13_2.html。

放有5项，广电是行政审批项目调整的重点。行政审批项目的取消和下放将解放束缚的生产力，对自贸区文化产业的勃兴也会起到良好的作用。

第三个制度红利是其他产业的放开对文化产业的连带效应。文化企业通过和金融、投资以及其他服务业的开放政策对接，能形成很好的连带效应，推动文化企业的发展。例如在上海自贸区内建立了国内首个艺术品保税仓储交易中心并投入使用。这样艺术品通关流程从7天缩短到了1天，提高了安全系数，而且艺术品进境缴纳的保证金也由交易中心代缴，节省了客户的运作成本，在交易方式上，自贸区内保存艺术品可以避免缴纳24%的税费，有利于艺术品的再次交易。这是海关和金融的放开对文化产业带动效应的具体案例。目前上海文化产业存在着资本短缺、渠道缺乏、行政协调困难、贸易人才缺乏等诸多困难，中央在《决定》中提出"建立多层次文化产品和要素市场，鼓励金融资本、社会资本、文化资源相结合，"这对突破上海文化产业的瓶颈有重要的作用。

连带效应的另一个作用是能够提前布局。盛大游戏就拟与中青宝合资公司，这将是自贸区内的首家网游公司，而自贸区还没有开放网络游戏业务，因此该合资公司主要从事的是游戏的服务贸易拓展，涉及金融服务、商贸服务等。一旦负面清单解除，盛大游戏就可以迅速转型为网络游戏服务运营商。

目前在自贸区内的国家对外文化贸易基地提出了"引导企业利用自贸试验区在金融、教育、电信等多个与文化相关领域的试点政策，挖掘产业发展机会，探索文化产业的业务创新发展道路，扩大文化企业受惠面，释放更多的政策红利"[①]，在具体开放项目不多的时候，借助其他领域的政策，为文化产业发展提供新的支持。

三 创新文化产业管理

文化产业同一般产业相比其产品不少都有着带有思想文化的特殊性。十八

---

① 《加强国家对外文化贸易基地（上海）建设推动文化贸易繁荣发展》，http://www.culturetrade.com.cn/nbict/node3/n4/n5/u1ai415.html。

届三中全会一再强调，改革开放的成功经验就是坚持党的领导，贯彻党的基本路线，不走封闭僵化的老路，不走改旗易帜的邪路，坚定中国特色社会主义道路，始终确保改革正确方向，坚持正确的舆论导向。目前的负面清单里，文化产业领域不少因为涉及思想文化的问题而采取禁止或限制的措施，如禁止投资新闻媒体，禁止投资出版机构等。市委书记韩正在回答记者提问的时候，提到了自贸区有三不：绝不允许走私、偷税漏税，绝不允许涉及"黄毒毒"，绝不涉及意识形态。所以文化产业政策既要激活市场活力，同时要保持文化产品的正确导向，这是创新文化产业的难点所在。

自贸区的政府治理模式转变为事前国民待遇，事后监管的模式，这个监管将不再是政府的工作，而且也是整个媒体的责任，因此未来自贸区如何形成媒体的监管力量，防止市场的手出现不道德和失灵的情况，也是文化产业里有关传媒部分应当注意的问题。

我们应当认识到，自贸区将是中国改革开放从转型到定型的战略性部署，是"党中央在新形势下推进改革开放的重大举措。"它的每个成功措施将是作为可复制和推广的全国范例，是为全面深化改革和扩大开放探索新途径、积累新经验。因此解读上海自贸区的文化产业政策，也就是解读未来中国文化产业的政策。

自贸区文化产业的制度红利来自于建立稳定、透明、可预期的治理政策，这需要政府抑制自己监管经济行为的冲动，这也需要不同部门牺牲自己的小团体私利，还需要改革者以不懈的努力突破制度的壁垒。目前可以说是破局良好，振奋人心，但改革从来不是有良好意愿和制度设计就能成功，尤其是文化产业领域，如何将制度红利同人民的首创精神结合起来，将是始终需要重视和解决的问题。

B.20
规制创新背景下的传媒有效竞争*

——以上海电视市场为案例

易旭明**

摘　要： 我国电视市场进入壁垒高、小企业协作不充分、国有产权比重大的阶段，说明我国电视市场属于"行政区域垄断"的市场结构，这限制了我国电视市场的竞争活力。从企业行为的角度来看，有限的价格竞争、较低的生产效率、较高的产品过剩都说明了我国电视市场竞争活力的不足。与此同时，由于"区域行政垄断"的人为分割，市场重组受限，各地方媒体的规模效应无法体现，还远未实现有效竞争的经济效率。电视行业需要从市场结构、企业行为、规模经济与范围经济等维度进行规制创新，这样才能促进我国电视传媒市场的有效竞争、提高传媒产业经济效率。

关键词： 有效竞争　电视市场结构　竞争活力　规模经济　范围经济

竞争是市场经济提高效率的根本动因，规模经济则是效率的另一个源泉。有效竞争（workable competition）简单说就是既有利于维护竞争又有利于发挥规模经济作用的竞争格局。政府公共政策是协调两者关系的主要手段。

---

* 本文系上海市教委科研创新项目（13YS031）"文化体制改革背景下的传媒产业重组"阶段成果。
** 易旭明，复旦大学新闻学院博士后，上海师范大学副教授，研究方向为传媒经济、传媒制度。

如何提高我国传媒产业的经济效率？"有效竞争"理论提供了一个分析思路：通过竞争机制保持生产、提高分配效率，通过规模经济和范围经济实现生产过程的效率。而包括传媒在内的我国文化产业政策，则体现了这种有效竞争的性质。在《文化产业振兴规划》所提出的目标中，就包括建设市场主体，优化产业结构组建规模大、竞争力强的文化集团；《中共中央关于深化文化体制改革推动社会主义文化大发展大繁荣若干重大问题的决定》也明确提出"促进文化产品和要素在全国范围内合理流动，必须构建统一开放竞争有序的现代文化市场体系。"

因此，本文结合我国电视市场尤其是上海电视市场，围绕提高传媒产业效率提出两个问题：如何评估我国传媒市场竞争有效性？近年来传媒政策规制创新如何影响有效竞争？在这两个问题研究的基础上对传媒规制创新提出政策建议。

一 有效竞争的标准

20世纪90年代后期省级卫视陆续上星以后，我国电视市场竞争逐步加剧。为了评估竞争有效性，本文首先将以经济理论及其应用为基础，尝试建立一个有效竞争的标准体系。"有效竞争"被认为是一个广为接受但却严重模糊的概念[1]，竞争在经济中的基础地位、在各种条件下的实现方式是产业组织理论最重要的研究议题之一，经济学家对此也进行了持续研究。

竞争机制是市场经济配置资源的最优方式，也是价格与收入决定的主要力量、经济进步的最强动因，经济理论对竞争的认识正逐步加深。亚当·斯密在《国富论》中提出竞争促使生产者采用新的分工和新的技术改良来降低成本；"马歇尔悖论"揭示了保持竞争活力与追求规模生产的内在矛盾；张伯伦与琼·罗宾逊提出现实是垄断、竞争的混合。

克拉克提出了"有效竞争"概念，认为价格政策应该避免竞争过强或过弱

---

[1] 〔美〕乔治·J. 施蒂格勒著《产业组织》，王永钦、薛锋译，上海三联书店、上海人民出版社，2006，第14页。

的极端状况，多样化竞争手段保证企业在追求规模经济前提下使竞争有效。① 鲍莫尔等提出"可竞争市场"理论，认为进入无障碍和范围经济是有效竞争的基本条件，政府应保持市场潜在竞争。产业组织理论"哈佛学派"的梅森和贝恩等经济学家创立了"结构、行为、绩效"（SCP）分析范式。梅森认为有效竞争的标准大致包括：市场上存在相当多的卖者和买者且其市场份额不足于控制市场；新企业能够在市场上出现；市场存在改进产品和生产工艺的压力……不存在持续性的设备过剩。史蒂芬·索斯尼克则从市场结构、企业行为、市场绩效等方面提出了有效竞争的29条标准：不存在资源进入和流动的限制，交易者数量符合规模经济要求……利润水平刚好够补偿创新、效率和投资，产品质量和产量随消费者需求的变化而变化，厂商竭力引入新技术，厂商生产过程有效率……②

中国学者对有效竞争理论及其在国内的验证、运用有所开拓。金碚提出了包括体制因素在内的SCP循环分析模式，认为体制和政策对市场结构、有效竞争存在影响力[3]。王俊豪指出有效竞争是适度竞争活力和适度规模经济的交集，竞争收益明显大于竞争成本[4]。针对计划经济向市场经济转型过程中的竞争不足、竞争过度、规模缺乏等经济低效现象，马文军、李孟刚、郭海涛等结合钢铁等产业研究了"有效竞争"的企业数量、企业规模[5]。曹建海认为有效竞争标准可以作为竞争是否持续的讯号，在一定意义上可以作为政府制定经济政策的依据。他根据我国产业竞争行政垄断和过度竞争并存的二元结构，提出了我国产业有效竞争的标准，包括准入壁垒、竞争主体、竞争行为等方面内容。[6]

综上所述，关于"有效竞争"的标准，是基于竞争活力和规模效应的原理，旨在优化资源配置、提高经济效率而设定的检验标准。所以，本文从以下指标来评估我国电视市场有效竞争。

---

① J. M. Clark, "Toward a Concept of Workable Competition," *American Economic Review*, 1940 (6), Vol. XXX, No. 2.
② Sosnick H. Stephen, "A critique of concepts of workable competition," *Quarterly Journal of Economics*, 1958 (8), Vol. 72.
③ 金碚：《产业组织经济学》，经济管理出版社，1999。
④ 王俊豪：《政府管制经济学导论》，商务印书馆，2001。
⑤ 马文军、李孟刚：《新垄断竞争理论》，经济科学出版社，2010。
⑥ 曹建海：《试论有效竞争》，《北京师范大学学报（人文社会科学版）》1999年第6期。

竞争活力标准之一（体现在市场结构上）：①不存在进入和流动的资源限制，不存在行政壁垒、经济壁垒。②市场企业数量、市场集中度适宜。③大中小企业通过分包和专业化协作，形成分层竞争的产业组织结构。④产权明晰，非国有产权比重增加。

竞争活力标准二（体现在企业行为上）：①除了价格竞争，还有非价格竞争特别是追求产品的歧异性，产品创新、技术更新快。②企业生产过程有效率，无持续性产能过剩。

规模经济标准：①企业生产具备规模经济效应，人均产出提高、平均成本下降。②企业利用范围经济，延长产业链。

经济绩效指标体现在利润率、销售费用、生产过程效率、技术创新、消费者满足等方面。由于我国传统电视企业利润、成本结构未纳入统计、公布项目，很难获得，故本文暂时只把生产过程效率纳入企业行为标准中加以分析。

二 竞争活力之市场结构评估：行政区域垄断限制竞争活力

当电视观众对电视节目质量不满时，是否有更好节目应运而生来满足观众需求？在社会生产要素充足的前提下，这取决于政策是否准许生产要素用于电视生产、已经获得生产许可的机构数量多少、这些机构的产权性质如何，这些内容基本属于市场结构的范畴。

经济理论定义市场结构为"对市场内竞争程度及价格形成等产生战略性影响的市场组织特征"①，其本质是反映市场竞争和垄断关系的概念。市场易于进入、有较多竞争者、集中度较低，则能形成有效竞争的格局。产权性质上，国有企业比重大往往难以实现有效竞争。

（一）我国电视传媒进入壁垒很高

决定市场结构从而制约竞争活力的因素，首先是准许竞争者进入市场，甚

---

① 苏东水主编《产业经济学》，高等教育出版社，2005，第88页。

至是很容易地进入市场参与生产和交易竞争，在行政上、经济上不存在壁垒。

1. 行政壁垒森严

我国传统媒体对进入、退出有极高的政策壁垒，以广播电视媒体为例，国家行政法规对它各产业环节尤其是播出、传输环节都有极高的进入壁垒，同时也规定了退出壁垒，市场资源难以进入，国有广电机构"优难胜劣不汰"，竞争活力受到严重限制。

广播电视播出市场。中华人民共和国《广播电视管理条例》[①] 明文规定广播电视严格按行政区域相应设立，租借等间接进入方式也被禁止。其第十条规定：广播电台、电视台由县、不设区的市以上人民政府广播电视行政部门设立，其中教育电视台可以由设区的市、自治州以上人民政府教育行政部门设立。其他任何单位和个人不得设立广播电台、电视台。

国家禁止设立外资经营、中外合资经营和中外合作经营的广播电台、电视台。

《广播电视管理条例》对具备资质主体准入和退出的程序、行为，以及播出范围、条件都有严格规定，这对电视行业都构成了极高的壁垒。

我国广播电视市场退出壁垒也很高——各个行政区域都需要一家广播电视台作为宣传喉舌，即便竞争活力不足，经济效率低下地方政府也不会允许广播电视台破产停办、市场重组，只有极少数经济欠发达地区难以承受高额的卫星传输等运行费用，才与发达地区电视台存在有限合作，国家新闻出版广电总局也把这作为特例，总体上是严格控制跨区域重组合作。目前我国各行政区域各有一家广播电视播出机构，业绩好者很难扩张，业绩差者也不会倒闭，竞争效率无法体现。

所以，我国形成了按照行政级别分配电视频道资源的市场结构。地面广播电视播出范围是按各广播、电视台行政区域划定，卫星电视播出平台主要是按照行政级别进行分配。中央电视台作为唯一国家电视台共开播26个频道，通过卫星覆盖全国和世界部分地区。省级电视台普遍只有1个卫星频道资源，只

[①] 《广播电视管理条例》内容均参见国家新闻出版广电总局官网，http：//www.chinasarft.gov.cn/articles/2003/10/21/20070922142857170492.html。

有新疆、西藏、内蒙古、青海等少数民族地区另有民族语言卫星电视，另有新疆生产建设兵团卫视，广电粤语南方卫视，深圳、厦门计划单列市副省级卫视。跨区域采访权、经营权也存在一定程度按行政格局分配的情况。

我国对广播电视传输市场也有严格的准入壁垒。《广播电视管理条例》规定：国务院广播电视行政部门应当对全国广播电视传输覆盖网——包括广播电视发射台、转播台、广播电视卫星及有线广播电视传输覆盖网等——按照国家的统一标准实行统一规划，并实行分级建设开发。县级以上地方人民政府广播电视行政部门组建、管理本行政区域内的覆盖网；设立广播电视发射台、转播台、微波站、卫星上行站，应当持国务院广播电视行政部门核发的频率专用指配证明，向省级以上无线电管理机构办理审批手续。未经批准，任何单位和个人不得擅自利用有线广播电视传输覆盖网播放节目。

广播电视传输覆盖网要按照国家标准、行业标准建设，工程竣工后须由广播电视行政部门组织验收，验收合格的，方可投入使用。

2010年6月国务院通过三网融合试点方案，电信部门方面获得了部分新媒体渠道传输广电节目的资质，可以提供互联网视听节目信号传输、转播时政类新闻视听节目服务，以及除广播电台、电视台形态以外的公共互联网音视频节目服务和IPTV传输服务、手机电视分发服务。但是广电、电信有效竞争的传输格局还远未形成。

相对广电播出、传输市场，我国广播电视制作市场进入壁垒逐步降低。我国广播电视节目制作主体，包括广播电台、电视台，以及省级以上广电行政部门批准设立的节目制作经营单位。2004年，原国家广电总局发文鼓励境内社会组织、企事业机构（不含在境内设立的外资企业或中外合资、合作企业）设立广播电视节目制作经营机构或从事节目制作、经营。

在我国，各种节目的制作准入许可不同。电视剧由持有"广播电视节目制作经营许可证"的机构、地市级（含）以上电视台和持有"摄制电影许可证"的电影制片机构制作，但须事先另行取得电视剧制作许可。取得"广播电视节目制作经营许可证"的机构应严格按照许可证核准的制作经营范围开展业务。广播电视时政新闻及同类专题、专栏等节目只能由广播电视播出机构制作，其他机构不得制作时政新闻及同类专题、专栏等广播电视节目。制作重大革命和历史题材电视剧、理论文献电视专题片等广播电视节目,须按照国家新闻出版广电总局的有关规定执行。发行、播放电视剧、动画片等广播电视节目,应取得相应的发行许可。

国家新闻出版广电总局官网公布现行常用法规文件中,还有其他行政法规9部,部门规章46部,规范性文件416条,其中许多条文对不同业务有严格准入壁垒,对经营行为有严格的要求。

2. 经济壁垒较高

电视是资本密集型、知识密集型产业,对投资者资本数量、人才数量有较高的要求,这构成了较高的行业进入经济壁垒。

电视播出主体是电视台,其建设、运营需要巨大的投资。20世纪50~60年代上海电视台建设期间,由于是举全市之力建设、全国各地支援,总投资难以统计,但是仅发射台、发射塔就投入建设资金747万元。70年代初建设新办公楼、技术楼、演播厅、发射台投资2350万元。1991~1993年基本建设共投资12亿多元。建设完成之后日常支出也很高,80年代上海广播电视平均每年开支设备购置费500多万元,1991、1992、1993年设备费支出分别为2542万、2915万、5422万元。1993年上海广电系统工资福利支出3392万元,业务费支出1508万元,行政公务费支出260万元。建设一个县级电视台动辄也要几百万元投资,1990年上海县(闵行)电视台投资230万元,1993年上海松江电视台重建广播电视发射塔投资700多万元①。大型电视台投资更高,1996年,央视为了香港回归直播进口设备就花了8亿元②。1998年,央视固定资产为35.1亿元,2008年的固定资产达到75.4亿元。

有线电视传输系统建设投资数额同样巨大,并且随着有线电视网络功能、市场价值的增加,投资机会的减少,进一步提高了有线网投资、并购的门槛。由于当时国家没有足够的财力统一建设有线电视网,全国各地有线网多是地方行政管理部门牵头,通过多种渠道筹资建成,大型国有企业也在企业范围内建设了有线电视系统。例如,1983年,宝山钢铁公司建设宝钢闭路有线电视系

---

① 赵凯主编《上海广播电视志》,上海社会科学院出版社,1999,第383、614、618页。
② 郭镇之:《中外广播电视史》,复旦大学出版社,2005,第298页。

统投资 253 万元，1984 年，上海梅山冶金公司创办梅山有线电视台投资 300 多万元。① 1998 年，"三网融合"概念兴起，分散建设的有线电视陆续联网，联网技术投资、资源并购耗资巨大。至 2000 年 6 月，东部 14 省市主干网的连接耗资 40 亿元；河南省将省有线网和 18 个地市网络连接起来，耗资 1.5 亿元。网络并购耗资更大，广东省的有线电视用户 800 万户，收购一户加上改造成本将近 1000 元，如果广东有线进行收购，需近 80 亿元资金。如果想要以市场交易的方式来推行整合，按 2005 年时估计的整合全国有线电视网络所需的资金最少需要 1000 亿元②。广电系统希望整合全国有线电视网，形成巨大的网络经济来与电信网、移动网竞争，但整合网络所需巨大的资金始终是一道极高的壁垒。

电视行业对新媒体投资规模、运营成本巨大。2012 年 SMG 旗下百视通新媒体营业成本达到 11.29 亿元，其中 IPTV 业务成本 6.46 亿元，研发支出 1668 万元③。2011 年，PPS 以 3.7 亿美元被百度旗下爱奇艺收购；2013 年 8 月，媒体报道阿里巴巴和湖南卫视以 4 亿美元作价联合收购 PPTV，百视通新媒体宣布以 3.07 亿元货币资金认购风行网的增资。

（二）企业数量多、集中度较高并存

市场竞争活力是否充分，一个重要指标就是看市场在位企业数量多少、集中度高低，一般来说，企业数量多、集中度低则说明市场竞争充分、垄断程度低、竞争效率高。

中国电视市场规模巨大，生产企业较多。2012 年全国广播电视总收入 3268.79 亿元，同比增长 20.29%，其中广告收入 1270.25 亿元，有线网络产业收入 660.98 亿元。2012 年，全国共有电视台 183 个，教育电视台 42 个，广播电视台 2185 个。全国共开办广播电视节目 4165 套节目，其中电视节目 1334 套④。

对于电视观众来说，市场竞争活力最直观的指标之一就是电视频道数量，表 1 所示数据表明我国电视市场竞争活力近年来逐步提高。

---

① 赵凯主编《上海广播电视志》，上海社会科学院出版社，1999，第 383~389 页。
② 黄升民、王兰柱、周艳主编《中国数字电视报告》，中国传媒大学出版社，2005。
③ 《百视通年报摘要》，上海证券交易所官网。
④ 数据来源：新华网 http://news.xinhuanet.com/info/2013-07/05/c_132513584_2.htm。

表1 2008~2012全国及城乡居民家庭可以接受到的电视频道数量

单位：个

年份 \ 范围	全国	城市	农村
2008	30.4	40.4	26.0
2009	39.1	50.1	33.2
2010	41.4	53.0	34.7
2011	47.6	58.5	40.4
2012	54.3	63.8	47.7

资料来源：陈若愚编《中国电视收视年鉴2013》，中国传媒大学出版社，2013，第6页。

衡量市场竞争更严谨的指标是市场集中度。市场集中度是指特定产业或市场中卖者或买者具有的相对规模结构，它与市场垄断力量的形成密切相关。行业集中度是最常用的集中度衡量指标，它指行业内规模最大的前几位企业有关数值占整个行业的份额。贝恩认为$CR_4 \geqslant 30\%$或$CR_8 \geqslant 40\%$的市场属于寡占型，植草益认为，$CR_8 \geqslant 40\%$即为寡占型，$CR_8 > 70\%$则为极高寡占型[1]。根据广告经营额以及电视收视率份额计算出我国电视行业集中度如表2、表3所示。

表2 2011年度中国电视媒体广告营业额前8名及集中度

单位：万元,%

序号	单位全称	营业额
1	中央电视台	2280000
2	上海东方传媒集团有限公司	700000
3	湖南电广传媒广告分公司	600000
4	江苏省广播电视总台	435267
5	浙江广播电视集团	352794
6	山东广播电视台	337003
7	北京电视台	325000
8	安徽广播电视台广告中心(电视)	245800
	$CR_8 = 58.25$	
	$CR_4 = 44.3$	

资料来源：各单位数据来自中国广告协会网，年度总额根据《中国广播电视年鉴2011》发布2010年的数据以及CTR发布2011年中国电视广告增长幅度计算得来。

[1] 苏东水：《产业经济学》，高等教育出版社，2005，第124~125页。

规制创新背景下的传媒有效竞争

表3 2012年度中国电视媒体市场份额前8名及集中度

单位：%

排名	频道	2011市场份额
1	中央电视台	27.4
2	湖南卫视	3.4
3	江苏卫视	3.0
4	浙江卫视	2.1
5	山东卫视	2.1
6	安徽卫视	2.0
7	东方卫视	1.6
8	北京卫视	1.4
$CR_8 = 43$		
$CR_4 = 35.9$		

所以，按广告收入市场集中度来看，全国电视市场结构为程度较高的寡占结构；按市场份额集中度来看，寡占程度略有降低。但央视收视份额一家独大占27.4%，央视一套2010年广告收入96.1亿元，占全台的51%，这也是竞争活力不充分的表现。区域传媒市场的集中度更高、竞争活力更弱，基本是相应行政区域媒体占绝对优势（见表4）。

表4 2012年上海收视市场份额、集中度

单位：%

排名	频道	市场份额
1	上海电视台	55.2
2	央视频道	16.1
3	浙江卫视	2.6
4	江苏卫视	1.7
$CR_4 = 75.6$		

其他地区亦是行政区域电视台占垄断优势。2012年，北京收视市场CR_4为69.5%，其中北京电视台频道占38.1%，央视频道占26.4%，中国教育台占2.5%，江苏台占2.5%。江苏收视市场收视份额CR_4为70.2%，江苏电视台、中央电视台收视份额占绝对优势。广州电视收视份额市场集中度CR_4为76.5%，四家优势媒体及其市场份额分别是南方传媒集团36.2%、广州电视

台16.6%、央视12.5%、香港翡翠台11.2%。按照产业经济学的市场结构分类标准，各个区域市场基本属于极高寡占型。所以说，我国电视收视市场总体"区域垄断"现象严重，竞争活力不充分。目前，只有省级卫视节目尤其是娱乐节目存在激烈竞争，其通过逐步提高节目可看性来提高卫视市场收视份额。2007～2012年，上海市场外省卫视频道份额从13.5%逐步上升到19.2%，上海台、中央台份额逐步下降，但整体"行政区域垄断"的格局没有根本变动，全国各地市场亦如此。

节目传输市场。我国电视节目传输经营权只属于各地有线电视公司，属于完全垄断。随着"三网融合"的推进，电信企业也可以参与部分广播电视节目传输，如IPTV，但目前份额尚小。

（三）小企业协作总体不足

电视行业规模效应显著，评估竞争活力的重要标准是小企业与大媒体的协作。根据发达国家的成功经验，解决大、中、小企业恶性竞争的出路，是在大企业周围聚集一批与之协作配套的中小企业，通过建立较稳定、有序的协同竞争关系来替代重复性竞争。2003年，我国试行文化体制改革以来电视节目制作主体数量较多、增长较快，小企业协作逐步增加，但对于我国巨大的电视市场而言，这种协作尚不充分（见表5），民营制作公司在电视产业链收益分配中存在被歧视现象。

表5 2007～2013年全国、上海广播电视节目制作经营机构数量

单位：个

年份	"广播电视节目制作经营许可证"制作机构数量（全国/上海）	"电视剧制作许可证（甲种）"制作机构数量（全国/上海）
2007	2442/222	117/9
2008	2874/246	117/9
2009	3343/366	132/11
2010	4057/329	132/10
2011	4678/377	129/12
2013	6175/541	137/12

数据来源：根据国家广电总局官网历年公布数据整理。

节目制作不像播出、传输环节有极高的资金壁垒，也不影响国家通过控制节目播出来控制舆论导向，所以这成为我国电视市场优化市场结构的突破口。众多的节目制作公司成为电视台节目供应商或者为部分环节提供配套，公司之间、公司与电视台自制节目之间形成了一定竞争，提高了市场效率。以上海歆墨文化传播有限公司为例，该公司创立于2010年，主营业务为电视节目、专题片、企业形象宣传片、影视广告、大型活动策划与制作，公司与东方卫视、第一财经、五星体育、五岸传媒等电视媒体建立起合作关系，参与策划、策制作了《东方直播室》、《波士堂》、《投资艺术》、《解码财商》、《第一声音》、《天使爱上谁》等十多档电视栏目。

节目制作机构增多理论上可以降低市场集中度、增加竞争活力，但节目播出市场属于行政区域垄断结构，社会制作公司无法与电视台自制节目公平竞争，众多节目制作机构竞争活力受到播出机构的影响。近年来网络视频市场作为一个新兴播出平台对各类电视节目需求逐步增加，一定程度上增加了我国影视节目市场的竞争活力。但节目制作市场的竞争活力还有待深入研究。

（四）产权结构优化缓慢

为什么产权性质会影响经济竞争活力？改革开放以来，传媒界的经验一般是，纯粹国有事业单位、"事业性质、企业管理"的媒体单位、公司化的国有企业媒体非国有企业媒体的竞争活力逐步递减。"大锅饭"是国有和集体所有制下生产低效的一种形象描述。

经济学理论解释是，"产权是一个社会所强制实施的选择一种经济品的使用的权利"，意指"使自己或他人收益或受损的权利"。产权的基本功能在于：减少不确定性、外部性内化、激励功能、约束功能、资源配置功能、收入分配功能[①]。所以，产权明晰的财产能够被财产所有者更便利地用于获益或者带来损失，对所有者和相关者激励、约束的功能更强，所以他们为了自身收益或受损而采取积极竞争行为的内在动力更加充分，从而带来了更强的经济竞争活力。国内经济学者还基于理论和实践论证，认为我国一般产业有效竞争的形

---

① 黄少安：《产权经济学导论》，经济科学出版社，2004，第64、194页。

成，需要减少国有企业比重，对于暂时不能退出一般性竞争领域的国有企业，要加强监管方式的改革和提高市场化程度①。

国有事业单位收入支出受政府财政控制，不承担经营责任，分享经营成果有限，经济竞争活力不足；"事业性质、企业管理"的媒体单位有了一定的财政自主权，经济激励增强，经济竞争活力相应增加；公司化的国企媒体财政自主权进一步增加，市场融资、经营主权扩大，经济激励、经济竞争活力进一步增强；民营企业、外资企业等非国有企业需要出资人完全承担经济盈亏，不存在国企所谓的"预算软约束"，也不承担政治宣传的任务，一般来说经济激励、经济竞争活力是最充分的。

出于政治、文化安全的需要，我国传媒曾经采取完全国有事业单位的体制。改革开放以来，出于减轻财政负担、增强传媒单位活力、发展文化产业的需要，我国传媒从宏观管理体制、微观运行机制都进行了渐进式的改革。从规制经济学的角度来看，这就是一个规制创新的过程。事实证明这种规制创新对增强竞争活力、提高经济效率发挥了根本性作用。

我国传媒改制过程就是一个产权明晰、产权结构优化、经济竞争活力增强的过程。从纯粹国有事业体制，改革到"事业性质、企业管理"体制，进而通过各种方式转制为国有企业，并且鼓励民营企业成长，开放了部分外资传媒企业进入我国传媒市场。允许部分民营企业、外资企业与国有传媒企业合资、合作，意味着传媒市场化程度提高、市场竞争活力的提升。民营、外资传媒企业增加，各种企业合资增加，都是传媒市场竞争活力提升的标志。

上海广电堪称我国广电产权改制的典型。2001年成立事业性质的上海文广新闻传媒集团（SMG），2003年实施大规模改制：将时尚频道改制成立上海时尚文化传媒有限公司；将电视财经频道和广播财经频率整合成立第一财经传媒有限公司；成立上海东方卫视传媒有限公司；随后，体育频道、动画片频道等制作资源也陆续实行公司化运作。2009年10月，上海开启广电制播分离改制，将上海文广分拆为上海广播电视台和上海东方传媒集团有限公司（沿用缩写SMG）。上海广播电视台保留事业体制，负责频道频率管理、播出管控、

---

① 郭海涛：《经济转轨过程中的市场结构与有效竞争》，中国市场出版社，2008，第59页。

宣传内容编辑、新闻节目制作等业务。SMG是上海广播电视台"台属、台控、台管"的企业，涵盖政策允许制播分离的各类节目制作和广告经营业务。制播分离之后，SMG内部管理、外部融资、业务拓展、重组整合步伐加快，产权明晰程度提高，竞争活力提升，在整合中规模效应也逐步提升——有效竞争程度得以提升。"直观上看，所有频道总监坐在一起开会的时候，提到产业这个概念的概率大大增加，动辄谈论产业延展、平台延伸，市场意识进一步增强……对兄弟频道，同业频道的竞争关系看得更重。"①

引入多元产权结构是弱化国有产权某些经济低效的途径。为避免体制过多干预，SMG为旗下的上海东方电视购物有限公司选择与韩国方合资，任命韩国人金兴守做总经理，以此来避免下属改制企业遭遇来自体制内的行政指示和压力，保证管理层只对董事会负责，彻底企业化运营，完全依照客户导向来安排商品。同样的案例还有上海百视通新媒体股份有限公司，百视通以IPTV新媒体作为主营业务，建立了规范的法人治理结构，SMG在其中控股51%，同时引进同方股份、上海联和投资、中国宽带基金等资本。2011～2012年成立的上海东方梦工厂影视技术有限公司、星空华文国际传媒有限公司、上海翡翠东方传播有限公司（TVBC）几家大型传媒公司，更是有着异常复杂的参股方式，SMG与美国梦工厂、新闻集团、香港TVB传媒以及国内投资机构合资，不仅是引进了传媒资源，也优化了法人治理结构、产权结构，提高了传媒企业竞争力。

我国民营传媒企业的增长意味着传媒市场竞争活力的提升。以上海为例，2005年民营广播电视节目制作经营机构有186家，其中民营机构159家，占85.48%，民营影视机构固定资产总额达39819.6万元，占25.79%，年销售收入55392万元，占28.7%。② 2009年，上海市"广播电视节目制作经营许可证"持证机构321家，其中民营266家，占总数的82.9%。2010年上海广播电视制作经营机构386家，民营机构328家，占85%。

---

① SMG副总裁金仲波接受笔者访谈所述，访谈时间、地点：2011年1月21日，上海广播电视台上视大厦。
② 上海市文化广播影视管理局官网：http://wgj.sh.gov.cn/wgj/node750/node833/u1a29923.html。

三 竞争活力之企业行为评估：竞争效率缓慢提升

企业行为指企业在充分考虑市场的供求条件和其他企业的关系的基础上，所采取的各种决策、经营行为。具有竞争活力的市场，其中的企业必须符合以下标准：价格竞争、产品创新、技术创新；生产过程有效，无持续产能过剩。

（一）价格竞争有限，垄断竞争带来一定产品创新

竞争活力充分的市场，显然对企业价格竞争、产品创新、技术创新提出了较高的要求，否则企业将在竞争中失败、破产。反之，能够垄断产品价格、不存在创新压力的企业存在，则是因为市场缺乏竞争活力。有效竞争不是过度竞争，所以有效竞争市场不仅仅是价格竞争，更包括追求产品歧异性的创新、各种技术创新成为企业竞争手段。

总体而言，我国电视台产品价格竞争不明显，这是其垄断地位所致。但是垄断竞争条件下，各台之间的产品创新、技术创新是比较频繁的。

电视台的产品主要包括电视节目、广告时段，在原国家广电总局2012年发布"限广令"以前各台插播广告时间逐步增加，广告时段价格也不断提高，没有竞争降价的现象。广告时段受限制后，广告价格增长更快，这说明，电视广告对于广告商来说总体还是一种替代性不强的卖方垄断市场，尽管网络视频广告对电视广告构成了一定竞争。

两种电视产品有两种交易"货币"、两种价格形式：电视节目卖给观众，交易"货币"是收视率，实质是插在节目中播出广告的时段；广告时段卖给广告商，以现实货币交易。电视台曾经插播广告泛滥。媒体描述，"正欣赏电视剧精彩剧情时，突然被插播的广告打断，而插播广告少则两三分钟，多则近10分钟"。2009年江苏卫视和湖南卫视晚间广告的满档率达到了120%，浙江卫视和山东卫视的满档率也在110%以上。以至于2009年原国家广电总局出台"61号令"——《广播电视广告播出管理办法》，规定播出机构每套节目每小时商业广告播出时长不得超过12分钟；播电视剧时可以在每集中插播2次商业广告，每次时长不得超过1分30秒，其中在19:00~21:00播出电视剧

每集可插播 1 次商业广告，时长不得超过 1 分钟。CSM 媒介研究测量仪调查显示，"61 号令"立竿见影，2010 年第一季度省会收视市场广告播出量同比减少 25%。这对观众来说，就是少支付了广告收视时间，增加了节目收视时间，福利得到提升。对此，电视台普遍的应对措施是，增加植入广告，提高广告价格。2011 年 10 月，原国家广电总局发布了《关于进一步加强广播电视广告播出管理的通知》，禁止电视台在电视剧片头之后、剧情开始之前以及剧情结束之后、片尾之前插播广告。同年 11 月又发布《〈广播电视广告播出管理办法〉的补充规定》，决定自 2012 年 1 月 1 日起，全国各电视台播电视剧时每集中间不得再以任何形式插播广告。CTR 媒介智讯资料显示，2012 年上半年，我国电视广告播出资源总量减少了 14%。这对观众是一种"降价"行为，但并不是电视台之间的竞争导致的，而是政府规制所致。

电视台广告价格上涨幅度较大，也说明它有较强的垄断性。2010 年卫视台的价格大幅度增长，其中江苏卫视晚间平均价格增长 31%，山东卫视增长 29%，浙江卫视平均增长 30%，湖南卫视增长 37%，安徽卫视平均涨幅 15%，贵州卫视更是暴涨 45%。CTR 媒介智讯资料显示，2011 年电视广告刊例价格总体上涨 13%，其中，省级卫视上涨最高，白天、晚上、夜间分别涨价 29%、23%、24%，央视全体三个时段分别涨价 2%、5%、5%。2012 年在经济形势走弱、广告时段减少的情况下，上半年各级电视台的广告刊例花费继续上涨，其中央视广告刊例价上升 3%，省级卫视广告刊例价上涨 11.9%[①]。

电视台之间——主要是卫视之间的垄断竞争，带来了一定的产品创新、技术创新。首先是投入增大，2012 年各卫视频道竞相加大了电视剧制作投入和购买成本，江苏卫视超过 10 亿元，东方卫视和安徽卫视均超过 8 亿元。2012 年东方卫视的营收 18 亿元，但频道成本费用也高达 17 亿元[②]！其次是电视节目创新较多。2012 年在 31 城市电视市场中各级电视频道晚间共播出新节目 5508 档，其中日常播出的常态新节目 1363 档，以活动等形式出现的非常态新节目 4145 档。19:30～21:00 则是各台电视剧大战的时段，23:00～24:00 的时

---

① 数据来源：中国工商报官网 http://www.cicn.com.cn/content/2013-01/04/content_121734.htm。
② 数据来源：21 世纪网，http://www.21cbh.com/HTML/2013-3-9/wMNDIwXzYzNTgwMw.html。

间开发程度也越来越高，有13.5%的新节目被安排在这一时段。

各类电视节目创新分布表明，综艺节目创新最多，专题、生活服务类节目创新也较多，其次是新闻时事类、财经类等（见表6）。

表6 2012年各级频道常态新节目、非常态新节目的类型比例分布

单位：%

节目类型	城市地面频道		省级地面频道		省级上星频道		中央级频道	
	常态节目	非常态节目	常态节目	非常态节目	常态节目	非常态节目	常态节目	非常态节目
综　艺	27.7	72.8	28.2	62.4	40.4	72.9	36.4	45.5
专　题	27.4	12.3	22.2	14.7	31.3	12.3	18.2	17.9
生活服务	23.7	3.1	36.5	4.1	12.5	2.3	4.5	1.5
新闻/时尚	9.6	3.1	14.1	4.2	10.0	3.9	0.0	3.3
财　经	4.9	1.0	3.5	2.0	2.9	0.8	22.7	5.1
法　制	4.9	0.2	1.7	1.6	0.8	0.1	9.1	1.1
青　少	1.6	5.9	2.9	5.8	0.4	0.8	9.1	4.9
外　语	0.3	0.0	0.0	0.1	0.0	0.0	0.0	0.0
体　育	0.0	0.5	0.8	2.1	0.4	0.9	0.0	3.8
音　乐	0.0	0.8	0.0	2.9	1.3	5.7	0.0	16.3
教　学	—	0.0	—	0.1	0.1	0.7	—	—
其　他	—	0.2	—	0.2	0.3	0.0	—	—

资料来源：CSM媒介研究。

为什么综艺类节目创新数量大大高于其他节目类型？首先，综艺节目市场需求大，占据了2011年全国市场各类节目收视份额的11.4%，这么大的市场各家电视台显然要积极参与竞争；其次，综艺类节目地方差异性相对较小，好的综艺节目在全国都有赢得市场的可能。对于新闻节目，由于新闻"接近性"收视偏好的存在，各地观众相对更偏好与自己关联度较高的新闻，所以相对综艺节目、电视剧而言，新闻节目竞争主体较少，创新压力不如综艺类节目大。全国性新闻节目只有央视一家独大，省级台无法与其构成竞争，故各台新闻节目创新的动力与压力相对较小。央视常态新闻节目创新数量居然为零！这的确从一方面体现了央视新闻资源垄断、市场垄断的格局。

进一步细化分析，2012年收视份额前15位的上星频道常态新节目中有13档是综艺节目，浙江卫视《中国好声音》、湖南卫视《百变大伽秀》、央视

《直通春晚》位列新节目收视率前三。但是创新风险也很大,只有26%的新节目收视份额达到或超过同类节目平均水平,这反映了综艺节目创新质量较低。

传媒机构过去是出于对文化艺术追求而进行节目创新、技术创新,近年来电视台为了赢得市场竞争,逐步强化了创新体系。以SMG为例,它在2001年成立了发展研究部,负责集团战略规划、项目论证、行业分析、视听率管理、节目研发和业务考核等方面工作;2009年制播分离改革后发展战略部改组为战略投资部,节目创新功能划归总编室。为了发动全员创新,SMG从2010年开始推出"千金买创意"节目创意征集项目,一年间举办了7期,前4期收到创意文案484个,240人次获得孵化资金。2012年广告市场低迷加剧了电视竞争和创新。2013年上海广电加大了新节目研发,集体制订了《节目创新创优指引》,并拿出1亿元作为节目创新创优基金,孵化、支持创新创优节目,为发展支付沉没成本。SMG上视大厦大堂新建立了受众测试中心,节目创新模式进一步科学系统化。

SMG还在新媒体节目创新、技术创新上也有所突破,提出要做中国多屏新媒体视频内容的主要开发商和提供商。百视通2012年研发投入1.67亿元。在2013年东方卫视的跨年晚会上,广告可以截屏转发,传播技术实现了创新。

(二)生产过程效率提升缓慢,产能过剩

生产过程效率一般表现在成本控制、人均产出、行为激励、决策效率、X非效率(由于垄断而导致的生产经营低效)。竞争活力充分的市场,生产者在竞争压力下生产过程效率一般会提高。如果生产能力、产品过剩,一般意味着竞争过度——也偏离了有效竞争。

有限的数据、现象显示(见表7),我国广播电视产业生产过程成本控制不力,员工激励不足,生产过剩较严重,尽管人均收入逐年提高,但总体而言,生产效率提升比较缓慢。

我国国有电视台生产成本高、浪费大是诟病已久的问题。在几十年广播电视年鉴以及各种广播电视文献中几乎没有关于生产成本、利润的统计,记录指标往往是事业建设产出数量。事实上由于面向市场而生产的节目和为了政治宣传、文化教育而制作的节目成本收益无法简单比较,各种内容往往实行交叉补

表7 2008～2012年我国广播电视收入、制作、播出情况

年份	人数（万人）	总收入/人均收入（亿元）	公共电视播出总时间/人均时间（万小时）	制作电视总时间/人均时间（万小时）	公共广播播出总时间/人均时间（万小时）	制作广播总时间/人均时间（万小时）
2008	67.11	1583.91/23.60	1495.34/22.28	264.19/3.94	1162.97/17.33	633.25/9.44
2009	70.58	1852.85/26.25	1577.68/22.35	265.36/3.76	1126.55/15.96	671.65/9.52
2010	75.09	2301.87/30.65	1635.50/21.78	274.29/3.65	1266.03/16.86	681.42/9.07
2011	78.63	2717.32/34.56	1675.30/21.31	295.05/3.75	1305.75/16.61	693.70/8.82
2012	—	3476.93	—	343.63	—	718.82

数据来源：根据相应年份的《中国广播电视年鉴》及新华网数据整理、计算。

贴。重庆电视台"理论研究书系"等文献都分析、批评了我国电视台浪费严重、管理混乱、层级决策效率低下等问题。对电视台而言，宣传安全是比产业经营更重要的激励，经营决策要层层上报审批、效率较低；对员工而言，个人收益与工作业绩不是绝对相关，"大锅饭"现象或多或少存在。电视竞争虽然逐步加剧，但与一般竞争性行业相比较，电视台还是具有明显的垄断地位，低效行为较明显。

我国电视节目生产过剩现象较严重，说明节目制作市场竞争存在过度竞争，也说明我国电视播出平台衔接、交易混乱。2011年我国生产并获得"国产电视剧发行许可证"的电视剧为469部共计14942集，加上广电总局同意备案公示但最终未获得发行许可的电视剧，2011年我国电视剧总产量为1040部总计33877集。相比之下，美国年产电视剧8000集，韩国年产2000集。然而我国电视剧市场由于播出平台垄断，很多剧目未能播出，每年国内电视台播出电视剧6000～8000集，其中黄金时段播出的大概只有3000集，热门剧只有600集左右，我国每年的电视剧产量和播出比为5∶3，近3年来电视剧审批数目和播出数目比大约为5∶1[①]。

---

① 资料来源：光明网，2012年4月25日，http：//www.gmw.cn/media/2012-04/25/content_4035062.htm。

四 规模经济、范围经济评估：重组受限，效率缓慢提升

规模经济指从事单一产品生产企业由于规模的提高而带来的生产成本或分配成本降低；在一个企业中将两条或更多的生产线合并起来比各自分开生产更能节约成本，就存在范围经济①。所以规模经济和范围经济运用可以降低成本、提高效率。但"马歇尔悖论"揭示了规模经济一方面提高效率，另一方面却带来垄断、削弱了竞争活力、降低了经济效率。所以，兼顾竞争活力、规模效应的"有效竞争"才是现实中有效的市场结构。

电视规模经济效应，来源于节目内容复制成本极低、播出范围内增加消费边际成本几乎为零，从而生产、消费规模扩大后可以摊薄固定成本。电视传输系统，如有线电视、卫星电视、无线发射台，在其覆盖范围内增加消费几乎不用增加投入，故规模经济效应显著。

电视生产本来规模经济、范围经济特征明显，但我国政策壁垒形成的"行政区域垄断"市场结构，导致全国市场同质生产者过多、规模不足，同时区域市场又生产者过少、竞争不足。

（一）规模经济效应不充分，卫视市场同质生产者过多

一个节目、一家媒体多大的生产、消费规模才算规模显著？目前尚未发现此类文献。本文试通过一些相对数值来论述播出、收视量比较，企业规模比较。

播出量与收视量进行比较，可以从一方面体现播出节目的消费规模效应。央视十几个国内播出频道在2012年获得了国内市场27.4%的收视份额；省级卫视三十几个频道获得了31.9%的市场份额；237个省级非上星频道获得了21.7%的市场份额；其他两千多家地市、县级电视台频道以及教育电视台获得18.5%的收视份额。很明显，央视作为唯一的国家台拥有较强的生产能力和覆

---

① 臧旭恒、徐向艺、杨蕙馨主编《产业经济学》，经济科学出版社，2007，第91~92页。

盖范围，有较好的规模效应。省级卫视收视份额前六名依次是：湖南卫视3.4%、江苏卫视3.0%、浙江卫视2.1%、山东卫视2.1%、安徽卫视2.0%、东方卫视1.6%，其规模效应相对央视低很多。晚间新闻节目市场，央视2%的播出比重，获得三成收视比重；市级频道近六成播出比重却只有两成的收视；省级卫视和非上星频道播出份额略高于其播出份额。索福瑞媒介研究2012年省级卫视综艺节目市场播出、收视份额如图1所示。

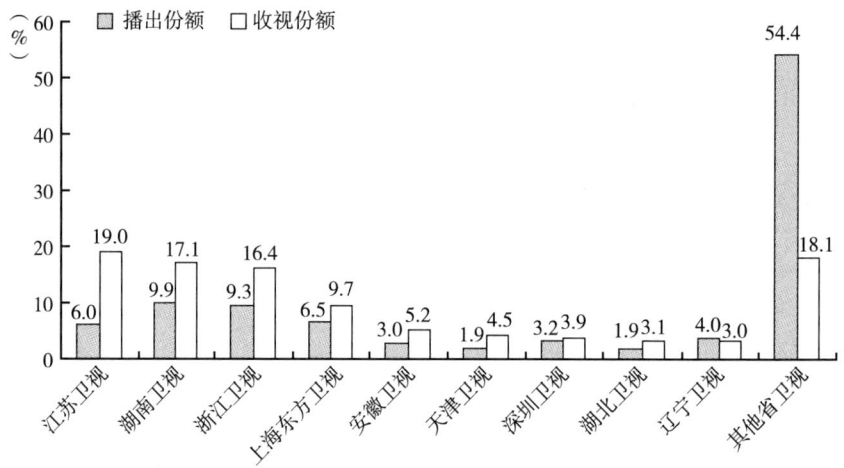

图1 2012年省级卫视综艺节目市场播出、收视份额

资料来源：CSM媒介研究。

规模最不经济的省级卫视。它们支付了巨大的全国覆盖费用，但是由于三十多家省级卫视基本上都是同质定位——新闻综合频道，通过电视剧和综艺节目进行白热化的同质市场竞争，能够获得较大市场份额和规模效应的只是少数。省级卫视综艺节目播出份额大于收视份额的只有七家，其他二十多家卫视显然是播出多、收视少，缺乏规模效应。但是，在现有政策下，获得竞争优势的省级卫视也很难通过兼并重组进一步扩大规模效应，处于竞争劣势的卫视也很难通过重组融得资源、降低成本。

与此形成鲜明对照的是视频新媒体通过重组提高了规模经济。2012年优酷网、土豆网重组就降低了版权成本，比如两家网站分开买节目各需要100万元，两家打包买可能共需150万元。再加上服务器等后台资源的整合运用，都提高了其运营效率、规模效率。2012～2013年各大网络视频企业纷纷重组,包括传统电视也参与进来,拓展了范围经济。

从绝对规模来看,我国传媒与国内其他行业、国际同行业相比,规模经济尚不显著(见表8)。

表8 2013年我国"文化企业30强"入选广播电视企业概况

广电企业	2012年规模	经营范围
SMG	净资产134.2亿元,主营业务收入154.7亿元	内容制作、广播电视、报纸杂志、在场演出、家庭购物、文化传媒产业投资等
江苏广电集团	资产总额139.3亿元,营业收入111亿元	广播、电视、IPTV、电视剧、电影等
中国国际电视总公司	总资产、年营业额双超百亿元	内容制作与发行、新媒体、集成播出、广告营销、市场调查、旅游实业、国际业务、对台服务等九大板块
湖南电广传媒	总资产138亿元,主营业务收入44亿元	有线电视网络运营、投资业务、传媒内容、旅游地产四大业务板块
百视通新媒体股份有限公司	总资产38.8亿元,营业收入20.3亿元,三屏收费电视用户规模居全球第一	IPTV、手机电视、网络视频、互联网电视、移动互联网等"跨平台、跨网络、跨终端"新媒体全业务
江苏广电有线信息网络股份有限公司	总资产超百亿,收入34.2亿元	频道集传输,广电网络设计、建设、经营、维护,因特网服务,传媒产业投融资
北京光线传媒股份有限公司	中国最大民营传媒娱乐集团,营业收入10.34亿元,利润总额3.92亿元	电视节目制作和经营、大型活动、影视剧投资制作发行、艺人经纪以及新媒体业务

资料来源:《光明日报》2013年5月18日。

从表8所示信息来看,我国广播影视企业第一梯队收入规模在100亿~150亿元。我国2012年共有各类电视台2410座,总收入3476.9亿元,平均收入只有1.44亿元。同国内500强企业、美国传媒企业规模,以及美国传媒企业占500强企业的比例来看,我国的传媒企业规模明显相对较小。

中国企业联合会、中国企业家协会发布的2013中国企业500强入围门槛为198.7亿元,传统媒体无一入选。《财富》中文网发布的2013年中国企业500强中有3家传媒企业入榜,均为网络新媒体企业。腾讯控股有限公司以

438.94亿元的总收入排第117位，百度公司以223.06亿元收入排第205位，网易公司以82.01亿元收入排第449位。

2013《财富》美国500强中部分传媒企业规模及其入榜数量显示其规模经济更显著（见表9）。

表9　《财富》美国500强中部分传媒企业排名及年营收

《财富》排名	公司	年营收（亿美元）
46	康卡斯特	625.70
55	Google	522.03
66	迪斯尼	422.78
91	新闻集团	337.06
102	美国直播电视集团	297.40
105	时代华纳	287.29
134	时代华纳有线	213.86
186	哥伦比亚广播公司	146.77
198	维亚康姆	138.87
467	甘尼特集团	53.53
494	雅虎	49.86

数据来源：《财富》中文网。

（二）范围经济延伸逐步加速

范围经济的本质是产业链在相关领域延伸。数字化条件下新媒体产品层出不穷，开发新产品、拓展产业链、实现范围经济是传统传媒产业必然趋势。我国新媒体政策相对于传统媒体更加宽松，可以通过设立新企业或是采取资本运作、企业重组的方式实现范围经济和规模经济，增强企业的竞争力。

宏观数据显示，2012年我国电视产业传统收入来源——广告收入和有线网络收入占总收入比例下降，这意味着新业务收入比重增加、产业链延伸、范围经济拓展。2012年广电广告创收1270.25亿元，占广播电视总收入的38.8%，2011年的比例是41.3%，2004年的比例是50.26%。2012年有线网络产业收入为660.98亿元，占广播电视总收入的19.01%，2011年的比例是20.7%，2010年的比例是21.2%。其中有线电视收费比例逐年降低，有线网络增值服务比例逐年提高。①

微观企业发展战略有着明显的规模经济、范围经济特征。2013年，SMG提出"四在"战略——在播、在线、在场、在商，寻求多元化发展，其本质上是关于延伸产业链、实现范围经济的战略。灿星传媒制作的《中国好声音》节目也有显著的规模经济和范围经济效应：第一期节目"一炮打响"，之后的节目收视率节节攀升，同样的节目收视规模不断扩大，节目单位成本被摊薄，单位投入产出大幅提高，这就是规模经济收益。随后灿星公司用《中国好声音》的节目素材进行网络视频及相关电视节目的制作，并开发了相关书籍、彩铃、CD、演唱会等各种衍生产品，效益良好，各个关联产品起到了品牌互相带动、互相提升的作用。2013年，中央电视台播出由灿星公司制作的舞蹈真人秀节目《舞出我人生》，也有效运用了《中国好声音》节目中的歌手资源，既丰富了舞蹈节目，也宣传推广了"好声音"的歌手，节目首播就夺得当晚全国电视综艺节目收视冠军，规模经济、范围经济效应显著。

纵观国内新媒体、国外各种媒体规模经济、范围经济的实现，很多是采取资产重组、扩大投资的方法。而我国电视产业政策壁垒限制了电视企业的重组、投资，我们只有不断改革、创新政策体制才能提高电视产业的规模经济和范围经济。

小结　规制创新促进有效竞争

本文分析表明，我国传媒准入壁垒高，电视市场集中度较高，小企业协作总体不足，国有产权比例高，这些都说明我国电视市场"行政区域垄断"的市场结构特征明显，电视企业的竞争活力受到限制。从企业行为的角度来看，有限的价格竞争、较低的生产效率、过剩的生产能力，也说明了我国电视产业竞争活力不足。与此同时，"区域行政垄断"的人为分割导致了各地方媒体规模效应无法体现，尤其限制了技术上已经具备覆盖全国乃至更大市场范围的省级卫视发展。政策壁垒还限制市场效率导向的重组整合、规模效应，其他一些

---

① 数据来源：相应年份《中国广播电视年鉴》、《中国广播电影电视发展报告》。

政策局限也一定程度上限制了范围经济的充分实现。总之，我国电视传媒市场尚未实现市场经济意义上的"有效竞争"，也没有体现应有的经济效率。

当然，改革开放以来尤其是2003年试行文化体制改革以来的一些规制创新，在一定程度上促进了电视传媒市场竞争活力，新媒体技术发展、新媒体市场扩张也倒逼传统电视企业参与市场重组，促成了电视媒体竞争活力、规模经济和范围经济的实现。小企业协作逐步增加、产权结构缓慢优化，产品创新、技术创新逐步增加，电视企业产业链的延伸、企业重组逐步加速，都说明规制创新、技术创新、市场需求能够促进市场有效竞争。

中国电视行业目前最需要创新的还是规制创新。从市场结构、企业行为、规模经济与范围经济等维度进行规制创新，才能促进我国传媒市场有效竞争、提高传媒产业经济效率，才能在转变政府职能、充分发挥市场支配资源的政策思路下，支撑起我国文化产业这一战略性经济支柱。

B.21
创意时代：传统文化创新与大众传媒功能
——以上海春节文化与传媒界互动为例

陈立生　沈璘倩*

摘　要：

中国传统节庆文化源远流长，内涵丰富，但如何在全球一体化的语境下传承与创新，从而在国际范围内既不失本民族的历史积淀，又能够促进不同文化之间的和谐交流，进而获得更多的文化认同？在这一过程中，传媒应该且可以起到什么作用？本文首先揭示了传统节庆文化与传统社会和现代社会同构或异构的本质特征，进而从创意的角度，通过聚焦上海传媒界与节庆文化的现状，为解决这一问题提供了若干思路。

关键词：

传统文化　春节　创意产业　传媒　全球化

20世纪60年代，加拿大著名传播学家麦克卢汉曾经预言，人类社会将成为一个"地球村"，全球化时代的到来果真验证了麦克卢汉的构想，国与国之间实现了频繁互动和积极交流，加深了彼此间的纽带关系。

全球化大大缩短了国家之间的距离，却同时加剧了国际间的竞争。经济全球化发展到今天，文化逐渐成为了兵家必争之"新"地。近年来，中国的经济发展取得了举世瞩目的成就，国际社会纷纷期待这一正在和平崛起的大国能

---

* 陈立生，同济大学艺术与传媒学院副教授，复旦大学传播学博士；沈璘倩，同济大学艺术与传媒学院硕士研究生。

够为世界的发展注入新的力量和活力。经济能使一个国家壮大,军事能使一个国家强大,但只有文化才能使一个国家伟大。文化无疑是衡量一个国家综合国力的重要标准。

美国系统哲学家 E. 拉兹洛(Ervin Laszlo)在《决定命运的选择》中写道:"文化并不局限于纯文学、美术、音乐和哲学,还表现为科学和技术的创造方式、对自然环境的控制、个人对美与和谐的感受以及他对世界的认同感知和对世界的幻想。总之,把一个民族统领一个民族区别开来的是文化,而不是地理或自然资源遗产。"①

中国传统文化积淀着中华民族最深沉的精神追求,承载着厚重的历史积淀和多元内涵,凸显出强烈的民族色彩和独特的精神价值,是中华民族生生不息、发展壮大的丰厚滋养和华夏儿女的精神家园,是民族赖以生存和发展的重要基础,也是中华民族的突出优势和最深厚的文化软实力。"明者因时而变,知者随事而制。"在全球化程度日益加深的语境下,中国传统文化想要获得更大范围的文化认同,就必须明确传统文化的内涵和外延,与时俱进,吸收和借鉴人类创造的一切文明成果,在传承中创新,在创新中传承,着力打造融通中外的新概念、新范畴、新表述,从而焕发出勃勃生机,在世界范围内展现其灿烂夺目的独特魅力。

在这一过程中,大众传播媒介不仅可以而且应该发挥自身的独特作用,即充分利用自身传播迅速、影响面大的优势,不仅要做中国传统文化传承与创新的反映者、呈现者,更要成为中国传统文化传承与创新的引导者、组织者。上海是我国现代化程度最高的国际性大都市。上海的各类传播媒介在中国传统文化传承与创新方面应该扮演更重要的角色。

一 春节文化与中国传统农业社会"同构"

关于人类社会演进阶段的划分可以从多种角度进行。这里将主要介绍美国

---

① 〔美〕E·拉兹洛:《决定命运的选择:21 世纪的生存抉择》,李吟波等译,三联书店,1997,第 27 页。

三位社会学家阿尔文·托夫勒（Alvin Toffler）、丹尼尔·贝尔（Daniel Dell）和丹尼尔·勒纳（Daniel Lerner）关于社会演进不同阶段的划分。有趣的是，这三位社会学家均持"三阶段说"。

阿尔文·托夫勒是享誉世界的未来学家和社会学家，他在1970年、1980年和1990年，分别出版了被誉为"未来三部曲"的《未来的冲击》、《第三次浪潮》和《权力的转移》。在《第三次浪潮》一书中，托夫勒认为，人类社会发展经历了三次大的浪潮（即三大发展阶段）：第一次浪潮为农业阶段，从约1万年前开始；第二阶段为工业阶段，从17世纪开始；第三阶段为信息化（或者服务业）阶段，从20世纪50年代后期开始。①

丹尼尔·贝尔是著名社会学家、哈佛大学教授，他在1973年和1976年先后公开发表了对后世影响巨大的两部长篇论著《后工业社会的来临：对社会预测的一次大胆尝试》和《资本主义文化矛盾》。他将技术"作为一种分析的因素，以观察新技术出现以后会产生什么样的社会变迁，以及社会及其政治制度必须设法解决什么样的问题"。于是他发现，人类社会大致经历了和正在经历着三种社会历史形态，即前工业社会、工业社会和后工业社会。前工业社会依靠原始的劳动力从自然界（主要是地面）提取初级资源，生产率低下，是一场"人与大自然的争斗"。工业社会利用能源将自然环境转化为技术环境，其中心是人与机器的关系，是一场"人与人为自然的争斗"。后工业社会出现了以信息为基础的"智力技术"，对科学活动以及从事科学活动的机构进行组织、管理是这个社会的主要任务，是一场"人与人之间的争斗"。贝尔认为，1945~1950年，人类社会开始由工业社会向后工业社会转变，而美国则是第一个进入后工业社会的国家。②

比托夫勒和贝尔还早的一位社会学家丹尼尔·勒纳，在1958年出版的《传统社会的消逝——中东的现代化》一书中，从传播与社会变迁之间互动关系的角度，把人类社会划分为三个阶段，即：传统社会、过渡社会、现代社会。他认为，与传统社会的人整体上截然不同的是，现代社会的人具有"移

---

① 阿尔文·托夫勒：《第三次浪潮》，朱志焱译，三联书店，1983。
② 丹尼尔·贝尔：《资本主义文化矛盾》，严蓓雯译，江苏人民出版社，2012。

惰性格"，即他们摆脱了传统社会长期造成的惰性心理，看待事物的标准不再是老一辈人的经验；他们考察世事不限于个人狭隘经验，能设身处地从他人的角度出发；他们关注个人经验范围以外的事情，勇于接受与自己以往的经验截然不同的新思想、新事物；他们敢于尝试社会赋予自身的新角色。总之，传统社会的人是保守的、被动的、排拒创新的（innovation negativism），现代社会的人则是开放的、主动的、创新品质（innovativeness）高的。勒纳的这一看法与罗杰斯（Everetr M. Rogers，1962）和英格尔斯（Alex Inkeles，1974）等人的观点可谓不谋而合。

我们发现，托夫勒、贝尔和勒纳的三种阶段划分存在着一种大致的对应关系（见表1），尽管勒纳并没有像前两者那样给出大致的时间范畴，即：贝尔的"前工业社会"、"工业社会"和"后工业社会"大致对应于托夫勒所说的"农业社会"（第一次浪潮）、"工业社会"（第二次浪潮）和"信息/服务业社会"（第三次浪潮）；而勒纳的"过渡社会"系指从"传统社会"到"现代社会"的过渡阶段，大致对应于逐渐走出托夫勒的"农业社会"和贝尔的"前工业社会"，而开始步入托夫勒和贝尔的"工业社会"的那一段时间。当然，如果单从时间向量上来看，无论是托夫勒的"农业社会"，还是贝尔的"前工业社会"，或者是勒纳的"传统社会"，都是十分漫长的。

表1　人类社会阶段划分

托夫勒	农业社会（第一次浪潮）	工业社会（第二次浪潮）	信息/服务业社会（第三次浪潮）
贝　尔	前工业社会	工业社会	后工业社会
勒　纳	传统社会	过渡社会	现代社会

以勒纳的社会演进三阶段划分为基线，参考托夫勒和贝尔的划分，我们大致可以将中国数千年历史大致划分为这样三个阶段：从中华民族诞生一直到19世纪中后期的两次鸦片战争，属于勒纳所说的"传统社会"；从两次鸦片战争之后到20世纪70年代末这一百年左右的时间，属于勒纳所说的"过渡社会"；20世纪80年代至今，属于勒纳所说的"现代社会"。我们会看到，以春节为代表的中国传统节庆文化与"传统社会"具有高度的同构性，但到了"过渡社会"、尤其是"现代社会"，这种"同构性"则渐次减弱甚至出现某

种程度的"解构"或"断裂"。

中国是一个历史悠久的文明古国,也是一个长期处于农业文明发展阶段的古国。在这个发展阶段中,生产力水平虽然也在缓慢地增长,但总体来看还比较低下,"靠天吃饭"成为其显著特征,也就是说,人们抗拒自然、利用自然、改造自然的能力还比较低,其生存、生计、生活、生命的存续和保障,几乎完全取决于自然条件的好坏(亦即通常所说的"风调雨顺"),对大自然的"依附"程度很高,也就相应地造就了对大自然的敬畏、服从、崇拜心理以及由此衍生的各种禁忌,"天人合一、顺天应物"成了中国传统社会的基本哲学思想和宇宙观。中国的传统节日繁多。春节、立春、元宵节、中和节、上巳节、清明节、天贶节、夏至节、七夕节、中秋节、重阳节、冬至节,都与时气节奏大有关系。几个表面上与时气无关的节日,比如端午节、腊八节、祭灶节、除夕节,细查古制,也有时令的讲究。民间信仰认为五月为毒月,初五又是毒日,此月多灾多难,甚至生孩子都会夭折,所以避五毒乃是过"端午"之初衷。腊八、祭灶以及除夕节,均是春节的"伴节",自然也是与时气相关的。中国的传统节庆文化带有与生俱来的传统农业社会的鲜明胎记,是物质文化和精神文化高度凝练和汇聚的载体,与传统社会具有强烈的同构性。作为中国传统社会中最重要的节日,春节及春节文化,典型地表达了这一特征。

春节及春节文化源远流长,且不断演进。在中华人民共和国成立之前,中国无论是官方还是民间均采用农历(亦称夏历)——亦即根据农作物的生长周期纪年。古代中国人大部分生活在北方地区。由于气候、地理条件和早期生产力水平的限制,农作物通常一年只播种、收获一次。这一生产周期便被确定为"年"。从中国最早的文字甲骨文可以看出,"年"的本义就是农作物成熟时果实累累的形貌。换句话说,传统社会早期中国人观念中的"年"的时间长度要比现在短得多。后来,随着知识经验的不断积累,文明程度的逐渐提高,为了合理安排农业生产,人们开始通过天文观测确立时间长短。"年"的时间长度逐渐扩大,并逐渐固定下来,一年当中分为四季和大小不等的12个月份。就像西历中的"元旦"一样,当中国人按照农历以年为计时单位时,新年的第一天即春节。春节其实蕴含着深刻的人文关怀:寒冷、饥饿、生命几近停止、漫长而死寂般的冬季即将过去,万物复苏、生命舒展、欣欣向荣的春天即将到来。当然，对中国人而言，新年第一天固然是最重要的，但实际上春节并非仅仅指这一天，而是一个时间段，即从第一天一直到第十五天都属于春节的范畴。甚至在新年第一天到来之前的若干天内，家家户户就已经开始为"过年"而忙碌了。

具体哪一天是春节，在中国传统社会早期曾经数度变更。最早可以追溯到上古时代的"腊祭"。腊祭据说原是远古时期神农氏时代，人们"索鬼神而祭祀"、"合聚万物而索飨之"的年终祭祀习俗，主要内容是感谢百神上一年的赐予，祈求来年风调雨顺，五谷丰登，同时伴随驱疫禳灾活动。古代"猎"与"腊"也相通，时当冬闲，人们用猎获的野兽作为祭品举行大祭。于是"腊祭"之日被当作新年第一天来过。到了夏朝，官方根据本朝历法（亦即夏历），将春节定在一月初一。商朝改夏制，将春节定在十二月初一，至周朝又改为十一月初一，至秦朝再改为十月初一。经过战国和秦朝末年的社会大动荡之后，汉朝建立。汉代初期，官方推行"休养生息"政策，社会生产得到了恢复和发展，社会秩序比较稳定，人们的生活水平显著提高，生活情趣日益高涨，一系列节日习俗形成并定型。公元前104年，国家最高统治者汉武帝接受中国古代大史学家司马迁等人的建议，恢复夏历纪年法，并在此基础上建立了"太初历"，将一年的第一个月称为"正月"，"正月"的第一天称为"元旦"，也就是春节。此后，在整个汉朝，正月初一过春节的习俗愈演愈烈，燃爆竹、换桃符、饮屠苏酒、守岁卜岁、游乐赏灯等活动都已出现，庆祝的日期越拉越长，其间有腊八（农历十二月即最后一个月的第八天）、除夕（农历的最后一天）、元旦（新年第一天）、破五（新年第五天）、元宵节（新年第十五天）等一系列重要节日包容其中，成为中国传统社会时期的第一大节日。将新年第一天定为春节的制度一直被沿用。1911年，孙中山先生领导的辛亥革命推翻了清朝的统治，从政治制度上结束了两千多年的封建统治。1949年9月27日，新中国即中华人民共和国宣告成立前夕，中国人民政治协商会议通过采用已在世界上通用的公历（也就是西历）纪年法，农历的正月初一仍称为春节，而原来指称春节的"元旦"则被用来指称公历新年第一天。

代表春节文化的各类习俗很多。但这些习俗无不反映了传统农业社会所同构。在中国传统农业社会中，大部分人常常连基本的温饱问题也解决不了。春节的各类习俗无不缘于此种生活状态。

扫尘，即把屋前院后、房里房外打扫得干干净净，是古代驱疫仪式的组成部分。据传，远古时代的尧舜时期即已有此习俗。这项活动不仅有实际意义，还包含由此产生的寄托意义，即希望借此将过去一年的晦气彻底扫掉。

理发、穿新衣，即把自己打扮得漂漂亮亮、焕然一新，迎接新年的到来。尤其是对小孩子，无论如何也要在过年的时候为其做一身新衣裳。即使再穷的人家，没有钱给孩子做新衣，也要用某种物品替代。在中国的一部曾经家喻户晓的歌剧《白毛女》里，欠了地主老财一屁股债的贫苦农民杨白劳（父亲）春节到来之际不得不出去躲债。他虽没钱给相依为命的喜儿（女儿）添新衣，但还是在漫天大雪的除夕之夜偷偷跑回家，"买了二尺红头绳，给我喜儿扎起来"。幼小孩子的新鞋，通常做成"虎头"形状，谓之"虎头鞋"。中国人的观念里，虎一向具有驱邪镇鬼的作用。

祭灶。民以食为天。传统社会的中国人认为，天庭里的玉皇大帝派了一位神仙下到人间，负责管理各家的灶火，这个神仙就叫"灶王爷"。过去几乎每家每户都在厨房的北面或东面供奉有灶王爷的神像。每年腊月（即农历的最后一个月）的第二十三和二十四两天，灶王爷都会到天庭里向玉皇大帝汇报一年来各家各户的情况。人们总是希望玉皇大帝赐福而不是降罪于己，于是就在这两天里祭祀灶王爷。这两天也被称为"小年"（相对于春节的"大年"）。小年一过，就意味着大年就要到了。

挂灯笼、贴对联、贴窗花、贴"福"字。灯笼、对联、窗花，常常还写有或剪成"六畜兴旺、五谷丰登"之类的字或图形。无论灯笼、对联、窗花还是"福"字，除了近一两年家里有老人去世以外，全都是红色的。红色不仅给人"寒冬里的一把火"之感，还有驱邪避灾、祈求平安的含义。"平安是福"是中国人普遍的价值观念。中国人在张贴"福"字时，还特别将"福"字倒过来——"福"倒了，即"福到了"！

守岁、吃年夜饭。在除夕之夜，一家人老老少少围拢在一起，一边品尝一桌子丰盛的菜肴，一边总结过去的收获，憧憬未来的好年景，一边等待着新年到来的那一刻。与"扫尘"有异曲同工之妙，"守岁"就是把即将过去的这一年里的都留下来并且保护好，同时也含有"珍惜生命"的意义。

给压岁钱。压岁钱也称"押岁钱"、"压祟钱"等。传统社会的中国人认为，小孩魂魄不全，易受鬼魅侵害。压岁钱就是为了镇住邪祟，帮助孩子平安过年。这项活动通常由亲属中关系密切的年长者向未成年人、尤其是小孩子实施。同一家庭通常是在吃年夜饭前或后，小孩子向父祖辈磕头祝愿之后，由后者赐给其一个装有或多或少现钞的小红包。

吃饺子。这是春节最突出的特征之一。"饺"与"交"读音相近，既意味着"岁时交替"，更含有"交好运"的意思。但在中国北方大部分地区，除夕夜吃的饺子和新年第一天早上吃的饺子，馅料又有本质的不同。前者是"荤的"（即含肉的，主要是猪肉），后者是"素的"（即由各类植物为原料）。前者的意思是辛辛苦苦劳作一年，此时应自我犒劳一番。后者的意思是生活要简朴，否则把自己吃穷了。当然"素"还有"素净"、"没有麻烦"的意思。

燃放鞭炮、烟火。这也是春节最突出的特征。很显然，其目的除了营造欢乐气氛外，也是为了利用其声音和动态色彩驱邪避害。

拜年。这是新年第一天的重要活动。先是新年到来的那一刻，家人相互拜年祝贺。然后，在天亮之后，走出家门，在亲友之间互拜。拜年活动会一直延续到正月十五的元宵节（即新年第十五天）。

逛庙会。庙会是中国传统文化中的一个独特景观，即以宗教寺庙为核心举行盛大的集会，与西方狂欢节有些相似。庙会期间，来自四面八方的人们欢聚在一起，或观看各类杂耍、戏曲，或品尝各类小吃，或到寺庙里烧香祷告，热闹非凡。当然，除春节外，这一活动也在其他节日里举行，但规模最大、最热烈的还是春节期间。

春节之所以在中国所有传统节日中最为隆重、最为热烈、规模最大，除了刚刚提到的恰处于"冬去春来、一年复始、万象更新"之外，也跟漫长的冬季属于农闲时节，人们辛辛苦苦劳作了一年总要尽可能犒劳自己一番有关。

在西有高山、北有大漠、东有大海、南为瘴气之地的地理条件下，中国社会很长时期内都处于自给自足的封闭状态。18世纪60年代至19世纪40年代，英国完成了工业革命，并波及整个欧美。1840年和1860年，在中国境内连续爆发两次鸦片战争，中国被迫打开尘封已久的大门，不得不接触外来文化的洗礼。两次鸦片战争之后，无数仁人志士寻找救国救民之路。以孙中山为领导的革命党人在1911年推翻了清朝政府，结束了长达两千多年的封建统治。此后，以毛泽东为代表的共产党人在1949年建立了中华人民共和国，开始了探索建设新型国家道路的征程，但在此过程中也走了不少弯路。从19世纪中后期一直到20世纪70年代末100多年的时间里，中国社会发生了剧烈的变动，具有了一定的现代性。但就其生产力发展水平、经济结构、社会结构及国民性格的总体状况而言，中国仍属于农业社会形态。因此，这100多年的历史大致为勒纳所说的过渡社会。

1978年，以邓小平为代表的中国共产党第二代中央领导集体，审时度势，果断实行了全面改革开放政策。由此，中国开始进入勒纳所说的现代社会。自那时以来，无论是国内环境还是国际环境都大大不同于以往。就国际环境而言，由于交通通讯技术的不断进步，全球一体化的程度日益加深。不管是个人、企业还是国家，都很难逃避全球一体化的浪潮而"独善其身"。这就意味着全球范围内不同文化的碰撞、交流、借鉴的深度和广度都得到前所未有的提高。这对于那些渴望了解、学习其他国家和民族的长处的人们来说，是个千载难逢的大机遇。就国内环境而言，中国对内改革，对外开放。对内改革即意味着给社会的每一个细胞以最大限度的自由、自主、自立，从而激活每个人、每个组织的能动性和创造力。整个社会呈现一种高度的包容性和宽容性。

与此同时，中国传统节庆文化也被裹挟进入现代世界文化全球化的秩序之中。形式新颖、文化独特、风格时尚的外来节日一股脑地涌入中国这片"陌生"的土壤，并逐渐落地生根，甚至是茁壮成长。相反，扎根中国本土文化的传统节日却成了"最熟悉的陌生人"，受到了某种程度的冷落。中国传统节日文化面临前所未有的冲击和考验。

二 春节文化与现代社会的"异构"与"重构"

春节原本是中国传统社会中最重要的节日。自20世纪80年代以来，当步入勒纳所说的现代社会的之后，尽管春节仍是中国所有传统节日中分量最重的一个，但由于外来节日的兴起，同几乎所有中国传统节日一样，春节的地位被降低了，春节文化在当代节日文化中被稀释了。传统节日在当今的式微已是不言自明的事实①。至少人们感觉上是如此。

当下春节文化"式微"的原因是多方面的。

第一，根本上说，是由春节文化的原有意涵与现代社会的"异时性"即"异构性"决定的，也就是说是中国由传统社会步入现代社会这一剧烈变革和实行改革开放、融入全球化程度日益加深双重作用的结果。从时间向量上来看，当中国人从传统社会进入现代社会之后，其思维方式、价值观念、审美趣味和审美标准等都会发生巨大变化，甚至在某些条件下可能出现"断层性"、"断裂式"变化。从空间向量上来看，改革开放30多年来，在基于高度发达的交通通讯基础设施之上的全球化背景下，中国人在打开国门、热烈拥抱飞速发展的世界的同时，惊叹不已地发现，那些先进国家和社会的文化形态是如此异样，如此新奇，如此"好玩"！当包括春节在内的传统节日，仍然拖着传统社会长长的影子，沿着自己的轨迹缓慢地行进，无论是内容还是形式并无根本变化时，那些异样、新奇、好玩的文化形态便构成了传统节日某种意义上的替代性满足。尤其是对那些天然怀有更强烈"尚新"心理的年轻人，更是成为被疯狂追逐的对象。

第二，与当代中国人的消费能力和生活水平普遍提高以及由此带来的需求变化有关。较之传统社会，当代中国人的消费能力和生活水平普遍提高是一个不争的事实。在传统农业社会，许许多多的中国人，尤其是基数最大的底层劳苦大众，常常连温饱问题都解决不了，一年当中，难得吃一次肉、穿一件新衣。现在，中国人不仅解决了温饱问题，正向着全民小康的目标迈进，有些地区甚至已经与发达国家和地区不相上下。经济基础决定一切。当人的生活水平发生变化之后，其需求也就必然发生相应的变化。美国社会心理学家亚伯拉罕·哈罗德·马斯洛（Abraham Harold Maslow）认为，人的需要（needs）存在着一个沿着生理（Physiological）需要→安全（Safety）需要→爱与隶属（Love/belonging）的需要→尊重（Esteem）的需要→自我实现（Self-actualization）五大需要层级的轨迹，由低到高渐次升华的过程。对照马斯洛的这一需求层级理论模型，中国传统社会的春节，就其基本内涵而言，主要集中

---

① 张勃：《当下语境中国家对传统节日的应有态度》，《民间文化论坛》2005年第3期。

在生理（吃年夜饭、穿新衣）、安全（放鞭炮、挂红灯）、归属（家人团聚）三个层次，而且越往底层，其需求比重越大。因此，当代中国人对带有鲜明"祈求温饱"色彩的春节的兴趣普遍降低，也就是十分自然的事情了。

第三，与中国步入消费社会，商业企业的市场行为有关。进入现代社会后，中国市场不断发育，经济领域呈现一派欣欣向荣的景象。与此同时，不少商业企业利用大众尤其是年轻人"尚新"心理和从众心理，通过各种途径渲染各类洋节文化，从而成为传统节日文化日益边缘化的一个不可忽视的力量。在这一过程中，作为"放大器"和社会信息中枢的大众传媒，或与商家合谋，或理解有误，对传统节日文化的边缘化有着不可推卸的责任。

第四，与当代中国社会流动性加大和家庭结构大幅度简化有关。与过去个人长期被禁锢在一个单位、一个地方不同，改革开放30多年来，中国人无论是在国内还是在国外，其流动迁移的幅度和频率都越来越高。曾长期影响中国传统社会的"父母在，不远游"的古训，对大多数人来讲已经很难遵循，家人之间聚少离多，直接影响到春节等传统节日。不仅如此，由于实行"一个家庭，只生一个孩子"的政策，家庭结构被大大简化，许多家庭，尤其是城市家庭，其结构简化到"一对夫妇加一个孩子"。传统社会那种动辄十几人、几十人、甚至上百人的三世同堂的现象已不多见，四世乃至五世同堂的大家庭基本绝迹，过年时那种儿孙满堂热闹非凡的场面随之烟消云散。如今的春节已不是当年那个春节。

第五，与中国百余年过渡社会时期上层集团及精英阶层对以春节文化为代表的传统节日文化采取不适当的态度和行为方式有很大干系。19世纪下半叶，两次鸦片战争之后，一方面中国的半封建、半殖民地程度日益加深，另一方面一大批仁人志士筚路蓝缕，不断探索救亡图存、富民强国之路，其中包括向西方工业化先进国家学习。但是，在反对封建制度的同时，没有很好地处理现代化与传统文化之间的关系，更没能很好地或没能来得及厘清传统文化中究竟哪些是糟粕哪些是精华，几乎在每一次政权更迭过程中和政权更迭之后，均不同程度将包括节日文化在内的传统文化作为否定的对象。权力集团从国家层面上强行干预原本属于民间的、地方的或官民共享的节日文化，将其强行纳入国家主导的政治领域和国家统领的文化领域。在这种情况下，包括节日文化在内的传统文化遭到一次又一次急风暴雨式的破坏性洗礼，导致传统节日文化的传承上出现了"断层"，"造成了部分年轻人对传统节日内涵了解不多……（成为）文化断裂的受害者"①。

第六，也是最重要的，全社会对传统节日文化在当代社会中的独特价值还没有充分认知，对传统节日文化如何与现代、"后现代"文化嫁接，其可行路径还有待进一步探索。换句话说，必须"重构"传统节日文化与现代社会的关系，使其达到"共时"和"同构"。

希尔斯说："传统意味着许多事物。就其最明显、最基本的意义来看，它的涵义不仅只是世代相传的东西（traditum），即传统从过去延伸至今或相传至今的东西。"② 希尔斯所说的传统的"现今存在性"揭示出了传统需要与时俱进的真理。无独有偶，朱德生先生直接将"传统"的本质界定为"现今存在"。他认为"'传统'的本质不在过去，而在现在。'传统'即存在于我们的生活方式中。甚至可以说，'传统'就是我们生存的一种方式。③"同时，传统具有很强的"流变性"，张立文先生认为传统是"一个开放的动态系统，它在时空中延续和发展，它作为价值观念、精神心态、知识的系统、场、方式，是一种意识之流或趋态，它即是过去的，又包含着现在，且开拓着未来。"④ 李鹏程先生也提出了强有力地佐证，他指出"传统都不是以'过去'的方式存在着，而是以现时态的方式存在着，它们不是存在于过去，而是存在于现时代之中，存在于现代人们的行为方式、思想方式之中，存在于我们的实践状态和精神之中。"⑤

中国传统文化同样是一个"开放的动态系统"，必须要以"现时态的方式存在"，在客观反映当下的文化现状的同时，注重变革和创新。马克思曾说过："人们自己创造自己的历史，但是他们并不是随心所欲地创造，并不是在他们自己选定的条件下创造，而是在直接碰到的既定的，从过去继承下来的条

---

① 萧放：《节日传统与社会和谐》，《民间文化论坛》2005年第3期。
② 〔美〕E. 希尔斯：《论传统》，傅铿、吕乐译，上海人民出版社，1991，第15页。
③ 朱德生：《传统辩》，《北京大学学报》1996年第5期。
④ 张立文：《中国传统文化及其形成和演变》，载《传统文化与现代化》，中国人民大学出版社，1987，第28页。
⑤ 李鹏程：《当代文化哲学沉思》，人民出版社，1994，第383页。

件创造。"我们无疑应该从保持文化的多样性,保护人类文化遗产,传承人类文明的高度认识我们传统节日的价值。这不仅顺应了当代全球化的趋势,更是对我国传统文化的发展与创新具有深远的意义。

首先,应当冲破中西文化有别、中西文化必然冲突的狭隘思维方式。从根本上说,人类不可能不交流。更何况,在当今社会的"地球村"里,人类之间的交流只能越来越频繁,越来越密切。人类的交流本质上是有益于交流各方的。人类正是因为有了这种交流才使得交流各方的文化形态变得丰富起来、可爱起来。人类需要多样性的文化。就中国进入现代社会后而言,外来文化的进入,不仅增加了大众选择的余地,也给本土文化带来一定的参照和借鉴价值,有利于本土文化的进步和发展。中西文化之间并非像有些人想象得那样水火不相容。事实上,百余年过渡社会时期的中国,不仅一直接受欧风美雨的影响,而且这种影响的广度、深度和烈度,总体上看,还呈日益增强的态势。从大众的角度看,也是如此。耿波在最近的一项调查中发现,人们对所谓中、西节日的文化差异与冲突并无特别关注,人们更关注的是节日本身,而非节日的中西之别。被调查者认为,"洋节"在节俗活动方面凸显社会关系交往,与传统节日的凸显家庭关系交往正形成互补,中西节日可以而且能够并行且互补发展。在对"您认为传统节日的发展方向是什么?"的问题中,有66.6%的人选择了"与时俱进,向'洋节'借鉴,让传统节日更好玩"①。这表明,中国传统节日文化价值的当代开掘有着非常广阔的空间。

其次,从全球视域出发,努力挖掘中国传统节日文化中普遍的人类兴趣。传播学家们指出,参与一项传播活动的各方,均有各自已经建构的"文化知识版图",而传播的成功正发生在"版图"相重合的区域(也叫"共同经验")。假如两个人的"版图"完全没有交集,则必然出现"鸡同鸭讲"的窘境。因此,在当代全球化语境下,春节文化的传播应充分挖掘其内含的人类普遍感兴趣的元素。2008年5月上映的、由约翰·斯蒂芬森(John Stevenson)和马克·奥斯本(Mark Osborne)执导的美国动画电影《功夫熊猫》(*Kung Fu Panda*),以中国功夫为主题,以中国古代社会为背景,场景、服装、饮食、

---

① 耿波:《洋节现状及其对中国传统节日的影响与对策调查报告》,《艺术百家》2013年第4期。

人物造型、屋宇楼台、田园瓦舍、山川河流，乃至音乐音响，无不充满中国元素。该片一上映就席卷全球，在全球取得了631744560美元的票房收入。此后，不仅有《功夫熊猫Ⅰ》，还有《功夫熊猫Ⅱ》，不仅有电影版，还有电视版，俨然成了《功夫熊猫》大家族！这也反证了中国传统文化具有独特的魅力。

其实，春节文化与西方文化有许多相通、相同、相似之处。中国汉代董勋所著《问礼俗》有言："正月一日为鸡，二日为狗，三日为羊，四日为猪，五日为牛，六日为马，七日为人。"而在中国传统民间文化中，造人者就是女娲。这与《旧约·创世纪》的说法具有非常高的相似性或者同构性。《创世纪》说，上帝第一天创造了光，区分了昼和夜；第二天分别了水与天；第三天使长满了草木花果的陆地浮出了水面；第四天创造了日月星辰；第五天创造了鱼和鸟；第六天创造了野兽、牲畜和爬虫，接着创造了人；第七天上帝就安息了①。在文化的表现上，色彩最具有冲击力。我们不妨看看中国的春节文化中的色彩与西方最重要的圣诞节文化中的色彩。通过分析我们会发现，春节文化实际上存在着一个完整的视觉符号系统②。所有这些视觉文化符号，从色彩上看，用得最多的、最突出的就是红、黄两色。这两种颜色代表了热烈、喜庆、活力和温暖。我们只要看看圣诞节的主色调就会惊奇地发现，东西方两大重要节日在色彩上何其相似！这表明，人类之间不管相距得多么遥远，其情感世界有着许多惊人的相似性。春节——中国最隆重的传统节日，在色彩创意上也许有着并未被人们所认知的巨大张力，只待我们去发掘、去展现！

再次，将世界元素与中国元素融合起来，用"通用语言"讲述中国故事。将世界元素与中国元素有机融合起来，不仅可以大大丰富中国元素的表现张力，而且由于包含了"通用语言"，中国故事将会被讲得更好。2008年北京奥运会招贴画《新时尚》（*New Fashion*）给人印象深刻。画面上是一位背对观众的妙龄女子。她身穿红色的中国传统服装——旗袍，头发盘成奥运五环的样

---

① 张君：《神秘的节俗：传统节日礼俗、禁忌研究》，广西人民出版社，1994，第33页。
② 崔莉萍：《春节视觉符号设计中的国家形象传播》，《现代传播》2012年第3期。

子,并分别染上了五种颜色。观众尽管始终看不到女子的面容,但其洋溢的青春气息、独特醉人的气质和曼妙的身姿,足以令人浮想联翩、心驰神往。无论是其本人,还是其服饰、盘发、耳坠等,都展现了浓浓的中国元素,含蓄却充满了张力。五环的发式更是巧妙融合在整个招贴画中,成为核心部分。中国的女孩,世界的奥运,两者之间通过色彩有机地过渡和融合。被誉为"视觉诗人"的德国视觉设计大师冈特·兰堡(Gunter Ram bow)教授称,《新时尚》是"1972年以来最好的奥运招贴画"。

最后,将流行文化元素导入春节文化创意系统,使中国传统文化走得更远。不管我们是否喜欢,流行文化流行世界已经成为一个不争的事实。我国台湾地区有个"霹雳布袋戏",在世界范围内尤其是东南亚地区很受欢迎,很有市场,在某种程度上已经成为台湾地区的"名片"。其实它不是台湾本土的艺术形态,而是从福建的布袋戏移植过去的。到了台湾之后,讲述的还是中国古代的传奇故事,但它的造型变了,你甚至可以看到日本动漫造型的影子。它的表现手段变了,融合了现代的声光电技术。其实,春节文化与流行文化之间有着很强的"通约性"。一是两者均具有商品性,即春节文化的传播依赖于作为商品的春节文化的买卖关系。商品携带春节文化或者商品本身就是春节文化的一部分。二是两者均具有通俗性,即对春节文化的解读几乎人人都可以胜任。三是两者均具有大众性,即春节文化不仅可以而且事实上一直在不同阶层、不同地域、不同宗教信仰的人之间流行。四是两者均具有娱乐性,即春节是中国人一年当中休闲时间最长,身心最放松、最愉快的狂欢时节。五是传媒依赖性。这里的传媒主要指大众传媒。在中国,大众传媒时代来临之前的传统社会,春节文化的传播主要借助的是人际方式。大众传媒时代来临之后,春节文化借助大众传媒强有力的臂膀,扩散得更快、更远。正像中国中央电视台30年的实践那样,大众传媒甚至成为春节的再建构者。因此,流行文化元素完全可以导入春节文化创意系统中来。

三 从上海实践看传媒在传统文化传承与创新中的作用

当代社会是媒介化社会。这意味着媒介,尤其是各类大众传播媒介在当代社会中占据着特殊的地位。在包括春节文化在内的中国传统文化传承与创新问题上，大众传媒应当有自己的独特建树。这种建树至少可以通过两种途径实现，一个是较低层面的反映和呈现现实，一个是更高层面的引导、组织和干预现实。

为了检验传媒的实际运作，我们选择了上海三家覆盖全市、但风格迥异的报纸媒体进行以春节为主题（同时以"圣诞"为参照系）内容的定量分析。这三家报纸均为日报，分别是以党政机关和企事业领导干部为主要服务对象的综合性党报J，以普通市民尤其是中老年市民为服务对象的综合性晚报X，和以城市白领为主要服务对象的财经类综合性早报D。前两者均已有数十年办刊历史，在传媒领域中的重要地位至今无人能撼动；后者虽办刊仅10年左右，但已有广泛的知名度和影响力。因此，这三家报纸基本上可以代表上海媒体的整体状况。我们的测量方法是：以"春节"和"圣诞"为关键词，以单篇作品为单位（即只要关键词在某个单篇作品中出现1次，且不管出现多少次，都记为1），对这三家报纸在2011年9月26日至2013年10月6日刊登的除广告文本之外的所有文本进行了检索。检索结果表明了以下几个情况。

（1）三家报纸在两年多的时间内含有"春节"的文本和含有"圣诞"的文本在总量上差别明显，即前者大大多于后者。具体情况（见表2）。

表2　三家报纸含"春节"、"圣诞"文本的数量统计

报纸名称	含"春节"篇数	含"圣诞"篇数	后者占前者之比(%)
J	190	20	10.53
X	259	55	21.24
D	186	51	27.42
合计	635	126	19.84

（2）三家报纸含有"春节"的文本和含有"圣诞"的文本在数量上均呈现两个明显的高峰值，即两个节日所在的当月和节日的当天（或之前、之后的一天）。而其他月份则要么了了几篇，要么没有。当然，具体到每家报纸，又有一定差别（见表3）。

创意时代：传统文化创新与大众传媒功能

表3 三家报纸含"春节"文本的分布情况

报纸名称	高峰值月份						其他月份	
	高峰值1			高峰值2			0篇月份个数	单独月份最高者及篇数
J	所在月	篇数	全部总量占比	所在月	篇数	全部总量占比	15	2013.1 17篇
	节日所在月	80	42.11%	节日所在月	73	38.42%		
	所在日	篇数	当月总量占比	所在日	篇数	当月总量占比		
	节日前1天	19	23.75%	节日前2天	34	46.58%		
	高峰值月份						其他月份	
	高峰值1			高峰值2			0篇月份个数	单独月份最高者及篇数
X	所在月	篇数	全部总量占比	所在月	篇数	全部总量占比	12	2013.1 25篇
	节日所在月	119	45.95%	节日所在月	72	27.80%		
	所在日	篇数	当月总量占比	所在日	篇数	当月总量占比		
	节日前3天	42	35.29%	节日前2天	22	30.56%		
	高峰值月份						其他月份	
	高峰值1			高峰值2			0篇月份个数	单独月份最高者及篇数
D	所在月	篇数	全部总量占比	所在月	篇数	全部总量占比	13	2013.1 23篇
	节日所在月	63	33.87%	节日所在月	59	31.72%		
	所在日	篇数	当月总量占比	所在日	篇数	当月总量占比		
	节日前1天	11	17.46%	节日前1天	24	40.68%		

表4为三家报纸含"圣诞"文本的分布情况。

表4 三家报纸含"圣诞"文本的分布情况

报纸名称	高峰值月份						其他月份	
	高峰值1			高峰值2			0篇月份个数	单独月份最高者及篇数
J	所在月	篇数	全部总量占比	所在月	篇数	全部总量占比	20	2012.5 2012.10 2012.11 2013.5 各1篇
	节日所在月	7	35%	节日所在月	8	40%		
	所在日	篇数	当月总量占比	所在日	篇数	当月总量占比		
	节日前9天	4	57.14%	节日前1天	3	37.50%		

续表

报纸名称	高峰值月份						其他月份	
	高峰值1			高峰值2			0篇月份个数	单独月份最高者及篇数
X	所在月	篇数	全部总量占比	所在月	篇数	全部总量占比	17	2011.11 6篇
	节日所在月	29	52.72%	节日所在月	11	20%		
	所在日	篇数	当月总量占比	所在日	篇数	当月总量占比		
	节日前3天	4	13.79%	节日前1天	3	27.27%		
	高峰值月份						其他月份	
	高峰值1			高峰值2			0篇月份个数	单独月份最高者及篇数
D	所在月	篇数	全部总量占比	所在月	篇数	全部总量占比	18	2011.1 2篇
	节日所在月	27	52.94%	节日所在月	17	33.33%		
	所在日	篇数	当月总量占比	所在日	篇数	当月总量占比		
	节日前4天	6	22.22%	节日前4天	3	17.65%		

以上是"量"方面的检索结果。我们选择每家报纸两个峰值最高所在日所有含有"春节"和"圣诞"的文本进行内容分析。其中,两类文本分别为152篇和23篇。我们按以下内容主题进行归类(见表5)。

表5 三家报纸含"春节""圣诞"文本的主题类目

主题类目	说明
团聚	回家过年,走亲访友等
饮食	
家居	安全问题、居住环境、装潢装饰等
天气	
出行	春运等
旅游观光	
民俗文化	放鞭炮、搓年糕、玩游戏、贴春联、猜灯谜、中国结等
公共文化艺术表演活动	春节电视文艺节目、电影、舞台剧、大剧院、音乐厅、博物馆、艺术馆、文化下乡、民间文艺汇演等
春节在国外、圣诞在中国	
反思春节、圣诞文化	
政府行为	政府慰问基层,体恤民情等
商业行为	商品促销、证券交易等
春节、圣诞创意商品	局限在简单的商品创意上

如表5所示，将三家报纸所含"春节"、"圣诞"文本的主题类目进行归类，得到如下结果（见表6，表7）。

表6　三家报纸含"春节"文本的主题类目分布

单位：篇

主题类目	J报	X报	D报	总计
团聚	5	17	2	24
饮食	8	7	0	15
家居	3	0	0	3
天气	1	1	2	4
出行	5	5	4	14
旅游观光	3	7	3	13
民俗文化活动	3	6	2	11
公共文化艺术表演活动	8	9	7	24
春节在国外、圣诞在中国	2	1	3	6
反思春节、圣诞文化	1	2	1	4
政府行为	10	2	2	14
商业行为	3	5	9	17
春节、圣诞创意商品	1	2	0	3

表7　三家报纸含"圣诞"文本的主题类目分布

单位：篇

主题类目	J报	X报	D报	总计
团聚	1	2	0	3
饮食	0	0	1	1
家居	0	0	0	0
天气	0	0	1	1
出行	0	0	0	0
旅游观光	0	0	0	0
民俗文化活动	1	3	0	4
公共文化艺术表演活动	2	0	0	2
春节在国外、圣诞在中国	0	0	1	1
反思春节、圣诞文化	0	0	0	0
政府行为	0	0	0	0
商业行为	2	0	4	6
春节、圣诞创意商品	1	2	2	5

从表6、表7所示可知：①三家报纸对春节的内容呈现远比对圣诞的内容呈现丰富，这与前述"量"的检索结果具有一致性。②总体上，三家报纸对"节日民生"（尤其是春节的"节日民生"）都比较关注，多有展现，只是J作为党报更侧重政府行为，X作为普通市民报纸更侧重市民日常生活，而D作为都市白领媒体则更侧重商业经济行为。③从创意的角度看，对节日创意产品有所关注（尤其是对圣诞节日创意产品，总量居各主题类目第2位）。④对节日文化有一定的反思（仅局限于"春节"）。但同时我们也不得不遗憾的指出，三家报纸还仅仅停留在"应景式"初级简单反映和呈现阶段。之所以称其为"应景式"，是因为主要集中在节日所在当月甚至当日"爆发式"反映和呈现，而"时节"一过，便极少涉及。如果从中国传统节日的传承与创新角度来考察，传媒在更高层面的积极引导、组织和干预现实的功能发挥上，还有很大的提升空间。

我们在前文已经论述过，传统节日文化与传统农业社会具有鲜明的"同构性"，而与现代社会则存在着某种程度的"异构性"。换句话说，像上海这样的现代化程度很高的国际性大都市，如果处理不好，中国传统节日文化更可能表现为时空错位，更具有滑向日益被边缘化，亦即在全球化浪潮中迷失我们的"身份认同"的危险。因此，必须找到一条切实可行之路，防止这种悲剧的发生。

自20世纪90年代中后期以来，人类在经历了农耕时代、工业时代甚至是信息时代之后，开始步入创意时代。文化创意产业在全球范围内呈浩荡之势不可阻挡。我国正在大力发展文化创意产业。上海的文化创意产业起步较早，并且在全国范围内一直处于领先地位。创意产业、创意时代的本质特征就是创意。阿尔文·托夫勒曾经预言："资本的时代早已过去，创意的时代已经来临。谁占领了创意的制高点谁就能控制全球！"① 美国创意经济学家理查德·佛罗里达说："人类的创造力是最后的经济资源。"而包括传统节日在内的中国传统文化则为当下的创意产业提供了丰厚的养料。

---

① 三月：《创意：21世纪商业地产新命脉》，《解放日报》2012年2月3日，第A14版。http://newspaper.jfdaily.com/fdcsb/html/2012-02/03/content_741736.htm.

创意时代：传统文化创新与大众传媒功能

因此，我们建议，上海传媒界应从文化创意的角度，积极引导全社会高度认识中国传统文化的独特魅力，组织全社会充分发掘中国传统文化在当代社会的特殊价值，并将这种独特魅力和特殊价值与其他民族和国家的优秀文化（包括国外节日文化）同独具特色的海派文化有机地融合起来。

我们不妨以2013年12月至2014年11月为例，将几个重要的中国传统节日与在中国已经开始流行的若干"洋节"以时间为向量排列对照一下（见表8）。

表8　传统节日与"洋节"时间对照情况

月份	传统	洋节
12		圣诞（月底）
1	腊八节（月初）；春节（月底）	
2	元宵节（月中）	情人节（月中）；狂欢节（月中）
4	清明节（月初）	愚人节（月初）
5		母亲节（月中）
6	端午节（月初）	父亲节（月中）
8	乞巧节/七夕节（月初）	
9	中秋节（月初）	
10	重阳节（月初）	万圣节（月底）
11		感恩节（月底）

注：元旦原本亦属"洋节"，但现在对于绝大多数中国人而言，已经没有"洋节"的感觉了。

我们会发现，这两大类节日并非"井水不犯河水"，而是完全可以融通，即在人们（尤其是年轻人）过"洋节"的时候，不妨将中国传统节日带入其中，而过传统节日的时候，亦可将"洋节"带入。被誉为世界创意产业之父的英国经济学家约翰·霍金斯指出："主宰21世纪商业命脉的将是创意！创意！除了创意还是创意！"至于如何将两大类节日互相"带入"，如何融通，如何创意，我们在本文第二部分中已有论述，在此不再重复。

上海传媒界不仅要积极引导、组织、动员全社会传承和创新中国传统节日文化，更可以通过直接参与创造的方式干预现实生活。从文化创意产业的角度看，传媒业不仅可以挥发对整个文化创意产业的宣传、鼓动、组织的功能，而且它本身就是文化创意产业的一个重要组成部分。我们在前文提到，把流行文

359

化元素引入到传统文化当中来,是传承和创新的路径之一。其实,流行文化在很大程度上就是传媒文化。因此,即便是单纯从经济效益考虑,传媒界不仅可以而且完全应该抓住全球创意产业浪潮迭起的机遇,积极从事创意产业工作。比如,可以采取自办或联办的形式开展多种形式、丰富多彩的传统文化创意活动,并在此基础上做大做强文化创意产业。理查德·佛罗里达曾建构了世界上第一个"创意指数",即著名的"3T"理论。其"3T"之一就是创意阶层。因此,上海传媒界还可以借助自身作为信息中枢和智力中枢的优势,集聚社会力量,进行创意人才的选拔、培养工作,从而为上海创意阶层的崛起积极贡献力量。当然,传媒界通过直接参与创造的方式干预传统文化的传承与创新的路径肯定还有很多。只要开动脑筋,解放思想,用于探索,不断实践,更多的路径就一定会被发现、被践行。

上海地处我国东部沿海地区,是国际上著名的移民型大都市,无论在国内还是在世界格局中都具有举足轻重的地位。因此,上海传媒界如果能在祖国传统文化传承与创新上有更大的作为,那么,其作用和意义都将是非凡的!

B.22
广电系网络电视台发展报告

王建磊*

摘　要：

据《中国视听新媒体发展报告（2013）》，截至2013年3月，全国共有19家广电机构获得总局颁发的网络电视台牌照，它们与一些未获得牌照的广电系网站如东方宽频、芒果TV、中国时刻网等，形成了在网络视频领域与民营系视频网站相抗衡的力量。本文即在实地调研、访谈的基础上，揭示了包括网络电视台在内的广电系网站的生存与发展状况，总结了网络电视台发展至今的阶段性得失，重新审视了网络电视台的本质与发展空间，并探讨了可能的突围方向和路径。

关键词：

网络电视台　困境　发展模式

2013年伊始，国家广电总局即颁布广电1号文：《广电总局关于促进主流媒体发展网络广播电视台的意见》。该文件要求将网络广播电视台提升到与电台电视台发展同等重要地位，并明确三至五年后确立网络广播电视台在新媒体传播格局中的主流地位的目标。此文件的颁布时机和措辞力度，充分表明了广电大力发展网络电视台的决心和信心，可以预见，网络电视台的发展必将受到重视并被推向一个新的高度。在这样的背景下，本研究报告揭示了包括网络电视台在内的广电系网站的生存与发展状况，总结了

---

* 王建磊，博士，深圳广播电影电视集团创新研究所高级研究员、新闻学副研究员，研究方向为广电新媒体。

网络电视台发展至今的阶段性得失，重新审视了网络电视台的本质与发展空间，厘清了网络电视台发展过程中遇到的问题，并探讨了网络电视台可能的市场机会和出路。

一 网络电视台的发展现状

（一）三段格局

2010年5月，国家广电总局下发了《关于开办网络电台、电视台有关问题的通知》，鼓励、支持广播电视播出机构开办网络广播电视台。《通知》规定了申请开办网络电视台的主体及条件，达到"播出系统至少应支持10万户以上的点播信号并发流，出口带宽不低于30G"等要求的广播电视机构可以申请网络电视台牌照。在政策支持、互联网技术推动以及市场竞争的驱动下，网络电视台从起步到立足，截至2012年底，全国共有20家广电播出机构获得国家广电总局颁发的网络广播电视台牌照，包括中央电视台、中国国际广播电台、中央人民广播电台和16家省级广电机构，以及一家城市联合网络电视台（CUTV）。它们共同形成了以"中央三大台（中央电视台的CNTV，中央人民广播电台的CNR，国际台的CRI）领衔的，省级有实力的电视台强势跟进的和地方台踊跃介入及联合"的三段格局。

（二）三种做法

在中国网络电视台的标杆效应和广电总局的力推下，有实力的省级广电机构纷纷升级其原有网站，甚或重新打造视听网站，试图借此寻找向新媒体业务转型的突破。根据调研，地方上发展网络电视台主要有三种做法，一种是将其视为一个新媒体视频网站来发展，如江苏网络电视台、新蓝网（浙江网络电视台）、看看新闻网（上海网络广播电视台）等。另一种是模仿央视做法，采取和CNTV类似的架构，将网络电视台作为其新媒体机构，统辖电视台的所有新媒体业务。如山东网络广播电视台、安徽网络广播电视台等。还有一种是在城市台层面进行以资本为纽带的联合，如CUTV。

（三）母体带动

网络电视台当前的发展态势与传统电视台的整体规模、排位呈现出高度的相似。如中国网络电视台实力雄厚、一家独大；芒果TV（湖南）通过延伸母体的品牌优势获得广告主青睐；江苏网络电视台因与《非诚勿扰》等强势节目的网台互动展示独特价值；上海看看新闻网始终践行"新闻立网"的理念，全力打造网络公信力；新蓝网（浙江）依托地方经济优势联合打造垂直商业性频道展现盈利能力……传统电视台的发展特色和市场影响依然延续到网络电视台领域，这一现象表明，母体的内容资源、市场品牌、经济实力和团队依然是广电发展新媒体的根本保障。

（四）市场排位

从实际发展来看，CNTV凭借其庞大的体量和深厚的根基，在网络视频领域赢得一席之地。而地方网络广播电视台则大多悄无声息地存在和发展着，并未形成良好的知名度和规模化优势。从Alexa流量排名的监测也可窥测出这一情况（见表1）。

表1 国内广电系网站 Alexa 流量排名

广电系网站	Alexa国内排名	网址（www）	民营视频网站	Alexa国内排名	网址（www）
凤凰宽频	12	ifeng.com	优酷网	13	youku.com
CNTV	54	cntv.cn	56网	26	56.com
江苏网络电视台	298	jstv.com	迅雷	38	kankan.com
深圳中国时刻网	342	s1979.com	奇艺网	50	iqiyi.com
山东齐鲁网	454	iqilu.com	六间房	114	6.cn
湖南金鹰网	806	hunantv.com	腾讯视频	—	v.qq.com
CUTV	1203	cutv.com	搜狐视频	—	tv.sohu.com

注：统计时间为2012年12月31日。

（五）个案描述

CNTV：CNTV作为国家级的网络电视播出机构，当前已经集成24套央视开路频道、36套卫视频道、84套城市频道、5套数字电视频道以及699个网络视听联盟成员的9400余个视频栏目，拥有时长37万小时的视频以及75万集影视剧，是中国最大的正版网络数据库，也是当前最大的网络电视直播点播平台；在运营机制上，CNTV以国家网络视频数据库（内容云）为核心，以国家新媒体集成播控平台、全球网络视频分发体系为支撑，初步构建起多语种、多终端、全媒体、全覆盖的"一云多屏、全球传播"的传播体系。其当前设有CCTV移动传媒、IPTV、互联网电视、手机电视、PC终端五大类型业务。在面向多终端的业务设计中，CNTV真正实现了将底层内容打通，一个内容向多个平台分发的流程管控，真正实现了全媒体、全业务的覆盖。CNTV的赢利模式也非常多元：一是发挥综合优势与实力，为中央政府部门、行业机构等建设网站，开办网上展览；二是面向市场开发众多的产品形态，如中国网络展览馆、微博新闻联播、网络春晚、领导人视频日志、中国公开课等具有鲜明网络特色、颇受网民喜爱的产品；三是开展了多元的战略合作，如CNTV旗下的未来电视与腾讯的合作，实现了政策优势和运营优势的互补。可以说，CNTV正是凭借雄厚的基础实力和独一无二的行业地位，在政策、资源、资本、人力等层面获得发展优势，而这些优势是一般的地方电视台无法匹及的。

江苏网络电视台：江苏网络电视台是由江苏省广播电视总台（集团）新媒体事业部全力打造的专业网络传播平台，国内第三家获得广电总局颁发的"网络广播电视台"牌照。江苏网络电视台的运营策略主要是对母体名牌栏目品牌影响和市场竞争力的拓展与延伸。近年来，江苏卫视开办了脍炙人口、极具市场效益的系列品牌栏目，如《非常了得》、《梦想成真》、《欢喜冤家》、《老公看你的》等，拥有了广泛的受众基础，形成了稳固的市场地位。而这些品牌节目的辐射力自然投映到网站上来，尤其是《非诚勿扰》的播出时段与网络点击流量高峰时段有极高的关联度。据调研，在网站上播出的《非诚勿扰》是独家完整版，比电视版时长更长，可呈现更多被剪辑和遗漏嘉宾的内容，吸引更多用户的关注；又通过自办节目《网络访谈面对面》将《非诚勿扰》热点话题嘉宾请到网络高清演播室，进行零距离的网络访谈，以延伸受众对热点嘉宾的追寻；此外，《非诚勿扰》的报名区和讨论区也吸引了数以万计的用户，形成了良好黏度——此番整体举措可作为"网台互动"的一个典型案例。

CUTV：CUTV是国家广电总局正式批准的以新兴信息网络为传播载体的新形态广播电视播出机构，是由深圳广电集团发起、全国城市电视台为主体参与的全国性超级传媒联合实体，2011年8月25日，CUTV正式开播。截至2012年10月，CUTV已发展联合体成员42家，股东成员台30个，紧密业务合作台20个，覆盖全国22个省市自治区，近8亿用户人群。在网站内容建设上，已汇聚城市台112个频道，100多路广播节目资源，年积累原创视频内容超过10万小时，可以说已成为中国最大的城市电视节目汇聚地。

目前，CUTV已开展包括节目媒资库销售、版权代理、节目模式研发与制作发行、无线阅读、手机动漫、手机视频等多种业务。由于具有规模优势，在市场上具有较强竞争优势。未来2~3年，CUTV还计划发展成员台50~100家。其发展目标就是立足媒资库资源和交易平台，汇集成员台输送的节目、制作公司的节目及CUTV自制节目，通过分发交易的方式，实现与多终端及下游渠道的有效对接，打造中国领先的节目内容运营商。

山东齐鲁网：山东广电以山东网络广播电视台作为其新媒体的媒体品牌，以山东广电新媒体有限责任公司（山东广播电视台新媒体中心）为主体整合了齐鲁网、IPTV、互联网电视、手机台、移动电视五大新媒体业务，形成了五位一体、四网三屏的业务布局。在内容构成上，有图文资讯、齐鲁视频、齐鲁社区、齐鲁拍客、阳光连线（网络问政及民生服务平台）五大板块以及健康、旅游、财经、汽车、房产、模特、会淘客七大垂直商业频道。山东齐鲁网还深耕本地市场，制定了三年的本地化发展战略，并计划在山东17个地市落户，形成山东第一视频类、媒体类门户网站，其在运营上比较有特色的当属拍客队伍建设。目前山东齐鲁网的拍客报名7万余人，录用6100余人，创作视频50多万条，跟帖留言千万条，组织公益活动600余次，该组织紧密围绕"新闻互动、公益帮扶、文化传播"三大重点，形成了齐鲁网不可或缺的资讯内容生产力、活动组织主力、社区活跃用户群。齐鲁网站2012年总创收达到3000万元，稍有盈利，其中广告和地推活动各约占50%。齐鲁网未来发展仍将依托地方市场，并逐渐发力移动终端，以公益特色切入，充分发挥媒体职责，为本省用户提供更全面的服务。

芒果TV：芒果TV网站是以视听互动为核心，面向手机、电视、电脑的综合传播服务平台。该网站主要整合了湖南广播电视台和芒果传媒的优质资源，主打娱乐特色，定位于建设国内最大的娱乐视听资源集中地。芒果TV作为媒体品牌目前拥有四大业务板块：网站、手机电视、湖南IPTV、互联网电视。2012年芒果TV整体运营创收达4000万元，其中网站本身创收1000多万元（主要是广告收入），版权经营所得2000多万元。但由于购买其他娱乐内容版权的支出过高，整个芒果TV仍处于亏损状态，四大业务都属于培育期。芒果TV网站的内容构成上，40%是母体的内容，50%是引进的海内外版权资源，包括韩国、香港的电视台独家内容。还有10%属于合作伙伴的交换内容，如华娱和凤凰。目前网站每天的独立访问量在30万次左右。Alexa国内排名第1000位左右。芒果TV网站下一步的发展思路是，与芒果TV的互联网电视（和丰）联动发展，第一步实现内容合并，和丰互联网电视将以网站集成内容为基础，同时加播地方频道；第二步是芒果TV进入电视屏幕，成为互联网电视的外链网站；第三步是芒果TV借力互联网电视从区域化发展向规模化升级。

二　网络电视台的发展得失

尽管从市场表现和社会影响力两个指标来考察，广电系网络电视台的发展并不尽如人意，但是两年多的时间，足够完成对市场的试探和对各种反应的总结与反思。至少是传统广电可以真正地放开身手在互联网世界里身体力行，从而对网络视频行业加深认识和感受，在理念、思路、形态、方法等层面都有所感悟，并借此累积经验和教训——这应该就是最大的获得；与此同时，我们看到，在政策的保护下，网络电视台并没有获得预期爆发式的发展，在当前如此激烈的竞争环境下，地方网络电视台难以与全国性的商业视频网站抗衡，而受众也并不把网络电视台作为他们在网络上收看电视节目的首选，可见市场竞争的逻辑并不是基于对专有称呼的保护，这就使得很多网络电视台纷纷调整战略目标，从抗衡商业视频网站到回归实际和立足本土——这种发展目标的调整应该就是对市场化规律的最佳回应。

广电系网络电视台发展报告

（一）网络电视台发展"所得"

1. 得到了更多认识和经验

首先，网络电视台对传统广电来说，到底意味着什么？其实广电人从1996年就开始通过建设电视台网站涉猎互联网，而电视台网站其实就是网络电视台的前身。只不过由于当时互联网算是相对的弱平台，并没有如今般强大的影响力，这些电视台网站也没有得到电视人本身足够的重视和用心的经营，以至于网站形同虚设，在以后的发展中反而被最先有危机意识的报业媒体网站反超。等到了视频网站满地开花的时候，广电人依然沉浸于自身的视听内容生产，并没有在第一时间做出反应。当开始意识到大量受众对视听节目需求日益增多并向互联网转移的时候，广电机构试图重新打造电视台网站并依托其进行战略转型和升级，网络电视台于是应势而生。因而我们在当今的网络环境下审视网络电视台，至少应该有这三个层面的考量：一是网络电视台首先是广电媒体。媒体属性（舆论引导）、公信力、权威性是网络电视台不可或缺的构成。二是网络电视台对电视内容和互联网内容进行了重新组合和重新表现。网络电视台必然要适应新媒体环境下受众对视听内容的收看习惯，既要无限扩充视听内容，也以非线性的方式对内容进行契合时间、贴合场所的完美展现。三是只有网络电视台和传统电视台深度联合、合二为一，才能呈现一种比较理想和完美的未来传播模型。网络电视台的功能优势与传统电视台的内容优势相辅相成、缺一不可，广电未来的发展必然会走向台网一体化，因而网络电视台的布局势在必行。

其次，网络电视台是不是陷阱？广电总局一开始就鼓励和支持有条件的广电机构开办网络电视台，因为开办视频网站需要高额的带宽成本和基础设施投入，这并非实力一般的广电机构所能承担。从现状看，大部分网络电视台都在亏钱，少数实现了持平，极少数实现了盈利（如苏州名城网）。那么网络电视台会不会成为一个"设立之后不但不能促进向新媒体转型，反而变成了一个只投入不产出的吸血鬼"？对这个问题，要一分为二地看待，如果脱离了母体的发展实际，试图以一己之力与视频网站抗衡，大肆地烧钱购买版权和宽带，那么无异于将自身推向深渊。如果着眼于网台互动的发展趋势，定位于地方视频媒体门户，那么网络电视台的设立和建设则十分必要，但短期的投入和培育也是不可避免的。

最后，网络电视台的发展空间在哪里？从当前的产业环境来说，网络视听产业还有很大的空间，这个领域既允许有若干家大公司鼎立，也允许"小而美"的分众、区域化视频业务的存在。省级网络电视台基本符合后者的定位，如果依托母体资源，深耕本地市场，就能与其他大视频平台找到共存空间。并且，就根本特征而言，网络电视台满足的是视频市场上对"权威"和"公信力"的需求，从这一层面来讲，网络电视台是对视频市场上"媒体责任"的一种补缺，因而也会找到自己的立足之地。

正是基于以上对网络电视台这些深刻、全面的认识，其经营者才逐步摸索出一些实际的发展经验，主要有两点：一是从自身实际出发。一方面要找准自己的根基；另一方面要认清自身的层次，从实际条件出发，从母体的资源和实力出发，从所在城市的经济基础出发，从团队的专业能力和创新精神出发。如果说网络电视台对目前层级分隔依然存在的电视台来说是不得不做的话，那么可以选择的做法有别。二是尊重新媒体发展规律。要不断探索适应、契合新媒体弹性业务的切入点，参照市场成熟企业，采取集中化管理手段，积极开拓、联合资本市场，实现投资收益；坚决贯彻独立经营的意识，并根据市场环境和用户变化随时调整运营策略，从根本上进行新媒体化改造。

2. 得到了更多的本地市场

经调研，山东齐鲁网在 2012 年整体创收 3000 万元，其中面向本地市场的广告经营就有 1500 多万元，预计在 2013 年整体创收将达到 4000 万元，初步实现扭亏为盈；浙江新蓝网在 2012 年通过与本地商业机构和政府机构联合打造垂直频道以及广告经营，实现创收 2500 万元，并预计在 2013 年达到 3500 万元，达到盈亏持平；湖南芒果 TV 在 2012 年的总创收 4000 多万元，其中多半是版权销售所得，但本土广告市场的扶持也不容小觑。另从访问各网络电视台的独立 IP 的统计情况来看，一般本地的用户访问量会占据第一、第二的位置，也就是说，无论是在广告市场，还是受众市场，网络电视台的本地化战略正在看到实效。

3. 取得了一定的建设成绩

在内容建设层面，大部分网络电视台已搭建起"母体版权资源＋图文资讯＋UGC＋自制内容"的结构，并根据自身发展的实际情况有所侧重，像齐鲁网在UGC建设方面比较突出，芒果TV则注重对自身版权娱乐节目进行包装、开发，安徽网络电视台试图把庞大的影视剧库转移到网络上来，上海看看新闻网集合网台资源打造"24小时新闻直播流"，江苏网络电视台推出自制访谈节目《网络访谈面对面》①……从内容结构来看，大多数网络电视台既非走Hulu路线，也非遵循YouTube模式，而是形成了颇具CNN精髓的中国模式。

在版权积累上，大部分网络电视台已经把母体的视听资源进行了归口管理，即由网络电视台对母体的新媒体版权（主要是网络版权和手机版权）进行统一经营和分发销售，经营所得归网络电视台所有。在此基础上，部分网络电视台开始建设新媒体资源库，不仅对母体内容进行了切片和专题化打包，还积极引进第三方内容进行适应新媒体平台的处理，这些版权资源可以直接对接IPTV、互联网电视、手机电视等新兴平台。

此外，在技术研发层面，CNTV树立广电系典范，其不断加大技术投入和自主研发力度，在成都建有网络视频技术研发基地，在深圳建有移动互联网视听技术研发基地。推出国内首个全功能互联网3D视频点播平台。其自主研发的网络电视软件Cbox，总安装量超过1亿，并拥有视频海纳系统、P2P云播出系统等30项自主知识产权技术成果。江苏网络电视台也在数据通信、流转方面做了很多研究开发，其在全国首家采用多码率自适应技术做网络视频直播，还特别开发了适应新媒体内容，集视频拆条、编目、截选信息图片等功能为一体的后台快编工具，为网站内容的集合、再编辑提供了基础性平台。大部分网络电视台也都自行开发了面向移动终端的APP，如芒果TV手机电视、芒果圈、无线江苏、浙江手机台、山东手机台、湖北移动网台、四川手机电视等，积极布局移动市场。

（二）网络电视台发展"所失"

1. 没有充分发挥牌照优势

网络电视台的称呼或许起源于2005年——人们只要在电脑上安装一个

---

① 截至2012年底，该栏目明星专访近400场，节目时长近1万分钟，播放580万次。

客户端就可以收看很多电视台的直播节目，这类客户端最早就叫做网络电视台。然而到了2010年，原国家广电总局一纸令下，规定了"网络电视台"这个称号只有国营网站才能使用，使得这一称呼最终成为广电系网站的专称。前文提到，网络电视台的牌照迄今共发放了21家。但是，持有牌照的广电机构，有的因为地域、机制、观念等因素限制，在网络电视台建设上没有投入相应的精力；而没有持牌照的广电机构，因为发展新媒体的需要，反而把自身的网站平台建设得风生水起，如深圳广电集团的中国时刻网，其Alexa排名几度进入200多位，名列广电系网站前茅，在行业内逐渐累积起了一定的知名度。所以，网络电视台牌照在此两种情形下似乎都有被架空的嫌疑。

同时不得不承认的是，市场上对这一牌照的反应也是较为平淡，一方面，网络电视台牌照与互联网电视牌照、手机电视牌照相比，是内在价值相对较低的。一方面，网络电视台自身的实力以及在整个视频行业中所处的位置，导致其在行业内没有树立主导权和话语权，也没有嵌入到整条产业链当中并发挥至关重要的作用，民营视频网站并不会因为没有获取牌照而受到挤压。另一方面，对广大网民来说，他们也并不关心牌照的来龙去脉，网民只是基于内容、用户体验等来选择视频媒体，甚至从未注意网络电视台与优酷、土豆、爱奇艺、PPTV等网站有什么区别或联系。这就使得这一专有称呼失去了应有的意义，其牌照价值也未完全发挥出来。

2. 错失了最佳的卡位时机

网络视频的发展起步于2005年，当民营视频网站通过引入风投开始烧钱培育市场的时候，整个广电系因为对其前景的不确定或者对市场反应不敏感而按兵不动。随后，从2009年的优胜劣汰到2010年的版权混战，从2011年的门户加入、重新洗牌到2012年的强强联合、网台互动……视频网站的变幻、起伏、博弈乃至迂回成为大信息产业里最为精彩的篇章。经过前期的合纵连横、兼并联合，当前的网络视频市场基本上形成了"321"格局，即乐视网、优酷+土豆和搜狐、腾讯、爱奇艺，市场排位已定。

而恰恰也是从2005年开始，电视收视市场在全球范围内出现了持续性萎缩，尽管电视人早有预备，但危机到来的速度和程度还是比预想的要猛烈一些。尽管拥有无可置疑的内容制作优势和布局完善的有线渠道优势，但是在全面开放的互联网时代，网络平台正在实现着从任意的内容分发到任意的渠道，电视平台与之相比则显示出其落后和狭隘性。意识到危机的广电机构在2010年开始向互联网发力，但不得不说，彼时已错失了最佳的卡位时机。

首先广电系网站要面对巨额的宽带成本费，其次要面对水涨船高的网络内容版权价格，光这两项就足以吓退大部分实力平平的广电机构。进入2012年后，尽管版权价格回归理性，但由于整个市场的发展门槛已经很高，即使是一家普通的网络电视台，每年的宽带维护、人力支出等成本也要达到3000万左右。此时视频市场上没有几亿美元做铺垫，几乎就无法产生真正的影响力。因而，网络电视台就更难从中寻找时机完成逆袭，只能退而求其次，定位于地方视频门户，这其实也颇含几丝无奈。

3. 偏离了互联网竞争规则

基于互联网的市场风险、产业链、运营模式与传统电视台有很大的不同，体制内和体制外的工作作风、管理风格、用人制度也有很大的不同，这就意味着当广电机构试图"跨界"时，必然有诸多不适和偏离。

首先，对广电机构来说，他们熟悉的是"广播（单向）式"的服务和"受众"的概念。但互联网领域讲究的是"交互式"服务和"用户"。广电习惯于从自身出发，往往忽略市场和用户的反应，但整个互联网业务的核心精神都是真正围绕用户需求。如果这一观念不予改变，广电在互联网上可能会丧失基本的竞争资格。

其次，广电一直强调自身的内容优势。但也恰恰因为这种强调而遮蔽了本应抓住的市场机会。电视台的确有很多节目资源，但在网络视频领域，只有最新的、最流行、独家的视频内容才会吸引用户，吸引用户的不是老旧电视节目的档案库。而且，在新的竞争形势下，电视台的专业视听内容不等于互联网视频的内容，现在大多数视频网站也有了自制节目，也在满足用户对内容的需求，所以将来在用户细分的同时内容也会细分，广电不能死守所谓的内容优势而被优势毒害。

最后，互联网新媒体的业务形态既包括低端基础业务，也包含高端交互业务，既有传统媒体的主流内容，也有长尾内容。网络的无所不包与开放兼容，与一直以来强调可管可控和舆论引导的广电形成对立和冲突，广电将监管式内容和围墙内服务带到互联网领域，必然是偏离了其竞争规则，网络电视台应尽量在这一层面予以规避。

三　广电系网络电视台的未来发展

在诸侯混战、各显神通的大视频格局下，广电系网络电视台如何把握机遇，在大产业链中形成有利地位和主导作用，是广电机构未来发展的重要考量，也是广电媒体向新媒体业务转型的成败关键。结合行业发展趋势和广电实际，未来广电系网络电视台的突围有三个方向。

一是版权。新媒体的竞争已经从粗放的渠道扩张，转向了细致独特的价值呈现，而决定这种独特价值的根本性因素就是版权。整个视频行业对版权的聚焦越来越明显，而广电系网络电视台的先天优势就是从一开始就避免了版权困惑，母体的正版视听节目既保证了网站的品格和公信力，又使其在面向市场运营时不存在风险问题，所以这必然是发力方向之一。

二是商业模式。从根本上讲，盈利模式的实质，是以自己核心竞争优势，满足用户尚未满足的需求，实现用户价值最大化，同时实现自身价值的最大化。当前广电系网络电视台并未对真正的用户需求做深入洞察，同时对自身的核心优势也缺乏认真总结，更缺乏差异化竞争战略。因而，广电系网络电视台的当务之急是确立符合自身实际的商业模式。

三是寻求联合。近两年，视频行业内的各种合纵连横释放出一个强烈的信号：只有强强联合，才能形成垄断和规模优势，从而占领行业的制高点。对于竞争实力本来就很弱，又各自为政的网络电视台来说，必须要看到，分割的、层级的广电机构无法形成竞争合力，反而在互相厮杀中给了外界很多乘虚而入的机会，因而网络电视台须在产业链上的内、外部资源上展开突破。

围绕这三个方向，网络电视台下一步发展的具体路径和措施有以下几个方面。

在版权运营与管理方面:一是努力将积累了几十年的广电媒资转化为适合各类新媒体渠道的新媒体资源。网络电视台本质上是对电视内容和互联网内容进行重新组合和重新表现,在手机、平板、OTT TV等新兴传播终端逐渐占据了人们的生活时间、空间的情形下,网站本身要主动面向这些新媒体平台,转化和输送适合其播出的音视频版权资源,做好版权分发平台的角色。二是以自有版权自有为主,同时扩大可经营的版权规模与种类。地方广电网站各自为政,只转化和集成自家资源,致使版权形不成规模;同时,广电行业内部普遍存在同质化现象,基本一致的节目创意、风格和形式,致使广电版权资源的市场价值被进一步稀释。因而,网络电视台在未来不仅要不断扩展同类版权资源,还要不断扩大版权种类,通过购买、合作等多种方式不断提升自身版权规模,做好版权集成平台的角色。三是努力提高自身的版权经营意识。众所周知,广电行业在专业视听内容的生产领域拥有无可置疑的优势,但是在面向新媒体的版权内容经营方面却缺乏市场经验。有数据表明:国外大型广播电视媒体机构的版权收入,已经占总收入的20%~50%,而我国广电节目版权开发的收入占总收入的比例最多为0.5%。这样的差距,让我们在期待未来的版权环境进一步成熟的同时,更需积极探索广电版权经营的方式,使其所拥有的版权资源真正变现为经济价值。

在盈利模式与创收方式方面:一是深耕本地市场,做好线下服务。这主要是指网站要依托母体公信力,打造"以传播政务信息、民生信息为主,以搭建政府与民众沟通桥梁为宗旨的公共服务平台;和在确保信息资源安全的前提下,提供公共卫生、科技、社区等各种公共信息资源的综合信息服务平台"的双平台格局,着实推动公共信息服务服务内容和服务手段的增加,以媒体优势和视听特色发挥政府部门面向公众和社会提供服务的窗口作用。同时开展多种活动营销,沟通线上和线下的用户资源,深挖O2O的市场价值,在这一过程中扩大自身品牌影响。二是或可打造垂直频道(或营销平台)。比如山东网络电视台与各级卫生、药监、工商等主管部门联合,打造出权威的健康频道,省旅游局联合打造旅游频道,共同经营内容与广告。浙江新蓝网与阿里巴巴联合推出新蓝网天下网商频道,与浙江体育总局推出新蓝网体育频道……这种合作模式下,可实现产品买卖、广告代理,逐步在区域范围内使网站部分实现营销平台的功能,进而形成"网站+营销频道"的运作模式,最终按照一定比例实现利益均沾。三是以资本方式介入民营网站。在当前视频行当高风险、高门槛的境遇下,与其斥资培育新品牌,不如通过入股或资本介入的方式做民营视频网站的控资商,与民营视频网站展开资本层面的联合,在视频网站盈利拐点到来之后,既可实现一定的利益分成,也为自身徒增了一个旗下的播出渠道,或可最终实现曲线上市。如百视通入股风行网,江苏广电投资激动网。

在联合发展与运营策略方面:网络电视台首先可尝试"区域化联合+版权壁垒"。比如南方传媒影视网、中国时刻网、芒果 TV 等地域性较为接近的网站进行区域化联合,把优质的广电视听资源集中起来,形成内容规模优势,把版权出口约束起来,形成版权高地,这是提高网络电视台竞争力最直接、有效的做法——即使民营视频网站想获取广电视听节目,也需要根据新的由广电所制定的规则来,而不是现在这种近乎免费的提供方式。其次是联合产业链内外的资源。现在媒体产业链上的每个环节都在以几何级的倍数成长,媒体的生存空间和竞争领域也被迅速放大,以前看似不相关的领域在很多情境下却发生了奇妙的交汇,比如 CNTV 已经与乐视、土豆、网易展开横向的战略合作,并大力进行互联网电视和 IPTV 的布局;CUTV 已与腾讯网、一线影视剧供应商、时尚集团、动漫公司等展开深度合作;中国时刻网也与香港 Metro Broadcast、酷游网结成战略同盟……这种针对市场变动做出的战略反应与体现出的行动自觉令人欣喜。最后是寻求政策支持,进入 OTT TV 产业链。当前,部分网络电视台已经获取网络电视台牌照,但该牌照的实际市场价值并不大,甚至有被行业架空的嫌疑,对于当前迅猛发展的互联网电视机顶盒来说,如果网络电视台能以牌照持有的主体身份介入,承担 CP/TP 的角色,进而使自身的市场价值产生增量和变现,这也是一条十分可期的路径。

广电系网站历经 20 余年的探索和实践,实际上展示了电视媒体与互联网媒体不断碰触、融合、交汇的过程。这一过程给我们带来越来越深刻的认识和启示:广电系网站首先是广电媒体,媒体属性(舆论引导)、公信力、权威性是其独特又不可或缺的构成;而电视台通过网站对电视内容和互联网内容进行了重新组合和展示,并重新构建了适应多屏的内容分发体系;电视台的内容优势与网站的功能优势不断互补与融合，二者所构建的"台网互动"营造了全新的传播情境和使用体验！从以上认识出发，可以说在广电"台网一体化"的发展过程中，"网"的地位和功能在不断提升，其"交互"、"非线性"等基因深入传统广电，也正是这些看似不起眼的力量，正从根本上改变广播、电视，也为网络电视台未来的发展增添了令人想象的空间。

B.23
休闲信息传播方式转型研究
——以2013年携程移动互联网发展战略分析为例

梁建章*

摘　要： 移动互联网技术改变了人们旅行预订模式、营销方式和场景体验，使人们休闲信息获取的方式发生了重大变化。本文着重分析了移动互联网的优势及发展趋势；休闲信息传播转型变革的必然性；移动互联网旅游类休闲信息传播应用现状；并结合携程公司2013年"拇指+水泥"战略及从OTA向MTA的转变，分析了移动互联网时代第三代休闲信息传播变革。

关键词： 移动互联网　休闲信息传播　携程"拇指+水泥"战略

移动互联网的飞速发展是21世纪信息传播领域最令人瞩目的事件之一。随着3G网络优化、智能手机普及和应用软件的丰富，以智能手机为代表的移动终端已成为网民接入互联网的首要方式。与此同时，作为信息密集型的服务产业，旅游业也在这个移动互联网时代，发生着不可逆转的重大变化。随着人们出游方式的日渐个性化，越来越多的旅游者开始依赖移动互联网为其旅游活动提供服务。与传统个人计算机（PC）上网只能为旅游者在出发前提供准备不同的是，基于手机等移动终端的移动互联网服务，可以在旅游的整个过程中为旅游者提供服务。

---

* 梁建章：斯坦福大学经济学博士，携程旅行网董事局主席兼首席执行官，兼任北京大学经济学教授，研究方向为传播创新、创业和劳动力市场。

作为国内最大的在线旅行服务商，携程旅行网依托于强大的网络、呼叫中心和地面资源的整合，2013年开创性地提出了"拇指+水泥"业务战略，即为消费者提供"指尖上的旅行社"的全新体验模式，这是携程旅行网从OTA（Online Travel Agency）向MTA（Mobile Travel Agency）转变的开端，既是对中国移动互联网和在线旅游服务产业的有益尝试和拓展，也是对休闲信息传播方式转型发展的探索。

一 移动互联网优势及发展趋势

移动互联网已经成为了人们生活中不可或缺的组成部分，而且在全球范围内呈现使用者不断高速增长的趋势。

（一）移动互联网的优势

首先，我们来看看移动互联网技术优于互联网的几个特点：一是云计算技术，借鉴云计算，可以把很多的数据计算都放在服务端，客户端只需要单纯地进行展示即可。云计算技术还能降低智能移动终端的硬件门槛，利用云计算技术甚至只要设备接入互联网就可以让简单的操作实现复杂的应用展现。二是语音查询技术，这个功能目前在移动互联网的使用率很高，语音识别技术的不断发展使得人机交互的高效应用场景成为可能，这也是携程移动客户端目前在不断加强和深化的一个方面。三是位置识别技术，LBS（Location Based Service）基于位置的服务功能在移动应用上充分展现，这一应用的发展将会为旅行者提供更为细致的服务。四是身份识别和认证技术。任何以电子支付形式进行的商务活动必然牵涉到用户身份识别和认证。身份识别认证技术的可用性，将让移动互联网应用比PC互联网更适合移动场景需求。

其次，移动互联网的技术特点也决定其对于传统互联网的优势十分明显，而其核心优势，主要集中在以下几个方面：一是移动终端的便携性与网络覆盖性。移动终端摆脱了电脑网络的束缚，手机网络的高覆盖率使其打破了时间和空间的限制，加之移动终端轻巧便携的特点，旅游者能随时随地用手机等移动终端上网查询旅游信息。二是受众资源丰富。根据中国互联网络信息中心数据，到2013年6月底，我国手机网民规模进一步增长到4.64亿，第一上网终端的地位十分稳定。庞大的受众资源无疑成为移动互联网前沿应用的强大支撑和保障。三是达到率高，阅读率高。在移动互联网应用中，信息能准确地发送到目标客户的手机上。由于手机等移动终端屏幕较小，手机网页的内容相对简洁，不像电脑网页那样存在大量的信息，所以用户在手机上网浏览的过程中通常会比较仔细地阅读。

（二）移动互联网的发展趋势

中国移动互联网在未来发展趋势上主要表现在以下几个方面：首先，LBS将是未来的趋势。固定和移动互联网的最大差别就是移动的本地化，在位置服务和位置信息上有非常大的优势，厂商可以把用户在其位置的信息进行更多的服务和整合。其次，移动社区发展潜力巨大。目前，全球移动社区网络发展非常迅速，移动互联网流量的40%都指向社区服务，约翰·杜尔提出的SoLoMo [Social（社交）、Local（本地化）和Mobile（移动）]，也将成为中国移动互联网的关键词之一。第三，O2O商业模式日渐成熟。O2O是一种新诞生的电子商务模式，这种模式大大地缩短了消费者决策时间。而作为旅游产品，它的特质决定了其非常适合O2O的模式。最后，搜索仍将是重要应用之一。与传统互联网模式相比，尽管各功能APP会削减很大的搜索流量，但在移动的状态下，特别是在HTML5技术不断完善的情况下，仍然有巨大的需求去搜索相关信息。

二 在线休闲信息服务发展趋势

在移动互联网的诸多应用中，旅游业无疑充当了很重要的角色。旅游产业的特质决定了其作为移动互联网"排头兵"的重要地位。近年来，中国旅游市场的发展势头强劲，在线旅游市场交易额的年增长速度保持在30%以上，远远高于整个行业8%左右的发展速度（见图1、图2）。

从近年来全球在线旅游的发展趋势上看，供应链上的网络营销平台和在线

休闲信息传播方式转型研究

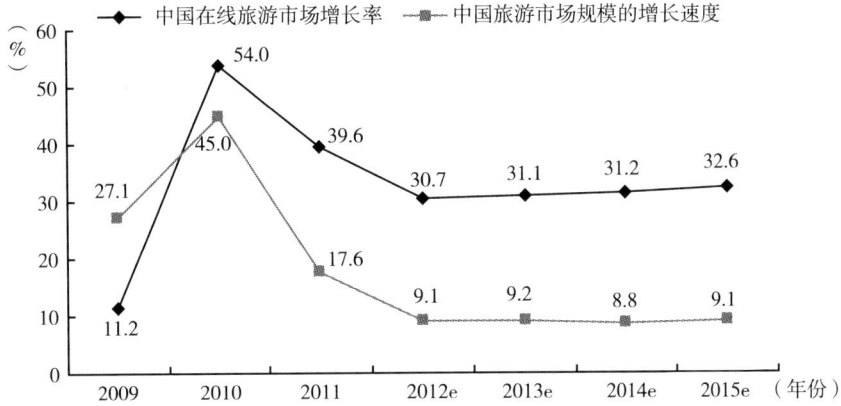

图1 在线旅游市场交易与国内旅游市场的增长速度对比

数据来源:《中国在线旅游市场发展趋势白皮书(2012~2015年)》。

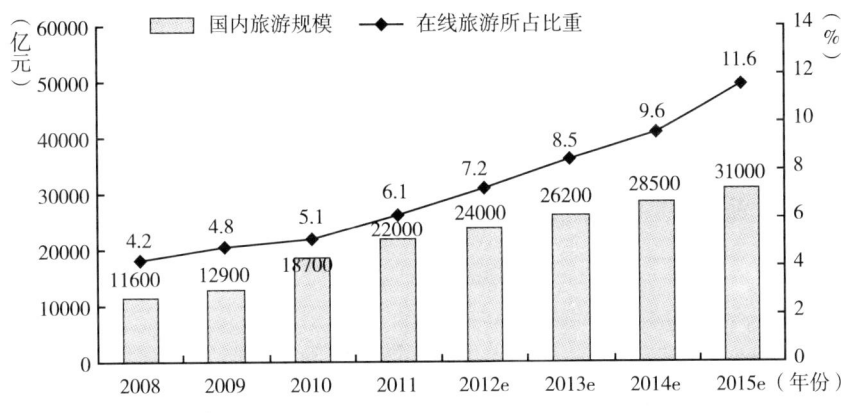

图2 中国在线旅游对国内旅游的渗透率

数据来源:《中国在线旅游市场发展趋势白皮书(2012~2015年)》。

媒体对整个旅游产业服务创新与产值提升都有明显的促进作用。社会化媒体促进旅游服务升级到社交商务(social commerce)时代。这意味着,人们利用网络社交社区内的好友智慧,协助自己获得相关旅游信息并做出决策。社会化媒体的时代,意味着互联网正在围绕着人际关系进行着重建。

移动App模式正成为新的一代应用,手机让不同的应用场景成为可能。内置GPS、高速上网的智能手机正在席卷全球,同时和旅游相关的手机应用也开始大量出现,从酒店客房预订到景点信息搜索,从攻略信息查询到门票预订,传统的旅游服务,开辟了手机终端这一战场,并且获得社会化媒体以及GPS定位的助力,正在形成一种革命性的力量。让休闲信息的传播更实时化,更具便捷性、可搜索性和可分享性。

作为国内领先的在线旅行服务商,携程旅行网旅行应用累计超过7千万次下载,日交易额已经突破1亿元,无线渠道酒店预订量接近30%,机票预订量超过15%。携程无线客户端从实际交易规模来讲,是中国旅行市场当之无愧的第一应用(见图3、图4)。同时,它也引领了一种新的休闲信息传播与交流模式。携程在移动互联网应用上的成功,得益于其对移动互联网优势和发展趋势的准确认识,并结合旅游业的特征,为用户提供了更便捷的休闲信息获取方式和分享模式。

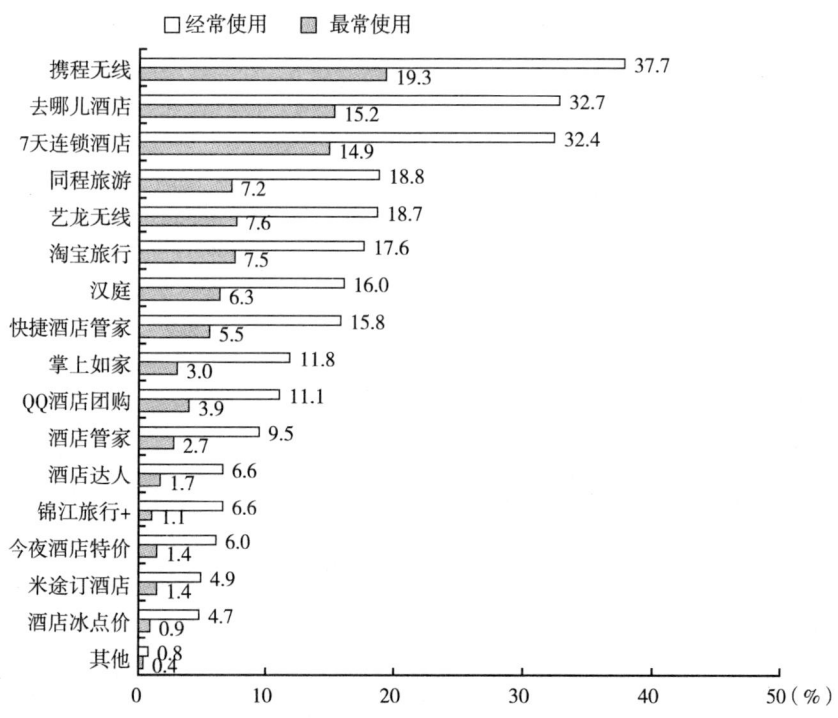

图3 2012年用户使用的酒店类移动旅行应用

数据来源:《中国移动旅行应用用户研究报告(2012~2013年)》。

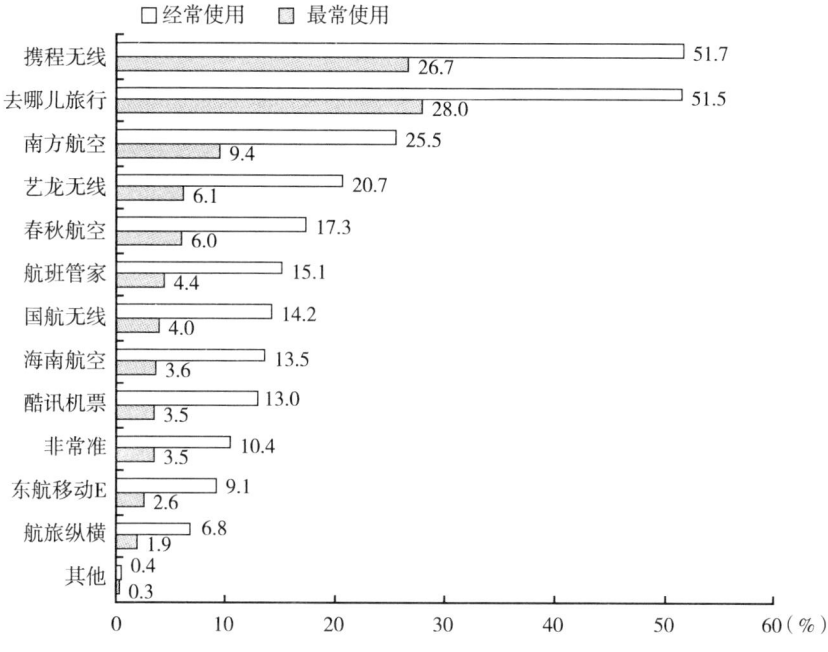

图 4 2012 年用户使用的机票类移动旅行应用

数据来源:《中国移动旅行应用用户研究报告(2012~2013 年)》。

三 休闲信息传播方式转型的必然性

移动互联网不受时空约束,可以伴随游客的整个行程,并且智能化终端又可以提供良好的信息体验,而行业内的竞争也会迫使业内企业选择最先进的信息技术去满足游客的信息需求。从以下几个方面我们可以分析出休闲信息传播方式的转型是一种历史的必然。

(一)信息传播技术发展层面

以 iPhone、Samsung 为代表的 3G 智能手机颠覆了手机的传统概念——高速的网络、丰富的网络应用、触摸式大屏幕、类计算机的操作系统等,3G 手机带给用户全新的通信体验,成为一个集通信、办公、学习、娱乐、休闲为一体的高智能网络终端设备。

（二）旅游休闲行为特征层面

首先是旅游信息动态化需求。由于旅游具有异地性特征，在旅行前，游客会对旅游线路做充分的调研，但踏上旅途之后，游客最想了解的是旅游目的地的动态信息，如天气、交通、是否有突发事件、预订门票、当日游等。移动互联网可以更好地满足游客的这种需求。其次是旅途时间碎片化特征。时间碎片是指在一段时间内一个或多个相对独立的时间间隙。在旅途中，有大量的时间碎片存在，在旅途的时间碎片里，用户可以便捷地通过手机获取关于旅途的相关信息。

（三）适应消费者层面

在消费者层面上，移动互联网的特点也决定了其适合运用于为旅游消费者提供休闲信息传播服务：首先，移动对象的"移动性"。移动性是移动互联网的一个重要特性，也是移动互联网的基础，移动网络的覆盖面的广域性，以及具有的"3A"的特性，Anywhere，Anyone，Anytime，使得任何一个旅游者可以在任何时间、任何地方登录网络，实现移动互联，获取信息。其次，是移动终端的"私人性"。由于移动终端都属于个人使用，这为移动互联网带来了独特的优势。再次，移动要求的"即时性"。旅游者作为移动互联网的客户只要开机，都可以即时享受全天候服务，这也增强了自助旅游者获取信息的及时性。最后，移动方式的"方便性"。由于手机小巧轻便，便于携带，而且可以通过网络得到强大的计算能力和数据库的支持，旅游者可以根据个性化需求和喜好定制所需的服务、应用、信息和娱乐。

四 移动互联网的旅游休闲信息传播应用及趋势

（一）移动互联网的旅游休闲信息传播应用分类

1. 移动定位服务

移动定位服务也就是基于位置的服务 LBS（Location Based Service）。在旅游中基于位置的移动定位服务包括：位置跟踪、交通和导航、安全救援、移动广告，相关位置的查询等信息服务。

2. 移动信息服务

移动信息服务是指人在移动过程中得到的信息。移动互联网最关键的应用是高度个性化、高度相关性的信息传递，这些信息是由客户定制的，包括客户个人信息及其想达到的目的。目前，移动电子信息服务移动信息服务运用于旅游中可以提供的信息（见图5）。

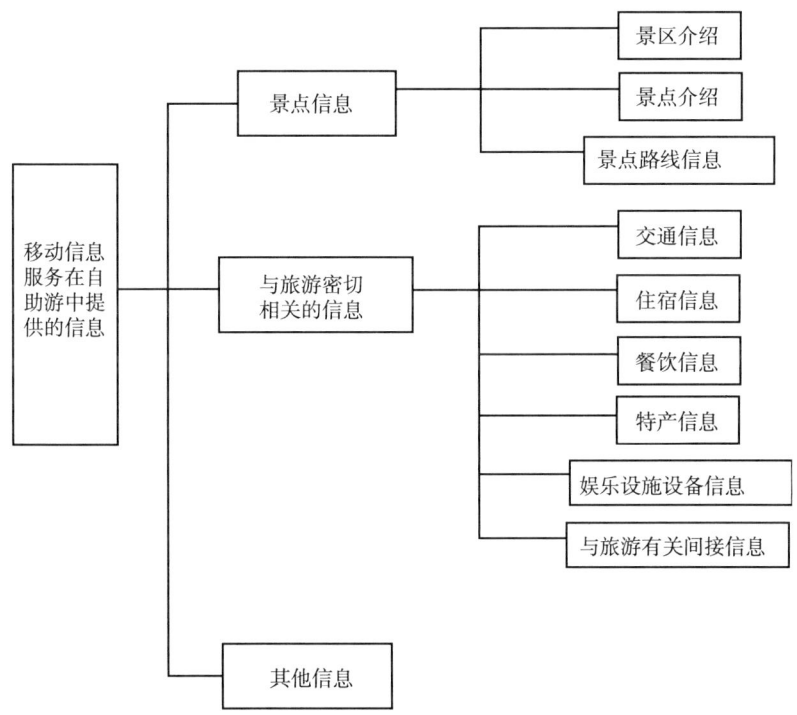

图5 移动电子信息服务内容

数据来源：孙倩燕：《基于移动电子商务的自助游发展研究》，硕士学位论文，南京师范大学旅游系，2008。

3. 移动信息互动服务

通过移动互联网服务，旅游者就可以不必在旅游出发前费事地进行旅游行程的详尽安排，就可以直接出发开始自由旅行，这恰巧满足追求个性化的旅游者的心理。在旅途中，旅游者可以根据当地的实际情况，通过移动互联网业务，随时对机票、酒店、景点门票等进行预订。旅游者还可以通过移动终端，随时将相关的文字、图片等信息传送到社区或互联网上。旅行后，旅游者还可以对酒店、景点等进行点评，并与其他人分享旅途中的见闻和心得。

4. 移动支付

旅游者在旅途中随时可能增加消费，这些可以通过移动互联网自动为旅途中的费用付费。携程之所以能在旅行预订APP中遥遥领先，除了用户体验和服务方面的优势外，支付方式的便捷安全也是重要的原因之一。未来旅游服务方面的电子交易，将会更加依托移动互联网这个平台。移动支付服务的水平，也将成为改善用户体验的重要组成部分。

（二）移动互联网的旅游休闲信息传播发展趋势及特点

无线产品的井喷式增长，无疑给旅行者提供了更多的选择，有助于为其打造更丰满的旅游行程、丰富其旅行体验。综观移动互联网旅游市场，会发现其发展趋势呈现以下几个方面特点。

1. 信息整合是移动互联网旅游的基础需求

互联网上每天都产生海量旅行信息，信息的梳理和整合是用户的基本需求。除了旅游信息的检索以外，随着旅游APP应用数量的爆发式增长，如何在庞大的APP应用库中找到真正适合自己的产品也是用户想要得到的答案。

2. 移动客户端逐渐渗透到旅行全流程

在线旅游有查询、预订、支付和分享四个典型环节，对用户来说，最理想的方式是通过移动设备解决全流程需求。同时，在线旅游全流程覆盖也是无线产品竞争力的体现。

3. 用户需求多元化，多点式App应用应运而生

随着用户对在线旅游客户端的使用日益深入和成熟，其需求变得更加细分，航班、酒店、旅游产品、攻略、图片分享等各个环节都孕育着巨大的使用需求。同时，用户也希望APP能更轻巧、灵活，通过与需求关联的APP能更加快捷、精准地找到信息，获得服务。

4. O2O模式成为趋势

O2O模式与传统电子商务相比，提供的内容更注重服务。携程的实践已

休闲信息传播方式转型研究

经充分证明 O2O 对传统行业的巨大革新。携程经历了 O2O 的三个阶段和形态：机票和酒店等标准化产品"鼠标＋水泥"模式；旅游度假复杂产品"网络直销＋线下旅行社服务"模式；贯通主要旅行需求，线上线下融合，提供一站式服务的 OTP 开放平台模式。携程的成功经验涉及 O2O 核心，一是传统行业的信息化程度，二用户的服务体验。

目前，O2O 的模式主要有以下几种：①机票＋酒店模式。机票＋酒店模式解决了旅游者最基本的大交通和住宿问题。目前，随着信息化的深入和旅游需求的深化，以及酒店信息化系统的深入，机票＋酒店模式也在发生变化。携程早在几年前，就推出了"机票＋酒店"的打包产品，经过几年的发展，携程的产品，已经脱离最初的人工化、初级化，通过先进的系统，从而让产品呈现自动化、智能化的特征。②旅游的 O2O 模式。在旅游中，涉及游客在旅游目的地的吃、住、行、游、购、娱的所有环节都需要实现在线预订或交易，这是一个庞大的系统工程。这就需要旅游企业能够做到资源的全面整合，然后在移动客户端向用户展示，用户在线预订产品后，再在线下享受。其中，对于在线旅游的难点在于，如何做到良好的线下体验，这也正是携程强大地面整合能力的体现。③景点票务的 O2O 模式。类似携程、驴妈妈这样的在线旅游服务，除了提供旅游产品外，也在网上向散客销售景区电子门票。这就相当于景区给每家网站都开设了一条通道来实现预订或交易。

五　休闲信息传播方式转型及携程战略

移动互联网的到来，不仅仅改变了出行消费、预订等模式，也改变了休闲信息传播模式。

由于移动互联网依赖的是特定的个人随身携带的移动设备而开展的活动，因而更容易实现个性化的信息传递，满足不同人的不同需要。基于移动的客户关系管理通过无线网络，更容易贴近客户，能主动地将关怀送给客户，并识别、记录、跟踪客户的个性化信息需求的变化，及时地帮助销售人员针对其提供个性化的信息服务。

（一）休闲信息传播方式转型

1."推送"（push）传播模式

企业可将促销活动内容，如旅游景点门票信息、优惠活动信息、新旅游线路信息等，直接发给用户随身携带的移动设备，可以做到接近100%的命中目标群体、100%的阅读，使促销活动能更准确地定位到合适的人群。同时，有意向的客户可以立刻通过手机进行进一步了解和预订，减小了宣传活动与客户响应之间的时间差，避免了潜在客户的流失，提高了促销效果。

2."交互式"（interactive）传播模式

旅游产品营销渠道是否畅通，直接关系到企业的生存与兴衰。旅游产品营销渠道是指旅游产品从旅游生产企业向旅游消费者转移过程中所经历的各个中间环节连接起来而形成的通道。游客进行旅游活动的过程，也就是旅游产品的销售过程，在此过程中，游客随时有可能产生出新的需求，如订餐、租车、改变旅游路线等，同时，游客还会想要得到关于航班信息、游记攻略等信息，传统的旅游电子商务活动很难满足游客这种个性化的要求，而移动电子商务就可以利用游客自身携带的手机等移动设备，向相关旅游服务机构发出请求，并及时得到应答和服务。

（二）2013年携程移动互联网发展战略

作为国内领先的在线旅行服务商，携程旅行网经过10多年的发展，在互联网时代成为了领军者，如今在移动互联网崛起的时代，携程同样用敢为天下先的气魄，将全面转向移动互联网。

2010年10月，携程正式对外发布无线战略。携程大规模进入移动互联网领域，同时推出"一网三客户端"，使手机在线预订成为继呼叫中心和互联网之后第三个重要预订渠道。标志着携程将实施商务旅行和休闲旅游齐头并举的战略，并实现线上、线下和无线三大领域综合发展，深度结合三大领域，搭建起一个立体式、综合性的服务体系。

2013年，携程提出"拇指+水泥"战略，正式对外发布新版品牌标识与"携程在手，说走就走"的广告语。"拇指+水泥"业务战略也意味着携程更进一步将资源侧重于无线领域。未来旅行行业挑战将来自如何在手机中体现一站式海量信息，同时将使用户体验更为完善。为此，携程将机票预订、酒店预订、旅游产品、门票、租车、社区攻略等服务整合，推出了"指尖上的旅行社"模式，把一站式休闲旅游服务推向极致。

另外，一直以来，OTA（Online Travel Agency）的业务渠道主要是网站与呼叫中心。如今，移动互联网的飞速发展，形成了OTA向MTA（Mobile Travel Agency）的转型，人们频繁使用移动终端、智能手机的普及、鲜明的位置属性以及在线旅游服务企业有意愿引导用户往移动渠道转化，都推动着MTA的发展。

经过这几年的不断创新和整合，携程无线客户端已经拥有了众多的技术优势。

第一是语音搜索，在移动的过程中，语音功能是非常有潜力的一块，如何便捷地获取信息，是用户体验的焦点。携程无线的语音查询与预订功能，范围涵盖机票、酒店、高铁、门票。2013年，携程对语音查询作了进一步的优化。通过语音实现人机对话，用户可以一句话快速找到需要的产品，让预订过程更加便捷。

第二是位置服务，LBS（基于位置的服务）与地理位置密切结合，也是无线渠道和其他渠道的差异化所在，也是移动应用的重要特色；携程的应用具有周边查询功能，提供了预订外的增值服务，大大增加了吃住行游购娱信息的丰富程度。点选周边查询后，会有餐饮、娱乐、购物、景点等四类信息可搜索。

第三是基于大数据的研究。大数据（big data）不仅仅要在合理时间撷取、管理、处理，并整理数据成为有意义的信息，还必须把整个运作与广告、搜索、信息推送以及合作伙伴、合作行业等信息整合起来，这样才能够在大数据时代真正得到掘金之道。携程拥有专业的商业智能部门（BI），通过客户导向分析、体验导向研究等手段和工具，建立起长效的客户需求挖掘机制，从而为客户提供标准化与群分化兼备的优质服务，策划对应的旅游产品，制定对应的营销主题，从而推动旅游行业的产品创新和营销创新。

第四是开放平台的战略。开放平台是携程的理念与战略，一方面，携程会把更多合作伙伴的产品，经过携程的服务理念的整合，提供给更多的消费者；

另一方面，携程也通过向不同合作伙伴提供第三方数据接口，在尽可能多的渠道进行产品销售，为合作伙伴们带来更多价值。同时，携程自身拥有高标准的服务体系，高质量的服务作为强大的后台支持可以让开放平台上的产品拥有满意的售前、售中、售后服务。

第五是领先的HTML5技术。针对移动互联网的发展，携程还推出了基于HTML5（以下简称H5）的页面。HTML5是下一代富网络应用技术标准，其特点是和移动设备结合比较紧密，是未来互联网的发展趋势。由于做H5页面的开发团队有携程无线客户端的开发经验，所以携程的H5页面比同行业的技术更为成熟，用户体验也更好。

也正因为旅行服务具有极强的专业性，旅行过程同样充满变数，仅仅依靠任何单一的服务手段都无法满足消费者需要。携程将线上的先进技术与线下的服务相结合，全面覆盖售前、售中和售后的服务价值链，为旅行者提供一站式、全方位的高品质旅行服务。

目前，携程在移动互联网的技术方面比较领先。要更好地实现移动互联网的诸多功能，实际上是要把很多功能的前台和后台分开，前台通过技术手段做展示，后台就要依托呼叫中心和各种服务做处理。坚实的后台既可以接到移动的前端，又可以接网上和呼叫中心的前端。现在，在前台的易用性方面，携程的处理的速度有了大的提高。同时，移动互联网的发展也督促我们把后台做得更加坚实。

六 第三代休闲信息传播模式

随着消费者在旅行过程中的个性化信息需求的加强，只是为其提供单一的服务显然已经不能满足。一站式服务可以满足游客的不同需求，机票、酒店、门票等，让游客在出行时高枕无忧。

移动端与呼叫中心结合，也是携程对旅游电子商务产业的一种创造性使用。作为第一代电子商务的典型模式，呼叫中心模式成为了携程早期取得成功的重要因素之一，也是携程作为在线旅行服务商的重要基石，而呼叫中心与互联网的结合，成就了携程"鼠标+水泥"的成功典范，而作为电子商务第三代的典型模式,移动互联网依托智能手机和移动客户端,能够为用户提供更为便捷与优质的服务。

携程将移动互联网与呼叫中心相结合,是"拇指+水泥"战略的重要组成部分,这两者也最容易结合在一起的,因为都是基于手机的服务,尽管一个是打电话,一个是在手机上用相关软件进行操作。因此,携程"拇指+水泥"战略的重要组成部分是,提供集成式的服务,将需要大信息的服务引导用户通过手机完成,一些手续比较复杂繁琐以及疑难的问题,可以通过呼叫中心的客服人员通过电话服务帮助用户完成。

目前,携程将继续在技术层面和产品层面不断提升携程无线客户端的领先优势,让我们一起来畅想一下"拇指+水泥"将在不远的将来对旅行产品升级,服务体验提升,乃至旅行移动互联网的发展起到的创新及影响。

(一)基于VoIP技术的交互性服务

携程将开发基于VoIP(Voice over Internet Protocol)技术的移动场景,并进一步完善旅行功能和提升用户体验。VoIP最大的优势是能广泛地采用互联网的环境,提供比传统业务更多、更好的服务。VoIP可以在网络上传送语音、传真、视频和数据等业务,如统一消息业务、虚拟电话、虚拟语音、Internet呼叫中心、Internet呼叫管理、电子商务各种信息的存储转发等。基于互联网技术和传输速度的不断提升,这种技术不但可以为消费者和呼叫中心节约费用,更重要的是,可以通过数据的传输,实现旅行预订服务的交互。我们将依托呼叫中心和互联网的技术优势,将App与人工服务结合起来,未来,携程的服务人员将能够远程对App进行操作和指导,帮助用户实现预订操作。

(二)云计算成重头戏

从市场发展来看,目前移动云计算仍处于尝试期和创新期,商业模式尚未成型,不过我们预计,移动云计算将是未来几年年内移动互联网领域的重头戏。旅游行业如何从移动云计算切入,结合移动互联网和线下呼叫中心的优势,为用户提供各种个性化的服务,提供更完善的体验,也是携程在探索的方向之一。

(三)移动位置服务的新应用

从移动位置服务的发展情况可以看出,与传统旅游业务融合,为其带来新的特性从而衍生新的商业价值是移动位置服务的重要特征。

我们预计,未来的移动位置服务将整合"移动位置服务 + SNS + 商业 + 娱乐",具有极强的交互性特征。同时,地理围栏等新应用也将成为移动旅行的发展新趋势。

地理围栏(Geo-fencing)是 LBS 的一种新应用,就是用一个虚拟的栅栏围出一个虚拟地理边界。移动终端进入、离开某个特定地理区域,或在该区域内活动时,移动终端可以接收自动通知。

例如,一个通过携程预订了机票的用户正前往机场,在离机场还有 10 分钟车程时,航空公司会感应(追踪)到他的位置,然后自动给他发送一张手机登机牌,并为他提供升舱的选择;而如果用户赶不上这趟航班,该系统会自动为这个用户预订另一个可搭乘的航班。

(四)移动互联网与服务结合

将移动互联网与服务结合,则是携程将不断探索的另一个方向。例如,团队游中的团队通知一直是很令导游头痛的事情,在需要通知团队成员一些信息时,如集合时间、地点,往往需要群发短信,或逐一电话通知。在这种情况下,是否有应用可以帮助导游一键管理自己的团队,可以用来集体通知和联络人员等。目前,携程旅行网站拥有诸多的工具,如天气预报、会展信息等,这些信息如何加入到 App 中去,增加工具应用的可行性,也是我们试图尝试的方向。同时,携程也将不断探索未来 App 可能的趋势,二维码(QR)、近场通讯(NFC)等等技术将成为旅游行业在移动互联网研究的方向。另外,社交分享、如何增强用户黏性等课题,也是携程正在研究和探索的内容。可以预见,未来选择移动互联网进行旅行服务的客户将越来越多,加上使用传统互联网的用户,两者之和占据旅行服务的比例将不断上升。以移动互联网为增长突破点,呼叫中心变成补缺的重要功能,将成为未来几年携程发展的目标,"拇指 + 水泥"的战略将得到进一步的深化。

2013年是中国移动互联网爆发式增长的一年,由于人们对移动终端上网的依赖性日益增强,移动互联网应用已经逐渐从碎片化的阅读、通讯等相对简单的应用向粘度较大、时长较长的视频、商务类应用发展,成为网民购物、社交、娱乐、媒体的综合性平台,呈现出较大经济效益。在抢夺入口的同时,各大互联网企业纷纷参与搭建自己的应用平台,平台化趋势明显。这一方面有利于吸引更多用户,以一站式信息服务平台丰富用户体验,形成较高的用户粘性;一方面有利于将用户所需的各类应用和信息整合和推送,实现盈利。对于旅游业来说,线下资源是基础,所有的产品与服务,最终都是要落实到线下资源。移动互联网的成长将使携程这类实施"拇指+水泥"战略,兼具线上的技术创新与线下一站式精益服务的企业,带领行业实现OTA向MTA的转变,同时也将引领休闲信息传播模式的变革。

参考文献

吕兴洋、殷敏:《旅游手机网络营销初探》,《旅游学刊》2009年第8期。
李建州、张运来、李惠璠:《移动互联网在旅游业中的应用研究》,《旅游学刊》2011年第10期。
中国在线旅游市场发展趋势白皮书研究课题组:《中国在线旅游市场发展趋势白皮书(2012~2015)》,2012。
杜小慧、周玲强、断建平:《移动电子商务在旅游中的应用模式与营销创新》,《商业经济与管理》2006年第7期。
孙倩燕:《基于移动电子商务的自助游发展研究》,硕士学位论文,南京师范大学旅游系,2008。
中国互联网络信息中心:《2012年中国网民在线旅行预订行为调查报告》,2012。
李向红:《电子商务商业模式OTO的研究与分析》,《现代管理科学》2012年第8期。
中国互联网络信息中心:《中国互联网络发展状况统计报告》,2013。
中国互联网络信息中心:《中国手机网民上网行为研究报告》,2012。
李丹:《移动旅游电子商务应用现状SWOT分析》,《电子商务》2011年第12期。
中国互联网络信息中心:《中国移动互联网发展状况》,2013。
中国旅游研究院:《艾瑞咨询集团 中国移动旅行应用用户研究报告(2012~2013年)》,2013。

B.24 后　记

本书是上海社会科学院新智库建设重大研究项目。这一项目以上海传媒为研究主题，聚焦理论思考、政策发展、现实问题、热点现象，以年度报告形式发布研究成果。本书为系列报告的第三本。

上海社会科学院、复旦大学、同济大学、东华大学、上海师范大学、中国传媒大学、清华大学、瑞士卢加诺大学、美国南加州大学、深圳广播电影电视集团、上海报业集团新闻研究所等单位的专家和学者参加了《上海传媒发展报告（2014）》的研究和编撰工作。

在本课题的设计、选题、调研、撰写过程中，上海社会科学院领导和相关部门给予了大力支持。

在此谨表衷心感谢。

编委会
2014 年 12 月 10 日

中国皮书网
www.pishu.cn

发布皮书研创资讯,传播皮书精彩内容
引领皮书出版潮流,打造皮书服务平台

栏目设置:

- □ 资讯:皮书动态、皮书观点、皮书数据、皮书报道、皮书新书发布会、电子期刊
- □ 标准:皮书评价、皮书研究、皮书规范、皮书专家、编撰团队
- □ 服务:最新皮书、皮书书目、重点推荐、在线购书
- □ 链接:皮书数据库、皮书博客、皮书微博、出版社首页、在线书城
- □ 搜索:资讯、图书、研究动态
- □ 互动:皮书论坛

中国皮书网依托皮书系列"权威、前沿、原创"的优质内容资源,通过文字、图片、音频、视频等多种元素,在皮书研创者、使用者之间搭建了一个成果展示、资源共享的互动平台。

自2005年12月正式上线以来,中国皮书网的IP访问量、PV浏览量与日俱增,受到海内外研究者、公务人员、商务人士以及专业读者的广泛关注。

2008年、2011年中国皮书网均在全国新闻出版业网站荣誉评选中获得"最具商业价值网站"称号。

2012年,中国皮书网在全国新闻出版业网站系列荣誉评选中获得"出版业网站百强"称号。

皮书数据库

权威报告　热点资讯　海量资源

当代中国与世界发展的高端智库平台

皮书数据库　　www.pishu.com.cn

皮书数据库是专业的人文社会科学综合学术资源总库，以大型连续性图书——皮书系列为基础，整合国内外相关资讯构建而成。该数据库包含七大子库，涵盖两百多个主题，囊括了近十几年间中国与世界经济社会发展报告，覆盖经济、社会、政治、文化、教育、国际问题等多个领域。

皮书数据库以篇章为基本单位，方便用户对皮书内容的阅读需求。用户可进行全文检索，也可对文献题目、内容提要、作者名称、作者单位、关键字等基本信息进行检索，还可对检索到的篇章再作二次筛选，进行在线阅读或下载阅读。智能多维度导航，可使用户根据自己熟知的分类标准进行分类导航筛选，使查找和检索更高效、便捷。

权威的研究报告、独特的调研数据、前沿的热点资讯，皮书数据库已发展成为国内最具影响力的关于中国与世界现实问题研究的成果库和资讯库。

皮书俱乐部会员服务指南

1. 谁能成为皮书俱乐部成员？
- 皮书作者自动成为俱乐部会员
- 购买了皮书产品（纸质皮书、电子书）的个人用户

2. 会员可以享受的增值服务
- 加入皮书俱乐部，免费获赠该纸质图书的电子书
- 免费获赠皮书数据库100元充值卡
- 免费定期获赠皮书电子期刊
- 优先参与各类皮书学术活动
- 优先享受皮书产品的最新优惠

卡号：8721987502246889
密码：

3. 如何享受增值服务？

（1）加入皮书俱乐部，获赠该书的电子书

第1步　登录我社官网（www.ssap.com.cn），注册账号；

第2步　登录并进入"会员中心"—"皮书俱乐部"，提交加入皮书俱乐部申请；

第3步　审核通过后，自动进入俱乐部服务环节，填写相关购书信息即可自动兑换相应电子书。

（2）**免费获赠皮书数据库100元充值卡**

100元充值卡只能在皮书数据库中充值和使用

第1步　刮开附赠充值的涂层（左下）；

第2步　登录皮书数据库网站（www.pishu.com.cn），注册账号；

第3步　登录并进入"会员中心"—"在线充值"—"充值卡充值"，充值成功后即可使用。

4. 声明

解释权归社会科学文献出版社所有

皮书俱乐部会员可享受社会科学文献出版社其他相关免费增值服务，有任何疑问，均可与我们联系

联系电话：010-59367227　企业QQ：800045692　邮箱：pishuclub@ssap.cn

欢迎登录社会科学文献出版社官网（www.ssap.com.cn）和中国皮书网（www.pishu.cn）了解更多信息

社会科学文献出版社 皮书系列

"皮书"起源于十七、十八世纪的英国,主要指官方或社会组织正式发表的重要文件或报告,多以"白皮书"命名。在中国,"皮书"这一概念被社会广泛接受,并被成功运作、发展成为一种全新的出版形态,则源于中国社会科学院社会科学文献出版社。

皮书是对中国与世界发展状况和热点问题进行年度监测,以专业的角度、专家的视野和实证研究方法,针对某一领域或区域现状与发展态势展开分析和预测,具备权威性、前沿性、原创性、实证性、时效性等特点的连续性公开出版物,由一系列权威研究报告组成。皮书系列是社会科学文献出版社编辑出版的蓝皮书、绿皮书、黄皮书等的统称。

皮书系列的作者以中国社会科学院、著名高校、地方社会科学院的研究人员为主,多为国内一流研究机构的权威专家学者,他们的看法和观点代表了学界对中国与世界的现实和未来最高水平的解读与分析。

自20世纪90年代末推出以《经济蓝皮书》为开端的皮书系列以来,社会科学文献出版社至今已累计出版皮书千余部,内容涵盖经济、社会、政法、文化传媒、行业、地方发展、国际形势等领域。皮书系列已成为社会科学文献出版社的著名图书品牌和中国社会科学院的知名学术品牌。

皮书系列在数字出版和国际出版方面成就斐然。皮书数据库被评为"2008~2009年度数字出版知名品牌";《经济蓝皮书》《社会蓝皮书》等十几种皮书每年还由国外知名学术出版机构出版英文版、俄文版、韩文版和日文版,面向全球发行。

2011年,皮书系列正式列入"十二五"国家重点出版规划项目;2012年,部分重点皮书列入中国社会科学院承担的国家哲学社会科学创新工程项目;2014年,35种院外皮书使用"中国社会科学院创新工程学术出版项目"标识。

法律声明

"皮书系列"（含蓝皮书、绿皮书、黄皮书）由社会科学文献出版社最早使用并对外推广，现已成为中国图书市场上流行的品牌，是社会科学文献出版社的品牌图书。社会科学文献出版社拥有该系列图书的专有出版权和网络传播权，其LOGO（ ）与"经济蓝皮书"、"社会蓝皮书"等皮书名称已在中华人民共和国工商行政管理总局商标局登记注册，社会科学文献出版社合法拥有其商标专用权。

未经社会科学文献出版社的授权和许可，任何复制、模仿或以其他方式侵害"皮书系列"和LOGO（ ）、"经济蓝皮书"、"社会蓝皮书"等皮书名称商标专用权的行为均属于侵权行为，社会科学文献出版社将采取法律手段追究其法律责任，维护合法权益。

欢迎社会各界人士对侵犯社会科学文献出版社上述权利的违法行为进行举报。电话：010-59367121，电子邮箱：fawubu@ssap.cn。

社会科学文献出版社